教育部哲学社会科学发展报告建设(培育)项目(11JBGP050)

中国民俗文化发展报告

(2017)

张士闪　李　松　主　编
王加华　李海云　副主编

山东大学出版社

图书在版编目(CIP)数据

中国民俗文化发展报告. 2017/张士闪,李松主编.
—济南:山东大学出版社,2018. 12
ISBN 978-7-5607-6275-3

Ⅰ. ①中… Ⅱ. ①张… ②李… Ⅲ. ①风俗习惯—研究报告—中国—2017 Ⅳ. ①K892

中国版本图书馆 CIP 数据核字(2019)第 001223 号

责任编辑:陈海军
封面设计:张 荔

出版发行:山东大学出版社
社 址 山东省济南市山大南路 27 号
邮 编 250100
电 话 (0531)88363008
经 销:山东省新华书店
印 刷:济南巨丰印刷有限公司
规 格:720 毫米×1000 毫米 1/16
17.25 印张 320 千字
版 次:2018 年 12 月第 1 版
印 次:2018 年 12 月第 1 次印刷
定 价:60.00 元

《中国民俗文化发展报告(2017)》
学术委员会

目　录

总报告

2016年度中国民俗文化发展总报告

张士闪　李海云*

新时期以来，农村服务城市的发展模式，为我国经济腾飞提供了有效支撑，但也带来了巨大问题：从社会层面的"城市病""村落空心化"等问题，到传统文化的传承危机，再到社会价值观的普遍弱化，都构成了中国现代化进程中无法忽视的负面效应。这些问题延缓了中国国民生活质量的提升，削弱了中国在现代世界格局中的影响力。就此而言，当代中国乡村不仅仅是单纯的农村建设问题，而是对当下与未来的中国整体发展具有重要意义。对于整个中国现代化进程而言，以农村为传承中心地的民俗文化所蕴具的价值建构、社会培育等作用绝不能低估。

我们欣喜地看到，自20世纪90年代兴起的"民俗热"在近年来持续深化，并以多种方式参与到社会发展进程中，特别是在中国城乡社会发展进程中发挥着日益重要的作用。我们相信，民俗文化的复兴，能够将弘扬文化传统与服务社会现实有机结合起来，将中国传统文化精神深刻融入到民众生活中去，为做好当前改革发展稳定各项工作提供强大的文化力量，有助于推进整个社会的合理发展，虽然这种推进并非速效，但却是根本性的。2016年我国民俗文化发展的主要特征，是伴随国家社会治理力度的加强而发生的全方位的"生活革命"，以及在快速城镇化过程中社会多阶层的民俗运用。因此，对于2016年民俗文化年度发展态势的观察与理解，需要在当代社会的总体发展中揆理度势，重点关注民俗文化在国家行政运作与城镇化建设进程中的活用与拓展，尤其是民众对与"民俗"相关的生活建构与文化创造。

基于上述考察背景，本报告在具体操作层面，在依然沿用已有模式中"三个注

---

* 张士闪，山东大学文化遗产研究院副院长，儒学高等研究院民俗学研究所所长，教授，博士生导师；李海云，山东大学文化遗产研究院助理研究员。

重”[①]的基础上，将“共享性民俗传统的激活与重构”作为2016年度中国民俗文化发展的主要视角，以此为线索梳理脉络，发现问题，建言献策。

一、2016：民俗文化发展的界别特征

在中国当代社会转型的过程中，城镇化势头不可逆转且日益强劲。2016年2月，国务院印发《关于深入推进新型城镇化建设的若干意见》，对我国未来一段时期的新型城镇化建设进行总体部署和顶层设计。以此为背景，乡村生活正在经历着前所未有的剧烈变革，堪称是一场“生活革命”。这主要体现在三个方面：一是人们在工作、居住和消费等方面的都市化转型，如就业、居住地点的移动及移动的幅度、频度，工作与居住环境的改变等；二是休闲、娱乐等方面的时间分配与方式方法的变化；三是在更深的层面，如社会关系、交往习惯以及人生观、消费观、幸福感等所发生的变化。这场“生活革命”波及城乡，带给人们的变化是全方位的，传统民俗文化也不能自外于这一变化过程，而是在震荡中有所传承，在延续中发生新变，呈现出坚守与断裂、沿袭与新创等等样态。

总体来说，2016年度的民俗文化发展给予我们如下启示。

（一）民俗传统在城镇化进程中有着日益明显的重构趋势，并成为推动当代社区发展、彰显社区活力的重要方式

这主要体现在三个方面：

其一，一些传统民俗事象依然体现出顽强的生命活力，借助民族文化复兴大潮，彰显地方历史认同的精神传统。其二，一些传统民俗事象难以适应当代社会生活的剧烈变化，已经消失或者正在失去生命活力。尤其是在一些城市化起步早、发展快的地区，村落已不复存在，许多民俗事象仅存在于老人们的记忆中。其三，面对城镇化进程的急速推进，民众积极适应生活巨变，不断建构出种种“新民俗”。民俗文化总是在不断发展变化的，人们主动适应城市化进程带来的生活革命，创造出了许多新的民俗文化事象。特别是正在经历城市化进程的城中村、城边村，原有村落秩序和社会结构并未被完全破坏，传统民俗依然有着较强的传承动力，能够在与外来都市文化的互动中坚守、调适自身。例如，北京市平谷区挂甲

---

① “三个注重”包括：一是注重考察年度民俗活动的现场性与创生性特征；二是注重把握年度民俗活动的“节点”事件，通过对“节点”事件的深入阐释，连“点”成“线”，连“线”成“片”，呈现年度民俗文化发展的内在纹理与发展脉络；三是注重树立“大民俗观”，不仅考察年度民俗发展中传统民俗在当代文化语境中的创生，以及现代性活动中的新生民俗，更要关注民俗传统在当代中国社会发展宏大格局中的“再嵌入”问题。参见张士闪、李松主编：《中国民俗文化发展报告2013》，北京大学出版社2014年版。

峪村，原本是一个以农业种植为主的贫困村，村民收入水平很低。伴随着城市化进程的不断推进，近年来挂甲峪村利用本村的自然风光和区位优势开始发展民俗旅游，到 2016 年，占全村八成的 100 余户村民搭上了民俗旅游的快车，民俗旅游接待已经成为挂甲峪村村民主要的收入来源。在与游客打交道的过程中，村民也形成了许多新的民俗文化。

在传统农耕文明中，基层社区治理方式的核心，主要表现为追求人与自然环境的和谐，创建与生产力发展水平相适应的制度秩序、道德规范和技术手段体系，在共享、共治、共存的前提下，以最低的社会管理成本实现社会组织及动员能力的不断提高，并在漫长的社会发展进程中因地制宜，不断调适，创造出中华文明独特的生存发展智慧。所谓因地制宜，就是要依循地方传统，绝不能在社会治理工作中采取一刀切的模式。尤其是在乡村社区发展过程中，民俗传统与日常生活紧密联系，不仅是合理性的存在，还应该作为今后发展的先天性历史条件和重要乡土文化资源，是乡村社区发展的本土根基。在我国当前的乡村振兴战略中，必须将国家善政传统与乡村善治智慧结合起来，促进国家主流价值与乡土价值观的互融，引导乡村社会的发展方向。应该尊重和弘扬乡村社会中具有中国特色的共享文化传统，使之以当代形式融入现代化进程中，使传统活在当下，并在乡村治理和发展中发挥作用。

（二）共享性民俗传统及乡贤理事会等组织形式，有助于强化社会群体的文化认同与情感归属，这在当下社会急剧转型过程中具有重要意义

长久以来，中国乡村社会经过长期的礼俗教化，形成了基于农耕经济的良好共享性传统，它以社区公共利益的高度共享，来实现乡土社区秩序的长期稳定，以社区节庆、生活礼仪、互帮互助、乡规民约、信仰仪式等民俗传统为传承载体，成为中华文明绵延不断的社会文化基础，也是适应当代乡村社区治理实际需要的重要文化资源。在当代社区，现代与传统并不对立，传统存身于现代，现代以传统为基础。理想情况是，国家政策的实施保证了乡村传统的延续，乡村传统为国家政策的实施提供了途径。解决当代中国乡村发展的诸多问题，应以激活以文化共享为核心的乡村公共性传统为前提，以文化培育社会，以社会承载发展，优化乡村社会治理结构，构建完善的乡村治理体系，促进乡村社会和谐稳定，实现乡村的可持续发展。

近些年，与民俗和传统文化有关的事件时有发生，社会影响很大。如一些地方在实施殡葬制度改革，采取一刀切的简单粗暴的方式，与村民的传统习俗发生激烈碰撞，相关话题持续发酵，引发了对地方政府的很多负面评价。例如，鲁西南鼓吹乐是国家级非物质文化遗产，也是中华传统文化的重要载体，但在政府的强力禁止下，大量乐器毁弃，鼓乐班倒闭，葬礼上只能用录音机播放西方哀乐，这并不利于国家所提倡的弘扬优秀传统文化战略。还有的地方为落实环境保护政策，竟然封了农民的灶台，在民间引发了不小的骚动。同时，各级政府部门在乡村优惠政策和便民服务措施方面还存在下行不畅、衔接不准的问题。如面向乡村实施的全民健身项目，有的篮球场竟然建在陡山斜坡上，形同虚设，成了农民晒粮食的场所。

在上述现象的背后，是当下社会急剧转型过程中共享性民俗传统的缺失。当前制约农村社会自我发育的最大障碍，在于农民组织权利的缺失。这主要表现在，农村社会组织权力过多集中于村委会，农民自身行使村落公共权利的空间狭小，在村落公共生活中说话没分量，自身存在感薄弱，导致了他们公共事务参与热情低落。由此，因为农民的公共权利诉求和组织热情得不到释放和表达，便会寻求社会体制外的组织形式，由此导致了个别地区存在低俗文化流行、人情伦理扭曲等乱象。村落乡贤理事会建设，旨在使农民有序有机地组织起来，促进农村社会自身良性发育，重塑国家与社会关系。这也正是中国共产党"走群众路线"的优良传统在当代社会中的继承发扬。

村落中的乡贤理事会、红白理事会、庙委会、老人会等民间组织形式，是推动农民在体制内行使组织权利、释放组织活力的有效方式。它们以自愿发起、自觉接受国家管理的原则建立，扎根本村，充分尊重农民意愿，发挥农民的主动参与精神，吸纳乡村传统智慧，促进农民民主决策和民主管理自身生活，为农村社区的传统保护和道德约束提供动力支撑。有了村落乡贤理事会、红白理事会、庙委会、老人会等民间组织形式的建立，可以与国家层面的各项制度相衔接，如文物保护、非物质文化遗产传承、传统文化教育、精神文明建设等，并通过广大民众强有力的主体行动参与，弥补乡村行政设计及实施机制所可能存在的疏漏，消除社会发展过程中的隐患和风险。这一组织体系，是真正代表农民说话的组织，使"权力下乡""放权于民""民主下乡"等国家措施不至于落空。在更长远的意义上，它促使国家的经济发展、文化建设与民众日常生活更密切地联系在一起，激发农村社区生活与文化创造的活力，优化提升社区共同体的秩序、安全感和幸福感，降低社会治理成本，最终促进整个社会在以国家核心价值观为基础的社会和谐与文化传承创新，为中华民族的伟大复兴夯实基础。

在乡土社会的权力结构之中，村委会政府体系除了党建等不可下放的工作外，应让渡一部分职能给村落乡贤理事会、红白理事会、庙委会、老人会等民间组织形式。当宗族利益和全村公共利益发生冲突时，村落乡贤理事会发挥熟人社会的优势，协助村委会做工作，优化村落公共事务管理模式。通过村落乡贤理事会、红白理事会、庙委会、老人会等民间组织形式，充分挖掘民间精英，集中力量降低乡村发展风险。村落乡贤理事会的发展与健全是市场经济和现代农业的要求，农民依靠村落乡贤理事会等组织形式来抵御市场经济的风险，同时村落乡贤理事会等组织形式也会为农民提供生产经营所需要的各种服务。因农民个体力量单薄，农民应有的合法权益而无法得到实现。村落乡贤理事会等组织形式的不断健全和完善，能使农民和政府更好地沟通和交流。村落乡贤理事会等组织形式作为一个社会组织，将农民与政府连接起来，作为国家与农民个体的一种中间形式，畅通农民利益的表达机制，增强农民“话语权”，促进国家政策向乡村倾斜。

（三）当代乡村自发兴起编村志、修家谱、建民俗博物馆等热潮，表现出留住“村庄记忆”的文化自觉，形成了全民性的文化实践

我国城市化发展迅速，大量人口移居城镇，农村人口向非农产业转移就业，还有很多农民实现了“在地城镇化”。一方面，农民“上楼”变为市民，在获得一定的生活便利、享受到当代文明福祉的同时，也产生了因社会身份和心理上的双重转变而带来的种种不适与焦虑；另一方面，以农民为主体的大量新型社区的组织过程和文化建设等成为重要问题，他们原有的日常生活是在稳定的乡土社会的场域中逐渐建构起来的，如今熟悉场景已不再存在，村落共同体的原有组织体系已经弱化或解体，民众在遵循传统的基础上出现了很多新的文化实践。

我们对类似现象作了长期观察，其中有如下新动向值得注意：一是许多地区村民自发兴起编村志、修家谱等热潮，表现出一定的文化自觉；二是村民在地方政府支持下，乡村记忆馆、村史馆、民俗博物馆、文化礼堂等公共文化设施在村落中大量涌现。上述现象无疑是可喜的，反映了在当下城市化过程中，当人们日常劳作模式发生深刻变化的时候，对于祖祖辈辈生活所凝结的“村庄记忆”的珍视，并以自发地记录和书写的文化实践予以留存。民众对之前的劳作模式充满怀念，希望年轻一代了解自己村庄农业生产的过去，因而采取多种方式留存民俗文化：第一，自发修建了各种农具博物馆，展示村庄曾经农业生产的历史，向年轻人讲述农耕生活的点滴。第二，编修村志，拍摄影片，不仅可以留住村庄记忆，还在整个过程中促进了村民之间的相互交流，增强了他们之间的文化认同。

显然，民俗文化是增强居民对社区的认同感和归属感，培育群体参与公共事务的意识和能力的重要途径。换言之，包括城乡社区的文化建设和城乡居民自发兴起的趣缘组织与民俗活动，在促进群体交往和文化认同方面有着重要意义。我们注意到，在上述民众自发行动与政府合理施政之间，迫切需要加强交流与磋商，搭建以地方社会发展为中心的公共话语平台。

二、2016年度中国民俗文化发展考察的九个发现

(一)民俗文化在当代中国发展宏大格局中的作用日益受到重视,成为当今社会及学界关注的热点话题

十八大以后,我国为推进文化的发展,树立建设高度文化自觉和文化自信的目标,提出了一系列的文化改革措施和政策,加大了文化建设的力度,文化越来越成为民族凝聚力和创造力的重要源泉。以此为背景,民俗作为国家文化建设的重要内容,如何使民俗文化在国家建设中发挥其应有的作用,就成为当下民俗学科及相关领域关注和讨论的重要议题。

在探讨民俗学与国家文化建设的问题上,周星从民俗主义、学科反思与民俗学的实践性三个层面展开了讨论,指出了民俗在国家文化政策形成与建设上担负的作用,以及在这一过程成将要面临的问题。可以说,“民俗主义”这一概念及其相关的学术讨论,揭示了现代社会中民俗文化传统的常态,不仅促使中国民俗学全面地校正自己的研究对象,也有助于推动当代民俗学者对自身在整个社会发展中所应承担的角色与责任的深入反思,推进民俗学服务社会的应用性、实践性和公共性。民俗学者通过对包括非物质文化遗产保护运动在内的实践性和应用性研究,将促使民俗学在中国成长为一门能够对国家文化政策、非物质文化遗产行政、当下中国社会生活文化问题的描述、解释、评论和改进的学问。

(二)民俗旅游成为全国各地文化产业开发的重要途径,在带动地方经济效益、促进社会和谐等方面发挥着重大作用

民俗文化资源作为开发文化产业的重要组成部分,其产业化开发成为实现文化资源经济收益和社会效益、传承民俗文化的有效途径。随着中国乡村民俗文化旅游业的迅猛发展,各类乡村旅游节相继举办,民俗文化日渐成为带动各民族地区脱贫致富的主要力量。西南六省区凭借当地独特的民族文化资源,旅游业实现了跳跃式发展,持续引发了民俗文化与乡村旅游、生态农业等融合发展热潮,得到社会各界广泛关注。

(三)我国民族民间文化事业稳步推进,非物质文化遗产保护工作逐步深化,成效显著

2016年,随着我国社会经济的快速发展,在建设全面小康社会与“一带一路”倡议的时代背景下,国家在非物质文化遗产保护、民族文化产业、民族文化展演、

山地民俗旅游、古村落保护、民族古籍保护、民族文化数字化保护等方面加大支持力度，取得长足进步。2016 年，西南六省区积极申报世界级遗产名录，喜报频传，为我国世界遗产项目实现新突破。7 月 15 日，第 40 届联合国教科文组织世界遗产委员会会议在土耳其伊斯坦布尔举行，广西的“左江花山岩画文化景观”被列入世界遗产名录，由此，中国的世界遗产项目达到了 50 个。12 月 16 日，贵州省天柱县坌处乡的三门塘刘氏宗祠获联合国文化遗产保护奖，这是贵州以旅游为主导的项目首次在国际上获奖。由文化部主导、各级政府实施的非物质文化遗产传承人群研修研习计划，遍地开花，获得各界认可。与此同时，在轰轰烈烈的全球化、城镇化以及旅游大发展的进程中，部分地区民族民间文化的发展面临着全新的挑战，在价值发掘、传承保护、创新利用等方面仍有诸多亟待解决的问题。

（四）在现代多元化社会背景下，我国婚俗文化发展在秉持传统礼仪内涵的同时，发生了种种新变，城市单身族成为普遍现象

当下，随着社会观念、时代风尚的转变，我国婚俗文化与观念发生巨大变迁，婚礼形式日趋多元。重视节约、环保，崇尚自由、个性的婚礼形式层出不穷，自主婚礼、集体婚礼、环保婚礼等，不再恪守传统婚礼的既定程序一板一眼地进行，但也不再片面追求排场和花费。然而，也出现了一些普遍的社会问题，如结婚年龄不断推后，青年人“择偶难”问题日益凸显。首先是单身青年工作压力大、社交范围狭窄导致自主择偶面临困境；其次是城市社会中人的疏离性、匿名性、流动性使“熟人介绍”的传统相亲方式遭到挑战。尤其是随着受教育程度的提高，一些高学历、高收入的女性，由于忙于事业，不再将婚姻作为获得安全感的唯一途径。显然，大量单身青年流入城市改变了当地的婚恋市场结构，也对城市社会带来不可忽视的影响。

（五）中国葬俗改革、移风易俗工作持续推进，有助于倡树文明民风，但在具体做法上需要循序渐进

从 20 世纪 70 年代起，国家开始倡导移风易俗，主要以火化为突破口，改变传统的土葬方式，近年来为了缓解土地资源紧张，工作力度明显加大。一方面，丧葬消费逐年攀高，民众压力不断增大。另一方面，铺张浪费、攀比炫富等不良社会风气蔓延，影响恶劣。纵观 2016 年，为贯彻落实习近平总书记系列重要讲话精神，特别是关于“美丽乡村”建设的重要指示精神，把移风易俗、殡葬改革作为深化农村精神文明建设的重要内容，倡树文明新风尚，净化乡风民风，收效明显。如山东省在全省范围内成立红白理事会，负责制定葬礼的相关规章制度，提供“一条龙”服务，协助丧主操办葬礼并进行监督，防止铺张浪费、大操大办。陕西省试点建设农村公益性公墓，倡导生态绿色惠民殡葬，加快推进农村公益性公墓建设，也取得了良好效果。

（六）在助推我国老工业基地创新性发展与振兴建设方面，传统民俗文化意义重大

自从 2003 年我国老工业基地振兴政策实施以来，东北地区在获得了长足发展的同时，也面临着一些问题，如经济增速缓慢或下滑，原有的产业结构固化，对新经济、新形式缺乏迅速而充分地回应等等。这些问题固然与经济结构、机制因素等关系密切，但是没有与东北传统文化有机融合，发挥传统文化所具有的富有道德感召力的社会力量，也是重要因素。近年来，当地政府注意梳理当地民众与过去的老工业历史之间的关系，积极再现、确认与拓展传统文化的丰富内涵与外在的表述形式，探索以认同传统记忆和价值的方式，引领经济发展的新途径与新方式，试图为东北的经济发展与社会转型提供认同的基础，减缓区域社会转型所带来的风险和震荡，相关实践值得注意。

（七）2016 年社会灾难多发，由现代技术引起的灾难问题引发广泛关注

灾难的发生、应对以及影响，与民众日常生活戚戚相关。灾难给社会带来严重的损失和破坏，同时又重塑着个体和社会的生活状态与价值观。2016 年是多灾多难之年，先后经历多种重大灾难，主要包括以地震、暴雨洪涝、泥石流、台风等为主的自然灾害，以及以交通运输、火灾爆炸等为主的安全事故。其中，与网络安全和信息泄露等技术问题有关的灾难因素，引起社会热议。这种技术灾难，是直接或间接地由技术造成的人为事故，其未知性、复杂性引起包括民俗学在内的学界的广泛关注。

随着网络通信技术的发展，灾难的发生不再是一个社区、一个群体的地域性事件，而是能瞬间波及全世界的公共性事件，同时非灾区的民众得以通过技术手段关注与参与。民俗学以研究日常生活见长，其灾难研究着重对灾难前与灾难后的民众生活世界进行比较，不仅应该关注灾难事件本身，也应该关注灾难前社会与灾难后社会的日常生活世界如何被灾难作用和影响，提倡从生活和心理的双重维度救助灾民。

（八）中国社会的“厕所革命”持续推进，乡村地区纳入环境卫生整洁行动，成为“美丽乡村”建设的重要举措

厕所革命，作为现代中国大规模的“生活革命”的重要环节之一，是关涉国民

生活品质提升的重大民生问题。对于已经成为世界第二经济大国的中国而言，旅游景点、景区的旅游厕所与城市街区的公共厕所固然重要，但在农村推广卫生厕所则更为重要。2016年8月，习近平总书记出席全国卫生与健康大会，充分肯定"厕所革命"的意义与成果，提出持续开展城乡环境卫生整洁行动，再次强调要推进农村的"厕所革命"。农村改厕既是农村环境卫生的革命，也是农民生活方式的革命，将在很大程度上提升一般人民的生活品质。

（九）关于食品安全的网络谣言引发社会普遍关注，相关部门加大治理力度，引导公众走出食品安全认知误区

新媒体语境下，层出不穷的网络谣言给广大民众生活带来极大困扰。谣言在任何年代都未曾消亡，一旦遇上了数字化时代的网络传播，搭上了微博、微信，以及智能手机等新兴传播工具，其传播能量、传播速度、传播范围就被无限扩大，所带来的社会影响也比以往任何时代都广泛。2016年的网络谣言，最突出的是在食品安全方面，其危害引起相关政府部门以及社会各界的广泛关注。2016年，国家网信办、农业部等相关部门举行了一系列的活动，旨在推动食品安全，打击食品谣言。不过，如何从传播路径和处理机制遏制成本低廉、传播迅疾的网络谣言，引导公众走出食品安全认知误区，仍然是有待进一步破解的重要问题。

三、2016年度中国民俗文化发展三项建议

（一）聚焦国家社会治理中的民俗文化传承运用，在国家战略视野中探索实现其活态传承的新契机

聚焦近现代以来的民俗文化传承运用状况，分析其在助推当代新农村建设乃至整体意义上的中国乡村文明传承方面的意义，总结其实践模式，探索如何进一步落地乡村社区建设，为以乡土传统为根基的中国特色现代价值体系筑基。地域辽阔、人口众多的农村，是承载中国传统文化精神的核心地。在国家实施大力推进新农村发展战略的今天，建设富有良好生态与社会活力的乡村，不再仅仅是单纯的农村建设问题，而对当下与未来的中国整体发展具有重要意义。应该以此为契机，充分发挥民俗文化传承对中国现代化进程所具有的价值建构、社会培育的作用，使得民俗文化传承在整体意义上的当代中国社会发展扮演重要角色。

国家社会治理与民俗文化传承发展是一种共生关系，在我国是一个长期互动的过程。一方面，民俗文化本是在民间自发形成，具有多样性、地方化、生活化的特征，而国家社会治理则属于顶层设计与宏观管理，具有统一性、标准化、制度化

的特征。另一方面，国家社会治理又是以丰富的民俗文化传承实践为支撑的，离开了民众生活的认同与贯彻，国家社会治理便无从谈起。国家相关战略绝不仅仅是经济层面的行为，还寓含文化关怀层面的重要指向，这在国家政治改革持续向社会生活落实的今天，民俗文化保护传承运用具有异乎寻常的意义。

（二）重视传统文化对社区建设的积极建设作用，重建社区共享性传统

当下，重新发现传统民俗文化的价值，重建乡村社区的共享性传统，重整基层社会秩序，已经成为一项紧迫工作。在乡村社区推进政府各类公共服务事项的过程中，如环境整治、垃圾分类及处理、学前教育、公共文体服务等，已经直接与村级公共性议事机构对接，但这一工作的持续推进与不断优化，最终要靠乡村共享性传统的激活和有序运行做保障。尤其是在我国多民族地区，以民族村寨为基本单元而传承的民俗文化，更是保障社会稳定与发展的基石。

以激活乡村共享性传统为切入点，结合各地社会经济发展现状和历史文化传统，紧密联系乡村群众，最大限度调动基层社会的自主发展能力，是实现社区发展的有效手段，同时也有助于重建乡村在国家经济社会发展中的格局，缓解城乡矛盾，减轻城市人口膨胀和老龄化压力，是促进乡村经济建设、文化建设、社会建设、生态文明建设，探索新形势下中国特色社会主义新农村发展模式、弘扬中华优秀传统文化、涵养社会主义核心价值观的有效路径。

（三）在开展“移风易俗”、推进“美丽乡村”建设的过程中，充分发挥村落乡贤理事会、红白理事会等民间组织的作用，加强社区自治

作为中华文化的本源之一，传统葬俗陪伴着一代代人的成长，是礼敬生命、传承孝道的仪式，维系、守护着中华民族的基本价值理念，在历史的长河中已然内化为中国人的生活习惯与文化记忆。当下社会的急速转型，催逼传统葬俗与日常生活出现诸多疏离，其滋生的“面子”“炫富”问题割裂了传统葬俗作为日常礼仪文化的内在属性，严重破坏了传统葬俗在维系人伦、促进社会和谐方面的价值与功能，必然要适时进行移易。移风易俗、“丧事简办”与传统文化复兴并行不悖，既秉持历史传统又极具时代文化特色的新型葬俗将更能体现中华丧葬文化的蓬勃生命力。只要在实际工作中尊重民情，“因俗制法”，把握尺度，移风易俗不仅能被民众主动接受，还能净化乡风民风，促进当下的“美丽乡村”建设，但切勿操之过急或采取简单粗暴的手段。

“十里不同风，百里不同俗。”民俗具有鲜明的地域性差异，移风易俗要根据具体情况因地制宜，应充分重视村民组织的重要角色。诚然，移风易俗作为国家社

会治理的重要方式，需要政府的统一调度和安排，但在执行过程中又应充分发挥民间组织的作用，毕竟移风易俗与民众生活有关，代表民意的民间组织可以与国家政府优势互补，承接部分政府职能。村落乡贤理事会、红白理事会等民间组织最了解地方民众生活，其成员多是老党员、老干部、老教师等，在当地都拥有较高的地方威望，如果给予充分肯定与适当引导，必将在移风易俗工作中发挥重要作用。

分报告

2016年度中国民俗文化研究综述

赵世瑜　龙　圣　王加华　赵彦民*

一、理论探讨

本年度，我国民俗学界主要从研究对象、学科属性、理论方法、学科建设等方面进行了理论探讨。其中，部分讨论在延续和强调既有看法的同时，也注意结合新形式作进一步的学术思考，体现出我国民俗学界在理论探索方面的新进展。

（一）关于民俗学研究对象的讨论

随着我国社会的不断发展，民俗变迁已成为显著现象。在这一大的社会转型背景下，对民俗学研究对象进行调整势在必行，本年度几位学者就围绕这一问题展开了学理上的探讨。徐赣丽指出，当代中国社会最大的变化即城市化，由此带来的传统民俗变迁也最为显著，比如农村人口过疏带来文化传承断裂；城市人口流动频繁，导致多种文化杂糅；新的生计方式诞生新的民俗，等等。这些变化使得以往以乡村传统民俗和国家视域下的城市民间文化为研究重点的民俗学需要调整自己的研究对象。具体而言，民俗学研究对象应从乡村转向城市，从传统转向现代，从民间文化转向大众文化；与此同时，民俗学应增加科学的时代感，注重现实参与，从琐细的、单项的、平面的、静止的民俗事象研究转向特定语境下的文化整体研究，即呼吁当代都市日常生活研究以及都市的公共性研究，突出当代以都市生活为主流的社会文化和时代特色。此外，作者认为中国民俗学有着自己的特殊性，民俗学研究对象的"时空转向"既需要向国内外相邻学科学习，又需要大胆

* 赵世瑜，北京大学历史系教授；龙圣，山东大学儒学高等研究院民俗学研究所副教授；王加华，山东大学儒学高等研究院民俗学研究所教授；赵彦民，山东大学文化遗产研究院副教授。本文撰写分工如下：龙圣负责撰写第一节理论探讨；王加华负责撰写第二节田野研究；赵彦民负责撰写第三节民俗文化发展策略；赵世瑜负责全文归纳、补充、文字润色等统稿工作。

创新，不断在实践中探索和建构科学的理论方法。[①] 在另一篇文章中，徐赣丽进一步指出，随着我国经济发展及城市化、信息化的加快，民俗学需要深入反思和调整研究方向，以应对现实社会的不断发展。与此同时，国家各项文化政策和非物质文化遗产保护热潮以及学界对跨学科研究的重视，也为民俗学的发展提供了新的机遇。在上述背景下，综合国内外民俗学研究历史、现状以及我国国情，中国民俗学界应加强和推进都市民俗学研究、应用民俗学研究和日常生活研究，使研究对象从传统走向现代，从乡村走向都市、从民间文化走向大众文化，从搜集奇风异俗走向探求日常生活，以此不断开拓民俗学的研究疆界，从而完善自身学科建设，并为国家文化的发展和文明的传承贡献力量。[②]

通过总结国内外民俗学学科发展的历史与经验，周星认为民俗主义是民俗学研究的重要对象之一。他指出，民俗主义是指脱离了原先的母体、时空文脉及意义、功能的民俗在新社会状态下通过重组、再编、混搭和自由组合被消费、展示、演出、利用，从而形成的民俗文化现象。民俗主义在世界范围内广泛存在，美国、德国、日本以及中国民俗学界也都先后讨论过与民俗主义相关的问题，如 20 世纪 50—80 年代美国民俗学对"真/伪"民俗的讨论；60—80 年代，德国民俗学对"民俗主义"现象的讨论；90 年代以来，在日本，民俗学通过民俗主义重新审视各种民俗文化现象；在中国则有关于"泛民俗""伪民俗""民俗主义"等问题的探讨。由于长期以来中国民俗学界秉持着一种观念，即民俗传统应是原生态的、固化的、静止的和不变的，故在民俗主义的问题上，多对其好坏、正误、真伪、优劣加以评价，而少有将其视为民俗学应有的研究对象。然而，一方面，民俗主义无处不在，已成为现代社会的基本常态，学界应面对这样的现实。另一方面，从建构主义民俗学立场出发，所有的传统与民俗，包括民俗主义均以某种方式被人为建构，民俗主义与民俗没有本质的区别，民俗主义就是民俗。因而，民俗主义及相关问题应被纳入到中国民俗学的研究对象当中。[③] 除周星外，王霄冰对民俗主义也持相同的看法。她指出，民俗主义是一个过渡性的概念，是指现代社会中对于民俗的二手传播和展演现象。改革开放以来，形形色色的民俗主义现象已经渗透到我国社会生活的方方面面，但截至目前除了一些初步的研究成果外，学界对无所不在的民俗主义现象仍表现出"敬而远之"的态度，与之相关的研究成果数量也极为有限。因此，她认为在中国民俗学面临学科边缘化等危机而从内部出发谋求学术转型的背景下，当前社会生活中普遍存在的民俗主义现象正可为民俗学者提供讨论的话题和

① 参见徐赣丽：《城市化背景下民俗学的"时空转向"：从民间文化到大众文化》，《学术月刊》2016 年第 1 期。

② 参见徐赣丽：《拓展民俗学研究的三个方向》，《中国社会科学报》2016 年 12 月 20 日。

③ 参见周星：《民俗主义、学科反思与民俗学的实践性》，《民俗研究》2016 年第 3 期。

研究的对象。从民俗主义的研究实践出发，中国民俗学可建立一系列的学术分支，比如公共民俗学、政治民俗学、经济民俗学、艺术民俗学、宗教民俗学等，并通过与相关学科进行平等而富有建设性的对话以提高自身的学术地位。①

（二）对民俗学学科属性的探讨

民俗学是一门怎么样的学问，其学科属性如何？学界已经有不少讨论，或认为民俗学是人文学科，或认为是社会科学，或认为人文与社科兼而有之，抑或认为是一门实践的学问，等等。本年度相关讨论大致延续了以往的看法，如安德明认为，民俗学既是一门纯粹的人文学科，又是一门社会科学；一方面，我们要对很多基础性的文化和社会问题进行探讨，另一方面，又要提出对于社会发展有意义的建议。② 又如王霄冰指出，有的学者认为民俗学不只是经验科学，同时也是一门实践科学；也有的学者强调，民俗学在转向社会学、人类学的过程中，也不能一味地把自己变成社会科学，不能忘了自己还是一门应该具有人文情怀的人文科学。③ 再如，张举文强调民俗学的学科性在于其固有的跨学科跨文化性。④ 高晓芳亦认为，民俗学从学术属性上来说，是一门兼具人文科学与社会科学性质的交叉学科。⑤

此外，有些讨论虽延续了以往的看法，但又有所展开，比如关于民俗学实践性的论述便是如此。吕微认为，民俗学研究具有很强的实践性。然而，民俗学的实践性并不是一定要参与其中的具体的实践，比如像民国时期晏阳初、梁漱溟在河北、山东进行农村改造的那种直接的实践，而是一种间接的实践，就类似于高丙中所说的“见证”，或吕微自己所说的“表述”，即提出一个见解（或者说观念），通过这个见解（或观念）去影响社会，就如五四新文化运动提出的“自由”“民主”的观念一样，是一场深刻影响了中国一百多年的社会实践。民俗学者要用“见证”的方式，通过从事一种观念的生产来参与社会，这本身就是一种实践。⑥ 与吕微相似，户晓辉也强调民俗学研究的实践性，认为民俗学的实践研究不一定非要提出有针对性的现实策略，而是为社会生产观念。与此同时，户晓辉还指出理论对于民俗学实践姓的重要意义，认为观念生产必须有理论预见性，而不仅仅是对现状的简单归纳和描述，否则可能只是生产一些没有用处的意见。真正的理论对实践所具有

---

① 参见王霄冰：《中国民俗学：从民俗主义出发去往何方？》，《民俗研究》2016 年第 3 期。

② 参见安德明：《如何提高人生礼仪研究的实效性》，《民间文化论坛》2016 年第 1 期。

③ 参见王霄冰：《也谈人生礼仪研究的实践性》，《民间文化论坛》2016 年第 1 期。

④ 参见［美］张举文：《美国亚裔民俗研究的新视角》，桑俊、王继超译，《文化遗产》2016 年第 4 期。

⑤ 参见高晓芳：《中国民俗学人才培养谫论》，《重庆与世界（学术版）》2016 年第 9 期。

⑥ 参见吕微：《实践民俗学的提倡》，《民间文化论坛》2016 年第 1 期。

的前瞻性与预见性是单纯观察现象的研究所难以具备的。理论上的观念生产对实践有巨大的影响和作用,其效果不一定立竿见影,但理论上的观念生产是一种真正的实践。①

周星认为,民俗学是一门具有实践性的学问,而非一门纯书斋式的学问。中国民俗学自诞生之初开始,就从不隐讳学科的应用性追求。此后,民俗学也广泛参与了革命以及国家文化建设实践,体现出民俗学的应用性和实践性。因此,民俗学当之无愧的是一门实践性的学问。与此同时,他也指出民俗学者往往在"应用"名义之下,毫无保留地与行政权力合作,对权力可能侵蚀学术的危险性缺乏相应的警惕,因此民俗学在强调自身实践性与应用性的同时,还应该进一步思考自身学问的公共性。总之,中国的现代民俗学必须是公共性、实践性与学术性并重的民俗学,大面积研究当代的民俗主义现象,正是民俗学公共性的要求,也是其实践性与学术性所追求的目标。②

(三)有关民俗学研究理论方法的探讨

长于资料的收集和整理而缺乏理论方法一直是人们对民俗学不满意的地方,由此也一度引起世界范围内的民俗学学科危机。中国民俗学也是如此,但学人探究民俗学理论方法的脚步却也未曾停止过。就本年度而言,学人对实证主义、民俗认同、口述史等研究方法的讨论,集中体现了当前学界积极探索民俗学理论方法的努力。

对实证主义研究范式的反思和讨论,是本年度国内学界探索民俗学、民间文学研究理论方法的重要方面。首先,刘宗迪对当前民俗学、民间文学研究中的实证主义倾向进行了反思。他指出,中国民俗学、民间文学研究从一开始就有两种研究倾向,一种是学术的(实证的),一种是文艺的(文学的)。国内民俗学、民间文学发展早期之所以受到人们重视并成为一门学科,主要是因为其文艺的研究目的,即通过搜集和整理民间文学这种采风的方法为现代民族国家的形成奠定基石。中华人民共和国成立后,文艺的研究取向,即大规模地对各民族各地区的民间文学的搜集、整理、改写,既促进了民间文学的传播、发展,同时也为多民族国家认同的形成做出了重大贡献。20 世纪五六十年代,国内发生了一场关于民间文学搜集与整理问题的论争,形成以刘魁立先生为代表的学院派(田野研究派)和以董均伦等为代表的文艺派(采风派)。前者主要以学术研究为目的,强调搜集民间文学应以真实性、科学性为准则,忠实记录、一字不改。而后者则主要为了弘扬和

---

① 参见户晓辉:《再谈理论与实践的关系》,《民间文化论坛》2016 年第 1 期。

② 参见周星:《民俗主义、学科反思与民俗学的实践性》,《民俗研究》2016 年第 3 期。

传播民间文学，从而对搜集到的文本进行文学加工和升华。学院派的实证主义研究倾向虽强调了科学传统，但却无助于民间文学的传承和弘扬，相反文艺派的浪漫主义传统，即采风模式更有利于文学的创造与文明的传承。在刘宗迪看来，民俗学、民间文学日益被边缘化并彰显出学科危机，并非是因为其科学性不够，而恰恰是因为忽视了传承民间文化这一本来的目的，因而他呼吁在研究方法上，从强调实证主义的语境分析回归到浪漫主义的文学采风。[①]

与刘宗迪一样，户晓辉也反对民俗学中的实证主义研究倾向，主张重识民俗学的浪漫主义传统，但他与刘宗迪对浪漫主义的理解却有不同。户晓辉认为，民俗学的浪漫主义传统是由浪漫的民族主义和自由的民族主义共同构成的，自由的民族主义是浪漫的民族主义的理性目的和逻辑条件，民俗需要从浪漫主义那里接续自由的民族主义传统，才能有助于其成长为一门现代学科。[②] 这与刘宗迪反对自由主义、个人主义作为民俗学研究传统的看法有所不同。这种分歧，或许源自于学者们对民俗学发展利弊的不同理解和考虑。在刘宗迪看来，与自由主义、个人主义相对的浪漫主义、民族主义才是民俗学受到人们重视的原因，因此寄希望于后者来应对日益凸显的民俗学学科危机，而户晓辉却从德国民俗学发展的历史经验出发，认为后者正是德国民俗学被“纳粹”利用的基础，因此强调重视理性的自由民族主义，并认为唯有如此才有助于自证民俗学作为一门真正的现代学科存在的合法性。

除以上讨论外，还有学者从“民俗认同”“礼俗互动”“口述史”等维度，对民俗学研究理论方法予以拓展。张举文以分析美国亚裔民俗的形成为例，探讨了“民俗认同”作为研究方法对于推动中国民俗学研究现状反思和研究范式转换的意义。何以提倡“民俗认同”的研究方法？作者在学理上作了阐释，指出民俗的一切都与认同有关。换言之，认同只能通过日常的民俗实践来表达。认同是一个抽象概念，它由民俗实践者内部及实践者与“他者”交流中的具体民俗实践塑造、表达和维持。“我们”与“他们”的区别只有通过民俗才能表达。因此，民俗研究在个体和群体层面就根本而言是一种身份认同；民俗学本质上就是关于认同的研究；基于民俗研究认同的方法是民俗学研究的根本。民俗学者一直以来的工作本质上是收集、辨别认同的标志符号，把它们放在共时或历时的语境中进行阐释，以便局内人和局外人理解。尽管民俗实践者对自身有文化意义的行为有自己的阐释，但是民俗学者试图把这些实践行为放在语境中做出更广泛更深入的联系和阐释。

---

① 参见刘宗迪：《超越语境，回归文学——对民间文学研究中实证主义倾向的反思》，《民族艺术》2016年第2期。

② 参见户晓辉：《重识民俗学的浪漫主义传统——答刘宗迪和王杰文两位教授》，《民族艺术》2016年第5期。

关于"民俗认同"作为一种研究方法的意义，张举文认为，民俗认同的理念集中关注一个群体用以建构起群体认同的民俗实践。这一观点可使我们看到正在建构中的新的群体、新的身份认同和新的文化，帮助我们更好地理解群体内部的多元性。民俗认同的方法考察某一群体、个体的民俗实践，不考虑群体内部可能的种族、民族或宗教差异，这有助于我们通过多元文化的相互作用去理解传统的延续和创造性。民俗认同研究方法的运用肯定了民俗与认同的关系，与基于民族性的"族群认同"和涵盖一切、模糊不清的"文化认同"等旧概念阴影下的研究相比，这是民俗和认同研究更具前景的方法。值得注意的是，要实现基于民族性的研究方法转向基于民俗的方法，需要强调民俗实践对于一个群体民俗认同形成的重要性，同时承认民俗认同的多样性、杂糅性和可变性。①

中国社会历史悠久，文化积淀深厚，张士闪倡导的"礼俗互动"研究对于已有民俗学理念是一种拓展。他认为，在传统中国的复杂社会系统中，礼俗互动奠定了国家政治设计与整体社会运行的基础，并在"五四"以来的现代民族国家建构中有所延续。礼俗互动的核心要义，是借助全社会的广泛参与，将国家政治与民间"微政治"贯通起来，保障社会机制内部的脉络畅通，以文化认同的方式消除显在与潜在的社会危机。显然，他是将"礼俗互动"视为中国社会的一般性质，由此将国家进入乡村的历史过程、乡村对于国家的想象与运用等，纳入民俗学研究框架之中，由此开启了许多新的话题，如国家礼仪对于民众心理的潜移默化作用，"礼俗社会"中国家政治与民间自治之间的联合运作机制，礼俗互动逻辑与乡村公共机制的形成，国家政治与民间"微政治"的并置与连接等等。② 有多位学者加入讨论，继续拓展了"礼俗互动"的学术内涵。如：赵世瑜注意到"礼与俗的观念，背后有一个层累的历史过程……礼俗问题，是中国的多元文化被统一到了一个整体之中的关键性问题"③；李松从近现代中国民间文艺政策及实践中总结出礼俗互动的三种类型；刘铁梁则将礼俗互动视为国家与社会之间的政治文化运作，提醒不要将礼俗互动理解成简单的官与民的关系，还应该包含全社会中多元主体之间的文化对话④，等等。还有部分学者在个案研究中，在"礼俗互动"的社会框架中理解民俗，关注在国家进程与地方社会发展中的民众作为，显示出在中国社会语境

① 参见[美]张举文：《美国亚裔民俗研究的新视角》，桑俊、王继超译，《文化遗产》2016 年第 4 期；[美]张举文：《美国华裔文化的形成：散居民民俗和身份认同的视角与反思》，惠嘉译，《文化遗产》2016 年第 4 期；[美]张举文：《美国亚裔民俗研究的新视角》，桑俊、王继超译，《文化遗产》2016 年第 4 期。

② 参见张士闪：《礼俗互动与中国社会研究》，《民俗研究》2016 年第 6 期。

③ 赵世瑜、李松、刘铁梁：《"礼俗互动与近现代中国社会变迁"三人谈》，《民俗研究》2016 年第 6 期。

④ 参见赵世瑜、李松、刘铁梁：《"礼俗互动与近现代中国社会变迁"三人谈》，《民俗研究》2016 年第 6 期。

中“礼”“俗”话语形式及社会现象的普遍存在。[①]

口述史因关注普通民众而与民俗学有着共同的研究旨趣，本年度华东师范大学博士后研究员中村贵提倡将口述史研究方法运用于民俗学研究，并对其可行性进行了探讨。作者指出，口述史本来是历史研究的一个分支，随着口述史的发展，其跨学科性质逐渐受到人们关注，于是开始被应用于人类学、社会学及民俗学研究上。作为历史研究的口述史追求“历史真相”，而作为“方法”的口述史则主要关注普通人的历史意识是怎样形成的，他们如何理解他们的过去，个人的经历与社会背景如何关联，他们的过去怎样融入到“当下的日常”等问题，即从“重现历史”转到“解释历史”，从“是什么”转到“为什么”。于是，口述史从历史学的一个分支，变成了作为人类学、社会学以及民俗学等其他学科的研究方法之一。因此，作为“方法”的口述史可以应用在人类学、社会学及民俗学等不同学科上。对研究“当下的日常”“日常生活”的现代民俗学来说，口述史“自下而上”的视角和关注普通人的经历与记忆等特点，在方法上为民俗学研究提供新的视角，可能会在研究领域上开拓出新的空间。[②]

（四）对民俗学学科建设与发展的探索

中国民俗学学科发展面临的困境是什么，何以产生这些困境，如何才能更好地建设和发展中国民俗学？这些问题关乎民俗学在中国之命运，因此历来受到重视，本年度学界主要从内外两方面出发，对此作了积极的探讨。

1. 从总结国内经验出发

民俗学作为一门现代学科在中国的发展已有近百年历史，取得了不小的成就，但进入 21 世纪以来，中国民俗学界也日益感觉到学科危机的存在，并对如何建设和发展民俗学学科进行了积极的探索，本年度不少学者在此基础上对相关问题作了进一步的探讨。

王霄冰从内外两方面出发对中国民俗学出现学科危机感的原因进行了分析。她认为，从外部来看，造成中国民俗学危机感的因素主要有两个：一是自 20 世纪六七十年代以来，国际民俗学界发生了重大的研究转向，不断更新研究对象和方法，一些新的理念传入中国并对长期以来处于封闭状态的中国民俗学造成巨大的

① 参见陈志勤：《礼俗互动与民间信仰内涵置换的逻辑——“孝女”的曹娥和“水神”的曹娥》；吴欣：《“奶奶”的庙：女神信仰的世变与势变——以鲁西社会为中心的研究》；李生柱：《冀南教仪中“功”的逻辑与实践——兼论民俗语汇作为民俗学研究的一种可能路径》；菅丰：《公益与共益：从日本的“社会性”传统再构成看国家与民众》，陈志勤译。均发表于《民俗研究》2016 年第 6 期。

② 参见［日］中村贵：《追寻主观性事实：口述史在现代民俗学应用的方法与思考》，《文化遗产》2016 年第 6 期。

冲击，导致国内民俗学界对自身研究现状的不满，从而出现学科危机感。二是中国民俗学学科的模糊性以及在人文社会科学大家庭中的边缘位置，也是造成学科危机的重要外部因素。从内部来看，作为现代学科的中国民俗学虽已有近一个世纪的发展历史，但长期以来并没有形成一套相对稳定且行之有效的学术范式，除了民间文学之外似乎也没有其他更多专属于自己的研究领域，因此民俗学在面对当下社会的各种挑战时不能及时做出有力的回应（比如对是否应该参与"非遗"保护和研究犹疑不决，对当下广泛存在并本应列为研究对象的民俗主义现象视而不见，等等），这也是令民俗学从业者深感不安的一个问题。[①]

除王霄冰外，王晓葵主要通过梳理和分析"民俗""民俗学"两个概念的形成过程探讨了当下中国民俗学学科危机产生的根源。作者指出，民俗和民俗学并非是一个先验性的存在，而是在特定的历史环境中产生并被建构的概念。而且，它们也随着时代的变迁不断被重构。这点在中国也不例外，民俗学在中国兴起并受到重视主要是为了政治革命，当时之所以重视民俗是因为它是现代民族主义建构的文化资源，因此早期民俗学在学科体系中占有重要的位置，属于国学之一。然而贵为国学的民俗学在中国短短不到十年就迅速衰落。究其原因，最重要的是，"民俗"是现代民族主义建构过程中"乡土"的承载物，是政治文化建构的产物，并不等同于老百姓日常生活的经验性事实。而当民族国家的建设告一段落，这些被赋予"民族的""固有的""本质性"的意义的生活方式，丧失了原有的价值，而忘记了原有的问题意识，把当初作为手段的"民俗"当作研究对象，以为研究"民俗"的学问就是"民俗学"，则必然导致路越走越窄的结果。当政治革命和新国学建设两个目的完成之后，对"民间文艺"或者"民俗"的关注迅速降温，是非常自然的事情。这便是为什么民俗学学科出现危机的根源。为此，中国民俗学只有摆脱固有的把"民俗"当作先验性存在并加以研究的思维，面对当下社会问题并提出"民俗学式"的解答，才能化解学科的危机。[②]

在提出学科面临的问题及成因之外，学界还从多角度、以多种形式探讨了如何加强民俗学学科建设的问题。民俗学学科自主话语体系建构及其未来发展一直是学界关注的重要话题。2016 年 11 月，华东师范大学社会发展学院、上海社会科学院文学研究所举办了一次学术会议，与会专家学者对此展开了积极的讨论。田兆元认为，自主话语对于一个学科来说至关重要，没有自主话语的学科是没有灵魂的学科，自主开放地建设中国民俗学学科话语非常必要和重要。林继富

---

① 参见王霄冰：《中国民俗学：从民俗主义出发去往何方？》，《民俗研究》2016 年第 3 期。

② 参见王晓葵：《中国"民俗学"的发现——一个概念史的探求》，《华东师范大学学报（哲学社会科学版）》2016 年第 4 期。

就中国民俗学话语体系的历史维度、生活维度、政治维度和比较维度展开了深入分析，在此基础上进一步强调了建设中国民俗学自主话语体系的重要性。耿敬认为，民俗学话语体系的建构是中国社会发展进程中必须面对的现实问题，中国民俗学需要加强与社会现实的互动，同时注意在建构中国民俗学话语体系的过程中要反对全面的西化和完全的本土化两种倾向。尽管与会者讨论的侧重点有所不同，但在以下方面基本上形成了共识，即：在当代学术话语体系中，自主话语建构是很多学科所面临的共同问题，这点对民俗学来说也不例外。民俗学作为一门为社会服务的学问，其学科自主话语的建构将有利于民俗学的社会实践，有利于提升民俗学社会服务的功能，增强民俗学社会服务的使命意识，因此民俗学学科的自主话语建构意义重大。此外，本次会议还对民俗心理学、医疗民俗学、经济民俗学、旅游民俗学等分支学科的最新研究成果进行了展示和讨论，表现出学人在民俗学学科建设方面所做出的努力。①

从学科设置角度出发，詹兴文等人对建设中国民俗学学科问题作了探讨。作者认为，在现行的学科设置中，民俗学被置于社会学一级学科之下，这一学科分类使民俗学没有得到应有的重视，在一定程度上限制了民俗学的学科发展。如果将民俗学调整为一级学科，则有诸多的好处。第一，有利于在思想上把握该学科的整体性，能够使人们对民俗学的整体发展脉络有清醒认识，理清民俗学的历史发展、基本原理和精神实质；第二，可以从一级学科建设角度进行学科综合性的研究和把握，而不是从某些局部的和具体方面去研究；第三，还可以对该学科下的二级学科进行重点建设；第四，对于本专科教育教学都有良好的促进作用，实现民俗学学科的研究方向和教学课程内容向着整体化方向发展。作者进一步认为，民俗学调整为一级学科后，其下应有相应的二级学科，包括民俗学理论、民俗史、陆地民俗学和海洋民俗学。民俗学理论是民俗学的基础；民俗史是民俗学研究对象的发展历史；陆地民俗学和海洋民俗学，则是根据民俗的自然地理学和人文地理学特征划分出来的，尤其是海洋民俗学是新兴学科，具有重要的学术研究意义。②

此外，高晓芳从人才培养的角度出发对中国民俗学学科建设问题作了讨论。作者认为，学科的建立需要人才，学科的发展壮大更加需要人才。中国民俗学从20 世纪兴起开始就将人才培养放在学科建设的首位并贯穿始终。其培养人才的路径主要包括三条：一是成立民俗机构促进人才培养；二是完善高等教育体系促进人才培养；三是借文化工作促进人才培养，这使得中国民俗学学科得以不断完

① 参见林俊奇、张涛等：《"民俗学学科自主话语建构与社会服务学术会议暨海洋信仰与节日研究沙龙"综述》，《上海文化》2016 年第 12 期。

② 参见詹兴文、邢植朝、邓章扬：《论民俗学的学科建构与海洋民俗文化研究的发展》，《海南学刊》2016 年第 2 期。

善和壮大。然而，当下中国民俗学人才培养也遭遇到尴尬和困境，包括学科归属混乱不清；就业现状苦不堪言；人才供求失之交臂，等等。在当今社会处于全球化快速变革的时代，人才培养必须联系社会实际，中国民俗学人才培养不能仅靠象牙塔内的学术争鸣，也要积极转变观念，紧跟时代步伐，以符合新时期社会发展要求。同时，民俗学人才的培养要避免“空中楼阁”式教育，要从中小学基础教育抓起，建立中国民俗学的全民教育机制，这样势必会加快中国民俗学人才培养的步伐。①

2. 从借鉴国外经验出发

建设和发展学科体系，总的来说是中国民俗学自身的任务，需要依靠自身力量加以推动，但国外民俗成长的经历却对中国民俗学学科的发展具有重要借鉴意义，在参考国外民俗学发展经验、教训的基础上，不断探索中国民俗学学科发展和建设道路是十分必要的。因此，研究、译介和总结国外民俗学发展的历史经验，也就成为探索中国民俗学学科建设与发展的一个重要的组成部分。

2015 年，北京师范大学民俗学学科调整到社会学院之下，成立了人类学与民俗学系。为加强学科前沿课程建设，2016 年 4 月，人类学与民俗学系特邀请日本著名民俗学家福田亚细男先生在北师大进行了题为“日本民俗学——形成、发展和展望”的系列讲座。此次讲座共分为四场，题目分别为“日本民俗学的特色”“日本民俗学的形成”“后柳田时代的民俗学”“日本现代民俗学的潮流”。这一系列讲座对日本民俗学学科的形成与发展过程做了细致的梳理和总结，其中提到的日本民俗学发展的新领域，如对都市民俗学、现代民俗学、“民俗主义”的讨论等，对于中国民俗学学科的建设和发展具有重要的借鉴意义。②

除讲座外，毕雪飞通过访谈的形式与日本民俗学者岩本通弥教授进行了交流和探讨，其中就涉及民俗学学科的发展前景问题。岩本认为，中日民俗学有相似之处，不少人投入到“非物质文化遗产”保护热潮当中，这直接影响民俗学学科的发展，“非遗”总有一天会降温，对研究民俗现象感兴趣的人会越来越少。但是，对普通人日常生活研究感兴趣的大有人在，民俗学仍然会获得发展。只要人民的日

---

① 参见高晓芳：《中国民俗学人才培养谫论》，《重庆与世界（学术版）》2016 年第 9 期。

② 讲座内容参见[日]福田亚细男：《日本民俗学的特色——福田亚细男教授北师大系列讲座之一》，王京译，鞠熙、贾琛整理，《民间文化论坛》2016 年第 4 期；[日]福田亚细男：《日本民俗学的形成——福田亚细男教授北师大系列讲座之二》，王京译，鞠熙、贺少雅整理，《民间文化论坛》2016 年第 5 期；[日]福田亚细男：《后柳田时代的民俗学——福田亚细男教授北师大系列讲座第三讲》，王京译，鞠熙、贾琛整理，《民间文化论坛》2016 年第 6 期；[日]福田亚细男：《日本现代民俗学的潮流——福田亚细男教授北师大系列讲座之四》，王京译，鞠熙、廖珮帆整理，《民间文化论坛》2017 年第 1 期。

常生活还在，民俗学就还有用武之地。①

此外，李明洁就美国应用民俗学学科相关问题，与美国民俗学家戴安娜·埃伦·戈德斯坦进行了访谈。近来国内对美国民俗学情况译介逐渐增多，公共民俗学刚开始普及，之前都笼统被概括在应用民俗学之中。比如，在国内，应用民俗学被定义为“以民俗为教育手段、干预生活、改造社会的学科，同时也是以民俗为开发利用对象，对其加以勘察、利用、保护和管理的学科”，其领域涉及文化遗产保护、移风易俗、社会教育、商品开发、民俗旅游、文艺创作、群众文化活动、咨询服务、民俗陈列等等。但在美国，应用民俗学的范畴并没有如此广泛，国内应用民俗学所承担的多数角色实际上都属于公共民俗学领域。两者有着比较明显的区别，即公共民俗学与公共项目、策展、教育和保护等工作相关，从业者服务于政府、博物馆、州县艺术委员会、文化遗产组织、甚至是旅游机构等等，而应用民俗学则有所不同，学者们主要是通过提供技术和才能去解决各类不同的社区问题。阐明两者的不同，对于中国应用民俗学及公共民俗学建设、发展具有重要的借鉴意义。②

以上从研究对象、学科属性、理论方法、学科建设等方面对 2016 年度民俗学理论探讨方面的成果进行了概述。可以看出，与往年相比，本年度民俗学理论探讨方面的成果有所减少，这一方面说明通过长期的学术积累，学界对一些理论问题已形成基本的共识；另一方面也与当前学界聚焦于田野个案研究的学术取向有着密切的关系。理论最终要指导实践，回归实践，理论探讨的减少或许说明中国民俗学正日益从学科危机当中走出来，将主要的精力用在研究实际的社会生活问题之上。

二、田野研究

田野调查不仅是民俗研究获取资料的主要途径，还是一种重要的研究视野与方法，通过实地田野调查与民俗文化持有者的接触与交流，才能真正进入并理解民众的“生活世界”。因此，田野研究一直是民俗学的最重要研究面向。大体言之，我们可将田野研究分为两类：一是田野调查的理论与方法研究，重在探讨田野调查的特点与性质、理论与方法及其他相关问题；二是田野调查的实证与个案研究，即以田野调查为切入途径，在具体的“田野”或者说“语境”中探讨民俗事象之

① 参见毕雪飞、[日]岩本通弥：《日本民俗学者岩本通弥教授访谈录》，施尧整理，《民俗研究》2016 年第 5 期。

② 参见[美]戴安娜·埃伦·戈德斯坦、李明洁：《美国应用民俗学的特质、方法与实践——戈德斯坦教授访谈录》，《民俗研究》2016 年第 3 期。

于民众生活的价值意义问题。下面我们就主要从两个方面，对 2016 年的田野研究状况作一简要回顾。

(一)田野调查的理论与方法研究

2016 年，有关民俗学田野调查的理论研究，出了多本专著。从田野中来，到田野中去，“田野作业”是一个综合性的研究过程。围绕这一主题，由万建中、林晓平主编的《民俗学田野作业与田野基地建设》一书，从不同角度阐述了田野经验和田野研究的理念、方法以及应有的学术追求。[①] 由施爱东整理的《作为实验的田野研究：中国现代民俗学的“科玄论战”》一书，是一部围绕民俗学田野作业问题而展开的学术论争，焦点集中在“科学方法尤其是实验方法是否适用于人文研究”的问题。论争从早年的科玄是否分家、科学是否万能的问题，延伸到了人文学科的学术伦理与科学哲学问题。这一论争，虽主要局限于一批青年民俗学者的网络学术论战，但其意义却并不只局限于民俗学这一学科，而是对整个人文学科都具有一定的启示意义。[②] 周星则从文化人类学的视野出发，对中国本土社会及母语文化的诸多事实和现象进行了学术性探索。作者基于自己丰富的田野工作经验和实地田野调查资料，从容展开专题性论述，不断追问着那些被视为“理所当然”的社会事实和民俗现象，进而对很多被人们熟视无睹的“地方性知识”给出了独有新意的解读。[③] 值得一提的是，由郑少雄、李荣荣主编的《北冥有鱼：人类学家的田野故事》一书，共收集了国内外 75 位人类学家的 98 篇田野故事。这些故事，短小精悍、生动有趣，虽然并非有关田野理论与方法的直接讨论，但却体现出诸多田野工作者对田野研究各方面问题的思考与深切关怀。[④]

此外，还有大量论文围绕田野调查的理论研究问题作了相关探讨。具体来说，主要从以下几个方面展开进行：田野调查理论与方法的历史回顾、田野研究的方法讨论、田野调查与研究的主体性问题、数字化技术在田野调查工作中的应用问题、民间文学的田野调查问题、田野调查的多学科视野等。

任何一种研究范式或方法都有其历史发展的过程，都有其在学术发展史上占有重要地位的学术先贤，通过对“历史过程”与“先贤学人”的回顾与讨论，将有利于当下学术的良性发展。梁君健以詹姆斯·弗雷泽和鲍德温·斯宾塞之间的通信及后者的田野日记为主要研究资料，考察了二人在现代人类学田野方法论创建

---

① 参见万建中、林晓平主编：《民俗学田野作业与田野基地建设》，中国社会科学出版社 2016 年版。

② 参见施爱东整理：《作为实验的田野研究：中国现代民俗学的“科玄论战”》，中国社会科学出版社 2016 年版。

③ 参见周星：《本土常识的意味：人类学视野中的民俗研究》，北京大学出版社 2016 年版。

④ 参见郑少雄、李荣荣主编：《北冥有鱼：人类学家的田野故事》，商务印书馆 2016 年版。

过程中的历史性贡献。作者认为，弗雷泽自己虽没有进行过人类学田野调查，但他和斯宾塞在通信讨论过程中却发展出了田野工作的基本观念。在这些观念的指导下，斯宾塞在长期的人类学探险活动中已经实质性地展开了具有现代人类学特征的田野工作。弗雷泽和斯宾塞对于人类学方法论的贡献，展现出那个时代"摇椅人类学家"更加丰富的研究取向，也为当代中国人类学方法论自觉的形成提供了具体参照。① 张先清则以厦门大学人类博物馆收藏的一批珍贵图片资料为基础，对著名人类学家林惠祥先生早期的民族学采集活动进行了分析，试图对人类学在中国的发展及其与博物馆之间的密切关系进行深入探讨，同时也对早期民族学采集活动涉及的物与他者文化、田野采集等议题进行了反思。②

田野调查与研究具有重要的价值意义，其应该如何具体展开进行呢？不同学者从不同角度对这一问题进行了分析与讨论。张建军从田野作业的视角出发，结合中国民俗学田野作业的发展历史，阐释和分析了民俗学与田野作业的关系、进入田野的方法论、田野中的身份视角和书写田野民俗志等方面的理论与实践。③ 俸裕程与陈怡荣以他们在藏区进行的实地考察经验为出发点，就应该如何在藏区开展田野调查工作进行了方法论层面的探讨，如重视民族语言的运用、充分发挥现场第三方的作用等。④ 郭建斌对田野调查中田野笔记的书写进行了简要讨论，认为在田野工作中，书写是一种有效的思考方式；张西昌则以民艺田野调研为例，对田野调查的教学问题进行了设计与实践探索。⑤

由于田野调查与研究本质上是由人所进行的活动，必然会涉及调查与研究过程中的主客体性问题，对此，许多学者进行了相关探讨。如徐嘉鸿以与大理周城白族村村民杨宗运的交往为例，从"互看"到"互识"，又从"互识"到"互知"的相互理解与相互改变的过程，阐述了"自我"与"他者"在田野中互为主体性的复杂关系，以及在这种关系中进行自我关照的意义。⑥ 张晓佳从性别的角度，认为相比于男性学者，在田野调查中，女性具有多方面的性别优势，如较容易开展研究、能够与研究对象建立互惠关系而直接参与地方性活动等；朱思锦从主位视角的角度，对田野作业中主位研究的概念、内涵、优缺点以及在田野作业中的实际运用等

---

① 参见梁君健：《弗雷泽与斯宾塞对现代人类学田野方法论创建的贡献》，《民族研究》2016 年第 6 期。

② 参见张先清：《物件的文化：中国学者的早期田野采集志反思》，《民族学刊》2016 年第 1 期。

③ 参见张建军：《民俗学田野作业的理论与实践》，《沈阳大学学报（社会科学版）》2016 年第 4 期。

④ 参见俸裕程、陈怡荣：《在藏区做田野调查的部分方法探讨——以甘孜、迪庆的民族认同研究为例》，《四川民族学院学报》2016 年第 4 期。

⑤ 参见郭建斌：《"以写字的方式来进行思考"：兼说田野调查中田野笔记的书写》，《国际新闻界》2016 年第 9 期；张西昌：《民艺田野调研的教学设计与实践探索》，《陕西教育（高教）》2016 年第 8 期。

⑥ 参见徐嘉鸿：《论田野工作中的主体互动》，《广西民族大学学报（哲学社会科学版）》2016 年第 4 期。

做了简单论述。[①] 同时，作为一种人与人交往的活动，调查人（研究人）与被调查人在田野交往与研究过程中，不可避免会发生这样或那样的伦理问题，对此应该如何认识与应对呢？为此，《民族文学研究》编辑部专门邀请了巴莫曲布嫫、彭兆荣、陈泳超、施爱东四位学者，开展了“田野调查伦理原则”笔谈，提出了“‘无害’即道德”“学者是田野中的弱势群体”等论点与看法。[②]

近年来，随着当下科技的飞速发展，数字化技术在民俗学田野调查与研究中得到了越来越广泛的应用。如杨红对美国民俗田野调查中的数字化运用情况做了相关介绍，提出在当下的美国传统文化保护领域，无论是理念还是实践，都扩展到了民俗事象的数字化保护和数字化保存层面，将包含数字化运用建议的相关流程性、技术性指南覆盖到了田野调查、口述史记录、数字化资源保存及发布的整个过程。[③] 而在各种数字化技术运用中，影像技术又是一个重要方面，并对民俗学田野作业与研究产生了重要影响。为加强对这一问题的认识与理解，为此《民间文化论坛》杂志分别于 2016 年第 4 期与第 6 期，专门组织了两个专题性讨论，即“民族志影像的理论方法与中国实践”及“影像民俗学田野方法与个案研究”。除“主持人语”外，两个讨论专题共收录英国学者保罗·亨利及美国威涞大学张举文等 9 篇论文[④]，分别从理论与实践两个层面对民俗志影像的理论、方法及实践等问题作了比较深入的讨论。《民族艺术》杂志亦组织熊迅、张举文、孙正国对民俗影像的操作化与可能性做了相关讨论，认为影像民俗学可以通过有深度的、一系列的、多个侧面的民俗纪录片，同时在纪录片的田野报告中利用文字进行阐述，两相结合把体验民俗学、实践民俗学中呈现出的观念和情怀呈现出来。[⑤]

当前，将“文本”置于具体的“语境”中进行分析与探讨，越来越成为民间文学研究的一个重要理路，由此亦越来越重视田野调查方法的运用，进而对民间文学研究产生了重要影响。如吴新锋认为，作为民间文学研究的关键方法论之一，田

---

① 参见张晓佳：《基于跨文化视野的田野调查性别影响机制构建》，《广西社会科学》2016 年第 3 期；朱思锦：《试论田野作业中的主位研究法及其应用》，《世纪桥》2016 年第 5 期。

② 参见分别参见巴莫曲布嫫《民俗学伦理与非物质文化遗产保护》、彭兆荣《家园遗产守则》、陈泳超《“无害”即道德》、施爱东《学者是田野中的弱势群体》，均载《民族文学研究》2016 年第 4 期。

③ 参见杨红：《美国民俗田野调查中的数字化运用》，《赣南师范学院学报》2016 年第 4 期。

④ 这九篇论文分别为：[英]保罗·亨利《民族志电影：技术、实践与人类学理论》、李荣荣《以电影为切入点的民族志研究进路》、鲍红《电影人类学在中国的开创》、吴乔《花腰傣三部曲与影视人类学的时间厚度》，载《民间文化论坛》2016 年第 4 期；[美]张举文《民俗的影响记录：从概念到实践的日常化》、张海岚《发现“事件”：民俗影像的实现路径》、张多《“我就是圣诞老人”：美国俄勒冈州的圣诞节与民众生活》、朱婧薇《美国俄勒冈州塞勒姆市圣诞礼物调查报告》、游红霞《作为仪式美术的圣诞节：多元叙事与节日传承》，载《民间文化论坛》2016 年第 6 期。

⑤ 参见熊迅、张举文、孙正国：《民俗影像的操作化与可能性——中美民俗影像记录田野工作坊三人谈》，《民族艺术》2016 年第 4 期。

野调查对人类学田野调查方法不同传统的继承，自然影响着以此为重要基础的民间文学研究。如果回到民间文学田野的现场，我们需要面对四个基本的对象，即讲述者、听众、研究者和民间文学文本。这个现场可以被理解为一个文化传统的时空体，讲述者、听众、研究者和民间文学文本在其中各据一点。四点链接在一起构成了一个民间文学的叙事四面体，换句话说，任意三点链接构成了这个文化传统时空球体上的四个叙事面向，而精确呈现、描述、阐释这四个叙事面向的方法和文体便是“民间文学志”。① 不过，对于当下民间文学回归“语境”的研究范式，刘宗迪并不认同。他认为，民间文艺学采集的目的，不仅是为了学术研究和知识生产，也不仅是为了记录和保存本真的民间文学文本，其根本目的是为了文学创造和文明传承，而传统的采风模式较之学院派的田野研究模式能够更好地完成这一使命。因此，在民间文艺学学科面临生存危机的情势下，有必要对传统的采风传统做出重新估价。②

另外，作为一种重要的研究途径与方法，田野调查亦受到了其他学科的广泛运用与关注，并进而产生了大量相关讨论。如科大卫讨论了历史人类学学者走向田野要做什么的问题，认为历史人类学学者走向田野，不只是为了收集文献，更重要的目的，是在田野的经验下去了解文献。历史人类学需要让历史学者知道文献之外有活的社会，让人类学者知道社会有活的历史。③ 赵岷则探讨了武术研究中田野调查方法运用的意义问题，认为其能够将文本和现实进行双重印证，从而拓展传统武术研究的领域并可以沟通传统与现代，从而为传统武术发展提供新的思路；宿继光、李金龙更是对近些年来田野调查法在武术研究中的应用问题做了综述与讨论。④ 此外，音乐学、舞蹈学、公安学等领域，也都有关于田野调查研究方法与理论的探讨。⑤

通过以上综述我们可以发现，田野调查的理论与方法探讨仍是当下学术研究的一个重要话题，且不止限于民俗学这一学科内部，而是广泛涉及人类学、民族学、艺术学、体育学、舞蹈学、民间文学等领域，这充分显示出“田野调查”作为一种

---

① 参见吴新锋：《作为方法与文体的民间文学志：民间文学田野研究中的叙事四面体》，《民俗研究》2016年第2期。

② 参见刘宗迪：《超越语境，回归文学——对民间文学研究中实证主义倾向的反思》，《民族艺术》2016年第2期。

③ 参见[英]科大卫：《历史人类学者走向田野要做什么？》，程美宝译，《民俗研究》2016年第2期。

④ 参见赵岷：《田野调查：当代传统武术研究范式的拓展与回归》，《武术研究》2016年第3期；宿继光、李金龙：《近10年田野调查法在武术文化研究中应用的问题与成因——基于体育类核心期刊论文的考察》，《上海体育学院学报》2016年第2期。

⑤ 参见如林雪槿：《音乐舞蹈田野调查方法》，《黄河之声》2016年第11期；郭明、张成：《公安田野调查：公安学研究与人类学方法的一次交叉尝试》，《广西民族研究》2016年第5期；等等。

资料获取与研究方法的重要性。另外，数字化技术已在田野调查与研究过程中得到越来越多的应用，并进而对田野调查与研究产生了深刻影响。

（二）田野调查的实证与个案研究

“民俗”可谓无所不包，日常社会生活的方方面面都可划入“民俗”范畴之内，因此围绕民俗事象所进行的田野实证与个案研究也就十分庞杂。综观 2016 年的田野实证与个案研究，涉及了社会转型与城镇化、信仰与仪式、岁时节日、人生仪礼、民间组织与村规民约等诸方面，此外网络文化、养老等现实问题也受到了广泛关注。

今天，中国正面临着快速的城镇化进程，其对传统社会生活、尤其是农村社会生活产生了深刻影响，也由此成为学术研究的一个热点话题。如李向振注意到，在城镇化过程中，由于土地制度和人地关系变化而导致了人们社会生活与社会结构的剧烈变迁，导致了城边村不同身份的村民作出了不同的生计策略选择。① 孙运增发现，在农村城镇化的过程中，乡村意见领袖与农民的关系变得更加密切了：农民变得更加依赖乡村意见领袖，而意见领袖对村民的影响主要集中在日常生活事务、致富途径和方法、集体利益和服务、外出务工等方面。② 王会则通过调查发现，在城镇化、市场化程度持续加深及村庄分化的背景下，村庄公共性闲暇不断走向个体化、私人化，公共闲暇生活不断走向衰落，私人性闲暇兴起。这使得闲暇交往中的公共责任伦理逐步丧失，信任关系趋于瓦解。③ 韦明杏则以上海真如庙会为个案，探讨了城镇化背景下庙宇文化的变迁，即庙会的形式与内涵均发生了变化：在 1949 年后及改革开放初期扮演了“城乡物资交流大会”的功能，在当下则成为繁荣社会经济与表征市区文化特性的一种手段。④

在当下快速城镇化及社会变迁的大背景下，传统的村规民约、社会组织等，是否仍能在今天的社会建设与治理过程中存在并发挥效力呢？诸多学者对此问题做了分析与探讨。如陈世明就注意到，随着当下都市化进程的加快，在社区治理的过程中，传统的非正式制度仍发挥着重要作用，传统的社区精英影响和非正式

---

① 参见李向振：《城边村日常生活与生计策略的民俗志研究——京北姚村故事》，山东大学博士学位论文，2016 年。

② 参见孙运增：《城镇化背景下乡村意见领袖的社会功能研究——对山东省西村的田野调查》，郑州大学硕士学位论文，2016 年。

③ 参见王会：《乡村社会闲暇私人化及其后果——基于多省份农村的田野调查与讨论》，《广东社会科学》2016 年第 6 期。

④ 参见韦明杏：《城市化背景下的庙会文化变迁——以上海真如庙会为个案的考察》，华东师范大学硕士学位论文，2016 年。

权力仍继续“嵌入”在城市社区邻里政治之中。[①] 贾伟、李臣玲认为，传统村规民约在今天藏区基层社会治理中仍有着巨大的作用；王晓注意到，传统的“亲属化”在今天滇西北的文化多元型村寨关系维持中，仍具有极强的社会整合作用。[②] 项晓赟探讨了浙江台州地区传统的“做会”习俗在当下的生存与发展问题，发现随着社会的发展，这一传统民间经济习俗也在自然地发生变化以适应现代社会，与做会相关的社会关系、文化制度等也有所改变，深刻体现出“传统”在当下的适应性变化问题。[③]

如今的中国，正在加速进入老龄化社会，如何养老也由此成为一个热门话题，尤其是在广大农村地区，而“现代化”“城镇化”更是进一步加深了这一问题的迫切性与复杂性。如陈孝文、齐延生就以福建泉州为例，对城镇化背景下的农村养老模式进行了专门探讨，认为当下农村的养老模式应选择以家庭养老为基础，以居家养老为依托，以社会养老为辅助的三者相结合的综合性养老模式；陈春柳也以浙江瑞安陈岙村为例，认为应建立自治加公助的农村养老模式；向运华、姚虹则以湖北恩施为例，探讨了少数民族地区城市社区养老的现状与发展对策。[④] 伍海霞通过对七省区城乡家庭结构与代际关系的调查数据分析，发现当前农村网络家庭中子女家庭给予父母养老的支持水平较低，较注重经济支持，实际支持与情感支持欠缺。在此背景下，促进农村社区养老服务的发展，推行老年人互助养老，将有助于提高农村老年人的养老水平，改善其生活质量。[⑤] 杨欣欣则注意到了当下农村失地、上楼过程中的一个新现象，即“车库老人”现象，认为处于群体性“失声”状态下的老年人，在身份转变为“老年失地农民之后”，身体活动与土地空间脱节、存在与经验脱节，也由此被推向了更为边缘的位置，而这也突显出当下中国养老问

① 参见陈世明：《非正式制度在社区治理中的应用——来自广州木棉花社区的田野调查》，《中山大学研究生学刊（人文社会科学版）》2016年第2期。

② 参见贾伟、李臣玲：《村规民约与藏区基层社会治理研究——基于青海海南藏族自治州的田野调查》，《湖北民族学院学报（哲学社会科学版）》2016年第4期；王晓：《亲属化：文化多元型村庄的自我整合机制——基于滇西北茨中村的考察》，《广西民族研究》2016年第2期。

③ 参见项晓赟：《乡土社会中的智慧与情感——台州地区民间“做会”研究》，山东大学硕士学位论文，2016年。

④ 参见陈孝文、齐延生：《城镇化视角下农村养老模式研究——以福建泉州为例》，《温州大学学报（社会科学版）》2016年第5期；陈春柳：《自治＋公助：农村集体养老模式探析——以浙江省瑞安市陈岙村为研究案例》，《温州大学学报（社会科学版）》2016年第3期；向运华、姚虹：《少数民族地区城市社区养老的现状与发展对策——以恩施市为例》，《云南民族大学学报（哲学社会科学版）》2016年第2期。

⑤ 参见伍海霞：《中国农村网络家庭中养老支持的趋势与变迁——来自七省调查的发现》，《中国农业大学学报（社会科学版）》2016年第1期。

题的另一个面向。①

当今时代，网络、手机等已成为人们日常生活的重要组成部分，并对人们的社会生活带来了很大影响。如魏泉以微信朋友圈为例，对网络时代的“谣言体”进行了分析。她认为，微信“谣言体”是以微信谣言的大量存在为契机的，反映了重大的社会和心理问题，而事实经验的缺乏、情感和偏见则导致了谣言的滋生与传播。防止网络时代越来越容易被引爆的谣言，最根本的方法在于摸清散布谣言者的心理机制和传播机制。② 吴震东也认为，随着“微时代”的来临，网络亚文化带着先天的风格化、人格化因子，在“微动力”的作用下呈现出连续的流动性与连续性，并以“边缘”的姿态与主流文化“中心”相并致。③ 与此同时，网络的盛行也为社会文化传播带来了很大影响。如侯文妮以云南德宏地区为例，论及了手机与少数民族地区文化传播秩序之间的关系，即打破了之前被动接受的传播模式。④ 杨斯康、马星宇则对网络时代“鬼故事”的传播及意义等问题做了细致分析。⑤

在节日的田野调查与研究方面，2016 年最具代表性的成果当属文化部民族民间文艺发展中心所组织承担的国家社科基金特别委托项目《中国节日志》系列成果，包括吴定勇主编的《中国节日志·萨玛节》、陆勇昌主编的《中国节日志·布依族六月六》、罗曲主编的《中国节日志·彝年》、赵心愚与李玉琴主编的《中国节日志·骀日》、赵宗福与胡芳主编的《中国节日志·土族青苗会》、岳永逸主编的《中国节日志·苍岩山庙会》、霍彦儒主编的《中国节日志·祭炎帝》、武宇林主编的《中国节日志·春节(宁夏卷)》、江帆与詹娜主编的《中国节日志·春节(辽宁卷)》、黄继东主编的《中国节日志·秦淮灯会》、田兆元主编的《中国节日志·龙华庙会》等。此外，同样由文化部民族民间文艺发展中心所组织承担的国家社科基金特别委托项目《中国节日影像志》也有成果陆续发布，如张士闪的《中国节日影像志·小章竹马》、刘绍芹的《中国节日影像志·烧大牛》、王加华的《中国节日影像志·胡集书会》等。这些成果，通过文字与视频两种方式，对各个节日的名称来源，节日的起源、传承、变迁、组织、地区差异及现状，节日活动的内容和过程等问题，作了细致描述，使我们对这些节日的历史与现状有了一个清晰认识。另外，由

① 参见杨欣欣：《空间视域下的“车库老人”现象研究——以鲁西南 G 村老年失地农民“上楼”为个案》，辽宁大学硕士学位论文，2016 年。

② 参见魏泉：《网络时代的“谣言体”——以微信朋友圈为例》，《民俗研究》2016 年第 3 期。

③ 参见吴震东：《身份、仪式与表述——“微时代”网络亚文化的人类学反思》，《民族艺术》2016 年第 5 期。

④ 参见侯文妮：《手机与少数民族地区文化传播新秩序——基于云南德宏地区的田野调查》，《西部广播电视》2016 年第 15 期。

⑤ 参见杨斯康：《鬼话连篇——网络鬼故事研究》，广西师范大学硕士学位论文，2016 年；马星宇：《校园“惊魂”：校园恐怖传说探析——以山东大学校园传说为例》，《民俗研究》2016 年第 6 期。

文化部民族民间文艺发展中心与山东大学合办的《节日研究》(第 11 辑)出版，收录了“节日与民间舞蹈”“节日观察”“节日调查”等十几篇文章。①

民间信仰是广受民俗学、人类学等学科关注的话题，可谓民俗学研究的重要主题之一。而要对此问题进行研究，张志刚认为，应立足于中国文化与宗教背景，把扎根于中国乡土的民间信仰视为“最普遍、最真实、最基本的宗教文化传统”来看待。② 而纵观 2016 年有关民间信仰的研究成果我们可以发现，将“信仰”置于具体的中国乡土背景下进行讨论，确实是当下民间信仰研究的一个主流思路。这一研究思路，摒弃了以往有关民间信仰是否为“迷信”的价值判断，也不再仅仅对民间信仰的仪式过程等做描述式分析，而更为强调民间信仰对于地域社会组织、建构及民众认同的价值意义，也即更为强调民间信仰的积极性面向。如蒋帅通过对冀南广宗地区“花花好”信仰活动的民俗志分析，探讨了村落信仰互动的组织结构和运作机制，展现了村民共同参与的仪式活动对于凝聚村落人心和力量、形成村落集体认同的重要作用，进而探讨了信仰实践的传统价值与当下村落社会发展的关系。③ 鄂崇荣也以青海地区的民间信仰为例，探讨了在多元文化背景下民间信仰的共融性及民族间的相互尊重问题。④ 王立阳以闽南保生大帝信仰为例，从信仰观念的共享和实践的角度，展示了民间信仰神明与庙宇网络的形成以及民间信仰的弱关系与地缘、血缘强关系的结合，从而围绕神明信仰形成了超越社区、地域甚至跨国的信仰共同体。⑤ 张利涛、何瑞娟与祝国超等，则分别强调了民间信仰对于当下社会治理的功能意义。⑥

人生仪礼方面，刁统菊将关注的焦点置于明显没有加以制度化的、而是仅仅在行为层面上得到习俗化的宗族外部的姻亲关系，对姻亲关系的运行机制及其作用和意义给予了充分重视与估计。围绕通婚圈、相关仪式活动、婚姻偿付机制、礼物交流、交往秩序、嫁女地位等多个方面，清晰、全面地展示了姻亲关系的复杂性，深入论述了姻亲关系如何作为重要的建构力量构织乡村社会的关系之网，进行揭

---

① 参见李松、张士闪主编:《节日研究》第 11 辑，学苑出版社 2016 年版。

② 参见张志刚:《“中国民间信仰研究”反思——从田野调查、学术症结到理论重建》,《学术月刊》2016 年第 11 期。

③ 参见蒋帅:《“花花好”:冀南民间信仰生活研究——以广宗县大平台村为核心个案》，山东大学硕士学位论文，2016 年。

④ 参见鄂崇荣:《青海民间信仰——以多民族文化为视角》，中国社会科学出版社 2016 年版。

⑤ 参见王立阳:《灵、份与缘:民间信仰观念与人群结合——以保生大帝信仰为例》,《民俗研究》2016 年第 1 期。

⑥ 参见张利涛:《宗教信仰与民族地区基层社会治理——基于富民县芭蕉箐的田野调查》,《重庆与世界》2016 年第 10 期；何瑞娟、祝国超:《民俗学视野下民间信仰的社会治理功能探析——对贵州响水乡白族本主崇拜的田野考察》,《重庆理工大学学报(社会科学)》2016 年第 8 期。

示了乡土社会结构的多面性。[①] 何粉霞与李德宽探讨了回族村落中的媒、内婚制与族群再造之间的机制关系，认为新家庭的合成，为内群社会注入了新的血液和基因，完成了族群的再生产和再造机制。[②] 吕永升研究了广西南宁地区的冥婚现象，认为冥婚仪式与地方社会结构间具有密切的关系。[③] 董国皇与李婷婷则对海南黎族的丧葬仪式进行了讨论，认为丧葬习俗不仅是民俗现象，而且是集多种功能于一体的重要文化仪式；李新才对俚颇彝族葬礼后的“哪地”仪式进行了分析，探讨了特定地域典型彝族村落的“重葬轻丧”传统文化观念及其仪式背后所蕴藏的多重关系。[④]

其他研究方面，如胡卫伟探讨了旅游发展对渔农村社会变迁的影响问题，赵铭敏讨论了瓮丁佤族古村落的旅游文化开发模式问题。[⑤] 雷明月考察了作为一种村落“传统”的梅花拳，在当下乡村社会的生存、发展现状及其对村民生活的意义问题；张国栋等人讨论了梅花拳的复兴对于当下华北乡村群体认同的积极意义，认为其弥补了因城镇化的急速发展而带来的乡村社会民众认同感的缺失。[⑥] 非物质文化遗产保护问题，作为当前民俗学研究的一个重要问题，亦产生了大量研究成果，但考虑到本研究综述有关于这一问题的专门综述与回顾，兹不赘述。

以上我们对 2016 年有关田野调查的个案与实证研究作了大体回顾，从中我们可以发现，这些研究涉及了民众社会生活的方方面面，体现出“民俗”也就是民众“生活世界”的理论认知。当然，具体到各方面，还是有所不同的。总体来说，城镇化与社会变迁问题、传统在当下的价值意义问题、非遗保护问题、宗教信仰问题、传统节日问题、老龄化问题等，相对而言更受关注。这明显是与当下的社会关注问题紧密相关的，深刻体现出民俗学作为一门“当下之学”的学科性质。

---

① 参见刁统菊：《华北乡村社会姻亲关系研究》，中国社会科学出版社 2016 年版。

② 参见何粉霞、李德宽：《回族村落中的媒、内婚制与族群再造机制的研究和解析——基于永宁纳家户的田野作业》，《宁夏社会科学》2016 年第 1 期。

③ 参见吕永升：《花亡婚配：广西南宁地区的冥婚——兼与香港、台湾冥婚的比较》，《民俗研究》2016 年第 5 期。

④ 参见董国皇、李婷婷：《象征人类而视野下黎族丧葬仪式研究——以海南省三亚市梅村为例》，《广西民族研究》2016 年第 1 期；李新才：《俚颇彝族葬礼后的“哪地”仪式研究——基于牟定腊湾俚颇彝族的田野调查》，西南大学硕士学位论文，2016 年。

⑤ 参见胡卫伟：《比较视阈下旅游发展对渔农村社会变迁的影响研究》，《旅游研究》2016 年第 3 期；赵铭敏：《文化结构视野下翁丁佤族古村落旅游文化开发模式研究》，云南师范大学硕士学位论文，2016 年。

⑥ 参见雷明月：《作为村落传统的梅花拳——基于河北省广宗县前魏村的考察》，山东大学硕士学位论文，2016 年；张国栋等：《梅花拳的复兴与华北乡村的群体认同》，《民俗研究》2016 年第 5 期。

三、民俗文化发展策略

十八大以后，我国为推进文化的发展，树立建设高度文化自觉和文化自信的目标，提出了一系列的文化改革措施和政策，国家领导人习近平总书记高度重视传承发展中华优秀传统文化，多次作出重要讲话和指示。例如，2013 年 12 月 30 日，习近平总书记在主持中共中央政治局第十二次集体学习时，发表了“要系统梳理传统文化资源，让收藏在禁宫里的文物、陈列在广阔大地上的遗产、书写在古籍里的文字都活起来”的讲话。2014 年 3 月 27 日，习近平总书记在巴黎联合国教科文组织总部发表讲话中，谈到“每一种文明都延续着一个国家和民族的精神血脉，既需要薪火相传、代代守护，更需要与时俱进、用于创新”。2014 年 9 月 24 日，习近平总书记在出席纪念孔子诞辰 2565 年国际学术研讨会暨国际儒学联合会第五届会员大会开幕会上发表了“优秀传统文化是一个国家、一个民族传承和发展的根本、如果丢掉了、就割断了精神命脉”的重要讲话。2015 年 11 月 10 日，习近平总书记在主持召开中央财经领导小组第十一次会议上指出：“要增强城市宜居性，引导调控城市规模，优化城市空间布局，加强市政基础设施建设，保护历史文化遗产。”2016 年 4 月 12 日，习近平总书记在对全国文化遗产保护问题上指示：“文物承载灿烂文明，传承历史文化，维系民族精神，是老祖宗留给我们的宝贵遗产，是加强社会主义精神文明建设的深厚滋养。保护文物功在当代，利在千秋。”

从上可以看出，十八大以来，国家加大了文化建设的力度，文化越来越成为民族凝聚力和创造力的重要源泉。民俗作为文化建设的重要内容，如何使民俗为国家文化建设发挥其应有的作用，是现今民俗学科及相关领域关注和讨论的重要议题。2016 年，民俗学领域关于民俗文化发展策略的探讨主要体现在四个方面：即民俗文化发展研究的现状、民俗文化与非物质文化遗产、民俗资源与文化产业、民俗文化的传承与保护等。

（一）民俗文化发展研究的现状

2016 年的研究成果中，在探讨民俗文化发展的的问题上，可以大致归纳为以下两个方面：一是对民俗学与国家文化建设的探讨，二是对民俗文化策略的探讨。

1. 民俗学与国家文化建设

在探讨民俗学与国家文化建设的问题上，周星从民俗主义、学科反思与民俗学的实践性三个层面展开了讨论，指出了民俗在国家文化政策形成与建设上担负的作用，以及在这一过程成将要面临的问题。该文指出：“‘民俗主义’这一概念及其相关的学术讨论揭示了现代社会中民俗文化事象的基本常态，承认和正视民俗主义现象的常态化，某种意义上，正是各国现代民俗学的起点。中国民俗学也必须正视中国当代社会及文化中无所不在、无时不在的‘民俗主义化’常态，并深刻意识到民俗学者自身也程度不等地卷入到与民俗主义有关的各种事态之中。民俗主义研究视角的导入不仅促使中国民俗学全面地校正自己的研究对象，也揭示了民俗学者与民俗主义的关系，而有助于推动中国民俗学对民俗学者自身角色与责任的深入反思，进而重新审视民俗学的应用性、实践性和公共性。民俗学者通过介入非物质文化遗产保护运动相关的实践性和应用性研究，将促使民俗学在中国成长为一门能够对国家文化政策、对非物质文化遗产行政、对现代中国社会里多种生活文化问题和民俗主义事象展开基于学理的描述、解释、揭示、评论和批评的学问。但与此同时，现代民俗学也必须面临如何理解和应对一般民众在其生活中创造民俗的实践和民俗学者的学术应用性实践这两者之间存在的复杂性这一新课题。”①

鞠熙以法国为例，阐述了法国民俗学界与政府管理框架内的“民俗遗产”概念是二战后法国民俗学与人类学大学转型的历史背景下产生，这一概念最终成为了影响政府工作与公共政策的社会行动概念；从其发展过程来看，有两个重要节点：1980 年，法国文化部遗产局成立了民俗遗产代表处，旨在保护和传承所有可移动与不可移动的民俗事象；2003 年，法国加入了 UNESCO《保护非物质文化遗产公约》后，文化与交流部进行了一次重组，民俗遗产代表处改名为民俗代表处，并与其他职能部门一道开展非物质文化遗产的相关工作，并在这一工作中居于核心位置，承担着非物质文化遗产公约的推广与具体实施，也资助大量法国民俗学的学术项目；通过这一概念的实践，法国民俗学已成为公共政策与社会治理领域内一股不容忽视的力量。②

上述研究以外，也有从法律、互联网及文化翻译等视角来探讨民俗文化在建设经济、政治文化、社会生态等问题上，具有的功能与作用。③

---

① 周星：《民俗主义、学科反思与民俗学的实践性》，《民俗研究》2016 年第 3 期。

② 参见鞠熙：《民俗遗产在法国：学术概念与政府工作》，《文化遗产》2016 年第 1 期。

③ 参见如季龙明：《全面建成小康社会视野下法律与民俗冲突和融合》，《攀登》2016 年第 1 期；潘晓婷、林楠：《“后新媒体时代”民俗传统文化的微传播策略》，《佳木斯职业学院学报》2016 年第 10 期；任润竭：《“互联网＋”时代背景下庆阳香包民俗文化产业的机遇与发展策略探析》，《赤峰学院学报（自然科学版）》2016 年第 12 期（下）；朱诚逸：《互联网时代苏州桃花坞木版年画的传承与发展》，《今传媒》2016 年第 11 期；王文彬：《生态翻译学视角下的满族民俗文化英译策略研究》，《青海民族研究》2016 年第 4 期；阮红波、汪庆华：《传播学视角下旅游资料中民俗文化的英译策略原则》，《湖北第二师范学院学报》2016 年第 7 期；毛克盾：《生态文明建设作为恩施州跨越式发展路径研究》，《湖北民族学院学报（哲学社会科学版）》2016 年第 3 期。

2. 民俗文化策略的探讨

在民俗文化策略的问题上，有以地域为中心探讨本地域民俗文化发展问题的讨论，如尹蕾以苏州地区为田野实地调查为对象，对以社区为载体传承发展苏州民俗文化的做法和经验进行了梳理，并归纳出苏州社区民俗文化建设的成效，找出传承发展的瓶颈问题，总结出在社区发展苏州民俗文化的基本对策，从而为社区民俗文化发展提供依据。[①] 刘斐以跨越豫陕边界伏牛山文化圈为例，探讨了该地区民俗文化传承创新中存在的问题与对策。具体而言，该文指出虽然伏牛山民俗文化资源丰富，但在传承中存在整体规划意识不强，开发与保护不能并重，品牌战略与营销策略不能有效配合，民俗文化与旅游产业结合不紧密等问题。对于上述问题，该文提出了如下四点解决策略：(1)传承创新伏牛山文化圈特色民俗文化，应该坚持典型性、原生态、可持续、以人为本等原则，以文化底蕴为主题，打造特色民俗文化主题公园，以旅游产业为引领，打造特色民俗文化旅游胜地；(2)以区域特色为宗旨，打造特色民俗文化产品品牌；(3)与"互联网＋"联姻，打造多元化的特色民俗文化传播方式；(4)与培养教育相结合，打造伏牛山特色民俗文化传承常态化机制。[②] 以区域为中心探讨民俗文化的发展与策略的相关研究很多[③]，这里不再展开逐一介绍。

也有学者以民俗文化事象为对象，探讨其本身的现状、发展与策略等问题。林剑峰等以妈祖为具体民俗事象对象，从体育学的视角，指出了妈祖民俗体育文化资源虽然具有类别多样、分布广阔、禀赋独特、价值高等优势，为资源开发创造了良好条件，但其在开发过程中，存在缺乏科学的资源整合与整体规划、资源传承与保护不到位，相关理论研究缺乏、人才队伍梯队培养体系不完善、市场培育不足、产业化乏力等问题。对此，该文提出为了促进妈祖民俗体育文化资源的合理开发与有效利用，应加强政府引导、全民参与，构建保护与传承体系，深化人才队伍建设，加快产业化进程，构建闽台妈祖民俗体育文化圈的建议。[④] 詹双晖以广东海陆丰戏班为例，考察了海陆丰戏班的历史过程与现今发展中存在的问题。具体而言：(1)作为国有专业剧团缺少足够的政策与资金扶持，与民间剧团竞争激

---

① 参见尹蕾：《以社区为载体传承发展苏州民俗文化策略研究》，《轻工科技》2016 年第 12 期。

② 参见刘斐：《伏牛山文化圈特色民俗文化传承创新中存在的问题与对策》，《河南教育学院学报(哲学社会科学版)》2016 年第 2 期。

③ 如程丽：《论乡村民俗文化在休闲农业发展中的作用、问题与对策——以河南省为例》，《中国农业资源与区划》2016 年第 9 期；李树梅：《贵州民俗文化旅游品牌发展的问题与对策》，《新西部》2016 年第 30 期；叶琳娜：《中原民俗发展现状与传承策略》，《大观》2016 年第 1 期；付玲玲：《挖掘临沂民俗文化资源的举措及意义》，《临沂大学学报》2016 年第 5 期。

④ 参见林剑峰、朱家新：《妈祖民俗体育文化资源开发的问题与对策》，《厦门理工学院学报》2016 年第 6 期。

烈，人员流失严重；(2)地方政府对民间民俗信仰文化传统缺乏正确的认识，总是用封建迷信的有色眼镜去看待民俗演剧习俗，民营戏班发展一直受歧视；(3)民俗演剧市场混乱失序，戏班与艺人质素每况愈下；(4)面临社会经济发展与现代流行文化的强大冲击。① 以具体民俗事象来探讨其民俗自身发展与应对策略的问题涉及各个文化领域，覆盖面较广。②

(二)民俗文化与非物质文化遗产

近年，随着联合国教科文组织《保护非物质文化遗产公约》的宣布，与此相连动，我国非物质文化遗产法的制定，非物质文化遗产保护成为了各个相关领域内关注的问题，与此相关的研究也相继出现，以下将 2016 年度的相关研究从三个方面进行梳理和归纳。

1. 非物质文化遗产的相关法律、法规的探讨

2003 年，联合国教科文组织通过了《保护非物质文化遗产公约》，2015 年在联合国教科文组织保护非物质文化遗产政府间委员会在其第十届常会上(纳米比亚温得和克市)审议并通过了《保护非物质文化遗产伦理原则》。这一文件对 2003 年宣布的公约赋予了伦理维度，其纲领与指导作用将在地方、国家和国际层面的非物质文化遗产保护进程中日益凸显出来，也将为全球范围内的文化遗产保护和伦理实践提供可资深拓和发展的多向化路径。对此，朝戈金对《保护非物质文化遗产伦理原则》这一国际文件的出台背景进行梳理的基础上，就《保护非物质文化遗产公约》的伦理维度和实践进路作了概要性的解读、评述和分析，进而反观《公约》实施以来全球范围出现的若干横向问题及其伦理关切，并且对我国的非物质文化遗产保护面临的伦理选择和能力建设走向提出了建议。③ 杨利慧从学术观察和反思的视角出发，指出文化等级化的出现以及传承与创新之间的矛盾，是目前中国非遗保护领域面临的两个重要挑战。对此，她倡导怎样有效地实现“价值平等”的思考范式转换，消解目前更普遍发生的非遗价值评判以及随之而来的文化等级化，如何界定非遗项目的核心本质以化解传承与创新之间的矛盾，都需要

---

① 参见詹双晖：《广东海陆丰戏班发展述略》，《广东第二师范学院学报》2016 年第 1 期。

② 参见如任润竭：《庆阳香包民俗文化产业的发展现状与应对策略研究》，《时代金融》2016 年第 10 期；笪方能：《资源“七月半”河灯歌节文化整合的策略与发展探索》，《中共桂林市委党校学报》2016 年第 1 期；黄锐烁：《太湖曲子戏的宗教色彩与民俗功能》，《淮北师范大学学报(哲学社会科学版)》2016 年第 1 期；孙虹、周进国：《潮汕民俗舞龙发展研究》《广州体育学院学报》2016 年第 2 期；赵蔚峡：《佛山木版年画的传承与发展探究》，《美与时代：美术学刊》2016 年第 4 期。

③ 参见朝戈金：《联合国教科文组织〈保护非物质文化遗产伦理原则〉：绎读与评骘》，《内蒙古社会科学(汉文版)》2016 年第 5 期。

各个国家积极贡献有效的方法和视角。① 此外,也有从性别的视角,对《保护非物质文化遗产公约》进一步深入思考的探讨。②

与上述国际公约视角的讨论相对,也有从国内非物质文化遗产的立法、健全相关法律及法规视角的探讨。例如,谭宏以中国非物质文化遗产名录制度为对象,阐述了我国虽然建设比较有完整的国家、省、市、县四级非物质文化遗产代表名录体系,这对中国各地、各民族的非物质文化遗产内容和样式的保护和传承起到了重要的作用。但同时,近年来的名录体系实践,也给非物质文化遗产的保护提出了一系的问题和挑战。该文指出,解决和协调好这些问题和挑战,将会使非物质文化遗产保护过程中,其文化价值、文化多样性、文化可持续发展得到更好的展示和体现,更有利于非物质文化遗产的保护和传承。③ 与上述讨论有相似的问题意识,黄玉烨等对我国非物质文化遗产传承人的认定制度进行了考察,指出我国对非物质文化遗产传承人采取代表性传承人的认定制度,存在认定方式单一、一般性传承人的权益没有保障、缺乏造血式的私权激励等问题。对此,该文强调我国应构建多元的传承人认定模式,既要进行代表性传承人、个体性传承人的认定与资助,也要保护一般性传承人和团体性传承人的合法权益,以促进我国非物质文化遗产的保存、保护与发展。④ 肖远平、王伟杰通过统计分析我国国家级少数民族非遗名录和传承人的记录信息,总结了我国在少数非遗名录申报及审定中取得的重要成就,指出了目前存在的问题,并结合中国发展实际提出了未来构建和完善少数民族非遗名录体系和传承人队伍的政策措施。⑤ 李荣启强调了非遗代表性传承人的认定机制、管理机制与保障机制的重要性,指出只有完善非物质文化遗产科学的传承机制,才能使非物质文化遗产的传承有序延续。⑥

2. 非物质文化遗产与数字化运用

通过媒体及数据化信息管理是保护民俗文化及非物质文化遗产的有效途径之一,近年来民俗文化数据库、非物质文化遗产档案数据库的建立成为关注热点,涌向出了诸多探讨。刘灿姣、阳利新通过对非遗数据库整体建设的研究、非遗项

① 参见杨利慧:《新文化等级化·传承与创新》,《民间文化论坛》2016 年第 2 期。

② 参见康丽:《非物质文化遗产保护与性别平等:基于〈保护非物质文化遗产公约〉及相关文书的讨论》,《民族艺术》2016 年第 6 期。

③ 参见谭宏:《冲突与协调——中国非物质文化遗产名录制度的人类学反思》,《文化遗产》2016 年第 4 期。

④ 参见黄玉烨、钱静:《我国非物质文化遗产传承人认定制度的困境与出路》,《广西大学学报(哲学社会科学版)》2016 年第 3 期。

⑤ 参见肖远平、王伟杰:《中国少数民族非遗名录及传承人统计分析》,《西南民族大学学报(人文社会科学版)》2016 年第 1 期。

⑥ 参见李荣启:《对非遗传承人保护及传承机制建设的思考》,《中国文化研究》2016 年夏之卷。

目分类体系的研究、非遗数字化技术应用研究、非遗数字化保护实践研究等四个方面的梳理与归纳，指出了现今我国的非物质文化遗产数字化保护存在如下问题：(1)目前学者在非遗数据库建设内容的研究上没有形成权威的、统一的模块，非遗数据库建设的评价机制尚没有建立；(2)非遗的单线性分类研究较多，多层次分类研究较少，元数据技术的应用研究尚处于初级阶段；(3)在三馆(图书馆、档案馆、博物馆)、各地区及非遗具体单个领域方面进行非遗数字化保护应用研究较多，其他非遗数字化保护机构研究较少，在具体实践研究层面缺乏理论指导。①

孙向阳以苗族史诗《亚鲁王》为研究对象，从信息技术的视角，探讨了数字化技术与非物质文化遗产保护深度结合的发展趋势，提出了对《亚鲁王》的传承与保护的信息数据化理论及实践的支持。② 杨利华、李璐根据景德镇非物质文化遗产保护和宣传的需求，将 PHP 技术引入景德镇非遗数字化保护平台，采用计算机进行非物质文化遗产数据管理和展示，提高了管理的方便性、安全性等，也适应了当今社会信息化高速发展的特征。③ 张玮玲以宁夏地区为例，通过对该地区的非遗数字化及数据库建设实情进行调查分析，指出了如下问题：(1)非遗资源数字化及数据库建设程度不高，数字化信息展示方式单一，资源分散，没有建立起区域性资源共享的统一机制和平台；(2)宁夏非遗拥有者和传承人在非遗数字化创作、生产中话语权的缺失，使数字资源没有全面、立体地揭示出本地区非遗特有的非文字文化内涵及其活态性。对此，该文提出了赋予传承人和拥有者参与非遗数字化保护权利的“参与式数字化保护”理念，并从发挥政府主导作用，设计、制定区域性非遗资源共建共享的数据库建设整体方案及相关细则等方面，给出了西部民族地区非遗数据库建设的具体措施和推进策略。④ 此外，还有较多问题相近的讨论。⑤

3. 作为非物质文化遗产的民俗文化

非物质文化遗产是根据现行的法律、法规及行政制度在广泛的民俗文化事象中推选出来，并具有一定认知度的传统文化表现形式。对此，近年相关领域更多

① 参见刘灿姣、阳利新：《我国非物质文化遗产数字化保护的研究述评》，《图书馆》2016 年第 2 期。

② 参见孙向阳：《数字化技术视野下非物质文化遗产的传承与保护——以苗族史诗〈亚鲁王〉为中心》，《贵州民族研究》2016 年第 3 期。

③ 参见杨利华、李璐：《景德镇非物质文化遗产数字化保护平台的设计与实现》，《信息与电脑》2016 年第 19 期。

④ 参见张玮玲：《基于“参与式数字化保护”理念的西部民族地区非物质文化遗产数据库建设——以宁夏地区为例》，《图书馆理论与实践》2016 年第 12 期。

⑤ 参见如林文：《东北少数民族非物质文化遗产数字化传播的思考》，《学理论》2016 年第 4 期；翟姗姗、刘齐进、白阳：《面向传承和传播的非遗数字资源描述与语义揭示研究综述》，《图书馆情报工作》2016 年第 2 期；马琳、黄洋：《民俗舞蹈类非物质文化遗产数字化技术研究》，《艺术研究》2016 年第 2 期；任民锋：《唐山非物质文化遗产传承与保护的数字出版之路》，《山西档案》2016 年第 6 期。

的倾向是对非物质文化遗产的关注，相关的讨论也比较多。张兆林、束华娜以未被广泛关注的东昌府木版年画为对象，围绕东昌府木版年画与京杭大运河、东昌府木版年画的题材、东昌府木版年画的当代价值等开展研究，挖掘地方民俗文化的深厚底蕴。[①] 王小荣以入选国家首批非物质文化遗产保护名录的河北涉县女娲祭典为个案，提出了这一遗产的保护与传承应当坚持社会政治、经济环境与文化环境的协调发展，提供以女娲祭典为文化平台的京津冀文化协同发展的可持续性，对民间信仰文化的保护传承提出合理化的对策建议。[②] 周云水通过对粤东北客家花灯与“吊灯”习俗的考察与分析，揭示了客家花灯的制作以家庭手工作坊为主，具有特定的季节性和家族内师徒传承的特征。并且指出，当地这样的习俗，间接带动了客家花灯的竞争性消费，促使这项民间技艺类非物质文化遗产得到活态传承。试图从中挖掘和发现该地区在建构非物质文化遗产保护传承与创新发展的一种新机制。[③]

如上，以地域或村落为载体，对该地区的非物质文化遗产而展开的研究相对较多，涉及面也比较广泛，这里将不逐一介绍。[④]

（三）民俗资源与文化产业

在党的十八大报告中，提出“扎实推进社会主义文化强国建设”的战略目标后，十八届三中全会通过了《中共中央关于全面深化改革若干重大问题的决定》，把文化改革列为全面深化改革的重要内容，提出要“建立健全现代文化市场体系”。在这样的背景下，民俗文化作为开发文化产业重要资源的一部分，得到了越来越多的讨论。文化产业的分类较多，这里主要介绍以突出地方性特征的旅游观光产业和以民俗文化为依托的商品化开发的两个方面进行介绍。

1. 民俗文化与旅游产业

民俗文化资源产业化开发是实现文化资源经济收益和传承民俗文化的有效途径。常国山通过对贵州省黔东南地区民俗文化资源与产业化开发的考察指出，黔东南民俗文化资源产业化开发存在人才缺乏、产业规模小且生产方式落后、品

---

① 参见张兆林、束华娜：《散落于乡野间的民间艺术珍品：东昌府木版年画》，《图书与情报》2016 年第 3 期。

② 参见王小荣：《河北涉县女娲祭典的文化研究》，《河北工程大学学报（社会科学版）》2016 年第 4 期。

③ 参见周云水：《粤东北客家花灯与“吊灯”习俗研究》，《文化遗产》2016 年第 3 期。

④ 参见如杨娅、周毓华：《非物质文化遗产视野下西藏传统陶器制作的传承与发展——以扎囊县杂玉村为例》，《文化遗产》2016 年第 6 期；秦璇：《朱仙镇木版年画的造型及色彩艺术传承》，《中国艺术》2016 年第 2 期；张新友：《新疆少数民族聚居区民俗表演活动对非物质文化遗产嬗变的影响》，《新疆社会科学》2016 年第 6 期；李曼霞：《我国传统戏剧类非物质文化遗产的保存和发展初探——以湖南花鼓戏为例》，《广西师范学院学报》2016 年第 2 期，等等。

牌效益不高、缺乏完善的产业化激励机制等问题。对此，该文提出了进一步挖掘和整合地域民俗文化资源，完善激励机制和可持续发展的保障体系，培养民俗文化资源开发的创意人才，树立品牌意识，以创意为核心提升产业增值空间等，是黔东南民俗文化资源产业化开发的途径选择。① 盛菲菲以伊犁地区为例，阐述了随着西部大开发的深入，新疆伊犁哈萨克自治州有着神奇的历史文化古迹、独特的民俗风情、厚重的民俗文化，蕴藏着丰富的文化旅游资源，如何创新伊犁民族区域文化旅游模式，做大做强伊犁文化旅游，让文化旅游业成为推动当地经济、社会发展的支柱性产业，加快当地小康社会建设进程，提升当地居民的幸福指数，成为摆在人们面前的重大社会课题。对此，该文指出坚持可持续发展原则下开辟伊犁民族区域文化旅游发展新路径，具有重要的经济与社会价值。②

薛源以成都周边的黄龙溪古镇为例，通过对黄龙溪舞龙文化的发展历程、表现形式、存在的问题等方面进行分析，提出了黄龙溪舞龙文化在旅游产业发展中的创意化路径。并在此基础上提出了加强旅游品牌的宣传，充分发挥跨区域跨文化交流，开发群体性增值性产品，跨区域多样性创新项目以及进行民间互动等有效建议。③ 温统从民俗学、民俗旅游学的视角出发，以肃南祁丰藏族乡文殊寺旅游景区为个案，重点关注民俗活动在旅游业发展中的吸引力、文化价值、经济价值，通过对该景区内民俗活动与旅游业发展的现状分析，试图探究民俗活动与旅游业发展的内在关联，以揭示民俗活动在旅游业发展中的价值和意义。④ 李岩、顾涛提出应从文化的多维角度来认识民俗，充分认识旅游开发中民俗的异质和同质、原生和衍生、人本和物本等问题，使民俗的保护、传承和利用走上更加健康的轨道。⑤

2. 民俗文化的产业化、商品化

对地区的民俗特色文化进行发掘开发，以此来增加地方经济的收入，目前是民俗文化资源进行产业化的一个途径。付玲玲以山东临沂为例，指出在临沂存在众多的民间工艺、民间音乐、民间舞蹈等民俗资源，挖掘和开发这些民俗资源对地方的发展尤为重要。指出政府部门应高度重视这些宝贵的文化财富，可从保障民

---

① 参见常国山：《黔东南民俗文化资源产业化开发途径》，《当代经济》2016 年第 31 期。

② 参见盛菲菲：《伊犁地区民族文化旅游产业可持续发展之路》，《北方文学旬刊》2016 年第 4 期。

③ 参见薛源：《黄龙溪舞龙文化在民俗旅游产业发展中的创意化路径研究》，《体育成人教育学刊》2016 年第 3 期。

④ 参见温统：《民俗活动在发展旅游业中的意义——以肃南祁丰藏族乡文殊寺旅游景区为例》，《新西部》2016 年第 30 期。

⑤ 参见李岩、顾涛：《论民俗旅游的文化视阈》，《广西师范师范大学学报（哲学社会科学版）》2016 年第 6 期。

间艺人的生活、结合旅游产业、依托临沂小商品城等方面加以保护和挖掘。深入挖掘临沂民俗资源不仅可以增强人们的认同感和凝聚力，丰富人们的精神生活，扩大临沂的知名度，还可以大量吸纳待就业人员、减轻就业压力，促进社会团结和稳定。①

民间文学是千百年来老百姓集体创作、口耳相传的智慧结晶，作为文化资源宝库，是现代动漫产业资本的源头活水。徐金龙、黄永林从民间文学资源向动漫产业资本的创造性转化问题上进行了思考，该文首先指出国产动漫处于内忧外患的尴尬境地，产业发展状况不容乐观的状况，进而提出在动漫文化产业扶持政策和非物质文化遗产保护工程等机遇面前，国产动漫应以内容为主，重塑民间文学传统，彰显民族文化特色，打造中国文化品牌，达到文化创意制胜，实现民间文学资源向现代动漫产业资本的创造性转化，从而自立于世界动漫艺术之林。②

李柯以上海西郊农民画为个案，从经济民俗学的视角探讨了农民画产业发展的可能性。具体而言，该文指出在开展非物质文化遗产生产性保护的现实语境中，为回应、解决上海西郊农民画产业化发展何以可能，首先要探究西郊农民画在其历史发展过程中的认同性积淀，以及其认同性在当下消费市场中的内涵表现。其次，从内涵方面，西郊农民画在在当下消费市场中有三大面向：由西郊农民画最鲜明的艺术认同出发，可发掘其原真性、稀缺性、独特性、审美性、参与性、衍生性及保值性内涵；由西郊农民画最本质的乡土认同出发，可发掘其历史性、趣味性、现代性内涵；由西郊农民画最坚实的政治认同出发，则可发掘其实用性和思想性内涵。③

李园以宁夏为研究对象，对丝路视角下宁夏文化产业发展做了如下考察。首先，从地区资源的视角阐述了宁夏是丝绸之路东段北道的必经之路，不仅具有区位优势、文化优势，同时还具有资源优势，包括历史文化资源、民俗文化资源、宗教文化资源和生态文化资源。因此，该文认为大力开发丝路文化背景下的宁夏文化产业有着特殊的文化意义。对此，作者从丝路文化带宁夏文化资源的分类为切入点，分析了宁夏发展文化产业面临的文化产业竞争力较弱和文化产业开放型平台不足的挑战，并提出重点发展文化旅游支柱性产业和拓展丝绸之路文化产业开放型平台的发展策略。④

---

① 参见付玲玲：《挖掘临沂民俗文化资源的举措及意义》，《临沂大学学报》2016年第5期。

② 参见徐金龙、黄永林：《民间文学资源向动漫产业资本的创造性转化》，《民俗研究》2016年第4期。

③ 参见李柯：《上海西郊农民画产业化发展的可能性——基于经济民俗学认同性经济的理论探究》，《文化遗产》2016年第2期。

④ 参见李园：《基于丝路文化视角下宁夏文化产业发展策略研究》，《边疆经济文化》2016年第8期。

（四）民俗文化的传承与保护

随着全球化、城市化进程的加快以及人民生产及生活方式的改变，民俗文化及非物质文化遗产在传承与保护上遇到一系列的问题。对此，如何传承和保护民俗文化与非物质文化遗产等问题成为关注热点。

1. 民俗文化及非物质文化遗产的保护

围绕民俗文化及非物质文化遗产的保护问题，有诸多不同事象及研究视角的探讨。刘爱华从城镇化发展的视角下，探讨了“乡愁”在民俗文化保护上的途径与作用。具体而言，该文首先阐述了在城镇化快速发展中，乡愁文化进一步被激活，推动着以人为本的“人的城镇化”的发展；进而指出当下乡愁文化的凸显，不是偶然现象，折射出物质文明高度发展背景下现代人的心灵迷失和精神失落；对此，作者认为应回归“人”本身，关注普通大众，而这在很大程度上与民俗文化的旨趣相一致，因此加强民俗文化保护，积极融入人性维度，观照现代人的生活世界，是安放“乡愁”、推进新型城镇化健康发展的重要路径。[①]

日本学者松尾恒一以日本历史民俗博物馆为例，探讨了影像记录及制作在保护非遗问题上的方法与问题。[②] 肖远平关注大健康产业背景下医药民俗的传承与保护的问题，其强调民族医药民俗是一个以民族医药为核心的民俗体系，无论是在历史上还是在现代都发挥着举足轻重的作用，指出大健康时代的到来为民族医药民俗的传承与保护提供了新的机遇与挑战，而加快民族医药单一类项目的申报及审批步伐，建立梯队合理、结构完善、层次分明的民族医药传承人队伍，利用新技术新手段加快民族医药的市场化发展步伐，并创新民族医药知识产权的保护形式是未来传承民族医药的可行之策。[③]

邓军以自贡彩灯制作技艺为例，探讨了传统手工艺类非物质文化遗产生产性保护的经验与反思。[④] 文安安、许媛从羌族历史和羌族建筑风格和哲学理念等方面入手，以理县桃坪羌寨和茂县黑虎羌寨为例，指出了羌族文化保护现今遭遇到的困境，尤其是汶川地震之后，该文就羌族文化保护提出了一些保护建议供大家

---

① 参见刘爱华：《城镇化语境下的“乡愁”安放与民俗文化保护》，《民俗研究》2016年第6期。

② 参见［日］松尾恒一：《世界遗产时代的非遗保护——影像记录及制作的方法与问题》，《文化遗产》2016年第1期。

③ 参见肖远平、王伟杰：《大健康产业背景下民族医药民俗的传承与保护研究》，《中南民族大学学报（人文社会科学版）》2016年第4期。

④ 参见邓军：《传统手工艺类非物质文化遗产生产性保护的经验与反思——以自贡彩灯制作技艺为例》，《四川理工学院学报（社会科学版）》2016年第1期。

思考。[①] 上述研究以外，虽然探讨对象有些区别，但在问题本质上还有很多相近的探讨。[②]

2. 民俗文化及非物质文化遗产的传承

灯彩艺术起于秦汉，兴于隋唐，盛于宋元，明清时期开枝散叶，是汉民族“普天同庆”的艺术形式。“自贡灯会”是中国民俗彩灯艺术现代发展的代表。从1959至2015年，自贡市政府已经举办灯会30届。梁川以“自贡灯会”为例，总结了自贡彩灯技艺传承和“自贡灯会”文化产业化经验，为不同地域的“灯”民俗与“灯”技艺实现活态传承提供参照。[③] 黄粟通过对湘西地区土家族民俗文化传承中学校教育现状的考察与分析，归纳了有关教学内容、教学方式、各阶段的教学特点，指出了学校教育在湘西州土家族民俗文化传承过程中的独特优势。[④] 秦伟从传媒的视角，分析大众传媒对民俗文化传承变迁的影响，探究了推动甘肃民俗文化在新的媒介语境中传承与发展路径。[⑤]

地灯秧歌是山西舞蹈艺苑中的一枝奇葩，主要流传于山西省汾西县。其表演依托于民间祭祀和祈福活动，集民间信俗、传统舞蹈和传统音乐于一体。该舞蹈不仅有鲜明的地域特征、浓郁的生活气息、独特的表现形式，而且蕴含着丰富的传统文化底蕴和古老的民间艺术特征。王丽霞通过对“地灯秧歌”这一鲜为人知的民间艺术进行解析、论证，以期引起学人对这一珍贵文化遗产的关注、研究和重视，使其得到更好的传承和保护。[⑥]

以上是对2016年中国民俗文化发展策略这一层面进行的梳理与归纳，2016年度虽然相关的学术探讨较多、涉及面较广，但总体来说缺少精品学术分析、考察力作。在关注的民俗事象上，非物质文化遗产的相关研究较多。总体上来说，理论研究与成果的积淀还相对薄弱，期待明年有更多的力作出现。

---

① 参见文安安、许媛：《灾后羌族民间民俗文化保护研究——以理县桃坪羌寨和茂县黑虎羌寨为例》，《湖北函授大学学报》2016年第20期。

② 参见如汶蔚臻：《杨陵区上川口村锣鼓村的村落文化产业保护与传承》，《建筑工程技术与设计》2016年6月上；潘媚：《论“非遗”民俗活动的保护与传承——以连滩张公庙庙会活动为例》，《文艺生活》2016年6月；邓广山：《乡村旅游发展中民俗文化资源的配置和保护》，《成都工业学院学报》2016年第1期；张平、孔维刚：《知识产权视角下我国海洋民俗文化保护路径研究》，《学术探索》2016年第2期；普秀敏：《浅析裕固族民族民俗文物保护与发展》，《丝绸之路》2016年第8期；黄世福、何后得：《九华山庙会民俗文化的传承与保护》，《宿州学院学报》2016年第9期；刘小明：《城市化背景下绍兴农村民俗体育的保护与开发》，《绍兴文理学院学报》2016年第10期。

③ 参见梁川：《彩灯扎制技艺活态传承研究——以“自贡灯会”非遗为例》，《内蒙古大学艺术学院学报》2016年第1期。

④ 参见黄粟：《湘西地区土家族民俗文化传承中学校教育的现状分析》，《产业与科技论坛》2016年第18期。

⑤ 参见秦伟：《传媒视域下甘肃民俗文化的传承变迁分析》，《现代视听》2016年第9期。

⑥ 参见王丽霞：《山西“地灯秧歌”的传承与发展》，《山西档案》2016年第5期。

2016 年城镇化与民俗文化发展报告

刘铁梁　毛晓帅　李晓宁　程浩芯　刘奕伶*

2016 年，中国的城镇化建设继续深入推进，取得了重要的进展。在社会各方的共同努力下，推进新型城镇化工作部际联席会议第三次会议中所确定的 30 项重点任务已经顺利完成。在这种城镇化建设快速推进的背景下，中国民众的日常生活和民俗文化发展正在经历着前所未有的生活变革。在本报告中，我们将针对当前城镇化建设背景下城郊新居民区的互动与认同，农业生产与村落劳作模式的历史记忆，工业化过程中职工群体文化的形成与发展等具体问题，予以叙述和讨论。

一、2016 年城镇化与民俗发展总体情况

（一）中国城镇化建设概况

自改革开放以来，中国的城镇化建设迅速推进。2014 年 3 月，党中央国务院印发了《国家新型城镇化规划（2014—2020 年）》；2016 年 2 月，国务院印发《关于深入推进新型城镇化建设的若干意见》，对我国未来一段时期新型城镇化建设进行总体部署和顶层设计。[①] 在这些政策部署指引下，2016 年我国的城镇化建设取得了显著成效。主要体现在以下几方面：

第一，城镇化率稳步提高，城乡差距进一步缩小。2016 年，进城落户人口达 1600 万，143.5 万无户口人员登记上了户口。常住人口城镇化率达到 57.35%，户籍人口城镇化率提高到 41.2%，分别比 2015 年提高 1.25 个、1.3 个百分点，比 2012 年提高 4.68 个、6.2 个百分点。[②]

---

* 刘铁梁，山东大学人文社科一级教授；毛晓帅，山东大学文化遗产研究院中国民间文学专业博士研究生；李晓宁，山东大学文化遗产研究院中国民间文学专业博士研究生；程浩芯，北京师范大学民俗学专业硕士研究生；刘奕伶，北京师范大学民俗学专业硕士研究生。

① 参见何立峰主编：《国家新型城镇化报告 2016》，中国计划出版社 2017 年版，第 2 页。

② 参见何立峰主编：《国家新型城镇化报告 2016》，第 29、34、35 页。

第二，居住房屋改善工程进展显著。2016年全国计划新开工棚户区改造600万套。实际开工606万套，顺利完成全年任务，完成投资1.48亿元。中央财政在2016年中央财政农村危旧房补助资金146.4亿元的基础上，再次下达补助资金120.5亿元。2016年中央财政预算安排的农村危旧房改造补助资金266.9亿元已经全部下达完毕，用于支持各地完成314万贫困农户危房改造任务。①

第三，城市建设更加科学合理，居住环境质量显著改善。2016年城镇化地区综合交通网建设成效显著。高铁运营里程突破2万公里，占世界总里程的60%以上。全国城市轨道交通已建成约3700公里，城市公共汽电车和轨道交通年客运量超900亿人次。城市污水处理率达到92.4%，生活垃圾无害化处理率达到95%。全国农村生活垃圾处理率达到60%，生活污水处理率提高到22%。全国城市建成区绿地率达到36.44%，人均公园绿地面积达到13.45平方米。②

第四，公共服务体系加快覆盖常住人口，城市包容性不断增强。2016年，九年义务教育巩固率和高中阶段教育毛入学率分别达到93.4%、87.5%。城乡义务教育一体化加快推进，在公办学校就读随迁子女比例达到80%，近12万名农民工随迁子女在居住地参加高考。2016年完成农民工职业技能培训2176万人次，全国城镇新增就业1314万人，城镇登记失业率为4.02%。城乡养老保险衔接有序开展，整合城乡居民基本医疗保险制度，截至2016年底，基本养老、基本医疗、失业、工伤、生育保险参保人数分别达到8.9亿人、7.5亿人、1.8亿人、2.2亿人、1.8亿人。③

（二）城镇化背景下的民俗文化发展

从以上列举的相关数据中可以看出，中国的城市化建设正在迅速开展。人们的生活正在经历着前所未有的剧烈变革，堪称是一场“生活革命”。周星在《“生活革命”与中国民俗学的方向》一文中提出了“生活革命”的概念，并作为民俗学的术语予以定义，认为“它在中国当前的语境下，主要是指‘都市型生活方式’在中国城乡确立和普及的过程。所谓‘都市型生活方式’是以‘都市型居住生活方式’，亦即在水、电、气、网络、抽水马桶和淋浴等设施齐全的单元套房里的起居生活为主干，但也可以扩及衣、食、住、用、行等其他很多层面”④。我们认为，这一面向当下的民俗学概念的提出是非常重要的，但还需要补充。除了居住方式和消费方式等日常生活方面所发生的巨大变化之外，都市型生活方式的确立和普及过程，还与人

① 参见何立峰主编：《国家新型城镇化报告2016》，第276页。

② 参见何立峰主编：《国家新型城镇化报告2016》，第30页。

③ 参见何立峰主编：《国家新型城镇化报告2016》，第31页。

④ 周星：《“生活革命”与中国民俗学的方向》，《民俗研究》2017年第1期。

们在劳作、休闲和娱乐等方面的时间分配，以及经常介入的社会关系、形成的交往习惯等方面发生的变化密切相关。应该注意人们在就业、居住地点移动的幅度、频度，工作与居住环境改变的各种复杂情况。也就是说，城乡各地的民俗文化所经历的前所未有的变化和创造过程，从根本上来说，正是这种全方位的“生活革命”所带来的结果。当下的民俗文化主要有以下几种表现：

首先，一些传统的民俗文化事象依然有着顽强的生命活力，在民族文化复兴的大潮中，尤其彰显出地方历史认同的精神传统。例如，厦门海沧区赤石社村依然保留着正月十六油炬走境活动。相传赤石社村的油炬走境活动起源于汉代，当时村民举着火把在乡间田野驱赶虫兽，祈求来年国泰民安、五谷丰登、幸福安宁。隋、唐、宋时期，这一民俗活动盛极一时，并沿传至今。2007 年，因为配合厦门海沧出口加工区建设需要，赤石社的村民从生活了几百年的村庄搬迁到海沧区建起来的生活区，住进了现代化的高楼，过上了城市生活。然而，一直传承下来的油炬走境并没有随着村庄的搬迁而消亡，散落在拆迁安置房的村民，依然会在每年的正月十六日组织油炬走境活动，并在宫庙所在的楼盘周围道路进行巡游。①

另一些传统民俗文化事象借助“非遗”保护的东风重新得到了新的发展机遇。例如，山东章丘文祖镇三德范村的芯子表演历史悠久，每逢春节、元宵节等节日，村民都会自发组织表演队伍，在本村和附近村庄演出。伴随着城市化进程的推进，三德范村的芯子表演也遇到了许多困难和问题。然而，2008 年 6 月，章丘芯子入选第二批国家级非物质文化遗产代表作名录，借助于“非遗”保护的东风，三德范村的芯子表演和扮玩传统很好地传承下来。2016 年农历正月十四，三德范村为庆祝元宵节而进行了规模浩大的芯子扮玩表演。杂耍武术、舞龙舞狮、高跷抬杆、划旱船等丰富多彩的传统民俗活动，吸引了众多村民以及外地游客和摄影爱好者慕名前来。活动现场人山人海，将三德范村围得水泄不通，纷纷前来感受传统扮玩的独特魅力。其次，一些传统的民俗文化事象难以适应人们生活的剧烈变化，已经消失或者正在失去生命活力。例如，春节期间的磕头拜年习俗，在全国各地逐渐消失。一些传统的农业劳作知识和生产习俗也渐渐退出民众的日常生活。例如，卢沟桥乡曾是京郊著名的蔬菜生产基地，当地流传着许多种菜的知识和习俗。然而 20 世纪 80 年代以来，伴随着城市化进程的推进，卢沟桥乡的耕地面积逐渐减少。到了 2009 年，第一产业已经从卢沟桥乡退出。当地村民的劳作模式和生活方式都发生了巨大的变化。伴随着这种生活变化，当地的许多生产知识和农业习俗都逐渐消失了。

① 参见刘默涵:《民俗与宫庙:城镇化道路上难以割舍的“乡愁”》,http://www.xinhuanet.com/web-Skipping.html。

再次，我们必须看到，在当前城市化建设迅速发展的背景下，人们正在积极主动地适应生活的变化，不断创造出新的民俗文化事象。民俗文化总是在不断发展变化的，人们主动适应城市化进程带来的生活革命，创造出了许多新的民俗文化事象。例如，北京市平谷区的挂甲峪村原本是一个以农业种植为主的贫困村，村民收入水平很低。伴随着城市化进程的不断推进，近年来挂甲峪村利用本村的自然风光和区位优势开始发展民俗旅游，到 2016 年，“占全村八成的 100 余户村民搭上了民俗旅游的快车”①。民俗旅游接待已经成为挂甲峪村村民的最主要的收入来源。村民在与游客打交道的过程中也形成了许多新的民俗文化。值得一提的是，伴随着城市化进程的发展，“抢红包”这一新的春节习俗悄然兴起。数据显示，2016 年除夕当日，微信红包参与人数达 4.2 亿人，收发总量 80.8 亿个，3 年狂增 505 倍；春晚期间，支付宝“咻一咻”抢红包活动总参与人次为 3245 亿，是去年春晚互动总次数的 29.5 倍。抢红包正从节日“伴奏曲”演变为年夜“主题歌”。②

面对城市化进程中民众生活的剧烈变化，我们不能仅仅停留在对过去的民俗传统的留恋和怀念，而对民众创造出的许多新的民俗文化视而不见。正如周星所说，我们必须“直面现代中国社会的日常生活及其变革的历程，记录和研究无数普通的生活者是如何建构各自全新的现代日常生活并在其中获得人生的意义”③。我们要善于发现、理解、认知当地民众的文化创造。不能光是抢救、记录已有的文化遗产，还要关注民众当下的创造。这种创造并不是突如其来的，是历史向前发展的过程，一步步推动的。正如刘铁梁在《中国民俗文化志·北京·大兴区卷》“序言”中所说：“我们只有全面地叙述这些现实生活中的民俗，才能深入观察现实生活变化的深度和广度，理解民俗存在的意义。”④

（三）城镇化背景下的人口流动与群体认同

城市化进程的不断推进也造成了我国大量的人口流动，其中主要是农村人口向城市地区的流动，其大致包括三类：一类是在城镇化过程中搬迁上楼的农民，他们从村落搬迁到居民小区，转为居民。一类是为了城市化建设和寻求个体发展远离家乡长期在城市工作的各类工人群体。这一群体游离于城乡之间，大部分在乡村出生和成长，然后被城镇化和市场化的大潮裹挟，带着乡村经验进入城市并在

① 杨旗：《京郊挂甲峪：游客来了匀着分，民俗户不再愁客源》，http://www.bj.xinhuanet.com/fw/2016-09/07/c_1119522663.htm。

② 参见张紫赟：《2016 猴气冲天，数字中的春节知多少?》，http://news.xinhuanet.com/politics/2016-02/13/c_1118027163.htm。

③ 周星：《生活革命、乡愁与中国民俗学》，《民间文化论坛》2017 年第 2 期。

④ 刘铁梁主编：《中国民俗文化志·北京·大兴区卷》，北京出版社 2016 年版，序言第 3 页。

城市工作和生活。[①] 第三类是因子女在城市工作而来到城市，照顾家庭生活的老人群体。在北京、上海等中心城市，这样的老人越来越多。根据国家卫生计生委发布的《中国流动人口发展报告 2016》，2016 年我国流动人口规模达 2.47 亿人，每六个人当中就有一个流动人口，其中流动人口流向中心城市的比例下降，流向非中心城市地区的比例有所上升。[②] 以北京市为例，2016 年末全市常住人口 2172.9 万人，其中常住外来人口 807.5 万人，占常住人口的比重为 37.2%。[③]

人口的流动必然伴随着身份认同与群体认同的问题。在城市化过程中，社会身份和心理上的双重转变是上楼之后的农民必须要面对的最重要的问题。对于上楼的农民来说，他们的社会身份由农民转变为居民。随之而来的是居住空间的转移、劳作模式的转变等日常生活中方方面面的巨大变化。主要体现在三个方面：

第一，村民累世而居的原有的以血缘和地缘为纽带的乡土社会空间和社会关系网络不复存在。在乡土社会中，大家累世而居，低头不见抬头见，彼此互相熟悉，是熟人社会。上楼之后，他们必须要重新适应和融入新的陌生社会。新建的住宅小区中，居民往往来自全国各地，邻里之间互不相识的情况非常普遍。在这种陌生的居住空间中，居民之间的社会交往也非常少。人们的社会交往空间已经由村落社会缩小为核心家庭。村落社会中通过代际传承建立起来的原有的社会关系网络也不再适用，他们必须在新的社会空间中重新建构社会关系网络。对于这种情况，许多搬迁上楼的农民都表示一时难以适应。第二，村民的劳作模式发生了根本性的转变。上楼之前，村民祖祖辈辈大多以农业生产为最主要的收入来源。因此，与农业生产息息相关的生产知识、习俗也是代代相传。然而，城市化之后，村里的土地集体流转，农业生产不再是村民的收入来源，世代相传的农业生产知识、习俗也随之逐渐消失。第三，附着于乡土社会之上的礼俗知识也无用武之地；村民自发组织的庙会、民间艺术表演等也没有了生存的场域。因子女在城市工作而移居到城市照料家庭的老年人群体大致也面临着上述同样的问题。

市场经济的发展和城市化进程的推进还极大地改变了村落社会的时间秩序。在传统的村落社会中，日常的劳作时间与庙会、神诞日等神圣的宗教时间，日常生活空间与庙宇、广场等公共空间是和谐并存的。这些神圣时间有序地穿插在全年人们的日常劳作的间歇，使人们在特定的时间获得身体的放松与精神的狂欢，有

---

① 参见蔡昉：《农民工市民化与新消费者的成长》，《中国社会科学院研究生院学报》2011 年第 3 期。

② 参见代丽丽：《2016 中国流动人口发展报告：我国流动人口 2.47 亿》，《北京晚报》2016 年 10 月 19 日。

③ 参见北京市统计局、国家统计局北京调查总队：《北京市 2016 年国民经济和社会发展统计公报》，2017 年 2 月 25 日发布，http://www.bjstats.gov.cn/tjsj/tjgb/ndgb/201702/t20170227_369467.html。

效地调节着人们生产、生活的节律。然而,市场的暂时性和城市化带来的快节奏逐渐否定了世俗时间与宗教时间循环、并存的可能性。“市场的暂时性以及市场上流通商品的暂时性,生成量化时间体验,它朝着单一方向流动;这是一种每一个时刻都由于被承替而不同于下一个时刻的体验,处在新旧交替、早晚更新、世代沿革的环境中。”[①]这种剧烈的社会变迁必然会打乱传统村落社会的生产、生活节律,很多中老年村民一时难以适应。

总之,城市化带来了生活条件的便捷,却也给乡土社会的民众带来了生活上的困惑。日常生活中的这些巨大变化也导致乡民原有的文化认同发生变化。因为他们原有的社会与文化认同大都是在稳定的乡土社会的场域中逐渐建构起来的。如今他们熟悉的稳定的乡土社会已经不存在了,他们原有的文化认同和社会认同也将随之解构。如何使这些素不相识的居民团结起来,形成新的社会和群体认同是我们要面对的问题。

2016年,农民工总量为28171万人,比上年增加424万人,增长1.5%。其中本地农民工有11237万人,增长3.4%;外出农民工有16934万人,增长0.3%。[②]对于长期在外工作的各个岗位上的务工人员来说,他们也面临着相似的问题。由于城乡生活水平、工资收入等方面的显著差异,越来越多的人远离家乡来到城市寻求个体更好地发展。“城镇化和市场化的大潮将流动人口群体从全国各地的乡村社会关系和地方性知识中‘挖出来’,并将他们嵌入到陌生的城市时空当中。”[③]虽然他们长期在城市工作和生活,但很少的人能够在城市落户,他们的家人和最主要的社会关系大都在乡村。他们与乡村之间有着极为紧密的联系。他们白天忙碌在各自的工作岗位上,晚上又回到了密闭的私人空间,大家缺少一个可以交流、沟通的公共空间,人们之间的交流与互动大大减少。城乡的空间隔离让他们远离家乡和亲人,缺乏归属感,时常感到孤独和压力。原有的基于血缘和地缘的社会关系网络难以在城市空间发挥实际作用,他们需要建立新的社会关系网络,形成新的文化认同。而归属感不强、身份认同模糊是大多数漂泊在城市中的外来人口面临的共同难题。“青年流动人口身份认知的模糊导致其心理冲突正逐渐外化为行为冲突,给社会和家庭带来不可逆的负向影响。”[④]因此,如何让这些流动人口在异地他乡找到归属感和认同感、如何融入新的群体是尤为重要的。

---

① [美]保罗·康纳顿:《社会如何记忆》,纳日碧力戈译,上海人民出版社2000年版,第74页。

② 参见何立峰主编:《国家新型城镇化报告2016》,第29页。

③ 董敬畏:《时空抽离与流动人口的文化认同》,《中国社会科学院研究生院学报》2016年第3期。

④ 杨菊华、吴敏、张娇娇:《流动人口身份认同的代际差异研究》,《青年研究》2016年第4期。

(四)民众的历史记忆与叙事书写

记忆联合体是一个群体得以凝聚成一个具有深度认同的共同体的重要原因。[①] 在一个村落共同体内,只有拥有共同的村落社会记忆,村民们才能共享知识和经验以及对村落历史的想象,进而对村落共同体有深度的认同。而共同记忆的缺失必然导致村民们不能共享村落的历史、经验,村落社会缺乏凝聚力与向心力,进而导致村落认同的缺失。对于过去社会的记忆在何种程度上有分歧,其成员就在何种程度上不能共享经验或者设想。[②] 日常生活中的口头叙事与交流还是保持地方社会历史连续性的重要方式和手段。地方社会是连续性的生活世界,其历史连续性如果断裂,那么民众的认同感也会消失,地方社会共同体也必将随之瓦解、崩溃。不同于官方的大历史,普通民众的历史和记忆往往是缺乏书籍、碑刻等文字资料的记载的。而日常生活中个人口头叙事的不断讲述与交流,就是保持村落历史连续性和承载历史记忆的重要方式。

在乡土社会中,乡民之间彼此熟悉,交往密切,彼此之间能够共享知识、经验和历史记忆。而随着城市化进程的不断推进,村民原有的居住空间和社会结构发生根本性的转变。乡民之间日常的口头叙事与交流逐渐减少,因此,村落社会的历史记忆和村落认同面临着缺失的危险。正是在当下中国社会发生深刻的生活革命的背景下,乡愁情绪弥漫全国。正如周星所说,“伴随着急速和大面积的都市化、现代化和剧烈的生活革命,乡愁作为一种礼赞传统、缅怀旧日往事的情绪,大约自 20 世纪 90 年代以来,开始迅速地弥漫于中国的几乎所有角落,成为 90 年代以来中国社会文化最显著的时代特征之一”[③]。中国的城镇化进程始终伴随着“记住乡愁”的呼吁。而对于乡民历史记忆的叙事书写无疑是留住乡愁的最佳选择之一。

乡民历史记忆的叙事书写大致包括两类:一类是高校师生、新闻记者等体制化、学院派的外来者与当地人合作完成的共同的叙事写作;另一类是当地的文化机构、知识分子、地方精英自发的叙事书写。

高校师生、新闻记者等外来者一般是通过与当地民众长期的互动、交流,记录下乡民的叙事与历史记忆。最终形成的成果包括各类民俗文化志、口述史丛书、口述实录文学、专题新闻报道等。例如,已经出版的《中国民间人户数杰出传承人丛书》《中国木版年画传承人口述史丛书》《中国民俗文化志·北京·门头沟区卷》

---

① 参见陶东风:《记忆是一种文化建构——哈布瓦赫〈论集体记忆〉》,《中国图书评论》2010 年第 9 期。

② 参见[美]保罗·康纳顿:《社会如何记忆》,纳日碧力戈译,上海人民出版社 2000 年版,第 3 页。

③ 周星:《生活革命、乡愁与中国民俗学》,《民间文化论坛》2017 年第 2 期。

等。2016 年《中国民俗文化志 · 北京 · 大兴区卷》和《中国民俗文化志 · 北京 · 通州区卷》由北京出版集团正式出版。可以说,这是体制化的、学院派的外来者与当地人共同完成的对乡民历史记忆与叙事的书写。他们通过自己的调查、研究、写作、出版来与地方社会进行互动,同时也引起全社会对当地文化的关注。不可否认,作为外来者,他们对地方社会的了解肯定不如当地民众那么全面和熟悉。然而,他们却又比当地民众多了一种新奇感和比较的眼光,能够通过与当地人的交流获得一些独特的感受和见地,书写出能够反映当地民间文化光彩的民俗文化志。这种类型的乡民历史记忆的书写是有着学术追求和问题意识的,是外来者与当地民众互动、交流的结果。在这个调查与书写的过程中,研究者始终是以当地民众的"人""人的生活"作为关注的焦点和核心,关注他们的生存状态、心理状态和价值追求,力图展现他们的生命光彩,为他们发声。最终呈现在读者面前的民俗志文本是当地民众与外来研究者在同一语境中共同创造的结果,其中既有当地民众独特的历史、文化记忆和他们的情感意志,也饱含着研究者自身的感受、理解和体悟。

在城市化不断推进的过程中,一些地方的文化机构、知识分子、民间精英也在自发地记录和书写当地的历史与文化记忆。他们主要是基于一种责任感和使命感来书写自己家乡的文化与历史记忆。他们的责任感就是要留住自己家乡的乡愁,留住家乡的历史,书写出当地特有的文化与记忆,让后世子孙了解自己所在的这片土地的历史。如果没有这种历史和文化记忆,他们的归属感和认同感就会消失,他们所在的村落也就只是一个能够遮风避雨的空壳,失去了深厚的意蕴。像这样的民间精英、知识分子在全国各地都有他们的活跃的身影。

北京市丰台区马家堡村是较早进行城市化的一个村落。早在 1991 年,马家堡村就已经拆迁上楼。拆迁上楼之后,村民孙德才深感遗憾和不安,因为他觉得以后村里的年轻人再也看不到马家堡当年的面貌了。于是,他便利用退休后的时间在村里四处走访,绘制出了马家堡村拆迁之前的村落平面图。在这幅平面图中,每一户人家、每一口水井、一颗老树都清晰可见。后来,为了把村里的历史留住,他还花费了大量的时间和心血,写成了十分翔实、生动的《马家堡传》,并配有大量的宝贵的老照片。村里曾经有许多人质疑他这种做法,有人说他这是在浪费时间,甚至有人怀疑他想利用这个赚钱。但是孙德才老人都不为所动,他依然坚持把这本著作完成了。由于经费问题,这本《马家堡传》并没有出版。但孙德才说:"我就当是小人儿书,让我的孩子、孙子以后都看看,要不他们都不知道我们马家堡原来是什么样儿了。"孙德才还把这本《马家堡传》拿给村里的邻居、朋友们看,大家都觉得不错。孙德才老人绘制平面图、书写《马家堡传》的自觉行为,正是基于一种记录、传承村落历史记忆的责任感和使命感。

这样的例子比比皆是。如北京市大兴区魏善庄镇东南研垡村的赵维顺老人，曾自发写作了《聪明睿智：东南研垡与赵氏家族》一书。这本书是赵维顺老人历时多年写作完成的，虽然没有正式出版，却十分详细生动地记录了赵氏家族与东南研垡村的历史与发展情况，为赵氏家族和东南研垡村的子孙后代留下了宝贵的历史记忆。2016 年底，湖北宜昌夷陵区分乡镇 68 岁的退休干部袁国悦编纂的 27 万字的《分乡民俗志》，由三峡电子音像出版社正式出版。袁国悦用了 7 年时间，行路万里，才完成了这部著作。但他说，他这么做是为了让 50 年、100 年以后的分乡人在记忆中守望乡愁，在守望中创新民俗，更加热爱家乡。[①]

二、城市新居民区的文化互动和地方认同

城镇化进程中，随着城市规模扩大和功能转移，许多原先属于城郊农村的地区被纳入城市范畴，当地的人口、土地及产业都经历了非农化的过程。例如，北京市丰台区方庄地区在民国以前属于城外的近郊荒村，苇塘密布，坟丘相连，人口稀少，只有数个自然村散落其间。1949 年后，该地隶属南苑人民公社蒲黄榆大队管辖，随着首都城市规划和市政建设的展开，许多原先住在城内的居民因拆迁改造移居至此，使这里呈现出城乡居民混居的形态。80 年代初，为了解决广大市民的住房难题，改善首都城市居住功能，推动城乡一体化进程，北京市决定在该地兴建一个大规模现代化住宅区，即方庄小区。小区建成后，当地原住农民拆迁上楼，他们经历了居住空间、劳作模式、社会关系等方面的变化。更大的变化是，一些国家机关和国有企业在方庄购置福利住房，许多商界成功人士、娱乐圈明星也通过买商品房而落户于此。不同社会阶层和身份背景的居民带来不同的生活习惯和文化传统，给这片土地带来了新的活力。从菜地农田到现代化高楼广厦，从人烟稀落的近郊农村到“古城群星”的万家灯火，方庄新居民区的建设是我国城乡发展历程的一个缩影。在这些人口庞杂、人员异质性和流动性强的新居民区，不同人群的文化如何交流互动，他们的社区情感和社区认同如何形成，他们正在传承、实践和创造的民俗文化有何特点等等，都是值得我们关心的话题。

与此同时，除了像方庄这样农业人口全部转居上楼的新居民区，城市化进程中的城中村、城边村等也值得关注。村落旧传统与都市新文化在这里交流碰撞，当地居民面临着民俗文化如何传承延续的考验，也经历着如何留住传统、留住“根”的焦虑。城市流动人口聚居区和移民聚居区也是文化互动的重要空间，如北

---

① 参见吴擒虎，通讯员蔡钧庭、覃璇：《宜昌老人历时 7 年行路万里，5 易其稿，编纂乡镇民俗志》，《湖北日报》2017 年 3 月 23 日。

京的“浙江村”“新疆村”、牛街回族聚居区、望京“韩国城”等基于地域或族群认同形成的聚居区中，原有的地域、族群文化与北京文化、都市文化相互影响，呈现出新的形态；在外来打工者聚居的北京皮村，由打工者们自发组建的工友之家、打工文化艺术博物馆等文化组织和空间，显示出当代都市中新工人群体的精神风貌和文化活力，它们也是城市文化的重要组成部分。在这些形态多样的文化实践中，既有跨越地域、族裔、职业、阶层等边界、日益频繁的文化互动，又有实践者主动延续传统、“记住乡愁”、寻求社区或群体认同的努力。

（一）城镇化进程与城乡居民的“生活革命”

1. 居住方式的变化

居住方式的变化体现在从院落平房到小区楼房的住宅空间变化，以及由此带来的一系列生活改变，如水电、供暖、清洁卫生等生活设施的变化。新的居住方式也在改变着人们的生活习惯，如便利的清洁设施对居民卫生习惯的影响、住宅内部功能区划分对居民隐私观念和交往习俗的影响等。当然，必须深入到个人生活史层面才能触摸到这些变化对不同个体的真正意义，对大部分居民来说，完全接受“都市型生活方式”需要一个适应的过程。譬如，在许多习惯了蹲厕的老人看来，“坐马桶”并不如“蹲坑”舒服和方便。高层住宅的“不接地气”也让许多居民感到不适，已经搬进楼房多年的他们仍怀念住在平房时那种“接地气”的感觉。

2. 劳作模式的转变

在城镇化进程中，村民的日常劳作模式发生了较大变化，很多村民直接由农业耕种转行从事旅游等服务业，或者介入新兴日用品或手工艺品等生产，尤其是在大城市周边地区，他们失去了土地，许多农业人口转为城市居民，进而开始从事各种服务业或小手工业者。譬如北京市方庄小区，其曾属于蒲黄榆大队的农业用地，许多老住户仍记得社员们一起生产劳动、种植蔬菜的往事。方庄建设时征用了蒲黄榆大队的全部土地和东侧成寿寺大队的部分土地，两个大队社员共1034户、3266人全部转居上楼。[①] 大部分劳动力被分配到国企、工厂等单位上班，这对他们来说无疑是劳作模式、日常生活的深刻变革。而随着城镇化进程的推进和人口的频繁流动，农村地区从事非农产业的人口也在增多，进城务工成为许多农村青壮年劳动力的谋生选择，他们的劳作知识、经验和能力已与先辈有了很大不同。

3. 社会关系的重组

城镇化对城乡居民社会关系的影响是多层次的，这很大程度上与都市型居住

---

① 参见中共北京市丰台区委党史办编：《中国共产党北京市丰台区历史大事记》，中央文献出版社2005年版，第329页。

和生活方式的确立有关。譬如在方庄，搬进小区使许多家庭的内部结构和代际关系发生改变，原先农村几世同堂、兄弟同宅的居住方式越来越少见，年轻夫妇和未婚子女组成的核心家庭成为小区住户中的主流。而方庄这样兴建较早的小区中，还有许多家庭只剩下老年人口，他们的子女因结婚、工作而在其他地方购房或租房居住，在周末和节假日带着孩子回来探望老人，这种代际相处模式越来越常见。邻里之间的交往方式也发生了变化。过去同一条胡同、同一个院子里亲如一家的街坊邻居被独栋的高楼和冷冰冰的防盗门隔开，在注重封闭性和私密性的现代小区，邻居之间虽然见面也打招呼，但很少再相互串门、来往走动，人们的日常活动更多地在自己家中进行。小区住户的流动性也更强了，以前无论是居民区还是农村，身边都是“十年八年也不换一户”的“老街旧坊”，同一个村庄的住户熟悉到“祖祖辈辈都认识”的程度，邻里感情随着时间的积淀越来越深厚。人们彼此之间发生纠纷时，村中辈分比较大的老人出面就可以调解。搬进小区后，这种秩序逐渐被打破，商品房买卖和出租越来越频繁，住在隔壁的邻居可能刚认识就又换了一家，陌生和隔阂是人际关系的常态，有矛盾纠纷要靠居委会甚至诉诸法律才能解决。当然，现代城市中的趣缘组织和社区文化活动在邻里关系起着维系和社区情感培育的作用，同时网络时代各种新兴联络方式也对人际交往有所影响。我们看到，尽管远离了乡土熟人社会，但人们还是可以以新的方式组织凝聚起来。

不难看出，城镇化进程使得城乡居民的日常生活发生了巨大变迁。对此，民俗学界近些年涌现出众多研究成果。譬如，李翠玲以珠三角宁村为个案探讨了传统村庄在都市化进程中的时间制度变迁：一方面，工业化和都市化将现代时间制度带进乡村，人们的工作时间安排逐渐摆脱农业生产节奏；另一方面，在岁时节庆、人生仪礼、文体娱乐等方面，人们还是遵从过去的传统时间制度，如何协调好这种“二元时间”，使民众生活既契合外部政治经济发展需要，又不失本土传统特色，正考验着基层治理者和宁村民众的智慧。[①] 徐赣丽敏锐地注意到城市化背景下民众生活方式的变革和民俗传统的变化，指出传统乡村民俗在消费社会和现代媒体影响下，逐渐朝向城市大众文化发展，并在数字化革命为特征的信息化浪潮中持续。[②]

（二）城乡民俗文化的传承与互动

城镇化进程使传统村落民俗呈现出新的形态。在许多农村，随着农业用地变

---

① 参见李翠玲：《都市化村庄的公共生活、“二元时间”与地方节奏——以珠三角宁村为个案的分析》，《民俗研究》2017 年第 1 期。

② 参见徐赣丽：《城市化背景下民俗学的“时空转向”：从民间文化到大众文化》，《学术月刊》2016 年第 1 期。

为城市建设用地,农民转居上楼,原有民俗赖以传承和展演的社会空间遭到严重挤压,民俗文化或逐渐消亡,或以新的面貌呈现。在一些城市化起步早、发展快的地区,村落已经完全不复存在,许多民俗事象只存在于老人们的记忆中;而对于正在经历城市化进程的城中村、城边村,原有村落秩序和社会结构并未被完全破坏,传统民俗依然有着较强的传承动力,能够在与外来都市文化的互动中坚守、调适自身。它们未来的命运尚不可知,但保护多元文化生态、构建和谐城乡社区,无疑是城市管理者和文化持有者需要共同承担的责任。

1. 传统民俗的传承与新变

许多城镇化地区都经历了"村改居"的过程,随着都市型居住和生活方式的确立,传统村落民俗发生改变。方庄不少老住户还记得以前农村办红白喜事的规矩,过去各类仪式都在自家院子里举办,搭大棚、请鼓乐,亲戚朋友帮忙张罗,流水席"十桌二十桌都能摆开"。刚搬进小区时,许多村民仍保留着传统习俗,有红白事就在小区空地里搭棚,吹打乐器的声音接连不断。然而,这些习俗在其他一些住户看来却是在"侵占公共空间"和"噪音扰民",部分新搬来的城市居民曾对此十分不解。在许多新居民区,不同群体的文化传统和生活习惯都大致经历了这样一种互相碰撞、磨合的过程。

搬进小区后的一个现实问题就是自己家里空间有限,难以容纳太多宾客。随着生活水平的提高,现在居民们的婚礼都选择请婚庆公司设计、在外面的饭店里举办。节日聚会也是如此,大家族不一定要齐聚家中,饭店聚餐、旅行过节都已成为流行的聚会方式,城乡居民的婚丧礼俗、节庆习俗都随时代在发生改变。

一些依赖于传统村落空间和社会秩序的民俗活动在城镇化进程中也有了新的变化,遍布北京城乡的花会组织就是一例。丰台区卢沟桥乡东管头村的村民将自己村的花会形容为"子弟玩意儿",因为参与成员都是同村亲属或关系亲密的街坊,"父一辈子一辈"代代相传。该村在2010年左右开始拆迁;至2013年,大多数村民回迁上楼,这对花会的运作造成一定影响。活动空间狭小、成员居住分散、业余时间有限、其他娱乐活动丰富等原因都使花会的日常训练大不如以往。张青仁考察了当代民间花会的组织和运作状况,他注意到,香会组织原本基于地缘关系结成,在城市化进程造成地缘纽带断裂的情形下,不同会首开始利用学校、拟亲属关系、公司、信仰等多样纽带来延续香会传统,使民间信仰组织和活动以新的方式得以重塑。[①]

面对传统村落的消逝和民俗传统的消亡,一些村民开始有意识地抢救和保护本土传统文化,丰台区长辛店镇的民俗精英尹喜军就是这样一位民间文化热心

① 参见张青仁:《行香走会:北京香会的谱系与生态》,中央民族大学出版社2016年版。

人。他积极创建长辛店民俗老物件陈列室，广泛搜罗当地各种民俗物件，免费对外地游客开放；还积极组建由本地居民组成的长辛店古镇文化导游队，向各地游客介绍古镇文化。这不仅提升了古镇的知名度和影响力，而且增进了居民对古镇历史文化的了解，唤起了他们的归属感和认同感。

2. 城中村的文化传承与社会互动

城中村的治理和改造一直是我国新型城镇化面临的重点问题，城市改造和人口流动使这些地区的文化呈现出多元互动的状态，如何使传统村落文化与都市文化及外来人口的新文化和谐共存，应是城中村治理中需要重点关注的问题。这里举两则个案研究略做讨论。

彭伟文以广州市猎德村为例，探讨了城镇化进程中的非农化社区重构。猎德村的就地非农化始于 2007 年，改造方案可以用“抹平旧村，重建新村”来概括。但这一过程并未完全改变村民的人际网络和自我身份认同，祠堂的保留和重建就是一个明证，易地重建的新祠堂很快恢复了其社会和文化功能，乡土传统在城市的高楼广厦中得以延续。彭伟文通过考察认为，是汉族传统社会“有关系，无组织”的多重身份认同，构成了猎德村等传统村落富于结构性动态的社会构造特征，为其在非农化过程中的社会重构提供了缓冲，使其得以更稳定、平稳地向城市化的生产生活方式过渡。她的这一结论为我们观察和研究村落城镇化过程提供了可贵的视角。①

储冬爱以广州市端午扒龙舟习俗为例，讨论当代都市中传统民俗的保护问题，提出了“城市乡间化”的设想。在珠村等城中村，至今保留着传统的扒龙舟习俗，但城市改造带来的村落环境变化和民众生活变迁让这一传统延续艰难，甚至影响到村民的集体认同和社区之间的关系。储冬爱由此指出，乡村融入城市不应该是乡村传统简单的“脱胎换骨”，相反，应该依托和扩大原有民俗文化的影响。民俗文化需要有满足其生存需要的环境与空间，城市规划就必须注意乡土文化空间的保育，节庆风俗、自然环境、乡民族群身份及其文化心理的变迁，都应该予以系统考虑。这种“城市乡间化”策略有助于以地方民俗节庆、信仰等为载体，构建社区群体传承与共享的都市公共文化服务体系。广州以乡村族群为主体开展的乞巧文化节、“波罗诞”狂欢庙会等就是比较成功的例子，它们不仅使乡土文化得以延续，而且正日益得到城市市民、外来移民等乡村“他者”的认可，甚至成长为广州的文化名片。这样，整合利用进入城市后的乡村社区的传统文化资源，在保护和提升中实现与城市经济的互动，不仅有利于乡村与城市的文化融合，也有利于

---

① 参见彭伟文：《城镇化进程中的非农化社区重构——以广州市猎德村为例》，《文化遗产》2015 年第 5 期。

构建城市文化的多样生态，让不同群体在文化交流和互动中各得其所、美美与共，这才是城市文化的活力所在。[①]

（三）城乡文化活动与居民地方认同

2015 年，中共中央办公厅、国务院办公厅印发了《关于加快构建现代公共文化服务体系的意见》，要求根据城镇化发展趋势和城乡常住人口变化，统筹城乡公共文化设施布局、服务提供、队伍建设、资金保障，均衡配置公共文化资源。[②] 城镇化进程使城乡社区的人员流动性大大增强，如何增强居民对社区的认同感和归属感，培育他们参与公共事务的意识和能力？社区文化建设是一条重要途径。本部分聚焦于城乡社区的文化建设和城乡居民自发兴起的趣缘组织与文化活动，探讨这些活动在促进群体交往和集体认同方面发挥的关键作用。

1. 社区文化建设提升居民认同

在北京方庄这样兴建较早、各类设施和服务相对完善的城市居民区，社区文化活动也相对丰富和多元，不同群体的文化在这里交流碰撞。方庄文化体育节是方庄地区每年规模最大、持续时间最长的文化活动，到 2016 年已成功举办 8 届。2017 年 5 月，第九届方庄文化体育节开幕，地区各文化队伍和广大居民围绕“文明方庄，幸福共享”这一主题，以方庄体育公园为主场地，开展了清明诗会、防灾减灾宣传活动、端午文化活动、安全月活动、“方庄好舞蹈”“方庄好戏曲，票友大联唱”等不同主题的综合文艺演出 8 场次，用多种文艺形式来表现幸福和谐的方庄生活。除此之外，各社区还会结合各自实际情况组织丰富多样的文化活动，如在春节、重阳等节日举办文艺联欢会，不定期开展乒乓球、扑克牌等竞技比赛，经常邀请专家学者到社区举办科普讲座等。各种文化活动丰富了居民们的文化生活，活跃了社区的精神文化，也为居民们搭建起沟通交流的平台，促进了他们之间的交往。

一些村镇在城镇化过程中注意保护和发扬本土特色，紧密围绕本土传统开展文化建设。北京市丰台区长辛店镇枣树种植历史悠久，声名远播。从 2003 年开始，长辛店在每年 9 月份都会举办大枣文化节，吸引了许多外地游客的参与。这一特色活动不仅促进城乡居民交流，提升了长辛店的知名度和旅游影响力，而且促进当地居民增收，也让更加珍爱和认同本土特色文化，让长辛店大枣这一标志性文化深入人心。北京市通州区宋庄从传统农业镇迈向文化创意艺术区，也是努力寻求特色城镇化道路、大力推进特色文化建设的成果。

---

① 参见储冬爱：《“城市乡间化”与乡村节日遗产保护》，《文化遗产》2016 年第 1 期。

② 参见徐绍史主编：《国家新型城镇化报告 2015》，中国计划出版社 2016 年版，第 91 页。

异地务工人员等外来人口也是公共文化建设需要服务的对象。广东省惠州市从 2013 年起，面向异地务工人员发放文化惠民卡，由持卡人进行文化消费，丰富他们的文化生活。东莞市将为农民工文化服务纳入现代公共文化服务体系，在企业设置流动文化服务点，各街乡镇定期举办以新莞人（即外来工）为主要对象的文化节、读书会、运动会等文体活动，举办新莞人文化培训[①]，通过这样的方式来促进外来人口的社会融入和身份认同。

2. 城乡趣缘组织促进群体交往

随着现代化、城镇化进程的推进，遍布城乡的趣缘组织成为广大民众人际交往和文化创造的新民俗。北京方庄的文化活动异彩纷呈，60 余支文化队伍活跃在各个社区。其中既有方庄地区书画协会、最美方庄摄影协会这样大规模的地区级文化团体，又有各社区居委会组织的手工编织班、晨练队等小规模趣缘组织，共同的兴趣爱好将居民们组织起来。方庄居民构成庞杂，他们带来的不同文化在这里互动交流。以戏曲组织为例，各社区基本都有自己的戏曲队，参与人数众多，涉及剧种多样，除了常见的京剧队外，还有芳城园一区的豫剧团、芳城园二区的评剧队、芳城东里社区的越剧队等，豫剧、评剧、越剧等地方剧种大大丰富了方庄地区的戏曲文化。在芳星园三区，老年英语培训班已经坚持开设 10 余年。该社区不少老人的子女在国外，学习英语方便了他们与子女的交流。方庄民间艺术馆为民间文化爱好者们提供了交流互动的平台，通过展示作品、交流技艺，他们让民间文化在方庄传承发扬。他们还创作出一系列展现方庄风貌、方庄特色的艺术作品，并将它们赠给社区民众，通过这种方式，他们将身为方庄人的身份感和自豪感传递给社区每一个居民。

丰台区境内坐落着中国戏曲学院、中国评剧院、北京京剧院、北京市曲剧团、北京戏曲艺术职业学院等多家戏曲单位，众多专业人员和丰富的演出资源使丰台的戏曲文化氛围格外浓厚。戏迷们自发结成票房、剧团，充分享受戏曲艺术的魅力。截至 2017 年，全区共有 60 余支票房队伍，涌现出小井隆韵戏迷社、马家堡街道和韵京剧团、东高地街道长虹京剧团等优秀票房。许多票友对京剧痴迷到恨不得天天有地方唱的程度，关系好的票房之间也会互通有无、相互学习。在各个票房中，票友们来自不同地区，有着不同的生活和工作背景，但共同的爱好让他们走到了一起。他们以戏会友，因戏结缘，在参与活动的过程不仅提高了自己的艺术水平，扩大了朋友圈，提升了幸福感，而且也让京剧艺术得到普及和弘扬，为社区文化建设做出了贡献。

可以说，城镇化进程给城乡居民的生产生活带来剧烈变迁，也使民俗传统的

① 参见徐绍史主编：《国家新型城镇化报告 2015》，中国计划出版社 2016 年版，第 91 页。

传承交流呈现出更加丰富的面向。在以方庄为代表的城乡社区，千千万万的民众正经历和感受着现代化、城市化进程带来的“生活革命”，也在“生活革命”中传承、创造和实践着崭新的文化生活。不同群体的文化互动日渐频繁，不变的则是他们对传统家园的守望和“记住乡愁”、寻求集体认同的努力。

三、城市化进程中农业生产知识与村落劳作模式的历史记忆

在城市化不断推进的过程中，乡愁成为全社会的普遍感受与共同关注。村落一直是民俗学研究重中之重，城市化进程对农村的影响自然也是民俗学讨论的重要主题。民俗学者较多关注村落景观与社会关系的变化。但是，对大部分农村地区来说，不能忽略的是他们曾经掌握的丰富的农业生产知识。城市化进程中农业生产知识与村落劳作模式的历史记忆，也应纳入我们的考察领域。

2016年是我国城镇化进程快速推动的一年。《国家新型城镇化报告2016》对新型城镇化建设的重要进展的总结中指出，农业转移人口市民化有了新突破。“2016年进城落户约1600万人，常住人口城镇化率达到57.35%，户籍人口城镇化率达到41.2%，分别比去年提高1.25、1.3个百分点。”[①]伴随着农业人口市民化，越来越多的村民从第一产业转移到第二产业和三产业，村民的劳作模式也随之发生改变。“所谓劳作模式，不仅是指获得某种物质利益的生产类型，而且是指身体经验意义上的日常生活方式。”[②]刘铁梁强调将村落的物质生产活动、对外交易活动与其他交往活动统一于村落认同的身体实践之上来加以理解。当劳作模式发生转变，村民离开曾经赖以为生的农业生产之后，村民们并未忘却传统农业生产所积累的身体实践经验。为了留住记忆，人们采用了多种方式来记录和展现自己生活的历史。可以从以下三个方面来进行叙述：日常交流、村志书写和影像记录、建设农具博物馆。

（一）日常交流

土地利用方式的转变直接推动了村落劳作模式的转变。农业用地面积的大量减少后，海淀和丰台等区县的很多村落的劳作模式发生了极大的变化。一部分农民不再从事农业生产，而是进入到新的领域从事其他工作。此外，随着现代生

---

① 《发改委就〈国家新型城镇化报告2016〉答问》，http://www.scio.gov.cn/xwfbh/gbwxwfbh/xwfbh/fzggw/Document/1558049/1558049.htm.

② 刘铁梁：《村庄记忆：民俗学参与文化发展的一种学术路径》，《温州大学学报（社会科学版）》2013年第5期。

产技术的普及,传统的农业知识也逐渐被现代生产知识所取代。面对这种情况,村民并未遗忘依靠双手代代相传的高超的农业生产技术,依然乐于讲述他们曾经创造和使用的高超的农业生产技术,人们会抓住与外来观光者或调查者进行交流的每一个机会,不断激活这些快要失去的身体记忆,不忘乡土社会的历史和深切地感受当地生活的巨大变化。

丰台花乡是北京有名的花木之乡,具有悠久的花卉种植历史。花乡地处永定河冲积扇的中部,土质中性偏酸,透水性好,非常适合花卉种植;又位于京都边际,花乡形成了以养花、种菜为主的劳作模式。元朝时,为了满足皇室以及私家园林对花卉的需求,花乡民众开始种植花卉。此后,花乡养花的规模不断扩大,清代时,丰台的花木业进入繁盛发展期。直到 1949 年,花乡的花农一直是以家庭为单位进行鲜花的生产与销售。他们凭借祖传的手艺培育鲜花。每年春、夏、秋三季,花农们或用肩挑,或用车载,将各色鲜花源源不断地送进北京城里。寒冬腊月,暖洞子里城里豪门大户的门口依然能看到挑着花担子售卖鲜花的花农的身影。从 20 世纪 80 年代中期开始,受城市化进程的影响,花乡花卉种植的劳作模式逐渐开始转型,具体表现在三个方面:花卉种植开始走上公司化经营的道路,黄土岗花木公司等一系列公司成立;大力引进现代技术,1986 年引进了组织培养、无土栽培的生产方法以及现代温室等现代技术,传统技术式微;原先以养花为业的村民开始转向市场管理等其他行业。进入 21 世纪之后,城市化进程加快,耕地面积不断减少,很多人已经不再从事花卉行业。花卉种植业也开始现代转型:智能化温室取代了古老的花洞子,现代物流取代了花担子,互联网营销取代了沿街贩卖。老一辈花农见证了鲜花品种数百倍增长、花卉业务扩展遍及 10 多个国家的全过程,也见证了花乡花卉业产业化、集团化、多元化的全过程。在丰台的调查中,我们发现:花乡的民众依然能够讲述老一辈高超的养花技术,并乐于诉说自己关于养花的见闻和经历。

明清的宫廷用花、周恩来总理 1961 年出访苏联回国时手捧的马蹄莲和 2008 年北京奥运会的颁奖花束都来自花乡。花乡的花农技艺高超,能在一年四季培育出娇艳美丽的鲜花。扶着花盆长大的“花把势”徐宝群讲述了花乡人积累的多种养花技术:为了能在寒冷的天气情况下养花,花农们修建了温室,当地人称为“花洞子”。花洞子一般背靠土坡,依地势而建,多呈半坡式。一侧背靠土坡,另一侧向阳。凭借特殊的人工栽培方法,即使在滴水成冰的寒冬腊月,他们也能在花洞子里培育出绚丽绽放的牡丹。“煻花”体现了花乡人的花卉栽培水平,人们在花洞子的火炕上培育出的反季节的鲜花,就是“煻花”。此外,“花把势”用手指弹一弹花盆,根据声音就能判断出盆内土壤的湿度,以此决定浇多少水。如果声音是沉重的,说明土壤里存着水;如果声音听上去空洞,说明土壤干燥,需要马上浇水。

冬天在花洞子里，他们脱光膀子就能试出温度是否达到开花的标准，并能判断出添加煤块的数量。给花卉做造型也是他们的拿手绝活。腊梅得用几代时间才能养成扇形，松树的造型常常做成福寿双全或者松鹤同春。[①]

除了高超的花卉培育技术之外，花乡人还有对劳作模式的深刻的身体记忆。在对花乡的调查中，很多花农都讲述了老一辈挑着花担卖花的记忆和自己采摘茉莉花的经历。黄土岗村的徐宝群还记得小时候花农进城卖花的场景。“原来进城卖花也没有好路，石子路都没有。一路上都是泥塘，大家只能挑着花担进城卖花。花农挑着两个箩筐。箩筐有竹编的，也有柳条编的。他们每天半夜就出发，怀里揣上一块热乎的贴饼子，进城之后，找个没人的地方掏出来啃。”[②]掐花儿，是花乡人对采摘茉莉花的特有称呼，也是养花人所共有的劳作记忆。海淀区的四季青是北京重要的蔬菜供应基地。1950 年，四季青形成了以蔬菜种植为主的劳作模式。20 世纪 50 年代到 90 年代，在北京市民的菜篮子里，每四斤菜中就有一斤产自四季青。四季青人大力发展温室种植，他们在寒冬腊月培育出新鲜的黄瓜、西红柿。老人们每当谈起那段岁月，他们总是有说不完的话题。

（二）村志书写和影像记录

我国城市化发展迅速，表现为大量人口移居城镇和农村人口向非农产业转移就业。越来越多的农民告别了以农耕为主的劳作模式，劳作模式的转变意味着生活方方面面发生了转变，村民也开始积极理解和适应这种变化。编修村志和拍摄影片就是他们理解城市化的一种方式。在城市化过程中，全国多处地区不约而同地开始编写村志、拍摄村庄记忆。村志的编写促进了村民之间的相互交流。村志的书写过程是他们共同回忆村落历史的过程。他们聚集在一起，诉说过去劳作的共通的身体经验，讲述对过去生活的感受与个人记忆。村志的字里行间洋溢着他们充满历史感的生活感受。他们自己扛起摄像机，拍摄村落生活和农业生产的场景。影片生动形象地再现了昔日的劳作场景，记录了他们高超的农业生产技术。从这个层面来看，村志不仅仅是史志资料，也是村民日常交流的记录。村志的书写和影片的拍摄唤起了他们对村落劳作模式的历史记忆，增强了他们的村落认同感。

1. 村志书写

石家岭村是山东省莱芜市钢城区一个村子，几百年来，一代代村民在此开荒

---

① 访谈对象：徐宝群；访谈人：李晓宁；访谈时间：2017 年 7 月 12 日；访谈地点：北京市丰台区黄土岗村村委会。

② 访谈对象：徐宝群；访谈人：李晓宁；访谈时间：2017 年 7 月 12 日；访谈地点：北京市丰台区黄土岗村村委会。

种地，不少人则从事条编、石匠、木工、建筑等手工业。石家岭村的条编远近闻名。大多数村民以条编为副业，在农闲时用紫穗槐、白蜡条编抬筐、小车篓和提篮。条编主要以农用、日常用品为主。2010 年，石家岭村因服务莱钢特钢提升改造项目建设，实施了异地搬迁。2016 年，村委成立了村志编纂委员会，开启了《石家岭村志》的编写工作。《石家岭村志》收录了祖训、村歌，并以较大篇幅展示村舍农具，详细记录村民日常劳作。石家岭村党支部书记石树来认为编写村志是为了让村民更好地生活，“留住乡愁，保存乡村文化记忆，才可能有更诗意的栖居”①。

2016 年 8 月，四川省眉山市洪雅县东岳镇大安村 4 组 74 岁老人牟百均完成了历时 7 年的村志书写。《大安村志》的完成并非牟百均一人的成果，而是他多次倾听村中老人的闲聊后完成的。此外，大安村多次召开村民座谈会，共同商议村志的内容。在与村中老人们进行多次交流之后，牟百均记录下了村中正在渐渐消失的各种民俗活动，留住了村民们关于村庄的集体记忆。②

王硇村地处河北省沙河市西南部。近些年来，很多年轻人选择外出打工，这使得他们对家乡的历史和现状逐渐陌生化。抱着让村中的年轻人了解村史的想法，王德才开始编写村志。他认为乡土人文有着特殊的历史文化价值，而这些东西应该得到传承和发展的。2016 年，王德才完成了《王硇村志》的编写。这本书图文并茂，详尽地记述了村子的历史。读完这本书，村民王超深有感触。他说，我要好好保存这本村志，它增加了我的归属感和凝聚力。以后留给我的孩子看，让孩子知道，他的家乡这 600 多年里经历的事情，这才是我留给他的真正财富。③

村志的编写是村庄的集体活动，湖南郴州北湖区小溪村的全体村民积极参与村志的编写。《小溪村志》的编写为村民提供了交流的机会，加强了他们之间的联系和对村落共同体的认同感。村民只要闲下来，就会主动帮助编委会搜集提供资料。2016 年，近 30 万字的《小溪村志》出版发行。书中详细记述了农牧副业的发展和村民生活的变化。《小溪村志》副主编田尊炳说：“一个乡村如果没有自己的文化历史，综合发展就会后续乏力。”④

2014 年，山东省曲阜市的三张曲整体搬迁。离开世代生活的村子，村民非常

① 《莱芜市钢城区出版首部村志，著书留乡愁》，http://www.wenming.cn/syjj/dfcz/sd/201702/t20170228_4081625.shtml。

② 参见《七旬老人耗时 7 年编 40 万字村志，手写整理全部材料》，http://news.qq.com/a/20160825/005244.html。

③ 参见《河北一村民手编村志，5 年 55 万字记录 600 余年村史》，http://news.21cn.com/social/shixiang/a/2016/0302/17/30698795.shtml。

④ 《湖南一乡村历时 3 年编写出版近 30 万字村志》，http://news.21cn.com/caiji/roll1/a/2016/0623/10/31195119.shtml。

不舍。有人提议修一份村志，为子孙后代留下记忆。全村385户都赞成这个想法。2016年，村志书写完成。这部村志记录了三张曲70余年的发展和变迁。在村志的编写过程中，大家一起回忆过往，一段段往事让大家感动。最触动大家的是修建桥梁的一段往事。这其中包含着大家共同的身体记忆。大沂河将村子一分为二，岸北是300多亩地，岸南是居住区。春种秋收时节，天气微凉，去干农活的村民都得趟水过河。1978年9月，大家决定修建一座桥梁。一部分村民上山采石头，另一部分泡在河水中砌桥墩。20多天后，一座工整美观的石桥建成。村民干农活再也不用趟冰冷的河水。虽然他们不再以种田为业，但类似生活的记忆讲述和书写在某种程度上增强了村落的凝聚力。[①]

为了让后代了解西岗村的历史，河北省邯郸市临漳县西岗村的30多位老人利用3年时间编写了《西岗村志》。2016年6月初，《西岗村志》顺利付印。它详细记录了村庄的历史，其中包括从1957至2012年间的粮食产量，并选编了部分村民的文学作品。[②]

在社会经济发展的大潮中，人们外出活动频繁，有的已经移居他乡。城市化也引发了村民记录家乡历史的文化自觉。满怀对自己家乡的深厚情感，他们努力把那些可能被历史湮没、被后辈遗忘的东西记录下来。西宁市大通回族土族自治县景阳镇土关村、东峡镇衙门庄村也分别写出了自己的村志。可以说，村志凝结着人们的记忆和乡愁。[③]

2. 拍摄影片

天津市东丽区流芳台村完成了村级经济组织产权制度改革和农民变居民的身份转变，真正迈向城市化。农村城市化彻底改变了东丽区农民的生产和生活方式。他们不再以耕种为生，而是进入农业园区和企业当工人。规划整齐、设施功能齐全的居民楼和企业厂房逐渐取代了村庄。为了让后人了解村庄的历史，了解祖祖辈辈的生活，东丽区金桥街流芳台村村民刘金镇拍摄了纪录片《流芳溢彩》。他扛着摄像机走村访户，用镜头收录村庄的各个景象。流芳台曾经种植过水稻。为拍摄插秧的过程，他跑到上百里外的稻田。纪录片制作完成后，全村五百多户村民都免费得到了一张光盘。村民争相观看，百看不厌。凝聚着村民情感和共同

① 参见《曲阜一村庄即将搬迁，村民自发编村志16万字记乡情》，http://www.chinanews.com/cul/2016/07-21/7947206.shtml。

② 参见《临漳：村民众手成志首部130万字〈西岗村志〉问世》，http://report.hebei.com.cn/system/2016/06/17/016964205.shtml。

③ 参见《小村志里的大乡愁》，http://www.qhnews.com/newscenter/system/2016/07/15/012056362.shtml。

记忆的影片引起了村民的共鸣。村民张连荣说，镜头很生动，有种梦回村落的感觉。[①]

近年来，天津市北辰区大张庄镇北孙庄村进行拆迁改造，村民陆续从平房搬进楼房。村子的变化让曹华德感触颇深，他用手中的照相机和摄像机拍影了一部纪录片——《我的家乡北孙庄》，记录这个津郊村庄的今夕变迁。在拍摄过程中，村中 100 多户村民邀请他到自己家进行拍摄，在镜头前呈现自己的生活。[②]

以花卉种植而闻名的丰台花乡展开了一场的——寻访老“花把式”活动。“花把式”，指有经验的花农或花匠。花乡的老“花把式”已经不到 100 人了，他们中年龄最小的也有 60 多岁了。加之现代花卉种植技术的冲击，有些传承几百年的种花手艺在慢慢失传。面对传统劳作模式的改变，花乡开展了针对老花把式的寻访工作，努力记录那些世代相传的养花记忆，并以影片的形式拍摄花田往事和高超的养花技艺。2016 年 6 月 22 日，花乡花卉历史文化专题片《花乡花事》正式启动传统养花复原场景的拍摄工作。《花乡花事》记录了用传统方式制作打板墙和暖洞子的场景，并拍摄了晒春水、晒秋水、熏茉莉花茶、煻花等传统技艺。

(三)建设农具博物馆

城市化过程，使得乡村中人们的日常劳作模式发生了深刻变化，同时也促成了可以称作“村庄记忆”和“城市记忆”的全民性文化实践。[③] 在城市化过程中，民众在积极投入当下新农村建设和新生活的同时，也对之前的劳作模式充满怀念。“村民要保留村庄的记忆，是出自非常单纯、朴实的话语交流习惯，也是出自对于现实生活变化的深切感受和对于下一代人生活的精神关怀，所以他们才用各种文物和文字来保留和传达这种村庄记忆。”[④]他们希望年轻一代了解自己村庄农业生产的过去，自发修建了各种农具博物馆，主动展示村庄曾经农业生产的历史，向年轻人讲述农耕生活的点滴。在这场多地自发的文化实践中，既有村庄的集体参与，也有个人的倾力而为。

1. 作为村庄记忆的农具博物馆

安徽省池州市东至县木塔乡大田村原来以水稻种植为主。近年来大力发展

---

① 参见《东丽古稀老人自拍纪录片〈流芳溢彩〉留住历史》，http://www.radiotj.com/dtzt/system/2012/09/22/000425488.shtml。

② 参见《62 岁乡村摄影师曹华德：自拍纪录片，说咱家乡事》，http://news.enorth.com.cn/system/2013/06/04/011029468.shtml。

③ 参见刘铁梁：《城市化过程中的民俗学田野作业》，《文化遗产》2013 年第 4 期。

④ 刘铁梁：《村庄记忆：民俗学参与文化发展的一种学术路径》，《温州大学学报(社会科学版)》2013 年第 5 期。

生态农业，木材和茶叶的生产和加工成为村中的主要产业。受市场需求的影响，大田村开始发展生态旅游。村中从事水稻种植的村民越来越少。随着劳作模式的变化，不少农户都将曾经与生产、生活息息相关的农具闲置。村里的年轻人不再务农，基本上说不出它们的名字。面对这样的情形，大田村村委会萌生了兴建农具博物馆的想法。2016年，村委会在村内兴建了一所农具博物馆——“江南农具博物馆”。农具博物馆的厅堂内摆放着昔日村民常用的各种农具，如水车、犁耙、风扇、石磨等等。江南农具博物馆拟定于2016年10月底正式开馆。大田村书记祝建成说，“江南农具博物馆的建立，可以让更多的农村年轻人和城里人，通过这些普通农具，感受到生产生活的巨大变化。提高子孙后代的爱农意识”[①]。农具博物馆的修建，既是旅游观光业的需要，也是村民自身的要求。江南农具博物馆的修建，“使历史与现实相互映衬，让人们唤起更多有历史感的生活感受”[②]。

1000多公里之外的莲塘村也设立了一间农具展览室。莲塘村位于广东省佛山市的西郊。这里河流纵横交错，曾是鱼米之乡，祖辈以务农为主。现在，莲塘村逐步由农业向工业转型，重点发展物业和个体私营经济。为教育年轻一代，让他们了解老一辈如何利用生产工具耕作，2016年，莲塘村村党支部和村委会向全村村民开设了农具展览室。村委会修建农具陈列室的想法得到村民的大力支持，他们积极捐献家中的老农具。农具展览室陈列有灌溉农田的水车、除稻谷壳的风柜、捕鱼盛鱼的竹编鱼篓等各种从村民那里收集而来的生产工具，并配以文字介绍。此外，展览室还展出了一些关于耕作和养殖流程的图片资料，它们真实地反映了村民们当年的耕作情况。[③]

即使从平房搬进了楼房，从农村搬进了城市，农耕生活的民俗记忆仍会以一种于变化中被延续、保存的形式被人们带进新的生活场景中。山东省青岛市崂山区小河东社区，在文化大院设立了自己的农具博物馆。农具博物馆陈列着社区居民曾经使用过的刷草刷子、筛子、木锨、小推车、耙犁等农具。小河东社区党支部书记王俊兴希望年轻一代通过这些农具了解父辈们的生活。[④]

2. 村民个人自建农具博物馆

“乡村社会的长远发展，必须建立在原有村庄社会与文化的基础之上，但这必

① 《大田村“江南农具博物馆”拟月底开馆》，《九华晨刊》2016年10月11日。

② 刘铁梁：《非物质文化遗产：作为发展的话题》，《中国社会科学报》2013年4月26日。

③ 参见《村里有个农具博物馆，新奇怀旧农具一箩筐》，http://mp.weixin.qq.com/s?__biz=MzA3OTI4ODEzOQ==&mid=202351957&idx=2&sn=8b871a6f8c16aaf7cc76d99b66eedd14&mpshare=1&scene=23&srcid=0902QTdw1UHb3xFZSJbGE6f9#rd。

④ 参见《老农具新归宿，青岛小河东社区建起农具博物馆》，http://qingdao.sdchina.com/show/3762841.html。

须要通过一定的形式来进行村庄记忆的实践。"[①]除了上述村落集体的文化实践之外，不同地方的很多民众也自发修建农具博物馆。

河南省是全国第一农业大省、第一粮食生产大省。洛阳市偃师市李村镇的南宋沟村是一个以农业种植业为主的传统村落。在城市化的进程中，他发现村里的孩子们对过去的农村生活一无所知。他觉得不能让这祖祖辈辈留下来的东西都丢了。因此，宋瑞庆萌生了修建农具博物馆的想法，希望年轻人能了解村庄耕作的历史。2016 年，他收集了各类农具 200 余件，有生产用的犁、耙、牛鞍子等。在自建的农具博物馆中，墙上的耕织图再现了传统农耕的生活场景，图画下面写着一行醒目的文字："一切为了教育下一代，想过去，看现在的美好生活。"他充满热情地向来参观的孩子们讲述农具的用途和老一辈生产生活的故事。[②]

伴随着现代工业的发展，大量传统的生产生活器具被替换并逐渐消失。为留住过去珍贵的记忆，陕西省榆林市靖边县的刘名山开办了农耕博物馆，供人们免费参观。博物馆的墙上写着这样一段话："如果你忘记了那个年代，没关系，请你偶尔停驻脚步，来这里听听历史的讲述。如果你从未记得那个年代，没关系，请你一定深深相信，在那样艰苦卓绝的烽火岁月，我们的父辈以及父辈的父辈，不畏艰苦，排除万难，将农耕精神打磨成了永恒。"[③]博物馆中陈列有 20 世纪八九十年代陕北农村使用的石磨、石碾、大轱辘、牛车等农具。虽然这些农具现在已退出了人们的日常生活，但这些传统器具承载着农民对幸福生活的追求与向往，它们具有厚重的历史感。运用好人们原有的对于土地的情感、对于共同奋斗过来的一代代人的怀念[④]，对于村庄的发展具重大的有现实意义。就此而言，民众修建农具博物馆等保留村庄日常劳作的共同记忆的行为，无疑是一种有效举措。

四、城镇化进程中的工人群体

在中国的城镇化进程中，工人无疑是最为重要的群体之一。一方面，工人群体在不同时期都在为城市建设和国家现代化做出永载史册的巨大奉献；另一方面，工人群体自身也在城镇化和生活革命的进程中经历着身份认同的巨大变化。

---

① 刘铁梁：《村庄记忆：民俗学参与文化发展的一种学术路径》，《温州大学学报（社会科学版）》2013 年第 5 期。

② 参见《伊滨区李村镇七旬老人要开"农家博物馆"，只为在孩子心里种下回忆》，http://news.lyd.com.cn/system/2016/09/20/010834041_01.shtml。

③ 《一个人的农耕民俗博物馆》，http://news.163.com/15/1221/10/BBBQFSJA00014JB6_all.html。

④ 参见刘铁梁：《村庄记忆：民俗学参与文化发展的一种学术路径》，《温州大学学报（社会科学版）》2013 年第 5 期。

(一)中国产业工人壮大的历史

早期的工人多数是失去土地的农民或破产的手工业者,他们从农村来到城市谋生,又为城市的进一步扩张提供了劳动力。中国工人群体诞生于18世纪末西方殖民者开办的近代工厂中。从制造业到矿业、铁路、军工,推动中国社会近代化和城镇化的所有重要产业都离不开工人的艰苦劳动。同时,深受殖民主义、资本主义与封建主义三重压迫的工人也在不断的抗争中形成了自己的身份认同与文化。从1919年五四运动起,中国工人群体逐渐成为独立的政治力量。他们团结在共产主义的大旗下坚持抗争,并最终在中国共产党的领导下与农民阶级一同成为了新中国的主人翁。

1949年以后,工人阶级在国家的政治、经济、社会生活中处于领导地位,加之大规模集中的生产和独特的集体生活方式,工人群体因而形成了强烈的群体身份认同感和自豪感。但改革开放特别是20世纪80年代后期以来,在中国经济体制改革和社会结构转型的过程中,工人群体的生活状况、身份地位发生了巨大的变化——随着市场和资本的重组、国有企业改制,工人群体的整体社会和经济地位下降了,大量国企工人遭遇了下岗失业的困境,"铁饭碗"成为过去式。同时,工人群体的日常生活也不得不走出封闭自足的单位,更多地融入城市社区。但无论如何,中国工人群体特殊的历史记忆已经形成。

铁路建设是城镇化进程的重要环节。中国的铁路事业始于清末时期,铁路工人是中国最早形成规模的工人群体之一。而如今的北京市丰台区正是中国铁路工人群体诞生的地方。清光绪七年(1881年),李鸿章督办了中国第一条自建铁路——唐胥铁路。1892年,清政府议定将唐胥铁路延至卢沟桥,并分别于1896、1897年在卢沟桥附近建成丰台火车站和丰台机务段。[①] 1897年,随着卢保铁路[②]的修建,"卢保铁路卢沟桥机厂"也就是后来的"二七机车厂"在卢沟桥畔建立,并于1901年迁至今丰台区长辛店镇。在这个过程中,丰台铁路工人群体逐步形成,孕育出了中国的早期工人运动。20世纪20年代,李大钊、毛泽东等都曾到长辛店宣传革命思想。此后,长辛店铁路工人相继发起和参加了"八月罢工""二七罢工"等工人运动。

1949年后,中国铁路事业的发展迎来了黄金时期。那时铁路被称为"铁老大",因为铁路运输业在国民经济生产总值中所占的比重巨大,为国家建设做出了

---

① 参见《丰台机务段志》编纂委员会:《丰台机务段志(1897—1997)》,中国铁道出版社1997年版,第1—2页。

② 京汉铁路卢沟桥到保定段。

突出的贡献。因此，那时能进铁路工作、当一名铁路工人，是一件非常令人羡慕的事。安海山是20世纪70年代进入丰台机务段工作的老火车司机，他在回忆起自己刚参加工作的情况时说："我是从农村过来的，又好强，又能吃苦。做学徒的时候就想开火车，因为农村人都觉得开火车特别光荣。那会儿回家说自己是在北京开火车的，是拿工资的工人，那太牛了，父母脸上都有光。因为十里八村根本找不到一个开火车的。那阵儿来给我说对象的可多了。"①而二七机车厂的退休工人邵洪志则对佩有路徽的铁路工人制服印象深刻。他说："那时候，你在街上穿一件崭新的工作服，上面写着长辛店铁路工厂，那是一种骄傲！"②

除了这种身为新中国产业工人的自豪感，铁路工人群体相对集中的生产和生活空间也使他们形成了强烈的集体认同感和归属感。那时铁路是一个庞大的系统，有自己的医院、学校、出版社乃至运输法院、公安处等机构，这些机构都直接归当地的铁路分局或铁路局管辖，而非由当地政府相应部门管理。铁路之所以拥有这些机构，一方面在于铁路职工数量众多，形成了相对集中的生活区，为了方便职工生活，有必要设置配套的医院、学校等单位；另一方面，1949年以后，中国为了促进铁路等国家支柱产业的发展，开始学习苏联的管理模式，对铁路、林业、大型厂矿等重要经济部门进行专业化独立管理。由此，铁路逐渐形成了一个自成一体的小社会。铁路工人工作稳定，生活便利，一个"双职工"家庭（夫妻都是铁路工人）足以成为人们自豪的资本。

然而，铁路工人的境遇在20世纪末21世纪初发生了变化。首先是随着国家经济的发展，铁路不再在国民经济中独占鳌头。随着城市化进程的推进，铁路的运输量和重要性也发生了变化。以丰台火车站为例，1996年建成的北京西站分散了其客运业务。而随着近年来疏解北京非首都功能计划的实施，丰台火车站作为北京主要货运车站的重要性也在降低。2003年，铁道部提出了铁路"跨越式发展"的目标，计划引入新技术和新的管理方式，使铁路适应新型工业化道路的需要。跨越式发展主要从两个方面推进：一是引进人才，提高技术水平和运输能力；二是体制改革，提高生产管理效率。这两个方面都对原来的铁路工人造成了巨大的影响。铁路引进的人才主要是大学生，大学生的进入使铁路主要担任管理人员和工程师，这使铁路内部出现了更加明显的分层，一线工人成为了最底层的职工。同时，铁路工人原有的"接班制度"也不复存在，生于铁路工人家庭也没有了就业上的优势。而铁路体制改革以"精干主业，分离辅业"为方针，主要指将铁路系统

---

① 访谈人：刘奕伶；访谈对象：安海山；访谈时间：2017年7月22日；访谈地点：安海山家中。

② 访谈对象：邵洪志、杨俊生；访谈人：孙桂媛、谢梦珠；访谈时间：2017年7月25日；访谈地点：二七机车厂。

中一些并非生产单位，也就是铁路医院、铁路学校等分离出去，移交地方管理。这样一来，铁路工人封闭自足的生活空间也被打破了。

以往，铁路工人大都有着一种强烈的区隔意识，他们将自己称为"铁路上的"，把铁路以外的所有机构和人都称为"地方上的"。对于丰台的铁路职工来说，比起说自己是"丰台人"，他们更常说自己是"铁路上的"。铁路工人和他们的家人始终在相对封闭的空间中工作和生活，他们的孩子也在这里出生和成长，接触的人始终是同一个系统的。但"辅业分离"后，铁路这个自成一体的小社会的边界被打破了，一些人不再是"铁路上的"人，一些机构不再为铁路工人专有。在这种情况下，铁路工人不得不渐渐走出自己的小天地，越来越多地与"地方上的"人发生关系。比如丰台铁路医院于2004年与原"北京市丰台区医院"合并为"北京丰台医院"，成为如今的北京丰台医院的南院区，不再由北京铁路分局管理。以往铁路职工只有在铁路医院看病才能报销，现在铁路医院撤销后，铁路职工与其他市民享受的医保政策更接近了，可以报销的医院增多了，但同时报销的力度则减小了。

2013年，经国务院决议原铁道部撤销，成立"国家铁路局"和"中国铁路总公司"，由此铁路实现了政企分离。自此，铁路工人从产业工人转型为国企员工。实际上，改革开放后除铁路工人之外，几乎所有大型国有企业的工人群体都经历了类似的变化。

2016年初，国家人力资源和社会保障部部长尹蔚民在国新办举行的新闻发布会上表示，国有钢铁煤炭企业将进一步解决产能过剩问题。化解过剩产能将造成约180万工人被分流安置，仅河北一省就涉及54.7万人，其中钢铁行业42.6万人。[①] 这也就是说，180万工人面临下岗或转岗的问题。政府如何安置这些工人，这些工人如何安排自己的未来，将持续成为焦点。

2016年6月，国家发展改革委员会22日在官网公布，国务院同意《关于国有企业职工家属区"三供一业"分离移交工作的指导意见》，计划到2019年，国有企业将不再以任何方式为职工家属区供电、供水、供热和物业管理承担相关费用。[②] 国企工人独享的"三供一业"福利被取消了，他们在用水用电等涉及具体日常生活层面的事项上与普通城市居民的差别待遇不复存在。随着国企改革的继续推进，工人群体的工作和生活还将继续发生变化。

---

① 参见徐博、白国龙：《钢铁、煤炭系统去产能涉及约180万职工分流安置》，《鹤岗日报》2016年3月2日。

② 参见国办发〔2016〕45号文件：《国务院办公厅转发国务院国资委、财政部关于国有企业职工家属区"三供一业"分离移交工作指导意见的通知》。

(二)工人群体的历史记忆

面对自己工作和生活上的双重变化,工人们的心境一言难尽。一方面他们为自己的社会和经济地位下降感到失落,为一个时代、一种特定生活方式的消逝而惆怅。另一方面,工人们也不忘他们作为新中国建设者的身份,不忘工人阶级艰苦奋斗、辛勤劳动的精神,试图通过各种方式来记录属于工人群体自己的历史记忆。

北京长辛店二七纪念馆,是为了纪念"二七"大罢工于 1986 年所建。二七纪念馆是老北京四合院布局,走进正中的展室,人们可以看到对面墙壁上一幅画反映"二七"大罢工的壁画。据长辛店纪念馆馆长、原二七机车厂工人刘德华介绍,1986 年,中央美术学院的四位师生在这里用将近一个月的时间完成了这幅壁画。纪念馆的展柜里也陈列着有关"二七"斗争的挂画、史料和文物。如今,二七机车厂已经走过了最辉煌的时期,正面临整体搬迁。除纪念馆外,还有许多老工人怀揣着对工厂的热爱之情,开始着手搜集整理有关工厂的历史资料。他们不仅为自己曾为二七机车厂工人感到骄傲和自豪,同时也想把工厂和工人们的辉煌历史留给后人。

有关工人阶级的辉煌时代的历史记忆,不仅留存在工人群体那里,也留存在一代中国人的集体记忆中。目前,许多城市都在进行旧工厂改造,即把废弃的国有企业工厂厂房及周边区域进行改造,建设成各具特色的城市文化或商业活动中心。这些改造一方面将废弃的空间利用起来,将之转变为能够承担城市文化和经济发展新需求的区域,一方面又努力保留 20 世纪工业文化和工人文化的特色,试图将中国工业文化以及国家建设的历史与都市流行文化结合起来,营造出新的城市生产和生活空间。

人们最熟悉的旧工厂改造要数本世纪初北京朝阳区"798 艺术区",近年来,类似的改造也在全国各地持续开展。2016 年,第 13 届成都美食旅游节在四川省成都市成华区二环东外侧建设南支路 4 号"东郊记忆"文化园区顺利举办。"东郊记忆"原名"成都东区音乐公园",于 2012 年由原国营红光电子管厂旧址改建而成,是集合音乐、美术、戏剧、摄影等文化形态的多元文化园区。国营红光电子管厂始建于 20 世纪 50 年代,是"一五"期间原苏联援建中国的 156 个项目之一。这里诞生了中国第一支黑白显像管和第一支投影显像管,曾有"北有首钢、南有红光"的美誉。本世纪初,成都市政府实施开展"东调"战略工程,对成都东郊老工业区内的企业实施搬迁,红光厂搬迁后其厂房作为工业遗址完整保留,被确定为文化创意产业园区,由成都传媒集团投资打造。"东郊记忆"在建设过程中保留了红光厂的原有风貌,主要建筑和一些设备被有意保留下来,大门处甚至还保留着以往面向工人的“党叫干啥就干啥，做一个齿轮和螺丝钉”“工人阶级是硬骨头，跟着毛泽顶我们走走走”等革命标语。[①] 在这里，流行文化、民俗文化与工人文化相互交织，当代生活与工人的历史记忆融为一体。

类似的改造项目还有四川省绵阳市人气正旺的“跃进路1958”商业街。这条商业街建立在原“407厂”“305厂”的厂房和宿舍旧址上。“跃进路1958”商业街在改造建设过程中同样保留了工业和工人文化元素，在原有厂房和宿舍的基础上对周边进行了美化和招商。如今，许多原305厂和407厂的工人仍然住在那里，尽管已经不再是国企工人，附近的环境也发生了很大的变化，但那些年代久远的红砖房、被刻意保存下来的标语，却时时勾起他们的回忆。

（三）新工人群体的身份认同

除了上述历经变迁的老国企工人，当下城市化进程中更为凸显的是“新工人群体”，即“外来务工人员”，也就是俗称的“农民工”。随着农村经济体制改革的不断深入，农村出现了大量剩余劳动力。他们告别家中祖祖辈辈耕种的土地，从农村来到大城市，希望找到一份比务农更容易养活家人的工作。据统计，2016年我国农民工总量达到28171万人。[②] 这一庞大的群体散落在城市，成为城市建设和发展不可缺少的力量。但相比当年的国企工人，新工人群体面临的形势更为严峻。首先，他们普遍缺乏劳动保障，工资、住房、医疗、教育都面临问题。其次，与20世纪曾经辉煌过的国企工人群体相比，他们缺少了话语权，缺乏主人翁意识。他们是城市的边缘人，为城市的建设付出了辛劳与汗水，却始终和城市格格不入。

但这也不代表外来务工人员没有自己的身份认同感。目前，已经有为数不少的打工群体聚集在一起，发出自己的声音。“随着传播渠道的增多和传播权力重要性的加强，一些社会阶层和阶级已经开始通过新的传播途径来传递他们的声音，从而使政府政策向有利于他们的方向倾斜。”[③]一些打工者采用各种方式诉说他们的故事和愿望，并试图以此唤起打工者的自我认同，动员打工者都参与到社区文化建设之中，为争取自己的权益而行动。

位于北京市朝阳区金盏乡的皮村，距北京市中心40多公里，是一个典型的外

---

① 参见刘彬、陈忠暖：《城市怀旧空间的文化建构与空间体验——以成都东郊记忆为例》，《城市问题》2016年第9期。

② 参见《2016年农民工监测调查报告》，http://www.gov.cn/xinwen/2017-04/28/content_5189509.htm#1.

③ 赵月枝：《传播与社会：政治经济与文化分析》，中国传媒大学出版社2011年版，第49页。转引自王锡苓、汪舒、苑婧：《农民工的自我赋权与影响：以北京朝阳区皮村为个案》，《现代传播》2011年第10期。

来人口聚居区。这里本地村民约 1000 人，多以出租房屋为生，早已不是严格意义上的农民。而外来务工人员则达到 5000 多人，他们多在皮村附近的工厂或市区其他地方做工，一部分也在皮村做小生意。2002 年，在皮村几位打工者的努力推动下，“北京市工友之家文化发展中心”在北京市工商行政管理部门的批准下正式成立。以工友之家为支点，皮村于 2009 年创办了“皮村打工艺术博物馆”，与此同时，他们利用发行唱片的第一笔版税建成了面向打工子女、帮助他们解决教育问题的同心实验小学，以及以低廉价格为皮村工友提供二手商品的同心互惠超市。此后，皮村在区政府的支持下，相继建立了“工友图书馆”“新工人剧场”等文娱设施，每周定期的电影放映活动、K 歌活动，还不定期邀请剧团演出话剧或自编自演文艺节目，丰富了皮村打工群体的文化活动。

自 2012 年开始，皮村工友之家每年都组织“打工春晚”，在新年伊始为工友们提供一个展示自己才艺、表达自己情感的舞台。如今，打工春晚的影响力已经扩展到全国。2016 年的打工春晚于 1 月 24 日晚，在北京市朝阳文化馆录制，近百位来自全国各地的工友、工人文艺工作者和爱好者登台献艺，还邀请到央视前主持人邱启明、北京市同心实验学校校长沈金花以及来自深圳的女工范雪琴搭档主持。此外，皮村的打工文学创作也在如火如荼地开展中。“皮村文学小组”聚集了皮村打工者中的文学爱好者，每周日在皮村工友之家开办文学创作讲座或交流活动，中国艺术研究院的教授张慧瑜、研究员崔柯等时常前去指导。2016 年，皮村文学小组成员、女工友范雨素的自传性文章《我是范雨素》轰动社会。通过范雨素的创作，人们知道了皮村，了解了外来务工人员的现状，同情他们在心理上和物质上遭遇的双重困境。越来越多的人开始关注新工人群体。

在皮村的一系列活动中，其核心理念是“创造属于新工人群体自己的文化”。他们试图用“新工人”这一铿锵有力的身份表述取代“外来务工人员”或“农民工”这种边缘化的表述。“新工人”的所指是明确的，它没有给打工者贴上带有城乡二元划分色彩的标签，比起“打工者”这种称呼更多了一种尊重的意味，承认了他们作为城市建设者的贡献，因此更加有利于将城市化进程中一个数量庞大的新群体团结起来，并为这个群体争取权益。

除了北京的皮村，全国也有不少其他城市也在开展类似的活动。2016 年 10 月 28 日，“同饮一江水”广东打工者歌唱大赛年度总决赛在东莞市塘厦镇体育馆精彩上演，12 名从广东省 9 大赛区脱颖而出的选手展开歌唱比拼。经过多个环节的激烈比拼，最终来自珠海赛区的云南女工赵雪摘得“年度总冠军”；汕头赛区的梁正周获得亚军；东莞赛区的赖世宁获得季军。“同饮一江水”打工者歌唱大赛从 2006 年开始举办，至 2016 年已经举办了 10 年。大赛全程由打工者当主角，鼓励“打工者唱，打工者听”，突出“打工音乐”特色，参赛的歌曲都以打工题材为主。

广东省作为我国改革开放的前沿阵地，一直是大量内地外出务工人员的聚集地。“同饮一江水”歌唱比赛与北京的打工春晚一样，为这些外来打工者提供了展示自己、建立新工人群体身份认同的机会。[①]

厦门市湖里工业区安兜社107号是“国仁工友之家”的所在地。厦门国仁工友之家由20世纪90年代从厦门市的国企离开、投身乡村建设运动的高兴、邱建生两位热心公益的女性创办。这家2007年创办的公益组织至2016年已经走过了10个年头。国仁工友之家的宗旨是为每个走进工友之家的人心中种下一颗知识的种子，“让无力者有力，有力者有爱”。早年投身乡村建设的邱建生发现，乡村建设的骨干——青壮年劳动力，越来越多地从乡村流到城市，成为在工厂打工的“农民工”。他们是城里人眼中的边缘人群和寄居在城市里的异类。面对这种情况，邱建生决定为他们做点什么。80年代初，厦门安兜成立了高新技术工业园，之后，工厂不断增多。本地人拆掉老房，盖起密密麻麻的出租屋，以低廉的价格租给外来工。此时的安兜，住着近10万人，其中九成都是外来打工者。因此，邱建生将工友之家选址于此。国仁工友之家主要致力于为工友们创造公平、平等的机会，接受普及性公民教育。为吸引工友关注，邱建生将这个教育机构称为“国仁社区大学”。社区大学的一切活动都是免费的，10年下来，国仁工友之家吸引了许多工友，他们在这读书读报，和其他工友、志愿者聊天。在他们眼里，这是一个丝毫没有功利性的场所，可以交到真心的朋友。工友之家形成凝聚力之后，各种课堂和活动陆续开办起来。工友们办起了《鹭岛工友报》，编辑、记者、撰稿人都是工友；英语班、电脑班也吸引了许多工友参加；演讲比赛以讲述工友自己的故事为主题，让工友们学会表达自我。如今，像国仁工友之家这样的面向城市新工人群体的公益性组织正在一些城市中发展壮大。[②]

---

① 参见万稳龙、周豫、张嘉嘉：《“同饮一江水”打工者歌唱大赛启动》，《南方日报》2016年5月28日。

② 参见徐智慧：《国仁工友之家：温和而有力的社会改良之路》，《中国新闻周刊》2011年第48期。

专题报告

2016年度中国婚俗发展报告

刁统菊　邵凤丽*

据民政部统计，2013年各级民政部门和婚姻登记机构共依法办理结婚登记1346.9万对，比上年增长1.8%，达到历史高峰。2014年，办理结婚登记1306.7万对，比上年减少2.98%。到2015年，结婚登记1224.7万对，比上年下降6.3%。至2016年，全国共办理结婚登记1142.8万对，比上年下降6.7%。下滑明显且关键的地区有河南、河北、湖北、江苏等人口大省。①

另据历年《社会服务发展统计公报》数据显示，2011年，20—24岁办理结婚登记的公民占结婚总人口比重最多，为36.6%；2012年，20—24岁办理结婚登记的公民占结婚总人口比重仍是最多，为35.5%，但呈下降趋势，比上年降低1.1个百分点。到2013年，25—29岁取代了20—24岁这一年龄段，成为办理结婚登记占结婚总人口比重最多的，为35.2%，比上年提高1个百分点；2014年，这一比例达到了38.0%，比上年提高2.8个百分点。2015年这一比例为39.4%，比上年增加1.4个百分点。但2016年25—29岁这一年龄段虽然仍占结婚总人口比重最大，达到38.2%，但已呈现下降的趋势，由此可见结婚年龄在不断推后。

结婚年龄的推后，一是因为适婚主力军为"85后""90后"人群，而我国从20世纪80年代开始实施计划生育政策，这一代多为独生子女，导致结婚登记的总人数相对减少；二是因为随着受教育程度的提高，一些高学历、高收入的女性，由于忙于事业，不再将婚姻作为获得安全感的唯一途径；三是因为结婚成本继续攀升，婚姻物化被人们无奈认可，甚至以明码标价的方式进行择偶。

一、"择偶难"问题日益凸显

目前，青年人"择偶难"问题日益凸显，首先是单身青年工作压力大、社交范围

---

* 刁统菊，山东大学儒学高等研究院民俗学研究所教授；邵凤丽，辽宁大学文学院讲师。

① 参见中华人民共和国民政部：《2016年社会服务发展统计公报》，http://www.gov.cn/xinwen/2017-08/03/content_5215805.htm。

狭窄导致自主择偶面临困境;其次是城市社会中人的疏离性、匿名性、流动性使“熟人介绍”的传统相亲方式遭到挑战。此外,大量单身青年流入城市改变了当地的婚恋市场结构,因此在城市社会中,虽然不乏自愿单身的人存在,但在中国这样一个注重婚姻家庭的社会里,如此庞大的单身群体的存在,仍然凸显出城市青年“择偶难”这一社会问题。同时“择偶难”的社会现状又催生了各式各样的相亲形式,如“白发相亲”、网上相亲、相亲大会等。

(一)“白发相亲”群体日益庞大

在中国传统社会文化语境中,相亲是成家这一人生大事得以实现的起点。随着结婚年龄的推后,相亲作为单身尤其是大龄单身男女婚姻通途中的第一站,被那些成家期待未竟的单身男女反复操持。只是在近几年,父母在相亲中的推动作用变得越来越明显。2016 年 2 月,中国关心下一代工作委员会健康体育发展中心发布《中国逼婚现状调查报告》。从年龄上看,逾七成受访者曾被父母逼婚,25 至 35 岁的青年被逼婚率高达 86%,甚至有 3%的青年未到法定结婚年龄就被父母逼婚。从区域上看,全国各地被逼婚率均在 70%以上,其中逼婚现象最严重的是河南,第二是四川,第三是山东,北京、上海等一线城市的逼婚率相对较低。从性别上看,女性被逼婚率比男性高出 6%。[①]

在父母对子女择偶难的集体焦虑下,白发相亲这一现象屡屡出现。“白发相亲”是一种非制度、非正规的代理择偶方式,是指父母代替子女在相亲场合寻找结婚对象的新型择偶模式。[②] 在“白发相亲”模式下,2004 年北京的龙潭公园成立了最早的“相亲角”,当时,媒体还称之为“家长相亲会”或者“父母相亲会”。它的发起者是公园附近的居民,他们经常去公园晨练。在晨练过程中,他们渐渐熟识,成为朋友,子女问题也自然成为闲聊的重要内容。10 多年过去了,“相亲角”已扩散到北京、上海、杭州、成都、深圳等多座城市,成为这些城市公园里一道独特的风景。“白发相亲”群体甚至扩散到国外。据媒体报道,白发相亲这一现象在国内大中城市屡见不鲜,新加坡、中国台湾、北美等华人聚集的国家和地区也出现“白发相亲”现象。不同的“相亲角”相亲条件也五花八门,形式各异。全国各地的“相亲角”尤以北京、上海最为突出,参与人数最多,甚至有的父母会特意从当地赶去参加北京、上海等一线城市的“相亲角”。

北京中山公园的相亲角已经持续 10 多年,如今出现了“驻京相亲”的新动向。《北京晨报》的记者发现,有些老人做起了相亲中的“候鸟”,每年到北京住几个月,

① 参见《〈中国逼婚现状调查报告〉出炉》,《西安晚报》2016 年 2 月 15 日。

② 参见孙沛东:《“白发相亲”——上海相亲角的择偶行为分析》,《南方人口》2012 年第 2 期。

这期间每天奔波在多个“相亲角”，为子女找对象。中山公园的“相亲角”还出现了海外角，家长代替在国外工作的子女相亲，“遇到聊得来的就叫她回来见个面”。在相亲角，很多家长都是外地人，他们的子女多为“北漂”一族，家长认为儿女工作压力大，婚姻大事没有着落，自己在家也待不住，就长期在家乡和北京之间往返，为孩子寻找相亲对象。

各大城市的相亲角和“白发相亲”群体虽然逐渐增多，但成功相亲的比率却很低。《中老年时报》的记者从河北区阳光广场的“相亲角”采访发现，每周二、周四，这里都异常热闹。许多操心儿女终身大事的家长们带着“条件”来这里为孩子寻找意中人。但由于是父母把关牵线，“相亲角”人气虽旺，促成子女婚姻的概率却并不高。

“相亲角”也是明码标价的择偶场所，相亲对象双方首先要看户籍、收入、房产、学历等硬性条件，“年薪税后 40 万”“月入 2 万以上”等字样随处可见，“国企工作”“国家公务员”“高校教师，正式编制”“三甲医院医生”等都是相亲简历的亮点，“北京户口”“有车有房”“二环内有房”也是常用词，甚至有的父母在为子女挑选相亲对象时“不找外地的”“可以轻度残疾，但属羊的绝对不行”。总之，各地相亲角明码标价的相亲已经成为常态，甚至在华东师范大学中文系 2016 级新生开学典礼上，教师代表在向新生发表致辞中说到：“我一直推荐大一新同学去相亲角见见世面，见识一下明码标价的人生。”①

（二）线上相亲、线下互动模式日趋盛行

随着互联网的发展，线上相亲逐渐成为潮流。易观智库《中国互联网婚恋交友市场研究报告 2016 年第 2 季度》对 10 亿累计装机覆盖、1.94 亿移动端月活跃用户相亲行为监测统计显示：线上自助约会和线下相亲服务保持高速增长。截至 2016 年第 2 季度，中国互联网婚恋交友市场 PC 端人均单日访问次数为 1.92 次，人均单日有效使用时长为 11.31 分钟，用户活跃度持续增加。除了线上相亲外，知名的几大相亲网站同时也开设线下相亲服务门店。世纪佳缘全国共有 105 家线下一对一红娘服务中心，红娘经纪人项目覆盖其中 17 个线下中心；约会吧会员实体店遍布北京、深圳、南京等 8 个主要城市，并开启加速模式进行扩张；百合网线下红娘实体店遍布 50 余个城市，共有 71 家；珍爱网直营相亲实体店遍布全国 28 个一二线城市，共 37 家。②

---

① 黄平：《我推荐新同学去相亲角见见世面，见识一下明码标价的人生》，http://www.guancha.cn/HuangPing2/2016_09_09_373911.shtml。

② 参见《中国互联网婚恋交友市场研究报告（2016 年第 2 季度）》，https://www.analysys.cn/analysis/detail/1000288/。

随着互联网科技的发展，网上交友相亲平台日益增多，微信公众号、社交客户端以及世纪佳缘、珍爱网、百合网、真情在线、速配网、缘来网、闪婚网、淘男网、绝对100婚恋网、相亲网等各类网站数不胜数，并且人工智能筛选越来越深入地运用到互联网相亲之中。各大相亲网站通过大数据及云计算，对会员的行为轨迹、兴趣爱好、择偶条件、心理需求等信息进行大数据分析，年龄、学历、职业等“硬指标”以及价值观、兴趣爱好等“软指标”都是数据分析的重点。不论是自主去发现寻找“潜在对象”，还是靠弹出窗口、信息推送来提供“建议”，线上相亲的方式扩大了搜索目标。

当然，由于网络虚拟世界的限制，在现实环境中相亲对象可能呈现出不同于网上的一面，因此线上相亲之后的线下互动会增加适龄青年们建立、升华感情的几率。各大相亲网站纷纷推行手工活动、鸡尾酒会、户外拓展等形式各样的活动，来增加相亲配对成功的几率。

（三）商业气息浓厚的婚博会

当下社会中存在各式各样的相亲大会，如“富豪相亲”“微博相亲”“离异人士相亲会”“蒙眼相亲”等。相比于个人相亲，相亲大会为相亲者提供了更多的相亲信息和机会，同时又便于相亲者按照自己的意愿选择符合自身条件的相亲对象。从2016年各地相亲大会的盛行，就可以看出这一方式的受欢迎程度。

2月27日，第12届苏州婚博会相亲会在园区国际博览中心举办。①

4月9日，济南举办三月三千佛山相亲大会。《生活日报》联合多家单位每年三月三和七夕举行相亲大会，2005年至今先后主办了“三月三千佛山相亲大会”“千佛山七夕鹊桥会”“夏季相亲会”“元旦相亲会”“军人专场相亲会”等大型公益相亲活动有200余场，累计参与人数突破280万人次。②

4月22日，泰安首届婚博会在泰山国际会展中心拉开帷幕，相亲大会由泰安日报社主办，泰安市泰山喜庆文化艺术研究院、泰安市喜庆文化产业协会、缘来的我婚恋服务机构协办。③

4月26日，湘潭首届婚博会暨万人相亲大会项目启动，由共青团湘潭市委、湘潭市总工会、湘潭市妇联、湘潭日报社等单位指导，湖南住总家美现代服务业投

---

① 参见《婚博会相亲会火热开场，儿女找对象家长们冲在“一线”》，http://www.sohu.com/a/60891393_119690。

② 参见《济南千佛山相亲大会报名井喷，人数已接近6000人》，http://sd.sina.com.cn/news/b/2016-03-28/detail-ifxqswxn6459189.shtml。

③ 参见《相亲大会火热报名中，到婚博会找个对象吧》，http://www.dzwww.com/shandong/sdnews/201604/t20160413_14138905.htm。

资发展有限公司联合湘潭在线新闻网、湘潭市婚庆行业协会承办。①

5月21日，第九届济宁相亲大会暨婚庆博览会由济宁市妇女联合会、共青团济宁市委、济宁市城市管理局、济宁报业传媒集团主办，济宁日报、济宁晚报、东方圣城网承办。②

5月29日，浙江大学举办相亲大会，当日共计有2万余名单身男女参加相亲大会，相亲的主力军除了"80后"，更有不少"90后"。③

7月11日，平凉首届婚博会暨百人相亲大会由平凉市妇女联合会、平凉市民政局、共青团平凉市委主办，平凉市博艺文化旅游管理有限公司协办，平凉葫芦娃文化传媒有限公司承办。④

10月17日，浙江台州市举办第八届相亲大会，参加相亲会的女生近300名，男生200多名，基本是本科以上学历，还有硕士、博士，不少有海外留学背景。除了台州各地，还有从杭州、宁波等地赶过来的。职业除了公务员、老师、医护人员，还有上市公司白领、企业管理人员等。⑤

11月28日，第八届上海市婚恋博览会召开。此次博览会由上海市婚姻介绍机构管理协会、市妇女儿童指导服务中心（巾帼园）、新闻晨报周到上海App等联合承办。⑥

相亲大会在为相亲人群带来便利的同时，也藏有诸多隐患和弊端。首先，一些相亲大会商业化色彩过重，某些举办方在相亲大会中注入过多商业宣传元素而忽视相亲大会本身的质量，使相亲大会沦为企业与商品的宣传会。其次，由于举办方疏于管理以及相亲大会本身的特点，相亲大会往往难以保障参与者个人信息的真实性，从而难以对诈骗等违法行为做出有力的监督与约束。

---

① 参见《2016湘潭首届婚博会暨万人相亲大会项目启动》，http://news.xtol.cn/2016/0426/5049100.shtml#g5049099=2。

② 参见《第九届相亲大会，现场结束相中哪位找我们，服务继续》，《济宁晚报》2016年5月23日。

③ 参见《浙大万人相亲大会，多数人年薪10万没对象》，http://news.163.com/16/0530/13/BOAMBTRB00014Q4P.html。

④ 参见《平凉首届婚博会暨百人相亲大会，你准备好了吗》，http://www.xinhuanet.com/webSkipping.htm。

⑤ 参见《台州第八届相亲大会500多名单身男女集体相亲》，http://zj.qq.com/a/20161017/036088.htm。

⑥ 参见《万人相亲大会举行：相亲对象太多，反而多了"羞涩"》，http://www.sh.xinhuanet.com/2016-11/28/c_135862512.htm。

二、彩礼金额与形式的新变

2016 年，网络上出现了全国各地的“彩礼价目表”和“彩礼地图”，它们标注了中国各地的结婚彩礼金额。无论是“价目表”还是“彩礼地图”，都在一定程度上体现了彩礼金额和区域差异的新变化。综观 2016 年全国彩礼情况，可以发现，彩礼金额普遍呈现提高之势，但不同地区之间存在着较大的差异。

概括来说，2016 年彩礼金额普遍走高，但在区域分布上呈现“西高东低，村高城低”的差异。这一趋势与差异，与区域经济发展水平的关联十分紧密。在高额彩礼盛行的地区，彩礼带来的巨大经济负担造成了“因婚致贫”的社会问题。高额彩礼盛行，常常是在经济条件相对薄弱的地区，民众缺乏改变生活状况的能力与路径，从而寄希望于高额彩礼收入来改善生活水平，这就引发了一种恶性循环。相较之下，较好的经济发展水平、开放外向的地域发展特征以及较为开明的婚姻价值观念等，则是导致彩礼金额走低的重要因素。

（一）高额彩礼导致“因婚致贫”

东北地区的黑龙江省海伦市，是国家扶贫开发工作重点县市。在这样一个并不富裕的地区，近年来，农村的“天价彩礼”现象却大有市场。东南地区的江西省鄱阳县，每个乡镇情况虽然有所不同，但彩礼普遍都在 10—15 万元，有的地方甚至可以达到 20—30 万元。这对一个人均可支配收入仅有 6207 元的农业县来讲，无异于天价。福建各地农村聘金则悬殊巨大，从万元以下到上百万不等。闽西不少客家农村婚礼聘金都在 10 万元左右；闽北武夷山、闽东沿海农村城区聘金“行情”也是 10 多万元；莆田市沿海的忠门、灵川等地则高达 50 万元，与莆田其他地方相差 6 倍以上。西北地区近年来彩礼价格亦是节节攀高，甘肃庆阳市农村人均可支配收入 7850 元，而彩礼已经达到了 20 万元。此外还有“二程”（男方给女方买衣物的钱款）、“三金”等诸多名目繁琐的婚娶习俗，女方还要求买房买车，这样下来一娶妻成本可高达约 60 万元。陕西农村的彩礼每个地方差异也很大，有人对此作过简单了解，其中关中地区彩礼一般为 2—6 万元，陕北一般为 3—10 万元，陕南一般为 4—10 万元。[①]

根据 2013 年的“彩礼地图”，河北省的平均彩礼为 1 万元礼金加“三金”，花费大约为 3 万元。与 2016 年的“彩礼地图”相对照，几年时间里，即便不加入买房买

---

① 参见《娶妻难：一些农村家庭因彩礼债台高筑》，http://dz.jjckb.cn/www/pages/webpage2009/html/2017-04/11/content_30531.htm。

车的花费，河北省的平均彩礼也增长了 2—5 倍。这种现象同样发生在河南、山东、贵州、陕西、甘肃等地，而且表现出“越是贫困地区彩礼越高”的特点。如贵州的彩礼由 2 万元礼金加电器上涨为 8.8 万元礼金加“三金”；陕西由 3 万元礼金加“三金三银”上涨为 10 万元礼金加“三金一动（‘动’指的是汽车）”；甘肃一些农村地区的礼金则疯涨为 18 万元。值得一提的是，一线城市的彩礼涨幅存在差异。北京市的彩礼由 1 万元礼金加礼品上涨为 20 万元加一套房；上海市的彩礼保持不变，维持在 10 万元加一套房；广州市的彩礼由 1 万元礼金加“三金”上涨为总价值 5 万元的彩礼。新疆、西藏等少数民族聚集区的彩礼情况差异也比较大。在新疆，维吾尔族姑娘对结婚首饰（耳环、项链、手链、戒指）更为看重，礼金则可以商量，大体为 3—10 万元；当地汉族男性结婚则需要 20 万元的礼金加一套房子（男女各付一半，或者男方买房、女方买车）。①

由此可见，彩礼金额在全国范围内仍然呈持续走高的趋势，对彩礼的要求越来越成为婚嫁习俗中不可或缺的一环，甚至成为婚嫁的必要条件之一。持续走高的彩礼，不仅加大了婚嫁中男方家庭的经济负担，也造成了彩礼盛行地区经济普遍落后的恶性循环。“儿子娶媳妇，爹娘脱层皮。”这在彩礼盛行的农村已是普遍存在的现象。这种恶性循环的结果往往是，彩礼价格与贫困程度成正比，一些农村生活水平越低，女方家庭就越将改善生活水平的希望寄托于收取彩礼上，进而导致男方家庭的彩礼负担越加严重，婚嫁矛盾也越发突出。高额彩礼不仅导致整个村落、地区的普遍贫穷，更催生出婚姻矛盾、治安问题和伦理问题，不仅影响整个区域的经济水平，也危害到社会的公序良俗。

中西部某农村的书记说，当地彩礼价位与家庭收入紧密挂钩：一等属于条件较好者，彩礼 20 万元以上，家里有房有车；二等属于一般，彩礼 10 万元上下，这种情况居多；三等是花费五六万元去越南、云南等地买媳妇；四等是家庭财力不够，结不起婚。越来越重的婚嫁负担，除了致贫返贫，还衍生出不少社会问题。由于“娶妻难”凸显，甘肃庆阳市甚至出现了“人市”，每年腊月在县城乡镇繁华区，媒人们聚集在这里说媒拉纤，产生了骗婚、“黑媒婆”职业化等乱象。②

彩礼习俗确实有其合理性。在过去，“嫁出去的姑娘，泼出去的水”这种观念深入人心，男方通过支付彩礼证明自己家族的实力，也在一定意义上是对女方家庭的一种象征性补偿，让出嫁的女子安心。但如今的“天价彩礼”是对传统习俗的一种扭曲，是一种互相攀比，超出了男方家庭的实际承受能力，甚至出现举债结

---

① 参见《沉重的彩礼》，http://society.people.com.cn/GB/n1/2017/0220/c1008-29091752.html。

② 参见《娶妻难：一些农村家庭因彩礼债台高筑》，http://dz.jjckb.cn/www/pages/webpage2009/html/2017-04/11/content_30531.htm。

婚、因婚致贫的现象。①

(二)"西高东低,村高城低"的彩礼区域差异

整体而言,2016 年彩礼金额的区域分布呈现着"西高东低,村高城低"的差异。高额彩礼现象广泛分布于中、西部和乡村地区,这些地方普遍存在着经济发展薄弱、地理位置闭塞、婚俗观念滞后等问题。而东部地区以及各大城市,彩礼金额不升反降,这主要由于其较好的经济发展水平、开放外向的地理位置以及开明多元的思想观念。

在一些经济状况较差、环境较为闭塞的地区,如山村、中西部地区等,彩礼金额依然居高不下、彩礼之风盛行。"随着经济发展,经济价值观念在农村婚嫁活动中得到良好反映,婚嫁活动中的资金流动包含丰富的社会经济含义。彩礼不仅是对女子劳动力转移所导致的家庭收入减少的补偿,更包含了对女方家庭的一种社会保障含义,且与女方家庭男劳动力的数量成反比。女子出嫁导致成长费用补偿缺口和家庭经营及养老风险。婚嫁活动中的贺礼收入是亲朋四邻对婚庆家庭的一种互助性融资,其行为本身是一种零存整取的投资行为。越是在经济文化落后的农村,上述结论更易成立。"②而伴随城镇化加速、大量务工人口从中西部地区向东部流动、从山村地区向城镇流动,使得许多原本便存在"重男轻女"风气的农村适婚女性数量锐减,加之这些地区的经济水平往往有限,高额彩礼在这些农村地区呈现盛行之势。相反,国内一些经济状况较好的地区,如大城市、经济逐步发展起来的农村地区和长江流域地区,彩礼金额不升反降,甚至出现了"零彩礼"现象。

1982 年,农村基层公务员每月收入在 30 元左右,广东英德市订婚礼金 900 元,相当于当时农村公务员 30 个月(即两年半)的收入。2016 年,英德市乡镇干部的工资收入大约为 6000 元/月,1—2 万元彩礼只相当于农村公务员 3 个月的工资。可以发现,如果以农村公务员工资作为参照,当地农村的彩礼水平下降了 90%。③ 总体来看,"改革开放以来,华南农村的彩礼是大幅度下降的"。一方面,华南农村多是宗族性村庄,受到宗族抵制,外来男性娶本地女孩的力量大为减弱;另一方面,改革开放后,华南农村女孩很多外出打工,自由恋爱的越来越多,家境逐渐殷实的父母对女儿的自由恋爱也乐观其成。此外,在长江流域,如重庆、武汉

---

① 参见《"天价彩礼"从何而生? 专家呼吁为婚姻风俗"减压"》,http://news.xinhuanet.com/2016-02/26/c_1118173374.htm。

② 姜旭朝、蒋贞灿:《农村婚嫁费用、女性人力资本与农村社会保障——一个基于民间金融的分析框架》,《东岳论丛》2005 年第 5 期。

③ 参见《沉重的彩礼》,http://society.people.com.cn/GB/n1/2017/0220/c1008-29091752.html。

等城市和地区还出现了结婚“零礼金”的现象。一些女方家长即便收取彩礼，也会返还给新人作为今后生活的物质基础。有些女方家长还会准备一份与男方彩礼不相上下的嫁妆。这种势头在深圳、北京等地也开始出现，基于对女儿未来幸福的考虑，很多女方父母不再将男方的彩礼数额作为强制性的要求，一些女方父母甚至还会出钱和男方合力买房。[①] 结合这些地区的区域发展特征不难发现，随着收入水平的普遍提高、大量外来人口的涌入以及男女平等、自由恋爱等观念的普及，以及分散化、城镇化、现代化的聚居模式的推广，使得父母对男女后代同等看待，因此更加关心子女未来的生活而非子女婚嫁所带来的经济利益。但是，在全国普遍走高的彩礼金额和越发风靡的彩礼之风的大背景下，这种积极形式尚不足以扭转高额彩礼和彩礼风气的普遍盛行。

三、异质婚姻重新形成

据统计，当前中国至少有 3000 万左右适婚年龄的男性因娶不上老婆而成为单身汉。这部分人群主要集中在贫困农村或是偏远农村，其中大部分人可能面临一生无婚、终老孤寂的命运。而随着这一群体的逐渐扩大，越来越多的问题也逐渐浮现。一方面，单身群体逐渐沦为处于社会底层的边缘人，没能组成家庭的他们随着年龄增长逐渐陷入生活窘迫、老年无着的贫困境地，而无家、无产、无后的农村单身汉群体，也较易成为侵扰社会、违法犯罪的高危群体。另一方面，在农村的单身汉结婚无望的情况下，单身汉及其家人又会为了延续子嗣而采取诸多措施来规避单身命运，从而形成各色异质婚姻。

（一）买卖婚姻抬头

买卖婚姻，即婚姻的缔结是以金钱交换的方式完成的。最常见的买卖婚姻通常是男性购买女性为妻，但也有少部分女性购买男性以结为夫妻者。买卖婚姻主要存在两种形式，一种是公开的，一种是隐性的。前者是包括父母或媒人在内的第三方同男方谈定女方身价，再由男方以金钱支付的方式购买女方为妻。另一种是隐性的，女方父母或其他第三方不标明女方身价，但却以明显高于正常数额的彩礼为交换条件换取男女双方的结合。从法律的角度来看，后者还不能称为严格意义上的买卖婚姻。法律上界定的买卖婚姻是指第三方以违背婚姻自主的原则，以索要钱财为目的而造成的婚姻。而索要彩礼与第三方定价是有区别的。在法律上，前者不受婚姻法保护，后者则被归入为合法婚姻的范围，受到婚姻法的

① 参见《沉重的彩礼》，http://society.people.com.cn/GB/n1/2017/0220/c1008-29091752.html。

保护。

在一些女性适婚群体稀缺的农村地区，买卖婚姻正在成为大龄单身男青年实现婚姻的重要手段和策略。在那些男多女少的地区，许多家庭都将结婚生子的希望寄托于买卖婚姻这一方式上。对于那些男方具有某些先天或后天缺陷、残疾的家庭，通过买婚的方式延续子嗣也是一个摆脱困境的重要方式。即便是一些交通便利的旅游村镇，也存在买卖婚姻。如辽宁地区的某旅游村镇，当地交通便利，旅游资源丰富，然而就是这样的村子，全村100余户，有30多个被买卖的越南新娘、朝鲜新娘。

买卖婚姻存在被骗的风险，但为了实现婚姻，许多男方及其家庭还是选择冒险尝试。买卖婚姻中的男方家庭在决定为儿子购买媳妇之时，往往已经做足了"功课"，并有意识地去防范各种风险，但最终往往还是难逃各种诈骗和陷阱。即便没有那些"黑中介""黑媒人"，买来被迫与男方结合的女性也有很大的可能选择逃走。这些基于强力和欺骗而建立起的家庭，其面临的动荡和不稳定因素也远高于普通家庭。这些不稳定因素所带来的一系列社会问题，进一步使当地的经济、社会境况恶化。买来的新娘大多言语不通，很多是被迫买卖，因而很多买的新娘攒够钱就会逃走，这也导致许多买来的新娘在新家庭中没有经济地位，沦为生育的工具。

时至今日，"买卖婚姻"这一概念往往与侵犯恋爱自由、拐卖妇女乃至强暴性侵等违法犯罪行为相联系；即便不包含对法律的触犯，买卖婚姻也往往以女性的生活不幸、权益牺牲为代价。如2016年轰动一时的重庆巫山"童养媳"事件，事主马泮艳在达到法定结婚年龄前被以支付"代养费""恋爱金"的方式从法定监护人处接走并最终被强制完婚。"因马正松实在无力代养，在亲属的建议下将马泮艳送往双龙镇乌龙村陈学生家生活。在当地村干部的见证下双方协议约定，陈家给马正松3000元'代养费'，给马泮艳1000元'恋爱金'，马泮艳在达到法定结婚年龄前由陈家代养，达到结婚年龄后与陈学生结婚。"①

虽然有一些人通过买卖婚姻的方式成功实现了结婚的愿望，但买卖婚姻在本质上是建立在男性对女性的控制和支配、建立在对女性自由意志和自由婚恋权力的践踏上的。随着地区经济的普遍发展，居民法制意识、婚恋自由观念的普及，买卖婚姻在盛行地区的合法合理性将日益受到动摇。与此同时，对那些涉嫌拐卖妇女犯罪行为的买卖婚姻，政府及公安机关常年重拳整治，并通过不断完善相关法律法规的方式，对这一现象进行遏止。例如，在如何区分婚姻介绍与以婚介为名

① 《重庆14岁"童养媳"马泮艳：我想要伤害过我的人一句道歉》，http://www.thepaper.cn/newsDetail_forward_1627400。

拐卖妇女犯罪的界限的问题上，针对打拐司法实践中的法律难点，公安部与最高法、最高检、司法部共同研究解决之道。2016 年 12 月，最高法出台了《最高人民法院关于审理拐卖妇女儿童犯罪案件具体应用法律若干问题的解释》，有效解决了拐卖案件法律适用方面存在的问题。“收买几乎不追责”“买方无风险”一度成为拐卖妇女儿童犯罪屡打不绝的一个主要原因。为了从源头上打击拐卖犯罪，公安部积极会同立法机关研究修改刑法。在《刑法修正案（九）》中规定，收买被拐卖妇女、儿童的行为一律追究刑事责任。①

（二）“越南新娘”形成灰色行业

庞大的婚姻需求不仅催生了日益繁荣的婚姻中介行业，也激发出“越南新娘”等灰色行业。根据越南女孩的不同条件，彩礼费在 6000 元到 3 万元不等，总体费用平均 5—6 万元，成熟的中介每成功一单生意，就会有 5000 元到 1 万元的收入。利润驱使越来越多的人加入中介大军，从早期的边境沿线拓展到了内陆地区。只要有一两个越南朋友，或者娶了越南老婆，便能做起一条“流水线”。其中亦不乏曾经的相亲者，他们亲眼目睹娶妻心切的单身汉将积蓄乖乖交到中介手中，也蠢蠢欲动。

2016 年 12 月 13 日，中国驻越南使馆参赞刁其跃给《南风窗》记者的书面回复称，从 2012 年至今，驻越使领馆已认证 1.8 万多份越南女性的无配偶证明，赴华“越南新娘”人数明显上升。自 1980 年代起，“越南新娘”外嫁渐成潮流。长期的战争导致越南男女比例失衡，经济落后和女性社会地位的低下导致许多越南女性想借此改变现状。据王迪介绍，“越南新娘”真正兴起于中国大陆是在 2006 年之后。此前，通过正规手续娶回的极少，介绍人多是边境的人贩子。1990 年代，娶到越南新娘的大都属于富人阶层，寻找的对象条件也比较好。2002 年之后，零星的中介陆续出现，娶“越南新娘”的以福建人居多，随后逐渐传入江西、浙江、湖北、湖南和河南等地。2008 年则是一个转折点，“市场”进入真正的繁荣期。② 据 2016 年在辽宁地区的调查，发现买卖越南新娘价格在 3—5 万元不等，价格主要根据新娘容貌等外在条件判断；一般的新娘 3 万元，长得漂亮的新娘则 5 万元。甚至一些新娘主动跟人贩子合作，从“卖自己”所得的钱中获取抽成。

随着“越南新娘”市场的迅速膨胀，各种黑中介、骗婚的也随之出现。2016 年 2 月，社旗县下洼镇警方破获一起农村老汉携 7 名越南女子骗婚的诈骗案件；

① 参见《织就“天下无拐”的社会安全网——中国严打拐卖人口犯罪成效显著》，http://www.gov.cn/xinwen/2017-07/14/content_5210549.htm。

② 参见张墨宁：《“越南新娘”：婚姻市场的风险和门槛》，《南风窗》2013 年 12 月 24 日。

2016 年 3 月，合肥市庐阳区法院办理一起越南籍女子伙同中国籍中介进行骗婚的案件；2016 年 6 月，河南驻马店平舆县警方破获了一起系列跨国婚姻诈骗案，犯罪嫌疑人利用非法入境的外籍妇女，假借结婚，诈骗受害人礼金共计近 60 万元。

面对边远地区“外籍新娘”买卖屡禁不止的现象，中国政府相关部门采取积极行动，不断对买卖外籍新娘的行为进行打击、遏止和批评教育。2016 年，我国公安机关在中越联合打拐行动中破获案件 184 起，抓获犯罪嫌疑人 290 名，解救越南籍妇女 207 名、儿童 1 名；在中缅联合打拐行动中，破获案件 43 起，抓获犯罪嫌疑人 77 名，解救缅甸籍妇女 44 名、儿童 1 名。据悉，我国现已和越南、缅甸、老挝、柬埔寨签订政府间合作反拐协议，并建立了 8 个边境地区打拐执法合作联络官办公室，及时开展交流情报信息。目前，中国公安机关与越南、缅甸等国警方多次组织开展联合打拐行动，铲除了多个境内外拐卖人口的犯罪团伙。[①]

（三）换亲

“换亲”是以金钱为交换媒介的买卖婚姻，是单身汉摆脱单身、其家庭延续子嗣的一条可行路径，但在这种交换中，需要男方家庭准备一笔数额较大的金钱才能够运转，且还要承担较大的风险。这对于那些本已贫困的家庭而言，往往是难以承受的。而另一种既能减少金钱支出又能规避被骗风险的解决办法便因此被人们采用，即用另一桩婚姻作为交换的筹码去换取婚姻。这种交换必须发生在双方家庭都有这种需求的前提下才可以进行。

换亲形式可以分为两种：一种是形式交换，另一种是对称交换。前者又包括对等交换婚姻、三角交换婚姻和多边交换婚姻，后者则包括同期交换婚姻和信用交换婚姻。对等交换指男方为了能够顺利结婚，用自己家庭中的姊妹交换新娘，让自己的姊妹同新娘的兄弟结婚，由此形成对等交换的婚姻。对等交换婚姻又被通俗地称为“来回亲”。例如，A 家把女儿许配给 B 家儿子时，就商定 B 家应把女儿嫁给 A 家的儿子。这种婚姻要求两个家庭必须都有儿有女才能形成对等的交换。这种交换有的是马上兑现，有的则是年龄大的、成年的先举办婚礼，同时为未成年的订立婚约，等到后者成年以后再兑现婚约从而完成交换。三角交换婚姻是指 A 家庭里儿子娶了 B 家庭的女儿为妻，作为交换，A 家把女儿嫁到 C 家，C 家将自己的女儿嫁给 B 家做儿媳，从而形成一种三角形式的交换关系。这种交换是间接的、单向的，属于非对称的交换。以此类推，如果多于三家以上的交换婚姻，

---

① 参见《织就“天下无拐”的社会安全网——中国严打拐卖人口犯罪成效显著》，http://www.gov.cn/xinwen/2017-07/14/content_5210549.htm。

则称为“多边交换婚姻”。

换亲行为是单身汉家庭和个体为了达成婚姻,不得已采取的策略行为。涉入其中的家庭或个人,存在着多方的博弈关系。一些个体成为受益者,一些个体则成了利益受损者。从双方家庭而言,则是一种“共赢”。换亲中受益者多是男性,而受损者多数为女性。当下的农村婚姻缔结关系中,男、女两性主体地位的崛起,特别是女性对于婚姻决策权的掌握,使得换亲的发生率极低。中国农村在经历了现代化浪潮的冲击之后,即便那些边远地的村落,父权制也已经开始衰微。不排除一些家庭,在单身汉儿子无法结婚成家之时,仍然会考虑用女儿来交换儿子的“婚姻”,但随着女性在婚姻中主体地位的崛起,这种婚姻策略越来越难以实现。

四、婚礼形式日趋多元

随着社会观念、社会风尚的转变,人们对婚礼形式的理解也日趋多元。如今,重视节约、环保,崇尚自由、个性的婚礼方式层出不穷,婚礼不再像从前那样必须按照某种既定的方式一板一眼地进行,也不再片面追求排场和花费;相反,大操大办、铺张浪费的婚礼越来越受到人们的反对与唾弃。诸如自主婚礼、集体婚礼、环保婚礼等既不失婚礼的庄严神圣,又能大幅度提高婚礼环保性和自由度的新兴婚礼方式,越来越多地出现在人们的视野中。

(一)自助婚礼

自助婚礼主要是指举办“自助餐式婚宴”的婚礼。自助婚礼以其轻松愉快的氛围、灵活多变的婚宴场地、便捷节约的婚礼流程,越来越受到年轻人的青睐。总体而言,相比于传统重视操办的婚礼仪式而言,自助婚礼具有更高的自由度。在人们的传统印象中,婚宴总是应该设在宾馆、酒店等地方,成百宾客围坐在大桌旁,觥筹交错,热闹非凡。但对于很多年轻人而言,总希望自己的婚宴别具一格,既富有创意,又能自由灵活。在自助婚礼中,宾客按照自己所需取食,酒水、饮料等都是提前准备好的,宾客可以根据自己的喜好来选择,既减少了按桌上菜可能造成的浪费,又十分灵活多变。此外,自助婚礼在座次上不像传统的婚宴那样等级森严、秩序井然,自助婚礼中宾客不会被依身份安排到特定的桌子上,而是能够自由走动、自由交流,从而使整个婚礼更具活力。在婚礼场地的选取上,自助婚礼不仅可以在室内举行,而且可以在阳光明媚的日子选择户外、花园、水滨等不同场所举办,对于年轻人而言,更自由、更浪漫,避免了传统婚礼那样的拘束。

自助婚礼的流行,一方面说明婚礼双方家庭在举行婚礼、操办婚宴上的观念日益翻新,越来越能接纳新事物;另一方面也说明人们在婚礼婚宴的举办上,正逐渐走出大操大办、铺张浪费的固定思维，开始向更节约、更方便、更环保也更亲近自然的方式转变。

(二)集体婚礼

2016 年，集体婚礼的婚庆方式依然盛行。无论是以企业、公司为单位举行集体婚礼，还是在校友、同乡等范围内举办集体婚礼，都以其经济、节约、易于交流等特点受到新人们的喜爱。

以下是 2016 年全国各地部分被媒体报道的集体婚礼：

4 月 30 日，在浙江大学即将迎来 119 岁生日之际，400 余对浙大校友新人参加了母校为他们举行的盛大的校友集体婚礼。[①]

5 月 2 日，“爱在绿博园”天津市 2016 年大型青年公益集体婚礼在南湖风景区举办，36 对新人许下爱的承诺，相伴幸福人生。[②]

5 月 15 日，一场简约而隆重的集体婚礼盛典在世园会拉开帷幕，100 对新人在近万名亲朋好友和现场嘉宾的共同见证和祝福中情定世园会。[③]

5 月 28 日，“嘉春·爱在东大”东北大学 2016 校友集体婚礼在东北大学校园隆重举行。来自全国九省市的 41 对校友新人回到母校，在母校师生的见证下完成了人生最重要的仪式，许下了一生的承诺。[④]

9 月 20 日，京唐公司“海誓山盟·京唐之恋”2016 年青年集体婚礼隆重举行。20 对新人喜结良缘，成就百年好合。[⑤]

9 月 25 日下午，“情系汕头·相伴一生”汕头市 2016 年集体婚礼在蓝水星乐园温馨上演。参加活动的 27 对新人接受了结婚证书和礼品，在热闹的气氛中以一种特别的方式永结同心，喜结连理。[⑥]

10 月 1 日，在祖国 67 周年华诞之日，“青春蔚蓝，大海有约”2016 日照市第十四届青年集体婚礼在山东蓝海 1 号露营公园浪漫上演，18 对新人携手走进婚姻

---

① 参见《“缘定浙大”2016 校友集体婚礼圆满举行》，http://zj.qq.com/a/20160517/068848.htm。

② 参见《大型青年公益集体婚礼举办》，http://news.xinhuanet.com/local/2016-05/06/c_128962624.htm。

③ 参见《2016 情定世园公益集体婚礼浪漫落幕》，http://leaders.people.com.cn/n1/2016/0517/c396370-28357547.html。

④ 参见《“嘉春·爱在东大”东北大学 2016 校友集体婚礼举行》，http://neunews.neu.edu.cn/campus/news/2016-05-28/46574.html。

⑤ 参见《首钢京唐公司举办 2016 年青年集体婚礼》，http://www.csteelnews.com/qypd/qywh/201609/t20160923_315353.html。

⑥ 参见《汕头举办 2016 年集体婚礼》，http://st.southcn.com/content/2016-09/26/content_156467876.htm。

的殿堂。[①]

10 月 15 日，由郑州市总工会主办的“情动中原，缘聚绿城”2016 第二届郑州市职工集体婚礼活动举行，31 对新人身着传统的中式旗袍，在亲朋好友和现场嘉宾的见证下，一同许下甜蜜的诺言。[②]

11 月 3 日，“建有福之州做有福之人”2016 年新福州人集体婚礼在福州工人文化宫举行。参加集体婚礼的 100 对新人，分别来自黑龙江、辽宁、湖南、安徽、四川、重庆等 20 个省、市、自治区。[③]

集体婚礼作为一种新式婚礼，是与中国的传统婚礼相对而言的，是西风东渐的舶来品，早在民国时代便已开先风。集体婚礼作为一种新方式，其主题是提倡节俭朴素风尚，树立积极健康的婚姻价值观和婚庆消费观，一般为广大适龄青年所喜闻乐见。尤其各地独具特色的集体婚礼更受青睐，越来越多的新人喜爱集体婚礼，越来越多的新人加入到集体婚礼中来。

（三）回归中式婚礼

中国传统婚礼不仅在服饰上有其独特特征，也表征着中国传统的价值观念。传统婚礼在视觉上普遍应用红色，如红盖头、红兜肚、红鞋红花、红蜡烛等。在具体仪式上，传统婚礼也具有其特色，如祭拜天地、祖先、家长等。传统婚礼在观念寓意上，更加强调男女双方所在家族的整体和谐与结合，注重社会关系的重构与整合。

辛亥革命之后，西式婚礼开始流行，广大进步青年开始热衷于西式文明婚礼，在婚礼中引入西式婚礼服饰、婚配礼仪，如婚纱、花冠、伴郎、伴娘等。20 世纪 50 年代以后，婚姻礼仪大多具有“标准化”“革命化”的特征，如“背诵语录”“向毛主席像鞠躬”等。这种婚俗现象在 20 世纪 80 年代以后随着改革开放的推进而再度被西装、婚纱的西式婚礼所取代。而近年来，中式婚礼又呈现复兴的趋势，不仅农村地区，在城市地区中式婚礼的市场也逐年扩大，越来越受到新人们的欢迎。有些新人则将中西婚礼合璧，将二者有机结合在一起，创造出既具有时代特色又具有传统韵味的婚礼。而 2016 年多位明星及公众人物采用中式婚礼，也对公众起到了示范的作用。

---

① 参见《集体婚礼上 18 对新人将满载幸福的漂流瓶抛向大海》，http://rizhao.dzwww.com/rzxw/201610/t20161001_14978072.html。

② 参见《2016 第二届郑州市职工集体婚礼举行》，http://www.ha.xinhuanet.com/newsphoto/20161017/3490326_c.html。

③ 参见《福州举办 2016 年新福州人集体婚礼》，http://www.chinanews.com/tp/hd2011/2016/11-03/691178.shtml。

6 月 27 日，来自世界六个国家的新人在浙江古村落举办集体中式婚礼。4 对新人收到了古村落俞氏家族的传家宝《俞氏家训》。[①] 8 月 9 日，农历七月初七，是我国的传统节日“七夕节”，来自全国的 36 对新人在贵州织金洞世界地质公园举行“穿越地心天心，入天下第一洞房”集体婚礼。[②] 11 月 19 日，高头大马、八抬大轿、鸣锣开道……一场古香古色的中式传统婚礼亮相河北石家庄，身穿红袍的“90 后”新郎宫政正骑着马，带着浩浩荡荡的迎亲队伍，敲锣打鼓，抬着花轿去迎接他的新娘。[③] 12 月 30 日，中建八局成功举办第六届集体婚礼，婚礼现场完美再现了三揖三让、射三箭等传统婚礼仪式。[④]

近年来，随着传统婚礼在全国各地的盛行，中国再一次进入了“民族热”，人们认为这不再是追求特异、与众不同的现象，而是对中国传统婚礼习俗的认知和自发的传承。在中式婚礼中，可以看到传统的繁文缛节、禁忌、饮食习惯、衣着形式，“参加一场中国传统婚礼，好似阅读了半个文明中国”。中国传统婚礼习俗的复兴，代表着中国传统习俗正在被国人认同，中国传统文化正在日益走向复兴。

五、婚闹事件升级、频发并低俗化

闹婚又称“闹新娘”，也称“闹洞房”，是中国民间传统婚礼娱乐方式，最早可以追溯到汉朝。关于闹婚习俗的来历，一是源于驱邪避灾；一是在北方游牧地区，新郎在新婚时能忍受棒打可以证明一个男人是合格的大丈夫。闹婚习俗在中国古代之所以能得以流传，主要是因为古代的新婚男女缺少婚前交往，闹婚时人们以“为难”新郎新娘的方式，迫使新人相互配合并亲近依赖对方，更快进入夫妻角色。然而近些年来，粗俗闹婚现象层出不穷，闹婚习俗逐渐演变为婚闹事件，成为突破道德底线、甚至演变为失控的“恶俗游戏”。究其原因，大致可归纳为三个方面：第一，“泛娱乐化”趋势日趋严重。受到社会上“娱乐至死”“娱乐无下限”等不良风气的影响，一些婚礼失去了神圣庄严的仪式感，变成了娱乐和闹剧。第二，“闹婚”借“习俗”之名有恃无恐。一些闹婚爱好者错误地将无下限的闹婚理解为“习俗”并以此为理由裹挟新人及其家属，面对亲友以“闹婚”为名的胡闹甚至折磨，新人及家属往往碍于面子不敢拒绝，只能强颜欢笑，逆来顺受。第三，“看客心态”推波助

① 参见安徽电视台：《浙江古村落，六国新人举办中式婚礼》，http://www.ahtv.cn/c/2016/0627/00803844.html。

② 参见《织金洞“七夕”举办集体中式婚礼，36 对新人参加》，《贵州日报》2016 年 8 月 12 日。

③ 参见《河北 90 后新人举办中式婚礼》，http://www.mnw.cn/edu/renwu/1466583.html。

④ 参见《中建八局成功举办第六届集体婚礼，穿越汉唐明清，圆新人中式婚礼梦》，http://news.cctv.com/2016/12/30/VIDEpd1hOeOGNK8cwEZ97weP161230.shtml。

澜，部分围观者抱着“有便宜不占白不占”“法不责众”的从众心态袖手旁观甚至加入其中，对走向极端的婚闹行径不加任何阻止。

(一)闹新郎新娘

在婚礼仪式中，闹婚的首要对象就是闹新郎和新娘，传统的闹新人模式在日常生活中已经失去新鲜感，随着网络的发达，越来越多的闹新人方式在网络上流播、共享，导致婚闹行为越来越突破道德底线，甚至以折磨新郎为乐，猥亵新娘为趣。

折腾新郎最常见的方式是把新郎绑在树上，扒光衣服，对其泼洒各种物品，如泼墨、泼狗血、涂牙膏、扔鸡蛋，或者用灭火器喷，甚至在新郎身上燃放鞭炮、点烟等。2016 年，云南大理多次出现不雅婚闹现象：9 月 28 日，大理三塔前出现的“裸体闹婚”现象；10 月 29 日，一名新郎被其同伴扒光了衣服，随后被用一块破红布遮住下体部位，被要求坐在一辆三轮车上进行游街示众。闹新娘过程中经常出现占新娘便宜、猥亵新娘的现象。11 月 1 日，河南闹婚现场男客人强脱新娘内裤，导致新娘被扒光衣服，全身一丝不挂。[①] 除此之外，还有闹公公和儿媳妇的，如让公公背儿媳妇等。总之，传统的闹婚习俗在今天已经很大程度上演变成了低俗恶劣的婚闹事件，多地屡见不鲜的折腾新郎、猥亵新娘的案例表明，闹婚习俗已经突破社会道德底线，成为一种陋习。

(二)闹伴郎伴娘

传统婚礼的伴郎源自中国古代的士婚礼，在婚礼上，媵(伴娘)、御(伴郎)分别为女家和男家的代表，在婚礼上互换方位、互交盥、互馂食，表示一个信任的交换。现在婚礼上的伴娘，是西式婚礼的舶来品，且在西式婚礼中，伴娘均为未婚女性，主要任务是在婚礼上帮助新娘打理琐事、整理服装、安抚情绪，随机处理婚礼过程中的突发事情。闹伴郎伴娘习俗是由闹新人习俗演变而来的。

一些婚闹现象明显违反公序良俗，还存在安全隐患。如 2016 年 2 月 15 日，河南省镇坪县婚闹事件中，导致新郎堂兄摔伤致残。[②] 结婚本是人生中的一大喜事，为了热闹，小小的“闹”一下新人及其亲朋好友，也无可厚非，但无论是“闹”的人还是被“闹”的人，都要注意尺度，要保障自身和他人的安全，一旦发生意外，喜剧就真的变闹剧了。2016 年 3 月 31 日，柳岩遭遇“闹伴娘”引发了网络争议。包

① 参见《外媒曝中国式闹婚》，http://news.xinmin.cn/shehui/2016/11/01/30559238.html。

② 参见《安康三小伙参加婚礼，欲恶搞新郎堂兄惹祸赔六万》，http://xian.qq.com/a/20161207/033892.htm。

贝尔婚礼上，新郎与伴郎团抱起伴娘柳岩，意图将她扔到水里给婚礼助兴。而自柳岩事件发生以来，闹伴娘事件日益发酵，出现伴娘害怕低俗婚闹，让男方签“禁止闹婚协议”现象[①]，甚至一些地区因为恶俗婚礼闹伴娘导致无人敢做伴娘，出现租赁伴娘的策略。如在陕西阎良，即有一天 1000 元租伴娘的现象。

“闹伴娘”由传统婚俗中的“闹洞房”演变而来，而现如今在中国婚礼游戏中，年轻一代之间越来越充满性暗示，尤其是闹伴娘更能体现这一点。对于这些不良婚闹现象，政府相关部门应该加强正面引导和宣传，出台相应规范措施。此外，民众应加强自我约束，恢复庄严神圣的婚礼仪式感。

（三）闹父母

在一些地方，新人结婚时不仅要对新娘新郎进行闹婚，甚至还波及到男方父母身上，对男方父母进行“折腾”。比如在结婚当天，对新郎父母“游街示众”，要求新郎父亲穿上女性服装，等等。这些习俗不仅严重伤害了社会文明，也是对当事人的侮辱。但对于这些行为，一些人却乐此不疲，究其原因有两方面：一方面是一些人迷信“习俗大于法律”“结婚当天无大小”等；另一方面则是一些人错误地认为，在结婚当天可以不分老幼，可以无视法规和道德文明。

达川是四川东北的小城，每到年轻男女结婚时，一些流传当地数十年的农村婚礼恶俗便会上演。男方父亲要乔装打扮，穿上大红色的内衣、内裤，背上洋娃娃，吊一奶瓶，并头戴尖帽子，打扮成“烧火佬”。[②] “烧火佬”意即与儿媳乱伦的公公。围观的人还要求新郎父亲演荤故事，大出洋相，以警戒其不可与儿媳有不正当关系，藉此来强化现实中对禁忌的遵守。

无论是中式婚礼，还是西式婚礼，其仪式都是人类文明的产物。中国传统的婚礼仪式通常要经过提婚、订婚、迎娶、出嫁、闹洞房等“程序”，包括习俗禁忌在内，构成了一个复杂的话语系统。从订婚到结婚，婚礼仪式非常注重待人接物的细节，意在给新婚夫妇的美好生活处处留下好彩头。在旧时代，闹洞房是婚礼中很重要的一部分，旧时称为“戏妇”。亲朋好友聚集在新房中，取笑和捉弄新婚夫妇乃至父母双方，被捉弄的对象不能生气，捉弄方也不能闹得太久太过。闹洞房环节虽会滋生一些乖情悖理的举动，但一切以适度为原则，以大家开心为目的。

中国婚姻仪式有诸多独特之处，有其传承的价值。但对那些违背当事人意志的“耍新人”“闹伴娘”等行为，应该坚决予以反对并摒弃。婚姻仪式旨在提高人们

---

① 《都是低俗“婚闹”惹的祸！伴娘怕遭整蛊让男方签禁止闹婚协议》，http://society.dbw.cn/system/2016/04/06/057166616.shtml。

② 参见《婚礼恶俗父亲穿红内衣裤扮“烧火佬”》，http://mini.eastday.com/a/161211100104487-2.html。

对婚姻的尊重程度，见证一种新的家庭责任的建立。在仪式中，新娘新郎通过婚礼仪式，增强仪式感，赋予婚姻神圣的意义。在这样充满爱和责任感的仪式中，应多一份尊重与庄重，而不是“恶俗游戏”。同时参加婚礼者不能违反公序良俗，打着习俗的幌子行违法之事，必须守住文明、法律的底线。对背离文明的婚闹现象、对违反法律的行为，应当予以追究。

六、突出问题

综上所述，2016 年我国婚俗发展凸显以下几个特征，即择偶方式的多样化；彩礼在持续走高的同时呈现“西多东少，村多城少”趋势；以买卖婚姻、换亲等为代表的异质婚姻频发；婚礼方式发生新转变，朝向环保、回归传统等个性化的新婚礼方式增多；婚闹等不良婚俗时有发生。其中，有五点问题最为突出。

(一)彩礼金额持续上升

造成彩礼金额持续上升的原因主要有：首先，受到“重男轻女”等传统观念的影响，男女比例严重失衡，男多女少的现象在彩礼金额飙升地区十分明显；其次，外出务工的潮流和薄弱的经济基础，导致很多地方婚龄女性人口外流，这反过来又进一步提高了当地男性婚娶的难度和支出；第三，攀比心理和虚荣心理，由于攀比和虚荣，女方家庭往往以彩礼金额作为衡量自己家庭优越程度、女儿优秀程度的标准，如果彩礼没有达到当地平均水平就会认为丢了面子，因此人为地提高了彩礼的金额。

持续升高的彩礼金额给男方家庭带来了严重的经济负担。为了应对高额彩礼，男方家庭往往需要进行长期积攒筹备，甚至有的家庭使用贷款等方式筹措彩礼，不仅要承担沉重的经济负担，还因彩礼而背上了债务。对于逐年攀升的彩礼数额，农村普通家庭尚且难以为继，贫困家庭更是雪上加霜。湖南省委政研室一份对怀化市芷江侗族自治县五郎溪乡的调研报告指出：“除了因病致贫、缺技术致贫、交通条件落后致贫等主要致贫原因外，时下农村结婚彩礼成本居高不下，也导致了因婚致贫现象的出现。”①

2016 年，高额彩礼的泛滥已经引起各级政府、新闻媒体和民间开明人士的注意，高额彩礼问题有望在政策规范、舆论引导和民间自发力量的共同努力下得到改善。与此同时，随着 2016 年全面开放二孩政策的继续深入落实，农村男女失调

---

① 《“一婚穷十年”？别让彩礼致贫遮蔽年轻人的诗和远方》，http://education.news.cn/2016-05/20/c_128999542.htm。

问题可能会得到一些缓解，娶妻难、彩礼高的问题可能会逐渐得到改善。但是也必须认识到，遏制高额彩礼现象，不仅需要社会各界的共同努力，更是一个需要长期投入的循序渐进的过程。

（二）异质婚姻亟待遏止

以买卖婚姻为代表的异质婚姻在2016年又呈现增多的趋势。买卖婚姻等异质婚姻的多发，其主要原因是地区经济水平较低和高额彩礼等因素带来的结婚经济负担。异质婚姻建立在违背他人意志、牺牲他人利益的基础上，不仅有违法律与道德、破坏社会稳定，而且也对婚俗发展承传本身造成诸多负面的影响。在法律规训和公民法制、文明意识不断提升的情况下，异质婚姻将越来越不被人们所接受。但是也应看到，如果异质婚姻建基于的经济难题得不到解决，那么在结婚的巨大经济压力下，异质婚姻的市场也将继续以或显或隐的形式存在下去。只有凝聚各方力量，标本兼治，才能从根源上解决长期存在的异质婚姻问题。

（三）闹婚等不良婚俗现象多发

2016年，以闹婚为代表的不良婚俗多有发生。不加节制的闹婚不仅破坏了新人及其家人的婚礼体验，也造成了恶劣的社会影响。除了闹婚之外，过分讲究婚礼排场、大肆铺张浪费、在婚宴中不顾他人承受力盲目拼酒劝酒等不良婚俗现象，也为本应庄重神圣的婚礼抹上了异色。这类不良婚俗，多源于狂欢心理与发泄欲望的心态，同时，人们对陋习的迷信心理也起到了推波助澜的作用。不良婚俗虽然游离于法律和伦理道德的灰色地带，但如若任其发展同样会对他人的生命安全、社会的道德文明以及婚俗的整体发展造成损害。事实上，对于不良婚俗，没人能够独善其身，每个人都可能成为这些不文明婚俗的受害者，长此以往必将形成不良婚俗的恶性循环。

（四）婚庆服务行业有待整顿、规范

2016年，婚庆市场持续活跃，但随之也凸显出婚庆服务行业中存在的诸多问题。与整体火爆、蓬勃发展的婚庆行业相比，规范婚庆行业经营行为的法律法规还相对滞后，民政部2009年颁布的《婚姻庆典服务标准》是当前婚庆行业唯一的行业规范。行业规范的滞后容易导致整个行业的混乱、失序。此外，个别婚庆服务企业的经营主体资质存在问题，超范围、无证照等现象时有发生；婚庆服务企业的合同意识淡薄，存在不与消费者签订婚庆服务合同或签订不正规的婚庆服务合

同等现象；某些婚庆服务者社会意识淡薄，文化素质低下，为了婚礼的“娱乐效果”而主动在婚礼中加入种种低俗的环节。综观婚庆服务行业中的种种问题，可以发现，行业规范上的不足、欠缺与婚俗发展关系重大。婚庆服务的失范很容易导致婚礼、婚俗方面不良现象的发生，从而在长远意义上对婚俗的发展造成不良影响。这些行业中的不规范之处，也为异质与不良婚俗现象的发生起到了助推作用。

（五）逼婚加剧代际冲突

2016 年 2 月 11 日，北京一个由网友众筹的“反逼婚”广告出现在东直门地铁站内，吸引了过往乘客的目光。① 一场“逼婚”与“反逼婚”的拉锯战，正在代表着传统与现代的两代人之间展开。当大龄未婚青年群体增长，当婚姻自主取代家庭包办，当单亲、丁克等多种形式的家庭不断涌现，两代人之间关于婚姻的碰撞亦会愈加激烈。②

与父母们对“相亲角”的趋之若鹜不同，越来越多的年轻人不想结婚，尤其在一线城市晚婚已是常态。据《2015 中国人婚恋状况调查报告》，被调查者中初婚年龄主要集中在 22—28 岁，男性晚婚（25 岁及以后）的人群占 63.29%，女性（23 岁及以后）晚婚人群占 83.07%。在上海、南京等城市，“三十而婚”已十分普遍。尤其是女性，不想结婚的不在少数，据《2016 年中国婚恋调查报告》显示，有高达 36.8%的女性认为不结婚也幸福。③

面对每逢佳节必逼婚的现状，相应地出现了“最全防逼婚攻略”“春节防逼婚指南”“反相亲十八招”等所谓的攻略与对策，甚至有人“租”对象以躲避逼婚。代际间婚恋观矛盾日益扩大，具体来说，主要表现在三个方面：一是“要不要结婚”；二是“什么时候结婚”；三是“和谁结婚”。代际间婚恋观的冲突，本质是对婚姻伦理和价值的不同看法，老一代人认同的以婚姻为基础的生活方式受到了年轻人的质疑。在长辈眼中，结婚、生子是幸福美满生活的必要条件，他们希望通过自己的权威来帮助孩子过上美好、稳定的生活。而对于着重于个人感受的年轻人来说，渴望个人空间和自我的需求，与父母们期望他们早日婚配、早生贵子的需求产生了矛盾甚至是对立。④

---

① 参见《“反逼婚”广告现身北京地铁站》，《北京晚报》2016 年 2 月 11 日。

② 参见陈薇：《逼婚父母们的爱与怕》，《中国新闻周刊》2016 年 5 月 10 日。

③ 参见孟丹丹：《中国掀“一个人生活”潮流》，《联合早报》2016 年 12 月 12 日。

④ 参见佟新：《逼婚——代际间婚姻观的冲突》，《中国科学报》2015 年 10 月 10 日。

七、对策与建议

（一）政府应加强对婚俗中诸多问题的规范和引导

婚姻习俗的形成、发展与变迁是一个循序渐进的过程，同时随着时代的发展和社会经济文化的进步，婚俗在新的时代里也会发生新的变化，以自己独特的方式反应时代生活的特征。因此，面对婚姻习俗的不断发展与变化：一方面，政府应尊重民间对婚俗的自发选择，遵循婚姻习俗发展变迁的内在规律，尽量避免以生硬的政令、法律等强行改变婚姻习俗的发展轨迹；另一方面，政府对于婚俗发展中出现的负面问题，则需要积极发挥政府职能，对这些突出问题进行规范与引导。

对于2016年极为突出的高额彩礼、买卖婚姻、闹婚等问题，政府应明确文化引导的主体责任，发挥好宣传和引导的职能，对过分强调彩礼、过分讲究排场、大肆闹婚的婚俗风气进行教育和正确引导。倡导文明婚恋风尚，将文明婚恋引入村规民约，通过新闻、广告、展览、互动、婚姻登记处提醒等方式，使百姓切实地认识到高额彩礼等不良婚俗的危害，帮助民众树立正确的习俗观念。而针对买卖婚姻、换亲、闹婚等较为恶劣的婚俗以及与之相关的一系列违法犯罪活动，政府应在加强执法力度的同时，出台、健全相关法律法规，对婚俗中这些较为极端的负面问题果断加以遏止。同时，政府也应看到隐藏在高额彩礼、买卖婚姻等现象背后的深层经济、社会问题，在遏制高额彩礼之风的过程中多管齐下，标本兼治。

（二）加强婚庆服务行业规范，宣传文明婚礼

许多不良婚闹事件的发生，正是出自婚庆公司的介绍、策划。作为婚礼的承办单位，婚庆公司有义务向新人及其家庭推广文明的婚礼风尚，不应主动成为不良婚俗的策划与推手。要遏止婚闹等不良婚俗，必须加强对婚庆服务行业的规范和监管力度，规范婚庆行业行为，对服务质量差、未达到服务标准的婚庆公司予以惩处与整顿。同时，应完善与婚庆服务相关的法律法规和行业规范，破除婚庆服务提供者的法律盲区。此外，还应强化宣传引导，强化婚庆行业的服务意识、文明意识，并提高消费者的消费意识和维权意识，支持受到不良婚庆服务坑害的消费者维护自己的合法利益，共同遏止不良婚俗和劣质婚庆服务。

（三）促进经济结构调整，缩小城乡差距

必须看到，多发于农村地区的高额彩礼、异质婚姻等问题的背后，凸显出一系列深刻的社会经济问题。社会转型时期，随着城镇化的持续发展，许多农村地区的经济水平、生活水平确实得到了明显的提高，同城市间的差距明显缩小。但是，

仍然有许多农村由于经济基础、地理位置等原因，在城镇化进程中受到的冲击远大于得到的利益。对后者而言，城乡差距进一步扩大、青壮年劳动力严重流失、常住人口老龄化严重、未婚滞留的男性人口过剩等问题越发凸显。对于这些地区，必须加快经济结构调整，改善当地经济发展水平，缩小城乡差距，改善当地居民的整体生活水平，唯有如此，才能从根本上解决种种不良婚俗现象。

（四）降低养老风险，健全农村社会保障体系

由于目前我国农村老年人基本上处于家庭养老的阶段，家庭的经营、维系和保障主要依靠全体家庭成员尤其是年青一代共同承担。因此，由于女性后代人身归属的转移而造成的一系列问题，如家庭经济收入缺口、父母的养老问题乃至孙辈教育负担等，都需要通过其他形式得到弥补。在农村社会保障、社会服务与优抚体系尚不健全的情况下，这种社会保障的需求就会被自发地转移到彩礼、婚姻买卖等其他“经济收入”渠道上。因此，建立健全农村社会保障体系以及医疗、教育、养老等服务体系，将由女儿婚嫁所造成的家庭经营风险以一种社会的、集体的保障方式来加以承担，将有助于从根本上缓解农村地区高额彩礼、买卖婚姻等不良婚俗现象。

（五）缓解逼婚现象中的代际冲突

当今社会，代际冲突越来越通过“逼婚”“相亲”等婚俗现象表现出来。其主要特征是，老一代人的婚姻理念是以婚姻为基础，将结婚生子作为生活幸福、人生完满的一个重要衡量标准，因此急于看到自己的儿女走入婚姻殿堂，获得他们期许的幸福美满。但由于生活节奏的不断加快、婚恋观念的不断革新以及对自由的个人空间的重视，结婚生子在年青一代的人生追求中的重要性早已不像长辈们心目中那么高了。

对于在婚俗中越来越凸显的代际冲突，少长双方都应保持克制与理解，避免过激的言辞与行动，应积极进行沟通，在理解对方意图的基础上互相做出让步，以期达成共识。同时，对于年轻一代，应理解长辈的用心良苦，避免因急躁、过激反抗而造成矛盾激化；对于祖辈来说，也应在观念上与时俱进，充分认识当今社会高压力、快节奏的生活现状，理解儿女们自身谋生与发展的不易，在此基础上多与后辈们沟通，避免使用权威压制、独断专行、道德绑架等方式对子女进行强迫。

（六）树立庄严神圣的婚礼仪式感

在商品经济大潮以及“娱乐至上”的大众文化的冲击下，婚礼神圣、庄严的传统观念逐渐被解构，取而代之的是对乐趣、自由、舒适等婚礼新特征的追求。这种

向往自由、崇尚简化的新观念，无疑对倡导环保节约、反对铺张浪费的文明婚礼观具有积极作用，但是过分消解婚礼的仪式性，甚至以此作为“婚闹”等不良婚俗的借口，却又不利于婚礼习俗的健康发展。

事实上，综观婚礼的发展历程，不难发现，不论是中式婚礼还是西式婚礼，不论是传统婚礼还是新潮婚礼，婚礼的庄严性、神圣性、崇高性都是婚礼作为一种仪式与习俗在文化意义与文化逻辑上的核心元素。尽管现代人的经济模式、社会结构、生产方式、生活方式、思想观念都发生了深刻而巨大的改变，但大多数新人对婚姻神圣性和庄严性的追求始终未变。虽然“婚闹”等不良婚俗现象只是在较少地域发生，但我们依然应该关注、警惕并纠正这一不良的婚俗倾向，坚守婚礼的庄严神圣与仪式感，防止婚礼失去其意义与价值而流于低俗的娱乐嬉闹。

2016 年度中国葬俗发展报告

刁统菊　邵凤丽[*]

2016 年的中国葬俗发展较为平稳。截至 2016 年底，全国共有殡葬服务机构 4166 个，其中殡仪馆 1775 个，殡葬管理机构 1005 个，民政部门管理的公墓 1386 个。殡葬服务机构职工 8.1 万人，其中殡仪馆职工 4.7 万人。火化炉 6206 台，火化遗体 471.8 万具，火化率 48.3%，比上年增加 1.2 个百分点。[①]

2016 年，葬俗发展的突出事件有二：一是全国范围内自上而下大力推进殡葬改革，且殡葬改革的重心由城市向农村延伸。为了进一步推动乡村文明行动移风易俗工作，中央以山东、陕西两省为移风易俗试点省份，积极推行“丧事简办”、厚养薄葬，大力加强乡风民风建设。二是农村公益性墓地建设稳步推进。为了让死者“入土为安”，墓地要不断增加，直接导致土地资源紧张。为了缓解土地资源紧张，近年来全国农村公益性墓地建设在不断推进，但受客观环境以及观念的影响，公益性墓地在建设、使用中仍存在一定问题。

一、移风易俗背景下，山东、陕西两省大力推进“丧事简办”

从 20 世纪 70 年代起，国家开始倡导移风易俗。在丧葬方面，主要以火化为突破口，改变传统的土葬方式。而此次的移风易俗工作，显然更为全面与彻底。

近年来，丧葬消费逐年攀高，民众压力不断增大，同时，铺张浪费、攀比炫富等不良社会风气迅速蔓延，影响十分恶劣。“红白喜事大操大办，费用过大，没得一二十万，一个媳妇娶不回来；老人过世，有的在家一搁六七天，得等阴阳先生给选好日子才能下葬；农村过事，动不动三五百、过千元的随礼，有钱人把莫钱人拖死了。”[②]2016 年，全国上下为了贯彻落实习近平总书记系列重要讲话精神，特别是

---

* 刁统菊，山东大学儒学高等研究院民俗学研究所教授；邵凤丽，辽宁大学文学院讲师。

① 参见《2016 年社会服务发展统计公报》，http://www.mca.gov.cn/article/sj/tjgb/201708/20170800005382.shtml。

② 《从“道德说教”到“道德评议”——旬阳县推进移风易俗树文明乡风系列报道之一》，2016 年 12 月 14 日《安康日报》。

关于“美丽乡村”建设的重要指示精神，把移风易俗、殡葬改革作为深化农村精神文明建设的重要内容，倡树文明新风尚，净化乡风民风。

移风易俗、殡葬改革是关系到老百姓的生死、尊严和信仰的重要事件，2012年河南周口平坟事件已经表明，完全依靠国家的强制力量无法从根本上推进移风易俗，不被老百姓接受的移风易俗是无法长期推进的。鉴于此，2016年移风易俗工作在全国整体推进的基础上，选取文化底蕴深厚的山东、陕西两省作为示范点，进行积极探索。

（一）山东省制定详细政策措施，以移风易俗为切入点，全力推行厚养薄葬、“丧事简办”，加强乡风民风建设

丧葬改革、移风易俗关系着乡村文明、基层社会治理。2016年下半年，山东省根据中央要求，在全省范围内全面启动了乡村文明行动移风易俗工作。计划从2016年至2020年的五年间，山东省全省将以移风易俗为切入点，全力推行厚养薄葬、“丧事简办”，加强乡风民风建设。

山东省提出移风易俗工作要以培育和践行社会主义核心价值观为根本，以深化乡村文明行动为主题，加强四德工程建设，弘扬优秀传统文化，培育孝悌和睦家风，倡树婚丧嫁娶新风，营造文明和谐乡风。同时，重视发挥县乡主体作用，本着“文明节俭，群众满意”的原则，坚持重在正面引导、重在建设养成、重在群众自觉，利用“一约四会”，积极推进“丧事简办”，破除封建迷信，反对盲目攀比。①

在具体时间要求方面，2016年底，山东省全省所有村镇要普遍将移风易俗纳入村规民约，普遍建立起红白理事会并切实发挥作用，在遏制婚丧嫁娶铺张浪费、破除封建迷信和陈规陋习方面取得明显成效，农民群众对移风易俗满意度达到90%以上。到2017年底，山东省全省农村红白理事会工作实现制度化、规范化、常态化，婚丧嫁娶新风尚基本形成。到2020年，婚丧嫁娶中的不良风气得到彻底根治，移风易俗成为农民行动自觉，群众对移风易俗满意度保持较高水平，“文明、和睦、互助”成为乡村精神标识，乡风民风真正美起来。②

山东省在2016年7月召开了由省委宣传部、省文明办、省综治办等20个部门参加的全省乡村文明行动移风易俗工作联席会议，发布《全省乡村文明行动移风易俗工作方案》。根据《方案》，山东省把移风易俗工作情况纳入全省经济社会发展综合考核，作为文明城市、文明县（市、区）、文明单位、文明村镇评选活动重要

① 参见《弃糟粕，树新风！山东成全国农村移风易俗试点省份》，http://news.ifeng.com/a/20160720/49459311_0.shtml。

② 参见《弃糟粕，树新风！山东成全国农村移风易俗试点省份》，http://news.ifeng.com/a/20160720/49459311_0.shtml。

指标内容。并组织督导组将对红白理事会建设、村规民约修订、殡葬市场整治等进行专项督查，还委托第三方对移风易俗进行抽查暗访和群众满意度电话调查。①

为了贯彻执行中央精神，山东省各级政府都成立了移风易俗领导小组，专门负责监管工作。菏泽市定陶区，成立了移风易俗工作领导小组，由区委书记任组长，各职能部门参加。下辖的 12 个镇街全部成立由党委书记任组长的移风易俗领导小组，并将推进会开至镇村干部、各村理事会成员，做到家喻户晓。②

淄博市博山区，成立了区移风易俗工作领导小组，将移风易俗列入党委、政府重要工作日程，纳入全区综合考核。印发《博山区移风易俗工作考核办法》《关于进一步推进全区移风易俗工作的实施方案》等文件，区委书记专门对移风易俗工作进行批示，多次召开专题会议，研究移风易俗工作落实，推动工作深入开展。③

莱芜市莱城区文明委印发了《关于进一步深化移风易俗工作的通知》，将乡村文明行动移风易俗工作纳入总体安排，建立党委政府领导、文明委负责、部门齐抓共管、全社会共同参与的工作机制。区里成立乡村文明行动移风易俗工作联席会议办公室，办公室设在区文明办，负责牵头抓总，联席会议成员 20 个单位各司其职抓落实。④

1. 发挥“一约四会”在“丧事简办”中的重要作用

山东省移风易俗的重点是“丧事简办”，简化丧葬礼仪程序。在具体执行过程中，各地村落均不同程度地组建了“一约四会”，即村规民约、红白理事会、村民议事会、道德评议会和禁毒禁赌会。“一约四会”成为“丧事简办”的主要执行力量。

(1)将“丧事简办”写进村规民约

当下的村规民约，是按照全体村民的集体意愿制定，经过民主选举产生，是村民进行自我管理、自我教育、自我约束的行为规范，是基层社会自治的重要组成部分。

山东省重视村规民约在“丧事简办”中的作用，源于其显著的历史功效。在临朐县龙岗镇张佩环村，几十年前，该村就有了村规民约，并在惩恶扬善、教化民风、

① 参见《婚丧嫁娶花费大，今后五年山东力促农村移风易俗》，http://www.dzwww.com/shandong/sdnews/201608/t20160805_14735687_1.htm。

② 参见《定陶区移风易俗倡文明新风：白事一人一碗菜》，http://heze.sdchina.com/show/3966834.html。

③ 参见《博山：倡树文明新风，推进移风易俗》，http://www.zibo.gov.cn/art/2016/12/16/art_7_271888.html。

④ 参见《莱芜市多举措深化移风易俗明确重点加强落实》，http://www.wenming.cn/syjj/dfcz/sd/201608/t20160829_3642301.shtml。

规范村民行为等方面，发挥过重要的作用。随着时间推移，有的条款内容不再符合当前新形势，约束效力逐步弱化。为加强村民自治管理，2010 年村委班子重新捡起村规民约这个“法宝”，更新了部分不合时宜的内容。[①]

将“丧事简办”写进村规民约是山东省进行移风易俗的重要举措，目的是充分发挥基层社会自治作用，减轻移风易俗的阻力。按照省政府要求，各村（居）都重新修订村规民约，把“丧事简办”作为重要内容添加到其中，以制度形式固定下来，建立起“丧事简办”的长效机制。在沂水县龙家圈镇黄家庵社区，村规民约中规定白事“三不两必须”，即不披麻戴孝、不烧纸、不泼汤，必须进公墓安葬、必须一天之内办完丧事。[②] 青岛平度市尚家疃村将丧事简办写进村规民约，提倡移风易俗，厚养薄葬，建议当天火化、殡葬，体现文明葬礼。殡葬奖励费由原来的 200 元提升到 1000 元。[③] 安丘兴安街道，各村结合支部生活日活动，修订完善村规民约，把红白事举办规模、宴席标准、设宴桌数、禁止封建迷信、禁止使用大棺材等内容纳入规约，明确违约责任、处罚办法等。[④]

（2）成立红白理事会，负责“丧事简办”

中国人历来重视葬礼，山东省的厚葬观念也十分厚重而久远。如何能在短期内改变传统厚葬习俗？山东省要求在全省范围内成立红白理事会，作为国家政府与民众之间沟通的桥梁。到 2016 年 10 月底，在安丘兴安街道管辖的 147 个自然村全部设立红白理事会组织。[⑤] 到 12 月，淄博市博山区各村居（社区）都建立了红白理事会。[⑥]

要想顺利将移风易俗国策推行到民俗生活中，红白理事会的角色与性质的确定非常重要。在莱芜市莱城区，各村（居）大都建立了红白理事会，并由村委成员任会长，老党员、退休教师、家族理事长等作为主要成员。[⑦] 2016 年 10 月 8 日，单

---

① 参见《山东：从村规民约一修再修看新农村变化》，http://sd.wenming.cn/sd_wmcj/wmcz/201408/t20140829_2147896.shtml。

② 参见《沂水：“一约四会”促厚养简丧》，http://paper.dzwww.com/ncdz/content/20161031/ArticelNC01002MT.htm。

③ 参见《平度尚家疃村定〈村规民约〉丧事简办奖千元》，http://news.qingdaonews.com/qingdao/2016-08/09/content_11712691.htm。

④ 参见《安丘兴安街道破旧立新，移风易俗倡新风》，http://weifang.iqilu.com/ztqs/2016/1031/3141848.shtml。

⑤ 参见《安丘兴安街道破旧立新，移风易俗倡新风》，http://weifang.iqilu.com/ztqs/2016/1031/3141848.shtml。

⑥ 参见《博山：倡树文明新风，推进移风易俗》，http://www.zibo.gov.cn/art/2016/12/16/art_7_271888.html。

⑦ 参见《让移风易俗成为乡村文明生活新常态——关于深入推进莱芜市莱城区移风易俗工作调研报告》，http://paper.dzwww.com/ncdz/content/20161214/ArticelNC05002MT.htm。

县徐寨镇邢庄村成立红白理事会，成员都是村里的老党员、老干部等“明白人”。[①] 沂水县“一约四会”的成员都由党员群众推选德高望重的老党员、老干部、家族长任成员，并且提倡红白理事会的会长由村干部兼任，全县 1040 个村(社区)的红白理事会均由“兼任＋推选”的方式产生。[②] 红白理事会成员的共同特点是村里的热心人，并且拥有一定的地方威望。

在“丧事简办”过程中，红白理事会主要负责制定葬礼的相关规章制度，提供“一条龙”服务，协助丧主操办葬礼，并进行监督，防止铺张浪费、大操大办。如在胶州胶东街道三角湾村，红白喜事理事会一共有 10 多人，每当村民家里有白事时，会长就召集大家去无偿帮忙。[③] 在淄博博山区，办白事时，村里专门购置桌椅板凳、锅碗瓢盆等生活及丧葬用品，免费给事主使用。良庄社区，办理白事时，事主先向村里交 300 元押金，如果能够达到村里白事办理要求，五七后押金退还，否则押金不退。马公祠村白事办理时红白理事会与逝者家属共同负责记账工作，由村委购买花圈，在村委大院集体就餐(一汤一炒)，对逝者家属每户补助 1500 元餐费。[④]

红白理事会在推进葬礼改革中，并非一帆风顺，尤其是开始时常常遇到阻碍。2016 年 10 月 8 日，单县徐寨镇邢庄村成立了红白理事会，开始推行相关规章制度。第二天，某村民去世，其家人坚持用响器送葬。由于红白理事会刚刚成立，人们碍于面子，帮助他主持了仪式。事后被村“两委”进行了批评教育，并予全村通报。[⑤] 此种现象并非偶然，作为村民组织，红白理事会在“丧事简办”过程中一方面要按照规章制度，协助、监督村民进行“丧事简办”，一方面又受制于来自亲属邻居的道德、情感压力，增添了“丧事简办”的难度。

(3)红白理事会对传统葬礼程序的彻底改革

葬礼程序改革是此次“丧事简办”的核心内容。对葬礼程序的改革体现在以下几个方面：

首先，取消传统孝服，改用黑纱、白花。在安丘兴安街道，自移风易俗开展以来，原来的披麻戴孝的葬俗被改为佩戴黑袖纱、白胸花的哀悼方式。到 2016 年

① 参见《丧事推行一碗菜，干部群众一个样；喜事抵制天价彩礼，职业媒婆登记管理：菏泽打造移风易俗样板模式》，《农村大众报》2016 年 11 月 22 日。

② 参见《沂水：“一约四会”促厚养简丧》，《农村大众》2016 年 10 月 31 日，http://paper.dzwww.com/ncdz/content/20161031/ArticelNC01002MT.htm。

③ 参见《农村丧事陋俗逐渐革除》，《半岛都市报》2016 年 4 月 5 日。

④ 参见《博山：倡树文明新风，推进移风易俗》，http://www.zibo.gov.cn/art/2016/12/16/art_7_271888.html。

⑤ 参见《丧事推行一碗菜，干部群众一个样；喜事抵制天价彩礼，职业媒婆登记管理：菏泽打造移风易俗样板模式》，《农村大众报》2016 年 11 月 22 日。

10月31日，“街道59个行政村中有15个村在老人去世时已不再实行披麻戴孝的传统祭奠方式”①。在巨野县麒麟镇前冯桥村，葬礼中用白纸花代替传统的孝服。② 在临沂市罗庄区傅庄街道，葬礼上男人戴着孝帽，女人系着首巾。③

其次，取消“三天丧”，改为“一天丧”。从葬礼时间上看，山东地区传统葬礼多为三天。在胶州洋河镇，传统葬礼要连办三天，三天里每天都有人祭拜，并摆设宴席，三天之后下葬。2016年下半年起，村里有人去世，红白理事会的人员便立刻介入，要求简化葬礼，一天之内必须出殡下葬。丧事一般只有一天，当天也不再找吹鼓手，而是直接从民政部门租用灵车，等亲朋好友祭拜仪式结束后便火化、下葬。④

再次，大量精简祭品。祭品是后人尽孝的表达，也是沟通神人的依托。在山东传统葬礼中，祭品的种类和数量都非常丰富。在胶州胶东街道三角湾村，有人去世时，如按照传统礼俗，亲属要在堂屋的门口搭建灵棚，供朋友拜祭，灵棚里要放一张特大的供桌，摆放72道祭品——36个盘子、36个碗。盘子、碗里放猪头、鸡、鱼、蔬菜、馒头以及各种点心、糖果，而且这72道祭品还不能有重样。准备72道祭品不仅要花费大量的时间、精力，而且花费也较大。加之传统葬礼不是一天结束，如遇夏天，不等丧事办完，这些祭品就全部腐烂了。移风易俗活动开展后，72道祭品被强制取消，丧主家不再设灵棚，供桌上只能放香炉，焚烧黄香，以示哀悼。⑤

第四，禁止摆设宴席、铺张浪费，提倡“一人一碗菜，能省一万块”。葬礼铺张浪费是被明令禁止的。在此次移风易俗过程中，严禁铺张浪费，尤其是禁止大摆宴席。据统计，2016年7、8、9月，定陶全区办理丧事328起，实行一人一碗菜的有174家，其余实行四个盆一碗菜。⑥ 在巨野县麒麟镇前冯桥村，“丧事办理都是‘一人一碗菜’，一般是时令蔬菜放点肉乱炖，一碗5元左右，馒头随便吃，不上烟酒”。为确保“一碗菜”安全达标，巨野县还专门建立了农村主厨定期培训、定期体

---

① 《安丘兴安街道破旧立新，移风易俗倡新风》，http://weifang.iqilu.com/ztqs/2016/1031/3141848.shtml。

② 参见《丧事推行一碗菜，干部群众一个样；喜事抵制天价彩礼，职业媒婆登记管理：菏泽打造移风易俗样板模式》，《农村大众报》2016年11月22日。

③ 参见《罗庄移风易俗工作逐步走上制度化》，http://news.ifeng.com/a/20161219/50440198_0.shtml。

④ 参见《农村丧事陋俗逐渐革除》，《半岛都市报》2016年4月5日。

⑤ 参见《农村丧事陋俗逐渐革除》，《半岛都市报》2016年4月5日。

⑥ 参见《定陶区移风易俗倡文明新风：白事一人一碗菜》，http://heze.sdchina.com/show/3966834.html。

检机制，拿出资金为全县 800 余名农村主厨免费赠送了专业服装。[①] 在德州糜镇马家村的村规民约中明确规定：红事一桌 300 元，香烟每盒不超 5 元，酒水每瓶不超 20 元，礼金不超 100 元；白事一桌 200 元，不提供香烟，酒水每瓶不超 15 元，礼金不超 50 元。[②] 2016 年 9 月 14 日，曹县磐石街道办事处五里墩村一位老人去世，该村的红白理事会成员负责接待，严格按照村规民约来执行。中午，亲朋每人都发一张就餐券，凭票去领取一碗杂烩菜，取消了以往坐流水席的习惯。[③]

第五，取消"二次装棺"。按照传统"入土为安"的观念，火葬之后还要"二次装棺"，进行土葬。济宁金乡县王丕街道，提倡直接埋葬骨灰盒或进入祠堂，取消装棺再葬。[④] 为了从源头上遏制土葬，巨野县派出督导组进行不间断暗访督导，从源头控制棺木生产与流通，对全县 32 家棺木生产店铺进行了专项治理，限期转产。同时在全县 634 个村庄同步举办了取消"二次装棺"大讨论，讨论场次 1500 余场，参与人数达 30 余万人。在探讨和交流中碰撞出了很多破解"二次装棺"的金点子，比如龙固镇北李村、核桃园镇付庙村群众自发制作了公共冥轿，章缝镇冯庄、营里镇张庄等村群众使用"四方桌"代替棺木等。通过大讨论，全县所有村庄都形成了本村的取消"二次装棺"办法，并写入了村规民约。[⑤]

第六，禁止响器班参与葬礼，用音箱播放哀乐。响器班是传统葬礼的重要参与者。按照传统丧葬礼俗，家里如遇丧事，尤其是"喜丧"，一定要请响器班，热闹几天。移风易俗开展后，定陶全区 8 个镇街收缴了参与红白事的响器班的乐器，禁止响器班参与红白事。[⑥] 胶州市里岔镇良乡也明令禁止丧葬使用吹鼓手。[⑦] 山东莱芜提出"八取消、八提倡"的葬俗改革方式，要求取消吹鼓手吹奏。[⑧] 葬礼中需要仪式音乐来营造氛围、表达哀痛。移风易俗后，传统响器班被取消，但是哀乐

---

① 参见《丧事推行一碗菜，干部群众一个样；喜事抵制天价彩礼，职业媒婆登记管理：菏泽打造移风易俗样板模式》，《农村大众报》2016 年 11 月 22 日。

② 参见《陵城：红白事"老吹鼓手"改行养鱼》，《德州日报》2016 年 11 月 28 日。

③ 参见《倡文明树新风得民心顺民意——我市推进移风易俗创建文明新风纪实》，《菏泽日报》2016 年 9 月 30 日。

④ 参见《金乡：推进移风易俗，"钱味"淡了，"人情味"浓了》，《济宁日报》2016 年 12 月 19 日。

⑤ 参见《丧事推行一碗菜，干部群众一个样；喜事抵制天价彩礼，职业媒婆登记管理：菏泽打造移风易俗样板模式》，《农村大众报》2016 年 11 月 22 日。

⑥ 参见《定陶区移风易俗倡文明新风：白事一人一碗菜》，http://heze.sdchina.com/show/3966834.html

⑦ 参见《农村丧事陋俗逐渐革除》，《半岛都市报》2016 年 4 月 5 日。

⑧ 参见《2016 年精神文明建设工作简报》第 19 期，http://www.wenming.cn/ziliao/jianbao/jingshenwenming/201607/t20160725_3548308.shtm。

还是要保留，费县马庄镇核桃峪村的红白理事会购置了便携式音箱设备，播放哀乐。[①]

2. 要求每家每户签订《移风易俗承诺书》

按照山东省移风易俗办公室的要求，移风易俗不能只停留在口头上，还必须落实到书面上，即签订《移风易俗承诺书》。在安丘兴安街道，各村结合支部生活日活动，修订完善村规民约，把红白事举办规模、宴席标准、设宴桌数、禁止封建迷信、禁止使用大棺材等内容纳入规约，明确违约责任、处罚办法等。全街道 59 个行政村、147 个自然村全部制定了规范的村规民约，户户签订《移风易俗承诺书》。[②] 淄博市博山区要求村村、户户签订《移风易俗承诺书》，到 2016 年底，全区共签订承诺书 10 万份。[③]

3. 奖惩并重，推进“丧事简办”

为了确保“丧事简办”的顺利推行，莱芜市莱城区凤城街道戴花园社区对简办丧事的家户，提供 1000 元的火化费、15000 元墓地租赁费的补助；对丧事不简办的，既不给予补助，其家庭成员也不享受社区年底各类评比奖励、慰问金等村级待遇。[④] 临沂市罗庄区对丧事简办的居民给予 500－3000 元的奖补。其中，盛庄街道营子社区建设了鸿孝堂免费供社区居民使用，对严格遵守殡葬规章制度的家庭给予 3000 元奖励；对不按规定办理的取消村居福利，并给予相应的处罚。[⑤]

4. 利用现代媒介，扩大宣传

移风易俗过程中，各地政府部门重视通过传统和现代多种媒介形式，扩大宣传。淄博博山区通过广播、电视、报纸、网站、公益广告、电子屏幕、微信公众号等方式，对移风易俗新风尚和各镇街、村的好做法、好经验进行全方位立体化宣传。在车站、商场超市、公园广场等公共场所和各单位、村（居）宣传栏及镇文化中心、农村文化广场等，悬挂移风易俗宣传条幅 2000 余条，设置固定宣传牌 1000 余块，发放明白纸 10 万余份。同时，利用农村文艺宣传队、移风易俗文化演出、文化墙、青年相亲会和农村广播、宣传栏等群众喜闻乐见的形式，在全区深入宣传婚丧事

① 参见《一把“金钥匙”打开社会文明、群众减负“两把锁”：临沂移风易俗助力脱贫攻坚》，《大众日报》2016 年 12 月 8 日。

② 参见《安丘兴安街道破旧立新，移风易俗倡新风》，http://weifang.iqilu.com/ztqs/2016/1031/3141848.shtml。

③ 参见《博山：倡树文明新风，推进移风易俗》，http://www.zibo.gov.cn/art/2016/12/16/art_7_271888.html。

④ 参见《让移风易俗成为乡村文明生活新常态——关于深入推进莱芜市莱城区移风易俗工作调研报告》，《农村大众》2016 年 12 月 14 日。

⑤ 参见《罗庄移风易俗工作逐步走上制度化》，http://news.ifeng.com/a/20161219/50440198_0.shtml。

大操大办的危害。[①]

临沂宣传文化部门实行线上、线下相结合，运用微博、微信等新媒体手段，对移风易俗经验进行宣传报道，对大操大办进行曝光。将宣传内容设置为有线电视的开机画面，进行手机推送。制作移风易俗动漫宣传片，在市电视台、电台滚动播出，每天播出达 50 次。通过艺术的形式，编创制作舞蹈、小品、快板等 20 多个文艺节目，在全市村居巡演 160 多场次。[②] 罗庄区文明办还联合区教体局、团区委等部门，利用《罗庄通讯》微信公众号平台，在全区中小学生家长中开展了“移风易俗树新风”知识有奖问答活动。印制了 10 万份移风易俗宣传单，向全区中小学生发放，开展校园主题文化活动。[③]

菏泽市定陶区为营造“喜事新办，丧事简办”的舆论氛围，在电视台开设了移风易俗专栏，定期播发移风易俗稿件，在主要道路上安装移风易俗旗帜 500 余个，在东城绘制移风易俗宣传画一条街；印发移风易俗一封信和关于禁止生产棺木等封建迷信用品的通告 6 万份发放到村到户；镇街在各村播放移风易俗工作播音稿的基础上，在主要路口张贴宣传标语、刷写墙体标语 2000 多条，12 个镇街利用国庆文艺节目宣传移风易俗。[④]

安丘兴安街道坚持教育引导，于“润物细无声”中启发群众自觉。通过喷涂标语、张贴宣传画、绘制文化墙、四德榜展示等方式大力宣传孝老爱亲、移风易俗、男女平等等方面的内容。自 2016 年年初，街道在小官庄、王十里、林家屯等 10 余个村精心打造了文化墙，张贴宣传画 280 余幅，发放移风易俗倡议书 3 万多份。[⑤]

5. 加强殡葬市场管理

长期以来，殡葬市场混乱现象屡禁不止，严重阻碍了殡葬改革的进行。淄博博山区大力加强殡葬市场管理，按照属地管辖原则，组织执法力量对墓区及周边祭祀市场进行全面摸底，加大对无照经营及超范围经营行为的打击力度。坚决取缔无证照经营，彻底整顿超范围经营的殡仪中介机构，严厉打击扰乱殡仪服务市场经营秩序、搞恶性竞争的违法违规经营行为。严厉打击加工、销售带有迷信色

① 参见《博山：倡树文明新风，推进移风易俗》，http://www.zibo.gov.cn/art/2016/12/16/art_7_271888.html。

② 参见《一把“金钥匙”打开社会文明、群众减负“两把锁”：临沂移风易俗助力脱贫攻坚》，《大众日报》2016 年 12 月 8 日。

③ 参见《罗庄移风易俗工作逐步走上制度化》，http://news.ifeng.com/a/20161219/50440198_0.shtml。

④ 参见《定陶区移风易俗倡文明新风：白事一人一碗菜》，http://heze.sdchina.com/show/3966834.html。

⑤ 参见《安丘兴安街道破旧立新　移风易俗倡新风》，http://weifang.iqilu.com/ztqs/2016/1031/3141848.shtml。

彩的冥品、利用清明节哄抬物价、从事迷信色彩服务活动等违法行为。2016 年，全区共出动执法人员 60 余人次，对全区登记注册殡葬行业市场主体进行全面排查，发放宣传资料 100 余份，并出台《关于实行惠民殡葬政策有关事项的通知》，明确惠民殡葬对象条件、惠民殡葬项目、惠民殡葬费等。[①]

(二)陕西省移风易俗的政策措施

2015 年，陕西省启动“美丽乡村 · 文明家园”建设，全省各地以“十个一”建设助力精神小康，取得了显著成效。2016 年，陕西成为中宣部、中央文明办指定的全国移风易俗试点省份。从 2016 年下半年开始，陕西开始在全省范围内大力推进移风易俗工作。

1. 陕西省推进移风易俗的相关政策

2016 年 6 月，陕西省委宣传部、省文明办印发了《关于以建设“美丽乡村 · 文明家园”为目标推动农村移风易俗工作进村入户的通知》，同时确定旬阳、韩城、蓝田等县为省级试点县。8 月印发《关于进一步做好全省移风易俗工作的通知》，指导各地按照“聚焦一个重点(‘婚丧嫁娶’大操大办)、明确两个目标(近期、远期目标)、抓住三个环节(宣传教育、一约四会、综合治理)、突出四个关键(群众性精神文明创建、党员干部、群众主体、典型示范)”的思路开展移风易俗工作。省政府要求 2016 年底前，全省 23 个移风易俗试点县(市、区)的所有村(镇)都要将移风易俗纳入村规民约，建立健全红白理事会、村民议事会、道德评议会、禁毒禁赌会等村民自治组织并切实发挥作用，在遏制婚丧嫁娶大操大办、奢侈浪费、破除迷信和陈规陋习等方面取得明显成效，力争到 2020 年全省 50%以上的村镇建成县级以上文明村镇。[②]

2. 地方政府的具体措施

宝鸡市将移风易俗工作纳入精神文明年度考核重要内容，作为评先树优重要依据。开展陋习专项整治，全市共遏制 400 多起铺张浪费事件。[③] 蓝田县充分挖掘《吕氏乡约》的时代价值，95%以上的村都成立了乡规民约评议会，近 1000 名道德评议员积极发挥移风易俗作用，农村民事纠纷案件发生率同比显著下降。武功县把整治婚丧嫁娶大操大办写进村规民约，成立红白理事会 198 个，在全县推广

① 参见《博山：倡树文明新风，推进移风易俗》，http://www.zibo.gov.cn/art/2016/12/16/art_7_271888.html。

② 参见《陕西省试点将移风易俗纳入村规民约》，http://www.wenming.cn/syjj/dfcz/sx_1689/201609/t20160921_3706538.shtml。

③ 参见《陕西印发推动移风易俗工作通知安排部署移风易俗重点工作任务》，http://www.wenming.cn/syjj/dfcz/sx_1689/201609/t20160920_3705902.shtml。

镇聂村“三个严禁”（在操办丧事上严禁唱戏、严禁演歌舞、严禁叫管乐队）、“四个坚持”（坚持不讲排场、坚持不摆阔气、坚持不互相攀比、坚持不举债办婚事）、26 年来为群众减轻负担 700 多万元的经验做法。耀州 95％以上的村通过了红白理事会和村规民约，明确了红白喜事的办席标准和人情礼金，大操大办、奢侈浪费、盲目攀比的奢靡之风得到遏制，礼金比以前明显降低。旬阳县深入开展“说论亮”道德评议，全县共开展道德评议 610 场次，评议出先进典型 1006 人次、反面典型 520 人（件）次，设立“善行义举榜”和“曝光台”316 处，信访总量下降 2.13％，社会治安满意率达 93.09％，有效推进了移风易俗进村入户。岚皋 90％以上的村（社区）成立了红白理事会，并将“白事吃饭不摆席，一律一碗端”“不准请乐队”等新规写进村规民约，对婚丧事规模、人数、烟酒规格都作出规定，全县在婚丧嫁娶上的消费明显下降。[①] 城固县出台《关于严格规范党员干部操办婚丧嫁娶等事宜的意见》，要求党员干部以身作则、率先垂范。该县老庄镇制定了《婚丧嫁娶制度》，规定事前报备，承诺不大操大办；柳林镇为每村（社区）指定包村干部指导移风易俗工作。[②]

3. 移风易俗政策的初步成效

在旬阳县，以前“红白喜事放炮简直莫哈数，成千上万元的放，礼炮吵得左邻右舍不得安宁，有的冲天炮把人家玻璃窗子和楼顶太阳能管子炸成一包渣，尤其丧事，整夜放炮，吵得学生莫法上课，小娃子吓得嗷嗷叫唤道”。2016 年移风易俗后，禁止在葬礼上鸣放鞭炮，减少了噪音，生活恢复了宁静，也减少了邻里纠纷。这使诸多鞭炮售卖者收益大大降低。陈章贵在镇上做鞭炮生意，移风易俗以后，他的生意少了很多，“往年入冬，凡盖房出水，娃子满月，搬家祝贺，买车道喜的都要图个‘响动’，店里的烟花礼炮根本不愁销”。可是眼下的景象是，占店里每年收入三分之一的鞭炮生意严重萎缩，仅此一项，今年少收入过万元。对此，陈章贵没有怨言，他说这是喜忧参半，喜的是，镇上推进移风易俗，自己再也不为送礼随份子的事情发愁了。他算了一笔账，每年随礼就得两万多，随着“硬规定”出台，他至少每年要省去这笔“压得人心发慌”的开销，总体算来他还是赚到了，得到了实惠。[③]

2016 年底，在陕西第一村“东岭村”，不摆花圈、不演歌舞、不设管乐的葬礼已

---

① 参见《陕西印发推动移风易俗工作通知安排部署移风易俗重点工作任务》，http://www.wenming.cn/syjj/dfcz/sx_1689/201609/t20160920_3705902.shtml。

② 参见《破除陈规陋习倡树文明新风——市四次党代会以来我市移风易俗工作综述》，《汉中日报》2016 年 11 月 25 日。

③ 参见《从“道德说教”到“道德评议”——旬阳县推进移风易俗树文明乡风系列报道之一》，《安康日报》2016 年 12 月 14 日。

经很平常。以前村里人去世，丧事程序办下来得 7 天甚至 15 天，许多在企业上班的村民因此耽误了工作，对生产影响很大，现在基本全部变成 3 天，节省了人力物力。村上的红白理事会制定了“三个严禁”（在操办丧事上严禁唱戏、严禁演歌舞、严禁叫管乐队）、“四个坚持”（坚持不讲排场、坚持不摆阔气、坚持不互相攀比、坚持不举债办婚事），为群众减轻了经济负担。[①]

二、农村公益性墓地建设稳步推进

农村公益性墓地是乡村为村民提供骨灰安葬的公共设施，是相对于城镇经营性公墓而言的另一种公墓：具有社会公益性质特点，属社会公益事业，服务于当地村民，为村民无偿提供骨灰安葬服务；具有非经营性质；建设的主体是乡村。

农村公益性墓地最早由传统社会的“义地”（俗称“乱葬岗”）演变而来的。20 世纪 50 年代以来，党和政府大力提倡墓葬改革，号召迁移、清理乱埋乱葬的坟墓，建立乡村公墓。1992 年，民政部印发《全国土葬改革工作“八五”计划和今后十年规划》。《规划》指出：到 20 世纪末全国村级公益性公墓的普及率要达到 50%。但实际上这个目标并没有达到，乱埋乱葬的现象至今仍相当严重。[②]

2001 年，鲁西地区殡葬改革集中推进，村村建起公墓，但并未投入使用，不久后废弃，乱埋乱葬的现象重新出现，农民依旧在自家的自留地建坟筑墓。[③] 另据报道，直至 2012 年，河南省的村级公墓建设仍然非常迟缓。南阳市绝大多数乡镇没有建设村级公益性公墓和骨灰堂，在新农村建设中，根本没有村级公益性墓地建设项目，乡村公墓的缺失严重制约了农村殡葬改革的推进。[④]

农村公益性墓地是适应殡葬改革、制止乱埋乱葬的有效措施。今天，随着社会的发展和殡葬改革工作的不断深入，农村公益性墓地在一些地方有了较大的发展。

2016 年，陕西省试点建设农村公益性公墓，其中西安市试点建设 30 个。此次试点，倡导生态绿色惠民殡葬，加快推进农村公益性公墓建设。原则上 1 个行政村兴建 1 处公益性骨灰楼（堂）或骨灰（遗体）公墓，土地较少的行政村可以乡镇为单位几个村联建。新建公墓应选择在具备一定交通条件、相对偏僻的荒山坡地、贫瘠地。行政村单独建设的公墓规划用地不宜超过 5 亩，联办公墓规划用地

---

① 参见《陕西宝鸡红白理事会移风易俗引领新风尚》，《光明日报》2016 年 11 月 9 日。

② 参见周延平：《建立农村公益性墓地的几点思考》，《中国民政》2005 年第 3 期。

③ 参见李宇鹏：《浅议当前农村殡葬改革中存在的问题及对策——以鲁西 C 镇为例》，《社科纵横》2014 年第 9 期。

④ 参见董跃民：《对加强和改进河南农村殡葬改革工作的思考》，《法制与社会》2012 年第 1 期。

不宜超过 20 亩。骨灰公墓单穴占地面积不得超过 0.8 平方米，双穴不得超过 1 平方米；遗体公墓单穴占地面积不得超过 4 平方米，双穴不得超过 6 平方米。火化区提倡建设骨灰公益性公墓，以骨灰楼（堂、墙、塔）为主；土葬改革区建设遗体公益性公墓，提倡深埋，地表不留坟头。[①]

山东省也在全省范围内大力推进乡村公墓建设。山东菏泽定陶区马集镇郭伯堂村公墓建于 2007 年，占地 6.5 亩。规划墓穴 470 余座，可供本村村民使用 80—100 年。[②] 安丘兴安街道，针对城区村居公共用地减少、墓地紧张的实际，在田家官庄村南山岭薄地处规划了占地 60 亩的公共墓地，将 13 个城区村的墓地搬迁至此。[③] 临沂临港经济开发区，过去管理薄弱，攀比建大墓、建豪墓时有发生。移风易俗开展以后，该区在征求群众意见基础上进行公墓选址，统一标准、统一规格、统一建设，群众迁坟按每座 800 元标准进行补贴。截至 2016 年年底，临港共建成 7 处公益性公墓，可满足近 10 年老坟搬迁和新安葬需要，共发放补贴款 1590 余万元。目前，临沂各县区都已制定公益性公墓奖补政策，每个城镇建一处公益性公墓，2016 年年底前实现乡镇全覆盖。[④] 淄博市博山区镇村公益性公墓 3 处，分别是北神头卧龙坡公墓、乐疃翰林坟公墓、小店村公益性公墓，分别建有墓穴 2900 个、600 个、300 个；其他镇村公益性公墓也正在规划建设中。[⑤]

2006 年，昆明市全市火化遗体 14656 具，火化率仅为 48%；2015 年，全市火化遗体 33725 具，火化率提高到 95%，在云南省处于领先地位，跻身全国中等发达地区水平。昆明市火化率的提高，得益于农村公益性公墓建设。截止 2016 年 3 月，昆明共有 191 个农村公益性墓地，已接埋骨灰 13 万具，覆盖全市所有乡镇，覆盖率达 100%。以前，由于旧的丧葬习俗根深蒂固，农村非火化区，死亡人口以土葬为主，但由于缺乏集中统一安葬方式，导致乱埋乱葬、随意侵占农田和死人与活人争地等问题十分严重。村民有的将坟墓建在房前屋后、田地土丘中，“豪华墓”“活人墓”“家族墓”随处可见，造成严重视觉污染。这些墓穴，占地面积小的 5—8 平方米，大的超过 10 平方米。不少坟墓侵占良田，每到清明、冬至，房前屋后到处是烧纸钱祭祖的村民，很易引发火灾，严重破坏了自然生态环境。此外，按每

---

① 参见《陕西试点农村公益性公墓建设》，《农民日报》2016 年 3 月 26 日。

② 参见《丧事推行一碗菜，干部群众一个样；喜事抵制天价彩礼，职业媒婆登记管理：菏泽打造移风易俗样板模式》，《农村大众报》2016 年 11 月 22 日。

③ 参见《安丘兴安街道破旧立新　移风易俗倡新风》，http://weifang.iqilu.com/ztqs/2016/1031/3141848.shtml。

④ 参见《一把“金钥匙”打开社会文明、群众减负“两把锁”：临沂移风易俗助力脱贫攻坚》，《大众日报》2016 年 12 月 8 日。

⑤ 参见《博山：倡树文明新风，推进移风易俗》，http://www.zibo.gov.cn/art/2016/12/16/art_7_271888.html。

个棺木平均消耗木材1立方米、占用15平方米土地计算，以2007年为例，云南全省死亡人口为30万左右，有近27万人土葬，等于一年就要砍伐27000亩森林，还将吞噬6000多亩土地。此外，丧事互相攀比、大操大办加重了村民负担。一个普通农家办理丧事，需要购买棺木、搭灵棚、请道场、刻墓碑、办宴席等，如此下来，少者花费上万元，多者甚至几万元，这无疑是一笔庞大开支。为倡导文明节俭、生态环保的殡葬新风，从源头上解决乱埋乱葬问题，从2008年开始，昆明市把农村公益性公墓建设当作保护生态环境、节约土地资源和精神文明建设的重要内容，通过强化组织领导、加大资金投入、完善载体建设、规范服务管理、加强宣传力度等措施，大刀阔斧开展农村公益性公墓建设。公益性公墓建设中，制度建设是先导，机制创新是保障。为此，昆明市政府出台了《昆明市农村公益性公墓管理办法》。《办法》指出，农村公益性公墓，不以营利为目的，主要是为当地农村村(居)民提供骨灰或者遗体安葬服务的公共墓地及其设施，并要求在集体所有的荒山和不宜耕种的瘠地上规划建设，土地性质和用途不得改变。同时规定，农村公益性公墓实行墓地实名登记，未经核准，不得向划定区域范围以外的其他人员提供墓穴。昆明市还明确了农村公益性公墓建设标准，即骨灰公墓墓穴占地面积每穴不得超过1平方米，遗体公墓单墓穴占地面积每穴不得超过4平方米，双墓穴占地面积每穴不得超过6平方米；墓碑高度不得超过80厘米、宽度不得超过60厘米，不得建石围栏；墓区内以400个墓位为一个单元，单元与单元之间用乔木或者道路隔开，隔离带宽度不得低于60厘米。同时将公益性公墓建设与新农村建设、荒地绿化治理、乱埋乱葬治理结合起来，大力倡导树葬、花葬、草坪葬等节地生态安葬方式。[①]

三、葬俗发展过程中存在的问题

“丧事简办”、简化葬礼程序、杜绝铺张浪费，是2016年乡村葬礼改革的重点。在此过程中，要求改革传统葬礼，取消披麻戴孝、“二次装棺”、吹鼓手、纸扎，改“三天丧”为“一天丧”，改革传统葬礼。不过，需要注意的是，具有较高社会认同度的新型葬俗至今尚未形成，各地的丧葬改革仍处于摸索过程中。同时，按照“丧事简办”要求，必须简化祭品，不摆流水席，不随份子，禁止一切铺张浪费，这些具体措施确实给丧主省了钱，减轻了经济负担，却也在一定程度上让葬礼丧失了“达情致哀”、整合社会关系的多重功能。

---

① 参见《昆明4年建成191个农村公益性公墓》，《昆明日报》2016年3月3日。

(一)传统葬俗传承至今不能完全适应现代生活需要,但新型葬俗尚未形成

传统葬俗根植于农业社会,尤其是在葬礼仪外在表现形式上具有较强的时代性。随着社会的转型,传统葬俗中的一部分仪式、物品不能适应当下现代社会生活需要,急需创制符合时代发展的新型葬俗。按照传统礼俗,山东胶州胶东街道三角湾村葬礼时要搭建灵棚,还要准备 72 道不能重样的祭品,充分说明以丰盛的祭品祭拜亡者、沟通神人,是传统葬礼的重要内容,其中蕴含着丰富的思想内涵,具有存在的合理性。相比之下,将传统祭品移至当下生活中,就会出现很多问题。在祭品制作方面,72 道祭品本应由丧主自家制作,以表孝心。但今天很少是自家制作祭品,大部分都是从市场上购置来的,祭品越多,花费也越大,增加了丧主的经济压力,且祭品在丧仪之后无法食用,最后只能扔掉,造成极大的浪费。又如传统葬礼程序繁复,有初终、招魂、报丧、小敛、大敛、跪灵、路祭等十几个程序,甚至更多,在一一执行这些程序的同时,丧主还要披麻戴孝、请吹鼓手、购买纸扎用具,要花费大量的时间、精力和金钱。现在,受生活环境变迁的影响,各地均在一定程度上对传统葬礼程序进行了改革,仪式程序呈现简化趋势。但是简化后的葬礼并没有统一的仪式程序,每一种新型葬礼程序只是在较小范围内一边摸索一边施行,目前尚缺乏适用于更大范围的新型葬礼程序。因此,披麻戴孝、吹鼓手、纸扎这些传统葬俗是否应该被保留?如果要保留,应该如何保留?人们对这些问题的态度并不一致。这些都是新型葬俗形成过程中必须面对和解决的问题。

(二)“面子”观念固化,严重阻碍了移风易俗的开展

当下谈及葬礼时,人们总是会不由得想到大操大办、铺张浪费,一场葬礼要花费数万元甚至十几万元。“又是找吹手、请鼓手,又是大摆宴席,有些甚至还请专门的戏团连唱很多天的戏。”逝者的晚辈们本来就承受着丧失亲人的痛苦,还因为大操大办导致身体非常疲惫,经济上也增加了很大的负担。“按照往年来看,一场丧事起码要花到一万多元,多的可能要两三万。参加葬礼的亲朋好友也不忍心,都得衬着出钱出力,各方面都受损失。”①

葬礼大操大办,究其原因,是“面子”观念固化的结果。从表面上看,好“面子”追求的是脸面,看起来好看、有排场,而“面子”背后隐藏的则是互相攀比、贪慕虚荣等陈旧思想。好“面子”的结果看似礼尚往来、热热闹闹,而这一切都是建立在巨大的财力支付与物资浪费基础上的。人们之间的情谊被“面子”观念拉进了铺

---

① 《农村丧事陋俗逐渐革除》,《半岛都市报》2016 年 4 月 5 日。

张浪费的死循环，葬礼不再是为了达情致哀，而成了讲“面子”、摆阔气的大好时机。

（三）“丧事简办”省了钱，减轻了经济负担，却让葬礼丧失了“达情致哀”、整合社会关系的功能

首先，按照中国人的观念，丧事从重，大办丧礼，是孝子所为。如果不大办，就会被嘲笑为不孝。现在按照“丧事简办”的要求，改“三天丧”为“一天丧”，简化祭品，不摆设宴席，取消“二次装棺”，这一系列简化措施的直接效果是丧主省了钱，减轻了经济负担。但与此同时，民众的传统习惯没有被尊重，丧亲之痛没有通过仪式给予适当抒发，也带来了情感危机。在民众看来，婚丧嫁娶、起土上梁、乔迁新居、新生儿郎，都是生活中非常受重视的现象，按风俗搞仪式、按人情随份子，是人之常情。大摆筵席，确实助长了奢靡浪费之风，政府部门加以正确引导，实属必要，但是一刀切，会被认为是“管得太宽”。在山东巨野县，一位老人说：“孝服不让穿，礼节没了，烟用 10 元钱以内的，白酒不超过 15 元，难道花自己的钱都不行？”[①]丧礼要“达情致哀”，必须通过一定的仪式予以表现，传统葬礼的很多程序也是为此而设。比如，现行传统丧礼有跪灵和路祭之礼。跪灵是在棺椁抬出家门之前，儿女们跪在灵棚里，向即将永别的亲人表达生离死别之痛；路祭，在逝者走了一辈子的路上最后一次祭奠他，送他远行。这些是既合乎人情表达又意义深远的仪式。[②] 如果为了省钱，减轻经济负担，将这些程序全部取消，也就将传统葬礼的价值大打折扣，其蕴含的“慎终追远”、人伦亲情将无法顺利传承下去，这与复兴传统文化、珍视人伦亲情背道而驰。

“丧事简办”过程中取消吹鼓奏乐，确实减轻了丧主的经济负担，但是鼓乐所能承载的仪式意义也随之被消解。譬如，“在鲁西南地区，请唢呐班参与丧事仪式，已经成为‘为孝子定制’的行为规范，目的就在于以行为强化亲情。要想被家族和社会承认是一个孝子，就必须按这种规范去做……鲁西南唢呐班的意义则体现在它为满足人类对死亡的需求而存在。死亡对于逝者而言是不存在任何意义的，但是，活着的人对死亡的态度和为逝者所做出的反应和行为，却是有意义的”[③]。

再次，传统葬礼也是整合乡土社会人际关系的重要时机，“生相庆贺，死相哀痛”，葬礼中的许多程序，可以起到融聚情感的积极作用。在乡村丧礼上，有宾主

① 《不折不扣，打赢移风易俗“攻坚战”》，《牡丹晚报》2016 年 8 月 27 日。

② 参见《二十一名学者投书澎湃，联名呼吁保护乡村传统丧葬礼俗》，http://www.thepaper.cn/newsDetail_forward_1553991。

③ 刘先进：《鲁西南唢呐班生存状态调研》，山东艺术学院硕士学位论文，2016 年。

互拜礼、谢牢谢客礼，还有谢庄礼，孝子贤孙清早起床后，在唢呐声中绕行村庄一周，代表逝者向碰到的每位邻居致谢，感谢他们对于老人一生的帮助，有利于培养乡民友情，富有教化意义。①

最后，作为移风易俗的重要取缔对象，纸扎用品不能再出现在葬礼上。不购买纸扎用具，固然能节约开支，但是纸扎的多种价值与功能也无法有效发挥。“丧葬纸扎从被下单订货到摆在村中展示，再到在坟头焚化为灰烬，只有短短三五天时间（三周年仪式的可延长至近一个月），真正出场并发挥作用不过半天时间，因此堪称民间艺术中的‘短命艺术’。虽然每一件纸扎从产生到消亡的时间十分短暂，但在孝子孝女的心目中，它们能被送到阴间为亲人永久享用，又是长命的，因而在中国人的生活中，纸扎作为丧俗祭祀活动的产物能够传承上千年，至今仍是鲜活的民众生活中的艺术。”同时，“在整个丧葬仪式过程中，纸扎作为无言的参与者，静静地履行其功能，并最终通过被焚化完成使命。这些看似无言的造物，却在仪式活动中传情达意，展现并整合着死者与生者、血亲与姻亲、村民与孝眷、纸扎艺人之间的多重社会关系”。②

传统丧礼，因其大操大办和过于繁复、滋生铺张浪费等不良现象，确实应该予以引导和调控，但是“丧事简办”不等于一刀切，省钱不是殡葬改革的目的，文化的代际传承、社会的良性发展才是殡葬改革的终极追求。

（四）丧礼取消吹鼓奏乐，大量从业艺人被迫转行，传统技艺面临失传危机

“丧事简办”的一项重要举措是取消吹鼓奏乐。2016 年开始，山东省全省展开移风易俗、建设美丽乡村行动，全面取消丧礼吹鼓奏乐。这给诸多唢呐从业艺人的生存与技艺传承带来了很大挑战。

鲁西南各个乡镇基本上都有两三个唢呐班，在婚丧嫁娶等庆典时邀请唢呐班助威助兴一直是当地的一大习俗。尤其“白事儿”邀请唢呐班参加葬礼仪式，是整个鲁西南地区普遍具有的民间风俗。③ 禁止响器班参与葬礼，导致大量吹鼓艺人面临失业危机。

山东德州陵城区陵城镇岔河刘村，是方圆百里闻名的“鼓乐村”，技艺绝活是从祖上传下来的。前几年，生意红火时，村里有鼓乐队 6 个，吹鼓手 60 多人，业务

---

① 参见《二十一名学者投书澎湃，联名呼吁保护乡村传统丧葬礼俗》，http://www.thepaper.cn/newsDetail_forward_1553991。

② 参见荣新：《仪式象征与社会关系的再生产——以鲁西南丧葬纸扎为例》，《民俗研究》2014 年第 3 期。

③ 参见刘先进：《鲁西南唢呐班生存状态调研》，山东艺术学院硕士学位论文，2016 年。

范围除了本镇，还扩大到周边乡镇和县市区。开展移风易俗以来，鼓乐队不再参与红白事，“老掌柜”穆秀华不得不寻找新的出路。他说：“周围村有红白事不请吹鼓手了，俺的老饭碗砸了，得换个新饭碗呀！”穆秀华，在当地很有名气，全家5口人都是吹鼓手。他自己吹得一手好笙，妻子高桂莲唱一嗓好戏，两个女儿和一个儿子也各有各的绝活，自家人就能搭个戏台子，搞场演出。“以前每年进了十月份，红事、白事特别多，演出一场接一场，有时一天要接两三个活儿，一直忙到出正月。”但是“自从今年全区开展移风易俗后，各村规定红白事不能大操大办，俺这行当就不行了。年纪大了，不能外出打工，打算养鱼发家致富”。村里的穆秀林、穆秀清等4人搞起了大棚蔬菜种植，穆居才买了铲车干工程，其他年轻人进了工厂务工。吹鼓手业务惨淡，人们不得不转行。[①]

丧葬仪式是吹鼓奏乐的重要场合之一，不仅表达着丧主和观礼亲友的情感，同时也传承着吹奏的传统技艺。在移风易俗过程中，取消吹鼓手，艺人不得不改行。艺人改行容易，但传统技艺的失传问题也随之而来。这是一个不得不引起重视的问题。

（五）殡葬市场混乱，缺乏有效管理

“丧事简办”政策的一项重要措施是取消传统的唢呐匠、吹鼓手，其原因是漫天要价，丧主无法承受。殡葬市场混乱情况，必须予以及时处理，但处理的方式不应该是简单的取缔、禁止。唢呐匠、吹鼓手作为传统葬礼的重要组成部分，在葬礼中对亡者亲属扮演着重要角色，发挥着重要作用，不是简单的让人们“听个响儿”的问题。这一传统习俗在很大程度上也是乡村休闲活动的组成部分，一家举办丧事，周边村落来欣赏吹奏，这就是村落习俗。就此而言，政府也应在乡村休闲活动方面给予政策倾斜。

传统吹奏在丧葬仪式上的活动，之所以在当下为人所诟病，主要是收费过高，从而引发铺张浪费、攀比炫富等问题。对此，整改的措施是取消，改用音响播放哀乐，但事实表明，用音响播放哀乐无法渲染悲哀的仪式感。葬礼离不开音乐，离不开为人们活跃氛围的吹鼓手，但是也不能让人们扰乱了本该纯净的葬礼，应该规范市场管理，建立规范的鼓乐管理制度，明码标价，既给吹鼓手留下生存的空间，也不让其扰乱殡葬市场秩序。

丧葬仪式与经济挂钩，体现在方方面面。中国的殡葬风俗已有几千年的历史，不过如今这种原本带有一丝阴郁色彩的纪念活动已经变成了一项利润丰厚的生意。近几年来，祭品正变得越来越奢华。为了与时俱进，卖家提供了种类繁多

---

① 参见《陵城：红白事“老吹鼓手”改行养鱼》，《德州日报》2016年11月28日。

的小玩意，包括照相机、笔记本电脑和苹果公司的 iPad 平板电脑等。此外，还有供休闲使用的自行车、麻将桌和按摩椅，它们可以被放在家用电器和厨房用品的旁边。喜欢奢侈品的人们可以购买别墅、汽车，甚至直升机，甚至还能买到护照、驾照和保险单等。[①] 本是达情致哀的神圣仪式，被涂抹上了浓重的金钱味儿，严重扭曲了葬礼的本质。从这个角度而言，殡葬市场确实有其混乱的一面，需要政府进行有效管理，但要考虑传统习俗的价值和意义以及民众情感。

（六）乡村公墓建设不完善，难以获得民众高度认同

2016 年，山东、山西等省份都在大力推进乡村公墓建设，各级政府投入了大量的财力、物力，试图让村民“葬有所安”。乡村公墓建设的出发点是服务于民众的需求，但是在实践过程中却存在诸多问题，致使乡村公墓难以获得民众的高度认同。

2013 年，安徽蚌埠马城镇的羊山公墓运营陷入危机。这座乡村公墓本在荒山中建成，投入了大量资金。由于其公益性，每个墓穴售价 3000 元，相对低廉。但公墓价格虽低，却长期卖不出。从始建至 2014 年仅卖出 200 多个墓穴，使得墓地的运营和管理陷入困境。[②]

那么，为什么抱怨墓地收费高昂，而价格适宜的乡村公墓却又难以获得高度认同呢？其原因主要有四个方面：一是一些乡村公墓选址不合理，位置偏远，不利于祭扫。二是传统观念固化，希望去世后能够埋葬在“祖坟”或者自家地里，而公墓显然不符合传统丧葬习惯。三是收费较高，虽然乡村公墓价格不高，但是村民也不愿意支付这笔额外支出。同时，有些村民缺乏基本的土地产权权属概念，认为自己耕种的土地就是属于自己的，可以随意使用，将骨灰埋葬在自家耕地内占用不了多少地方，方便对坟墓的维护，还不用缴纳公墓管理费、维护费等费用。[③] 四是资金投入不够、宣传力度不足，另外公墓建设和管理的滞后也是造成现状的原因之一。

四、反思与解决办法

中华民族以“礼仪之邦”著称于世。作为古代“五礼”之一，葬礼成型于秦汉时期。在漫长的历史岁月中，葬礼在维护亲情伦理、规范社会秩序、塑造人文品德等

---

① 参见《不折不扣，打赢移风易俗“攻坚战”》，《牡丹晚报》2016 年 8 月 27 日。

② 参见《公益性公墓为何“叫好不叫座”》，《蚌埠日报》2014 年 4 月 4 日。

③ 参见张溪、杨睿：《财政补贴、公墓建设与农村土葬改革》，《山东社会科学》2017 年第 3 期。

方面发挥了重要作用。如何安顿死者，涉及一个民族对于生命的理解与关怀，从而构成其文化最为核心的内容。在数千年的历史发展中，葬礼表现出极强的传承性，充分展现了中华民族尊重生命、守护伦理的民族文化品性。

时代向前发展，移风易俗、葬礼改革也是必然，但应充分尊重民俗文化的地方性、多样性特点，切勿一刀切，应因地制宜、因俗制宜，适当引导殡葬改革。

（一）各级政府部门应加强乡村殡葬市场管理

2009 年，《民政部关于进一步深化殡葬改革促进殡葬事业科学发展的指导意见》指出，要采取有效措施，扎实推进殡葬改革，必须加强殡葬监管和行风建设。制定公平公正的行业政策，规范社会资本进入殡葬服务条件，提高从业资质，探索建立殡葬行业准入制度。加强殡葬服务、骨灰安放、土葬改革、移风易俗、清明祭扫等工作的监督管理。[①] 但是，目前乡村殡葬市场仍缺乏有效管理，吹鼓手漫天要价、各式纸扎花样迭出、高价哭丧现象屡见不鲜，这都反映出农村殡葬市场缺乏有效管理的现状。但在移风易俗过程中，强行禁止并不是最佳办法。在历史发展中，吹鼓手、纸扎等传统葬俗具有特定的存在价值与意义，如果运用得当能够发挥积极作用。要想彻底实现移风易俗，必须健全殡葬管理法规，依靠政府力量，以民政部门为主、各相关职能部门为辅的殡葬联合执法队的通力协作，才能彻底肃清殡葬市场的不良之风，为移风易俗科学、合理地展开提供保障

（二）在继承传统的基础上，创制多元化的新型葬俗

不同时期、不同族群的葬俗各不相同。传统葬俗是传统农业宗法社会的产物，其本质在于维持、强化宗法制度，维系血缘共同体的生活。民国时期，为了建设现代国家、构建现代文明，政府着意对传统葬俗进行改造。南京国民政府时期，先后出台了国葬、公葬等一系列新式葬礼。1949 年中华人民共和国成立后，提倡以追悼会的形式替代传统葬俗，目的是要将丧葬活动的意义从传统的宗法家族层面转移到对社会的贡献方面。葬礼，不仅仅是确定一个人在其家族中的位置，更重要的是要彰显出其对国家和社会的贡献。在政府部门的强势介入下，传统葬俗在 20 世纪 70 年代曾经一度消亡。20 世纪 80 年代后，伴随着单位制度的解体以及市场经济的兴起，特别是政府强制力量的削弱，追悼会等新型葬俗开始走向边缘，传统葬俗再次复兴并呈现壮大态势。[②]

---

① 参见《民政部关于进一步深化殡葬改革促进殡葬事业科学发展的指导意见》，http://www.mca.gov.cn/article/zwgk/fvfg/shsw/200912/20091200047451.shtml。

② 参见《我们今天需要的是一套符合时代潮流的现代殡葬礼仪体系》，http://news.163.com/16/1116/16/C60MR9GN000187VE.html。

面对传统葬俗的复兴以及滋生的"面子"问题，国家开始大力推行移风易俗、"丧事简办"。山东莱芜提出"八取消、八提倡"的葬俗改革方式：取消家族自己办丧，提倡红白理事会全程办理；取消普穿白大褂，提倡戴白花黑纱；取消三天丧，提倡一天丧；取消吹鼓手吹奏，提倡放哀乐；取消摆筵席，提倡大锅菜；取消石棺木棺，提倡直接埋葬骨灰盒；取消摆祭赏钱，提倡节俭吊唁；取消各类彩扎，提倡节俭祭祀。[①] 这与古人对待丧葬礼俗的方式大相径庭。《礼记·王制》篇说："修其教，不易其俗；齐其政，不易其宜。"[②]古人强调尊重地方礼俗和顺应民众意愿，以实现社会良治，这是数千年来基层社会治理的宝贵经验。

"葬之以礼，祭之以礼。"葬俗是生者向逝者表达哀思的象征性仪式活动。殡葬活动的这一本质属性，要求新型葬俗在构建时，首先应以有利于真情实感抒发的"尽哀"为宗旨。礼贵时宜，俗有因革。在移风易俗的同时，应注意保留葬礼中必要的庄重感和仪式感。"慎终追远，民德归厚"，对于葬礼来说，必要的仪式，既是亲情的释放，也是弘扬孝德、美化民风的体现。传统葬礼中的许多仪式都包含致敬达哀和教化后人的苦心。传统葬礼规定三日敛，《礼记·问丧》曰："孝子亲死，悲哀志懑，故匍匐而哭之，若将复生然，安可得夺而敛之也？故曰：三日而后敛者，以俟其生也。"[③]父母去世，亲人悲痛欲绝，心里盼着父母能够再活过来。经过三天的祭丧举哀，父母没能复活，丧亲之痛也得到了宣泄表达，创伤的心灵也得以逐渐抚平，再封棺下葬。相比之下，山东省在"丧事简办"过程中，很多地区强制推行"一日丧"，如果这样，可能身在远方的亲人来不及见最后一面。这种做法很容易引起民众的反感和反对，并且激化矛盾。

在目前的时代背景下，如何在尊重传统葬俗的基础上，探讨更富弹性、更具柔性的现代葬俗，满足多元化、个性化的现代殡葬需求，进而构建出现代葬俗，成为政府、学界乃至社会各界亟待解决的一个大课题。[④]

（三）彻底打破"面子"观念，理性对待殡葬改革

在山东、陕西以及中国的大部分地区，传统丧礼受到抨击的一个重要理由是丧礼花费巨大，铺张浪费、攀比炫富的问题较为严重。遇到葬礼，丧主要大摆筵席、收份子钱、请响器班子搭台唱戏，还要"二次装棺"、建墓立碑，一场葬礼下来花

① 参见《2016年精神文明建设工作简报第19期》，http://www.wenming.cn/ziliao/jianbao/jingshenwenming/201607/t20160725_3548308.shtm。

② 王文锦：《礼记译解》，中华书局2001年版，第176页。

③ 王文锦：《礼记译解》，中华书局2001年版，第852页。

④ 参见《我们今天需要的是一套符合时代潮流的现代殡葬礼仪体系》，http://news.163.com/16/1116/16/C60MR9GN000187VE.html。

费数万元。对于大部分农村家庭来说这是一笔巨额的开支，甚至有些家庭因此陷入困境。但面对巨额丧礼开支，当事人无法拒绝，因为这关乎“面子”问题。如果有人不愿意花这些钱，就会被认为是“没面子”，甚至被人戳脊梁骨。社会舆论的压力以及攀比心理迫使人们不得不想尽办法支付巨额丧葬费用。

对于中国人来说，传统葬礼是礼敬生命、传承孝道、凝聚宗族的神圣仪式，为何会在当下被“面子”所左右，为人诟病呢？传统葬礼被人诟病，并非是其所传达的文化内涵不再符合当下生活需要，因为孝道、人伦依然是传统文化复兴过程中的关键词。人们对葬礼的批评之一是对“面子”的批评，实质是对铺张浪费、攀比炫富的批评。作为生死大事，人们对葬礼倾注了大量的情感、精力以及财力和物力。久而久之，容易滋生铺张浪费、攀比炫富的不良风气。此时，要及时发现问题，分析其根源所在，并全力制止不良风气的蔓延。

葬礼中所谓的“面子”显然是不可取的，然而当下移风易俗过程中一些地区一味地一“禁”了之也不是最佳做法。要想彻底打破“面子”观念，必须多管齐下。

首先，加大宣传引导，使民众正确认识葬礼本质。移风易俗、殡葬改革要想彻底被广大民众所接受，必须要唤起他们对传统丧葬文化的敬畏，而一味地行政命令很难达到从根本上扭转社会不良风气的目的。葬俗受环境影响而不断变化，移风易俗首先要坚持正面引导，深入挖掘传统葬俗的精神内涵，将之作为家风家训的重要内容进行传播，营造以重情知礼为荣，攀比炫富、铺张浪费为耻的社会文化氛围。

其次，通过典型人物的示范带动，推动移风易俗的顺利进行。重“面子”，不是丧葬习俗的问题，而是整个社会风气的问题。“面子”的存在虽严重影响了人们的生活，但是其产生并非一朝一夕，要想在短期内改变人们的观念，一个可行的途径是从典型人物开始，如党员干部、乡贤以及德高望重的地方名人等。这些人思想开通，在观念上更容易理解移风易俗的必要性以及“面子”的危害。移风易俗可以从这些人开始，从而产生示范效应，带动周围其他人群自愿参与移风易俗，彻底打破“面子”的观念。如 2016 年，山东省鄄城县号召各村党员，在自己的红白事上率先带头节俭，为群众起到了良好的示范和带动作用，赢得了民心。①

再次，通过事实让民众看到乡风文明会给他们带来实惠。葬礼举行的目的是达情致哀，表达对死者的尊重和缅怀，一切仪式活动都应以此为旨归。当下葬礼中铺张浪费、炫富攀比的做法无疑与此背道而驰。丧礼的巨额花销，已然让丧主的丧亲之痛转变为无法承担的经济压力，完全扭曲了丧礼举行的初衷。丧礼理应是情感的付出，通过庄严神圣的仪式完成支付，而不是通过巨额花销变相衡量。

① 参见胡特：《社会组织在社会治理中的作用及实现路径》，《管理观察》2017 年第 3 期。

丧礼所承载的情感、伦理是无法用金钱来衡量的，通过金钱来衡量丧礼，会让丧礼变了味道，成为一个没有血肉的空架子。

在 2016 年，丧事简办的一个明显成效是极大地减轻了丧主操办丧礼的经济压力。在济宁市兖州区，原本需要两三万的丧事费用，在丧事简办政策施行后竟花不到 5000 元。① 费县马庄镇核桃峪村的葬礼时间由 4 天减为 2 天，花费由平均 3 万元降至约 3000 元，降幅达 90％。② 山东郓城县郭屯镇，不到一个月的时间办理了 13 起红白事，节省资金 19.5 万元。③ 王庄村红白理事会理事长张朋春说："之前百余人参与的白事，现在 20 个人就足够操办，礼金也有了上限，减轻了村民的负担，得到了大多数人的支持。"④在菏泽市定陶区马集镇郭伯堂村，凡遇丧事一律交由红白理事会主办，取消"二次装棺"，遗体火化之后直接进公墓，丧事全部费用基本都控制在 2000 元以下。⑤

"面子"拥有多个面孔，它可以是一副重担，把人压得喘不过气；也可以是一股春风，让人与人之间温和友善。移风易俗，就是要卸掉重担，让真正的"面子"如春风般温润乡村生活和乡民心灵。当下，要想推进移风易俗，让丧礼成为推动民俗生活良性发展的必要工具，必须让丧礼回归"达情致哀"的本质，摒弃攀比炫富的"面子"观念，从自身实际出发，举办葬礼。

（四）充分发挥红白理事会等社会组织在殡葬改革中的作用，加强乡村自治

在当下社会治理过程，应充分重视村民组织在移风易俗中的重要角色，大力鼓励村民自治，将移风易俗真正做到民众的心坎里。民俗具有鲜明的地域性差异，十里不同风，百里不同俗，移风易俗要根据具体情况因地制宜。移风易俗作为国家进行社会治理的重要方式，需要政府的统一调度、安排，但在执行过程中，又要充分发挥社会组织的作用。社会组织是社会治理的重要主体，可以与政府优势互补，承接部分政府转移职能。因为最了解地方民俗的还是当地的社会组织，在移风易俗过程中，如果给予这些社会组织充分的肯定，并加以适当引导，他们在移风易俗过程中必将发挥重要作用。

---

① 参见《厚养薄葬尽孝道，移风易俗树新风》，http://jining.iqilu.com/jnminsheng/2016/1205/3232116.shtml。

② 参见《一把"金钥匙"打开社会文明、群众减负"两把锁"：临沂移风易俗助力脱贫攻坚》，《大众日报》2016 年 12 月 8 日。

③ 参见《不折不扣，打赢移风易俗"攻坚战"》，《牡丹晚报》2016 年 8 月 27 日。

④ 《罗庄移风易俗工作逐步走上制度化》，http://news.ifeng.com/a/20161219/50440198_0.shtml。

⑤ 参见《丧事推行一碗菜，干部群众一个样；喜事抵制天价彩礼，职业媒婆登记管理：菏泽打造移风易俗样板模式》，《农村大众报》2016 年 11 月 22 日。

长期以来，葬礼中“面子”观念根深蒂固，移风易俗过程中不可避免产生了一系列矛盾和挑战。作为社会治理的重要主体，社会组织在葬礼期间发挥着不可忽视的调节作用。如山东省在移风易俗过程中，红白理事会就发挥了重要调解作用，极大地推动了当地的葬俗改革。这是因为红白理事会的成员多是老党员、老族长、老教师等，在当地都拥有较高的地方威望。如果他们循循善诱地去做群众工作，用适当的方式去教育身边的亲属、邻居，移风易俗会更容易被接受。

（五）加强乡村公墓基础设施建设和管理，提高殡葬服务水平，满足群众日益增长的殡葬文化需求

作为殡葬改革的一个重要平台，农村公墓的建设对于改变旧有不良丧葬习俗、保护环境、节省土地资源、促进殡葬改革，具有重大意义。农村公益性墓地是推进农村殡葬改革的重要物质基础，由于其在规划、建设以及服务对象方面都面向农村和农民，因此公益性和服务性是必须坚持的原则。在硬件设施建设上要摒弃因陋就简的过时观念，做到“四要”：一是要选好址，应选择交通便利且生产价值不高的荒山瘠地；二是要搞好规划，对墓地建设要有长远规划，以村为单位进行建设与管理；三是要统一标准，规划要对墓穴占地面积、使用年限作出明确规定，做到“四有一通”，即有标志，有区域界线，有统一规格的墓穴标准，有绿化，道路畅通；四是要加强监管，由乡镇与民政部门负责监管，并接受村民监督。建设农村公益性墓地的程序：先由村委会提出申请，经乡镇审核同意后，报县级民政部门批准，并报市民政局备案。在具体执行过程中，要遵照标准，严格审批，避免草率选址和重复建设。对土地紧缺的城乡结合部，以建公益性骨灰堂为主。[①]

其次要加强规范管理，明确建设管理主体。农村公益性墓地要坚持公益原则，不得变相营利，不得承包经营。农村公益性墓地作为社会公益事业，不得以营利为目的，不得对当地村民以外的死亡人员提供墓穴用地。墓区内禁止建造豪华墓、宗族墓、“活人墓”，禁止从事封建迷信活动。农村公益性墓地不得以任何形式进行联营、转让或承包。[②]

（六）在加强殡葬市场管理的基础上，重视文化价值引导，为传统技艺留下生存空间

殡葬改革过程中，之所以取消纸扎、唢呐，是由于吹鼓手漫天要价、各式纸扎花样迭出，造成铺张浪费、互相攀比，这些现象都反映出农村殡葬市场缺乏有效管

---

① 参见《破解农村墓地乱象亟需打好公益性墓地这张牌》，《中国社会报》2016 年 9 月 13 日。

② 参见《破解农村墓地乱象亟需打好公益性墓地这张牌》，《中国社会报》2016 年 9 月 13 日。

理，是应该出台相应的法律法规加以整治。但同时应该注意到，作为传统葬礼的重要组成部分，纸扎、唢呐本身承载了重要的价值功能，是抒发情感、实施教化、培养孝道的重要方式，其本身的存在具有重要意义。在鲁西南，葬礼时有为老人点戏送葬的习惯，既是表达心意，也是感谢街坊四邻以及亲朋好友前来吊唁及送行。唢呐班艺人会演唱豫剧《秦香莲》《三哭殿》，越调《诸葛亮吊孝》，山东梆子《贺后骂殿》《反西唐》，歌曲《父亲》《好人一生平安》等“白事儿”上的经典唱段，还有专门的“哭戏”。一个多小时的演唱，往往会赢得乡亲们的阵阵喝彩。“哭戏”让整个葬礼显得更加周全而又隆重。因此，面对唢呐这样的传统技艺，不应该“一刀切”，全部禁止，而是应该在规范市场管理的基础上，引导其良性发展，为传统技艺留下生存空间。

五、小结

作为中华文化的本源之一，传统葬俗陪伴着一代代人的成长，是礼敬生命、传承孝道的仪式，维系、守护着中华民族的基本价值理念，在历史的长河中已然内化为中国人的生活习惯与文化记忆。当下社会的急速转型，已然迫使传统葬俗与日常生活出现诸多疏离，其滋生的“面子”“炫富”问题更加割裂了传统葬俗作为日常礼仪文化的内在属性，严重破坏了传统葬俗在维系人伦、促进社会和谐方面的价值与功能，必然要适时进行移易。移风易俗、“丧事简办”与传统文化复兴并行不悖，既秉持历史传统又极具时代文化特色的新型葬俗将更能体现中华丧葬文化的蓬勃生命力。只要在实际工作中尊重民情，“因俗制法”，把握尺度，移风易俗不仅能被民众主动接受，还能净化乡风民风、促进当下的“美丽乡村”建设，因此是极其重要的。

东北老工业基地传统文化创新性发展研究报告

吉国秀　梁聪聪　李文娟　姚晨晨*

一、引言

有关东北划分的说法最早可追溯至远古时期，相传舜帝曾经册封天下12座名山，其中位于最北端的就是医巫闾山。在历史上，东北的划分以医巫闾山为分界线，医巫闾山以北的地区就称为“东北”。而现在作为地理和政治区域的东北，包括辽宁、吉林和黑龙江三省，是指山海关以北、漠河以南、乌苏里江以西的区域，这片区域为大、小兴安岭和长白山所环绕，松花江、嫩江以及辽河等数条河流密布于广阔的平原之上，这种地理特征被形象地概括为“白山黑水”。它与乌克兰大平原、北美洲密西西比河流域齐名，并称为“世界著名三大黑土地”。东北所处的地理位置属于大陆性季风型气候，跨越了暖温带、中温带与寒温带等几个温度带，这些因素相叠加共同形成了综合性的农业体系，是我国重要的农副产品生产基地。

东北曾经是新中国工业的摇篮，在“一五”时期的156个重点项目中，有58项在东北。在我国社会主义工业化初期，为建设独立、完整的国民经济体系，推动我国工业化和城市化进程做出了历史性贡献。因此，东北老工业基地在全国具有重要的战略地位，拥有众多关系国民经济命脉的战略产业和骨干企业，是我国重工业的重要基地，其中辽宁省更是曾拥有“共和国长子”的美誉。

虽然近代以后，东北的行政区划变动较为频繁，但在文化意义上东北却具有一定的稳定性，它体现在民众首先认为身份归属是“东北人”，然后才是对东北三省省籍的认同。此外，东北地区语言、风俗习惯等方面的趋同也体现了东北文化认同上的一致和统一。在这个意义上，东北是一个自然资源丰富、原住民与移民相融合、经济联系密切、历史相近的地理单元和经济区域。

自从2003年老工业基地振兴政策实施以来，东北获得了长足的发展，但也面

---

* 吉国秀，辽宁大学文学院教授，博士生导师；梁聪聪，辽宁大学文学院民俗学专业硕士研究生；李文娟，辽宁大学文学院民俗学专业硕士研究生；姚晨晨，辽宁大学文学院民俗学专业硕士研究生。

临着一些问题，如经济增速缓慢、下滑，原有的产业结构固化，对新经济、新形式缺乏迅速而充分地回应，等等。这些问题固然与经济结构、机制因素等关系密切，但是没有考虑和顾及经济发展要与东北传统文化有机融合，发挥传统文化所具有的富有道德感召力的社会力量，以形成一种具有地方传统文化支撑的、可持续发展的经济增长方式，也是其中一个重要的原因。目前，东北正面临着不同以往的巨大挑战，老工业基地振兴的发展任务越发艰巨，与以往相比更需要一种强大的精神力量。习近平总书记指出："一个民族的复兴需要强大的物质力量，也需要强大的精神力量。"东北老工业基地的振兴，如同一个民族的复兴一样，同样需要这些力量的支撑。区域的发展与转型是老工业基地振兴的一个重要内容，而内生于东北的开放包容式的传统文化与精神，能够为老工业基地的经济发展提供支撑力量，因此对传统文化的创造性转化，就成为一个不容回避的重要议题。对于东北而言，传统文化的创新性发展具有双重意义：一方面它能够重新梳理区域民众与过去之间的关系，积极再现、确认与拓展传统文化的丰富内涵与外在的表述形式，增强其传承和传播；另一方面它可以寻找、探索以传统文化引领经济发展的新途径与新方式。

在实践上，东北老工业基地传统文化创新性发展，既表现为基于工业化进程中的工业文化遗产保护和城市空间新兴业态发展，也表现为村落保护和农业文化遗产的创造性转化发展，还表现为超越城市与乡村空间之上的非物质文化遗产的传承性发展。尽管在不同区域，传统文化的记录、传播与发展有着不同的模式，也展现出多样化趋势，但是，基于地方性空间以及在地方性空间之上的人与人之间的社会关系，以及关系背后的文化共识与集体记忆，具有高度的稳定性，这种稳定性为我们认知和理解传统文化，尤其是优秀传统文化的精髓，提供了一条可以参考的路线，也为我们探寻传统文化创新性发展之路，提供了可能性。

二、东北工业文化遗产与工业遗产旅游

（一）"工业遗产"的概念界定

对"工业遗产"概念的阐发与解释，在国际上主要有以下两种声音，即国际工业遗产保护委员会（TICCIH）以及联合国教科文组织（UNESCO）这两个国际性机构对"工业遗产"概念的界定。

国际工业遗产保护委员会是目前世界上唯一的国际性工业遗产保护组织，其对"工业遗产"所作的定义是："工业遗产由工业文化的遗留物组成，其拥有历史价值、技术价值、社会价值、建筑价值和科学价值。包括建筑物和机器设备、车间、磨

坊、工厂、矿山和加工精炼场地、仓库和储藏室,包括能源的生产、传送、使用和运输场所,还包括相关的地下构造物,除此之外,与工业相联系的社会活动场所,比如住宅、宗教朝拜地或者是教育机构也都包含在工业遗产范畴之内。”(TICCIH,2003)①

二是联合国教科文组织对“工业遗产”的界定。由国际工业遗产保护委员会起草,联合国教科文组织在 2003 年正式批准的《关于工业遗产的下塔吉尔宪章》文件中,对工业遗产的相关内容作了较为全面系统的定义,其中写道,“工业遗产不仅包括磨坊和工厂,而且包含由新技术带来的社会效益与工程意义上的成就,如工业市镇、运河、铁路、桥梁以及运输和动力工程的其他物质载体”(UNESCO,2003)。②

以上是两个国际组织对工业遗产所做的解释与定义。2014 年 8 月 26 日,国家文物局发布了一篇名为《关于征求〈工业遗产保护和利用导则(征求意见稿)〉意见的函》(以下简称《导则》)的政府文件。在《导则》第一条,将工业遗产定义为:“1840 年中国近代工业产生以来,具有历史、科技、艺术、社会价值的近现代工业文化遗存。工业遗产包括物质遗产和非物质遗产。物质遗产包括车间、作坊、厂房、矿场、仓库、码头桥梁道路等运输基础设施、办公楼、住房教育休闲等附属生活服务设施及其他构筑物等不可移动的物质遗存,和机器设备、生产工具、办公用具、生活用具、历史档案、商标徽章及文献、手稿、影像录音、图书资料等可移动的物质遗存。非物质遗产包括生产工艺流程、手工技能、原料配方、商号、经营管理、企业文化等工业文化形态。”③《导则》第三条还确定了工业遗产的重点为:“(1)新中国成立前(1840—1949 年)的民族工业企业、中外合办企业;(2)新中国成立后五六十年代‘一五’及‘二五’期间建设的重要工业企业;(3)文革期间及‘三线’建设时期建设的具有较大影响力的企业;(4)改革开放以后建设的非常具有代表性的企业。”④另外,国内对“工业遗产”的提法也众说纷纭,意见不一。除了“工业遗产”这一称呼外,“产业遗产”“城市产业历史地段”“工业景观”“工业遗产建筑”“工业遗址”等也较为常见。

---

① 国家旅游局规划财务司编:《大力发展工业遗产旅游促进资源枯竭型城市转型》,旅游教育出版社 2014 年版,第 24 页。

② 参见国家旅游局规划财务司编:《大力发展工业遗产旅游促进资源枯竭型城市转型》,旅游教育出版社 2014 年版,第 24 页。

③ 《关于征求〈工业遗产保护和利用导则(征求意见稿)〉意见的函》,http://www.sach.gov.cn/art/2014/9/15/art_1324_113288.html。

④ 《关于征求〈工业遗产保护和利用导则(征求意见稿)〉意见的函》,http://www.sach.gov.cn/art/2014/9/15/art_1324_113288.html。

除此之外，还有学者依据《关于工业遗产的下塔吉尔宪章》中对工业遗产的定义以及工业考古学的研究内容，对工业遗产进行了以下三个类型的划分：

首先，“按时间界限来划分，以工业考古学的时间界定作为参考，可分为广义时间范围和狭义时间范围的工业遗产。前者包括从史前至近代的所有时期，也就是从人类开始从事手工业或工业性、技术性活动的时间算起，例如我国战国时期李冰父子组织修建的大型水利工程‘都江堰’，就属于广义时间范围内的工业遗产项目。后者是指18世纪工业革命后至近代，这一时期的工业文明是以钢铁为新材料，煤炭、石油为新能源，机器作业为新生产方式的特点。对于这两个时间范围的划分，结合国内外的诸多学者的学术研究内容，狭义时间范围内界定的工业遗产是我们目前研究的重点”；其次，“按研究对象来划分，凡是与工业生产以及与工业生产相关的采掘业、建筑业、交通运输业、教育业、服务业等多个产业均是广义的工业遗产的研究范围。而狭义的工业遗产主要是指工业活动所涉及的生产加工区、运输区、仓储区及供给区等处的工业遗留物”；最后，“按存在形态来划分，可以将工业遗产划分为物质遗产与非物质遗产两种形态。参与工业活动的建筑、机械、生产工具、产品等实体存在的遗产即可称之为物质形态的工业遗产；如生产流程、生产工艺，以及劳动精神等文化的、精神的、技术的非实体形态的遗产可称之为非物质的工业遗产”。[①]

（二）工业遗产保护的中国实践

国际工业遗产保护发端于20世纪70年代，并逐步形成完善的科学体系。但在此之前，即20世纪50年代中后期，美国学者D. B. 斯塔曼（D. B. Steinman）在1952年所撰写的《布鲁克林桥的重建》一文中，正式提出了“工业遗产”保护的说法。[②] 1973年，在英国召开的第一届国际工业纪念物大会为工业遗产保护拉开了序幕。1978年，第三届工业纪念物保护国际会议在瑞典召开，同时，国际工业遗产保护委员会（TICCIH）也在该会议中宣布成立。从此，工业遗产保护迈上了全球化合作的道路，工业遗产保护对象也由工业纪念物开始转向工业遗产。[③] 1986年，世界上第一例以工业遗产为主题的铁桥峡谷成功地被收录为世界文化遗产，成为世界工业遗产保护工作的标志。[④] 2003年，国际工业遗产保护委员会（TIC-

① 高长征：《中原工业文明遗产研究》，中国水利水电出版社2016年版，第5—6页。

② 参见王晶：《工业遗产保护更新研究：新型文化遗产资源的整体创造》，文物出版社2014年版，第5页。

③ 参见王晶：《工业遗产保护更新研究：新型文化遗产资源的整体创造》，文物出版社2014年版，第7页。

④ 参见高长征：《中原工业文明遗产研究》，中国水利水电出版社2016年版，第4页。

CIH)通过的《关于工业遗产的下塔吉尔宪章》，成为全球工业遗产保护的基础性文件。2005 年 10 月，国际古迹遗址理事会第十五届国际古遗址大会在西安成功举行，会上发表了备受瞩目的《西安宣言》，同时确定了 2006 年"四一八"国际古迹遗址日活动的主题——重视工业遗产，提高对其价值的认识，并对工业遗产采取保护措施。①

2011 年 11 月，国际古迹遗址理事会(ICOMOS)第 17 届大会通过的"关于工业遗产遗址地、结构、地区和景观保护的共同原则"——《都柏林原则》，现已成为各国政府和相关机构在工业遗产保护方面的首要参考文件和执行准则。②

2012 年，国际工业遗产保护委员会(TICCIH)在台北召开了第 15 次会员大会，会上通过的《亚洲工业遗产台北宣言》，认为亚洲工业遗产有别于其他地区，因此在定义上必须要有所扩充，也应该包括工业革命前后的工业遗产。亚洲的工业遗产表现出强烈的人与土地的关系问题，在保护的观念上应该突出文化的特殊性，要更多地关注对人文精神的保护，对当地人文资源的重视。从而，工业遗产保护和研究进入了强调文化内涵的新阶段。③ 就目前而言，2003 年的《关于工业遗产的下塔吉尔宪章》、2011 年的《都柏林原则》、2012 年的《亚洲工业遗产台北宣言》是国际工业遗产保护的三个重要文件。

从前文可看出，国际上对工业遗产的研究与保护开始较早，且经过多年的探索，日臻成熟。但就我国而言，对工业遗产这一新型文化遗产的研究却仍处于缓慢发展阶段。20 世纪 90 年代，张松曾对上海的工业遗产进行了深入研究，大力提倡政府应重视这些工业遗产，得到了上海市政府的回应与支持。这可以说是我国人民政府重视并保护工业遗产的开始。④

在 2003 年前后、上海筹备"世博会"期间，则进一步推动了我国对工业遗产的关注。当时，世博会要选在上海的卢浦大桥、南浦大桥和黄浦江附近举行，然而，当时有十多家厂房都坐落在这些地方。更为重要的是，世博会选址所在地见证了我国近代工业的开始，因此，上海文化遗址保护单位极力提议将这些废旧的厂房充分保护利用起来。而在对第四批文物的调研中，上海市有关部门也重点关注了这些文化工业遗产。此后，经过短暂几年的发展，保护工业遗产在全国获得了迅

---

① 参见国家旅游局规划财务司编:《大力发展工业遗产旅游促进资源枯竭型城市转型》，旅游教育出版社 2014 年版，第 25 页。

② 参见《中国文物学会工业遗产委员会成立》，http://www.cssn.cn/st/st_xhdt/201406/t20140604_1197438.shtml。

③ 参见《对工业遗产保护与再利用的思考》，http://zg.wpdi.cn/Home/News?id=206&flag=1。

④ 参见高长征:《中原工业文明遗产研究》，中国水利水电出版社 2016 年版，第 55 页。

速响应。[①] 但直到2006年,我国才开始对工业遗留下来的宝贵财富作深入细致的研究。2006年4月17—18日,中国古迹遗址保护协会、江苏省文物局和无锡市人民政府在江南古城无锡举办中国工业遗产保护论坛,围绕“工业遗产”这一主题,探讨了近现代工业遗产的价值,并且对中国工业遗产保护的现状及未来的发展理念和举措进行了研究,推动了我国工业遗产普查和保护工作的开展,是我国文化遗产保护领域第一次将工业遗产保护作为重要的专题提出。[②]

2006年5月,国家文物局下发《关于加强工业遗产保护的通知》,要求重视工业遗产的普查与保护,在国家层面拉开了我国工业遗产保护的序幕,掀起了我国工业遗产保护的高潮。2007年,全国第三次文物普查工作正式启动,工业遗产作为新型遗产受到特别重视,以各省为单位,全国性的普查活动拉开序幕,数百项工业遗产列入三普名单中。2009年8月10日,文化部颁布了《文物认定管理暂行办法》,首次将“工业遗产”列入文物范畴。截至当前,国务院共公布了七批全国重点文物保护单位,使全国重点文物保护单位总数增至4295处,其中工业遗产总数达到329项,其中广义工业遗产245项,近现代狭义工业遗产84项。[③] 2011年,第二届工业遗产保护委员会提出来的《中国工业遗产调查索引》,对工业遗产调查的方法、程序和调查的内容、格式做了统一的标准化。工业遗产调查逐渐走向规范化。[④]

2014年3月8日,全国政协十二届二次会议举行第二次全体会议时,全国政协委员、中国文化遗产研究院原院长张廷皓在大会发言时指出,工业遗产保护与利用意义重大,如不抓紧采取有效措施进行保护,将会有大量重要的工业遗产迅速消亡。[⑤] 2014年6月1日,中国文物学会工业遗产委员会在京成立,中国文物学会会长、故宫博物院院长单霁翔说:“工业遗产作为城市近代化和现代化进程中的特殊遗存,是‘阅读城市’的重要物质依托。认定和保存有价值、有特点的工业遗产,并加以合理利用,对于维护城市历史风貌、改变‘千城一面’的城市形象、保持生机勃勃的地方特色,具有特殊意义。”[⑥]同时,该大会也提出了工业遗产评价

---

① 参见高长征:《中原工业文明遗产研究》,中国水利水电出版社2016年版,第55页。

② 参见《文化遗产保护领域的全新探索中国工业遗产保护论坛在无锡举行(2006)》,http://www.sach.gov.cn/sach_tabid_1142/tabid/1145/InfoID/23912/Default.html。

③ 参见《中国文物学会工业遗产委员会成立》,http://www.cssn.cn/st/st_xhdt/201406/t20140604_1197438.shtml。

④ 参见《对工业遗产保护与再利用的思考》,http://zg.wpdi.cn/Home/News? id=206&flag=1。

⑤ 参见张晓科、刘治国、陈晨:《转换遗产群视角审视工业遗产保护问题——以沈阳市铁西区为例》,《价值工程》2016年第34期。

⑥ 《中国文物学会工业遗产委员会成立》,http://www.cssn.cn/st/st_xhdt/201406/t20140604_1197438.shtml。

导则，由天津大学徐苏斌教授根据英国工业遗产保护利用导则编制而成，按照世界文化遗产要求的内容，对工业遗产的稀缺性、整体性和完整性进行了评价。[①]

2014 年 9 月 15 日，国家文物局发布了《关于征求〈工业遗产保护和利用导则（征求意见稿）〉意见的函》，其中第十三条写道："对于工业遗产集中成片，具有一定规模，工业风貌保存完整，能反映出某一历史时期或某种产业类型的典型风貌特色，有较高历史价值的区域，可列为工业遗产保护区，进行整体保护与利用。"[②]

2016 年 12 月 10 日，在由工信部工业文化发展中心主办的"2016 中国工业文化高峰论坛"上，中国工业遗产联盟成立。工信部工业文化发展中心主任罗民对中国工业遗产联盟的成立所将发挥的重要价值作了发言，认为中国工业遗产联盟的成立会对工业遗产未来的研究、利用、保护乃至工业精神的继承、弘扬以及工业厂房、博物馆的改造利用等发挥重要作用。除此之外，工信部总工程师张峰对工业文化产业未来的发展前景做了规划。工信部将推动发展工业文化产业，打造具有国际影响力的工业设计集群，大力抢救濒危工业文化资源，研究建立国家工业博物馆，支持打造一批工业创意园区和工业文化特色小镇等，并推动形成支持工业文化发展的产业、财税、人才、土地等政策体系。工业文化是推动工业发展的原动力，在我国向制造强国迈进的过程中，需要筑牢精工精神，营造工业文化和大环境。很多工业文化是从工业遗产中得到衍生传承的。工业遗产不仅是车间、作坊、工厂等工业建筑和场所，更包含由此衍生出的文化。目前，工业遗产在整个文物保护体系中还处于薄弱位置，加强工业遗产保护利用很有必要。[③]

（三）东北工业文化遗产的保护与城市空间重组

东北近代工业产生于清末民初，在奉系集团统治时期得到迅速发展，尤其是 1928 年张学良提出的"东北新建设"政策，使东北近代工业建设出现高峰。日伪统治时期则是东北近代殖民工业的畸形膨胀阶段。1949 年后，东北现代工业开始腾飞发展。在解放战争时期，东北革命根据地的创建直接促进了东北工业的进一步发展，到 1965 年东北工业基地基本建成。[④]

1990 年代中期，东北先后开发了长春"汽车之城"、哈尔滨"动力之乡"和鞍山"钢铁是怎样炼成的"等旅游线路，这标志着东北地区工业遗产旅游的诞生。随着

---

① 参见《对工业遗产保护与再利用的思考》，http://zg.wpdi.cn/Home/News? id=206&flag=1。

② 《关于征求〈工业遗产保护和利用导则（征求意见稿）〉意见的函》，http://www.sach.gov.cn/art/2014/9/15/art_1324_113288.html。

③ 参见《我国成立工业遗产联盟传承精工文化》，http://www.gov.cn/xinwen/2016-12/10/content_5146251.htm。

④ 参见韩福文、佟玉权：《东北地区工业遗产保护与旅游利用》，《经济地理》2010 年第 1 期。

工业遗产旅游的逐步发展，人们的认识不断提高，到21世纪初开始采取各种措施保护工业遗产。[①] 2016年9月26日，中国城市规划大会平行会议“工业遗产保护利用与城市更新”在沈阳召开，业界权威和专家学者为沈阳工业遗产保护及开发提供了许多好点子。专家认为，工业遗产利用应采用多元化手段，沈阳工业遗产保护要与城市功能相融合，打造沈阳工业创新中心。[②]

我国对工业遗产的保护主要以列入文物保护单位的方式进行，从1961年开始，共公布了7批、4295项全国重点文物保护单位，其中工业遗产为329项。辽宁省将工业遗产纳入省级文物保护单位始于1988年，截至2016年，辽宁省共公布九批、609项省级文物保护单位，其中近代工业遗产33项，而有5项属全国重点文物保护单位，分别是阜新万人坑、老铁山灯塔、南子弹库旧址、辽宁总站旧址、旅顺船坞旧址。此外，还有2项近代工业遗产本溪湖工业遗产群和奉海铁路局旧址，直接列入全国重点文物保护单位。因葫芦岛筑港办公楼旧址与第四批葫芦岛港开工纪念碑合并，所以剔除合并项目，共计34项，含全国重点文物保护单位7项。吉林省将工业遗产纳入省级文物保护单位始于1983年，截至2016年，吉林共公布7批、430项省级文物保护单位，其中近代工业遗产22项，有4项属全国重点文物保护单位，分别是辽源矿工墓、大泉源酒业宝泉涌酒坊、吉海铁路总站旧址、通化葡萄酒场地下贮酒窖。此外，还有1项近代工业遗产长春电影制片厂早期建筑直接列入全国重点文物保护单位。因四洮铁路附属建筑群归入第六批省级文物保护单位四洮路铁路局旧址，所以剔除合并项目，共计22项，包括全国重点文物保护单位5项。黑龙江省将工业遗产纳入省级文物保护单位始于1981年，截至2016年，黑龙江共公布六批、431项省级文物保护单位，其中近代工业遗产50项。此外，还有2项近代工业遗产，即侵华日军第七三一部队旧址、中东铁路建筑群被直接列入全国重点文物保护单位。因侵华日军七三一细菌部队安达特别实验场遗址归入第六批全国重点文物保护单位侵华日军第七三一部队旧址，所以剔除合并项目，共计52项，含全国重点文物保护单位2项。[③]

① 参见刘丽华、何军、韩福文：《我国东北地区近代工业遗产的基本特征及其文化解读——基于文物保护单位视角的分析》，《经济地理》2016年第1期。

② 参见《城市规划专家为沈阳支招用多元化手段挖掘工业遗产价值》，http://www.ln.gov.cn/zfxx/jrln/wzxw/201609/t20160928_2536953.html。

③ 参见刘丽华、何军、韩福文：《我国东北地区近代工业遗产的基本特征及其文化解读——基于文物保护单位视角的分析》，《经济地理》2016年第1期。

表 1　辽宁省及省级以上文物保护单位中近现代工业遗产名单(34 项)

时间	批次	文物保护单位名称/年代	地址
1988	第四批	营口海关旧址/1914—1922	营口市辽河南岸
		葫芦岛筑港开工纪念碑/1930	锦州市葫芦岛区
		阜新万人坑/1935—1945	阜新市太平区孙家湾南山
2003	第六批	老铁山灯塔/1893	大连市旅顺口区铁山镇老铁山上
		南子弹库旧址/1880—1884	大连市旅顺口区模珠礁南岸
		奉天驿旧址/1899	沈阳市和平区胜利南街 2 号
		辽宁总站旧址/1927—1930	沈阳市和平区总站路 100 号
		龙凤矿竖井/1936	抚顺市东洲区龙凤街龙凤矿区内
2007	第七批	旅顺船坞旧址/1883—1890	辽宁省大连市旅顺口区港湾街 58 号
2008	第八批	太古轮船公司营口分公司旧址/1890	营口市西市区
		侵华日本关东军护路守备队旧址/1932	盘锦市双台子区胜利街东段
2014	第九批	“道光廿五”酒出土地/1845	锦州市古塔区中央大街二段
		旅顺鱼雷修造厂旧址/1887	大连市旅顺口区得胜街道
		营城子火车站旧址/1898	大连市甘井子区营城子街道营城子村
		旅顺净水厂旧址/1898	大连市旅顺口区光荣街道五一路 42 号
		南满洲铁道株式会社旧址/1909	大连市中山区鲁迅路 7 号、9 号
		大连中国税关旧址/1914	大连市中山区人民路 86 号
		满铁大连图使馆旧址/1914	大连市中山区鲁迅路 20 号
		大连市埠头事务所旧址/1916	大连市中山区港湾街 1 号
		大连沙河口净水厂旧址/1917	大连市沙河口区兴工街道泉涌社区五一路 95 号
		鞍山制铁所一号高炉旧址/1919	鞍山市鞍钢集团厂区

续表

时间	批次	文物保护单位名称/年代	地址
		井井寮旧址/1920	鞍山市铁东区站前街道办事处五一路58号
		新开河人工运河(含二道桥子抽水站旧址)/1922	盘锦市盘山县坝墙子镇二道桥子村,南至古城子镇夹信子村
		肇新窑业有限公司旧址/1923	沈阳市沈河区惠工街92号
		满铁奉天公所旧址/1923	沈阳市沈河区朝阳街131号
		满铁大连医院旧址/1925	大连市中山区解放街6号
		昭和制钢所本社事务所旧址/1933	鞍山市鞍钢集团厂区
		昭和制钢所迎宾馆旧址/1933	鞍山市铁东区园林办事处东宾社区迎宾街21号
		拓石烟草公司旧址/1934	辽阳市白塔区胜利街道公园社区
		田庄台抽水站旧址/1942	盘锦市大洼县田庄台镇一面街社区
		浑河站旧址/民国	沈阳市东陵区浑河站西街道前进村
		葫芦岛筑港办公楼旧址(与第四批葫芦岛港开工纪念碑合并)/民国	葫芦岛市龙港区葫芦岛港
		台吉万人坑/民国	朝阳市北票市台吉管理区
	直接列入国家级	本溪湖工业遗产群	本溪市溪湖区
		奉海铁路局旧址/1927	沈阳市大东区东站街1号
1983	第三批	辽源矿工墓/1943	辽源矿务局太信矿区境内
		丰满万人坑遗址/1936	丰满发电厂境内
		石人血泪山/1937	浑江市石人矿区境内
2007	第六批	大泉源酒业宝泉涌酒坊/清	省通化县大泉源乡大泉源村

表 2　吉林省及省级以上文物保护单位中近现代工业遗产名单(22 项)

时间	批次	文物保护单位名称/年代	地址
		吉林机器局旧址/1882	昌邑区东局子街松江路 11 号
		吉海铁路总站旧址/1928	吉林市船营区新安街 12 号
		伪满吉林铁路局/1934	吉林市昌邑区中康路 5 号
		通化葡萄酒场地下贮酒窖/1937—1983	通化市前兴路 28 号
		镇西侵华日军机场遗址/1938	白城市查干浩特旅游经济开发区镇西镇
		四洮路铁路局旧址/现代	四平市铁西区北体育街
2014	第七批	夹皮沟金矿/清	桦甸市夹皮沟镇
		中和烧锅遗址/1888	梅河口市海龙镇东街 559
		增盛永百年古井/清末	扶余县增盛永酒业有限公司
		中东铁路南满支线附属建筑群/1903	长春市、德惠市、四平市。德惠附属建筑群、沙俄将校营、沙俄兵营、宽城子沙俄火车站俱乐部、中东铁路南满支线四平站机车司机公寓
		四洮铁路附属建筑群(归入第六批省级文物保护单位四洮路铁路局旧址)/1916	四平市铁西区
		天兴福第一制粉厂旧址/1917	长春市东八条 5 号
		福顺厚面粉厂旧址/1921	长春市长白路 3 号
		福丰达烧锅白酒窖池/1924	白城市明仁北街
		老爷岭葡萄酒储酒窖/1934	蛟河市新站镇
		凉水断桥/1936	图们市月晴镇白龙村
		丰满发电厂厂址/1937	吉林市丰满区
		枫叶岭铁路隧道/1943	白山市江源区大阳岔镇、湾沟镇
	直接列入国家级	长春电影制片厂早期建筑/1937	长春市朝阳区红旗街 1118 号

表 3 黑龙江省及省级以上文物保护单位中近现代工业遗产名单(52 项)

时间	批次	文物保护单位名称/年代	地址
1981	第一批	东山“万人坑”/日伪	鹤岗市鹤岗煤矿鹤萝公路北侧的漫山坡上
1986	第二批	侵华日军七三一细菌部队孙吴支队罪证遗址/无	黑河市孙吴县西南 4 公里山丘上
1991	第三批	全国第六次劳动大会会址/无	哈尔滨市道里区工厂街 76 号
		侵华日军七三一细菌部队安达特别实验场遗址(归入第六批全国重点文物保护单位侵华日军第七三一部队旧址)/1940—1945	安达市先源乡八一村(鞠家窑屯)东约 1 公里处的岗地上
1999	第四批	绥芬河火车站/清	绥芬河市
		拉哈苏苏海关旧址/清	同江市
		双城堡火车站候车室/清	双城市
		绥芬河铁路大白楼/1913	绥芬河市
2005	第五批	李金镛祠堂(漠河金矿)/现代	塔河县
		横道河子俄式建筑群(5 处)/1903—1904	海林市
		中东铁路管理局旧址/1904	哈尔滨市
		振边酒厂/1921	黑河市
		“516”化学毒气部队旧址/抗日战争	齐齐哈尔市
2014	第六批	太阳岛中东铁路高级职员度假区/1898	哈尔滨市松北区,含 1 号至 18 号建筑
		太岭站中东铁路候车室/1898—1935	东宁县
		细鳞河站中东铁路建筑/1898—1935	东宁县,含细鳞河村 195 号民居、细鳞河火车站候车室
		绥阳站中东铁路候车室/1898—1935	东宁县

续表

时间	批次	文物保护单位名称/年代	地址
		横道河子中东铁路建筑群/1900—1935	海林市，含俄式7号木屋、俄式民居、横道车务段旧址、横道火车站、横道机务段运转室旧址、横道机务公寓、东山街14号、16号、润土巷12号、山弯路11号、绥满路66—2号、绥满路66—4号、绥满路66—6号、塔山巷7—2号、欣新路12号、欣新路34号、学宇路78号、邮电路11号、邮电路13号、邮电路21号、邮电路29—1号、邮电路29号、邮电路74号、振兴路10号、振兴路22号、振兴路25号
		富拉尔基中东铁路建筑群/1901	齐齐哈尔市富拉尔基区，含富拉尔基站旧址、江桥要塞西岸碉堡、俄式水塔
		安达站中东铁路建筑/1901	安达市，含铁路俱乐部、运转车间旧址
		肇东站中东铁路建筑群/1901	肇东市，含肇东车站老站舍、派出所办公楼、诊所旧址
		鲁河站中东铁路建筑群/1901—1906	龙江县，含张公馆，龙德村1号、2号、3号、4号、5号建筑
		龙江站中东铁路建筑群/1901—1906	龙江县，含龙江火车站，火车站给水设施
		黑岗站中东铁路建筑群/1901—1906	龙江县，含让清200534号、200535号、200536号民居
		老道站中东铁路建筑群/1901—1906	龙江县，含四撮房村1号、2号、3号民居
		碾子山中东铁路建筑群/1902—1912	齐齐哈尔市碾子山区，含25号、26号、27号建筑、俄式水塔
		中东铁路管理处旧址/1903	哈尔滨市阿城区

续表

时间	批次	文物保护单位名称/年代	地址
		宽沟站中东铁路候车室/1903	绥芬河市
		马桥河站中东铁路3号建筑/1903	穆棱市
		下城子站中东铁路候车室/1903	穆棱市
		伊林站中东铁路候车室/1903	穆棱市
		喇嘛甸站中东铁路建筑/1903	大庆市让胡路区,含俄式水塔、1号建筑、2号建筑
		前后代站中东铁路建筑/1903	杜尔伯特蒙古族自治县
		泰康站中东铁路建筑/1903	杜尔伯特蒙古族自治县,含让胡路公务段泰康分段工区俄式建筑、卫生所俄式建筑
		烟筒屯中东铁路建筑群/1903	杜尔伯特蒙古族自治县,含3号、4号、5号、6号、7号、8号、9号、10号、11号建筑,俄式1号水塔,西侧3个建筑
		高家站中东铁路建筑/1903	杜尔伯特蒙古族自治县,含3个建筑
		中东铁路总稽核官邸旧址/1904	哈尔滨市南岗区
		阿城机械制造糖厂建筑群旧址/1905	哈尔滨市阿城区,含1号楼、2号楼、3号楼、小北楼、糖库、制糖车间
		瑷珲海关旧址/1909	黑河市瑷珲区,含瑷珲海关旧址、海关缉私队旧址
		绥芬河中东铁路建筑群/1910	绥芬河市,含大直路43号、光华路122－1号、光华路122－2号民居,特警管理处旧址、铁路工务段旧址
		拉哈苏苏海关结关房旧址/1910	同江市
		中东铁路俱乐部旧址/1911	哈尔滨市南岗区
		五里木站中东铁路建筑/1919	肇东市,含2个建筑
		梨树老矿办旧址/1925	鸡西市梨树区

续表

时间	批次	文物保护单位名称/年代	地址
		里木店站中东铁路建筑/1927	肇东市,含3个建筑
		呼海铁路建筑群/1927	哈尔滨市松北区,含呼海铁路管理局旧址、呼海铁路扶轮学校旧址、呼海铁路管理局水楼旧址、呼海铁路机车厂油库旧址、呼海铁路机车厂烟囱旧址
		齐齐哈尔火车站/1934	齐齐哈尔市铁锋区
		侵华日军永胜机场旧址/1937—1945	嫩江县
		伪满亚麻厂旧址/1939	依安县
		双鸭山矿务局旧址/1948	双鸭山市尖山区
	直接列入国家级	侵华日军第七三一部队旧址/1933	哈尔滨市平房区新疆大街47号
		中东铁路建筑群/1900—1935	海林市横道河子镇

东北工业遗产在空间分布上有三个特征。首先,呈现点轴分布特征,逐渐形成了沿河、沿路、沿海三条轴线。铁路建设之前,东北的工业主要依赖于营口港的开放以及辽河水运的开发,工业生产活动主要聚集在以营口港为起点、以辽河水运为依托的沿辽河轴线上。1903年,随着中东铁路(包括滨州线、滨绥线和哈大线)的全线通车,东北的工业发展轴迅速由辽河沿岸转向中东铁路沿线。东北近代工业起步后,工业布局开始沿着海岸线展开,先是出现营口、丹东和大连3个港口城市,接着在奉系集团统治时期又兴建了葫芦岛港口,逐渐形成了沿海城市工业带。其次,东北工业主要集中在东北中部地带,形成了北起齐齐哈尔、哈尔滨,中经长春、吉林,南至沈阳、大连的工业城市集群现象。东部和西部地区所占比重相对较小。最后,重点企业主要分布在大工业城市,例如沈阳、哈尔滨、长春、大连、吉林市、齐齐哈尔等城市。[①]

东北的近代历史可以分为四个时期,即清末(1861—1910年)、民国前期

① 参见韩福文、许东:《试论东北地区工业遗产的空间特征与旅游开发模式》,《沈阳师范大学学报(社会科学版)》2010年第1期。

(1910—1931年)、伪满洲国统治时期(1931—1945年)和国民党统治时期(1945—1948年)。在时间上,东北主要以清末工业遗产为主,共计51项,其他三个时期分别为28项、28项、1项;在空间上,存在极度不均衡状态,其中16个市82项工业遗产均分布在铁路沿线附近,约占东北工业遗产总数的3/4;在产业类别上,东北工业遗产的产业类型主要以交通运输、采矿、制造业等其他类别为主,其中,交通运输类的共有59项,制造业为28项、采矿业10项、其他产业11项;从属性上看,殖民工业遗产数量多于民族工业遗产,在省级及省级以上文物保护单位中,东北三省有民族工业遗产32项、殖民工业遗产76项。[①]

韩福文、佟玉权认为,东北工业遗产主要由近代民族工业遗产(清末至民国时期)、近代殖民工业遗产(清末至日伪时期)和现代工业遗产(社会主义建设时期)三部分构成,其主要特征可总结为以下四点:(1)工业遗产呈点轴状分布,即以中东铁路线为东北工业发展的主轴线,沿铁路线建设;(2)外资工业所占比重较大,殖民工业体系的建立尤以日资为主,1949年后,还获得到了前苏联的贷款及援建;(3)重工业遗产占主体地位,从清末民初东北工业兴起到中华人民共和国成立,国家在东北进行了大规模的重工业建设,使重工业比重逐渐上升;(4)军事工业遗产地位显著,洋务派、奉系集团、日本侵略者以及“一五”时期所建立的国防军事工业,使得东北成为国家重要的军事工业基地。[②]

(四)东北工业化遗产保护与发展的多元化模式

1. 建立主题博物馆

2015年3月5日,在十二届全国人大三次会议上,李克强总理在政府工作报告中首次提出“互联网+”行动计划。而“互联网+”的“+”后面所加的内容可以是传统的各行各业。因此,受“互联网+”的启发,在此以“工业遗产+”的方式,将此视为工业遗产可发展的多元化模式。

东北工业遗产的保护与发展现在仍以建设博物馆为主。工业博物馆是由传统博物馆演化而来的,是工业时代的衍生品。辽宁省具有代表性的工业博物馆有沈阳铁西工人村生活馆、沈飞航空博览园等。沈阳铁西工人村始建于1952年,2007年铁西区政府在工人村旧居7栋苏式建筑基础上建立了沈阳铁西工人村生活馆,现为国家2A级文化景点,同时也是国内首个以工人生活为题材的原生态博物馆。[③] 2001年,由政府支持、企业主办的沈飞航空航天博览园建立。这是一

① 参见刘丽华、何军、韩福文:《我国东北地区近代工业遗产的基本特征及其文化解读——基于文物保护单位视角的分析》,《经济地理》2016年第1期。

② 参见韩福文、佟玉权:《东北地区工业遗产保护与旅游利用》,《经济地理》2010年第1期。

③ 参见张东旭、杨春、陈雷:《沈阳铁西工人村生活馆改造设计》,《工业建筑》2012年第10期。

家以航空科普为主体的博物馆，收藏有 200 件实物和 600 幅历史资料展品，是全国工业旅游示范点，国家 4A 级旅游景点。[①]

吉林省具有代表性的工业博物馆，主要有中国长春汽车博物馆和吉林市丰满水电博物馆。2007 年 7 月 15 日，中国长春汽车博物馆——我国首个汽车博物馆建成开馆，为全国首批工业旅游示范点。馆内主要展出的是文物车以及各个时期开发的新产品，除此之外，还有纸质档案 3 万卷、微缩卷片 2 万张。吉林市丰满水电博物馆是国内首座展示中国水电历史的主题博物馆，馆内收藏有来自美国、苏联、日本、瑞士、德国等多个国家的水电设备，集中展示了中国水电事业的发展历程。[②]

黑龙江省的工业博物馆主要有大庆油田历史陈列馆以及大庆铁人王进喜纪念馆。2006 年 9 月 26 日，大庆油田历史陈列馆落成开馆，为全国首个以石油工业为题材的原址性纪念馆。该馆坐落于黑龙江省文物保护单位、大庆油田会战指挥部旧址“二号院”内，为国家 4A 级旅游景点，馆内以展览为主，约有藏品 8000 件，展示了大庆油田的辉煌发展历程。[③] 大庆铁人王进喜纪念馆正式开馆于 2006 年 9 月 26 日，位于大庆市让胡路区龙南，是首批国家一级博物馆、全国爱国主义教育示范基地、国家 4A 级旅游景点、国家级青年文明号、全国工业旅游示范点、中国石油企业文化建设基地、中国最具特色旅游目的地、中国红色旅游十大景区，馆内现有文物 4060 件，上展线文物 1170 件，展示了铁人王进喜的生平业绩及用终生实践所体现出的大庆精神、铁人精神。[④]

2. 建设工业遗产群博览园

2016 年 7 月，辽宁省本溪市委、市政府决定起步建设本溪湖工业遗产群博览园，用市场化方式推进项目建设。在东南大学建筑设计院和北京建工大学建筑设计院联合编制的《本溪湖工业遗产群保护规划》中，明确了遗产群内需要保护的对象以及文物现状和价值评估，并对文物保护区的划分和保护措施以及周边环境保护与整治等作了规划，同时对展示利用、防灾与安全、保护管理、项目实施等作了规划。《规划》对整个遗产群确定了三个展示区和一条展示轴。三个展示区，即核心展区、煤泥河北展区（张作霖别墅一大仓喜八郎遗发冢一本溪湖火车站）、彩屯竖井展区。一条展示游览总轴即将三个展示区作为一条游览线，设置专门的旅游

① 参见庄力：《沈阳工业博物馆现状与发展》，辽宁大学硕士学位论文，2013 年。

② 参见韩福文、佟玉权、王伟伟：《东北地区工业遗产旅游资源系统开发探讨》，《改革与战略》2010 年第 11 期。

③ 参见《大庆油田历史陈列馆简介》，《北方文物》2009 年第 3 期。

④ 参见《大庆铁人王进喜纪念馆》，http://www.chinamuseum.org.cn/a/quanguobowuguan/dongbei/heilongjiangsheng/2012/0709/3624.html。

接驳车以及连接彩屯煤矿竖井、核心展区、煤泥河北展区的铁轨游览线。[①]

3. 打造工业主题游乐园

2016 年，沈阳利用红梅味精厂老旧厂房，开始打造世界最大的工业主题游乐园——传奇梦工厂。虽然沈阳市旅游景区数量可观，但存在着品牌不响、产品不精等问题，而通过打造工业主题公园，挖掘工业旅游的深度内涵，提高游客的体验和参与度，可以此发挥沈阳国家区域中心城市集聚效应、历史文化底蕴以及工业文明等方面优势。据悉，该项目可分为工业游憩娱乐项目、工业景观小品、工业旅游商品和工业时尚休闲消费等四大方面。除此之外，还将挖掘沈阳 100 多个“新中国第一”的传奇工业史，以情景再现或微缩的方式打造系列景观小品，展示最具有纪念意义的工业生产场景，配套工业历史场景解说系统，强化传奇工业历史的文化渗透。同时，还将鼓励引导华晨宝马、可口可乐、沈飞航空园等龙头制造企业开发工业专利型旅游商品。此外，围绕传奇梦工厂游乐项目，还将配套具有工业文化主题的休闲消费业态，为游客提供时尚创意的休闲消费场所，让游客在休闲消费中回味工业情怀。[②]

4. 将工业遗产纳入城市文化体系

2016 年 9 月 26 日，在中国城市规划年会上，沈阳市规划设计研究院副院长、教授级高工谭许伟对沈阳工业遗产保护与利用提出了自己的看法。首先，谭许伟表示，目前东北还未建立与工业遗产相关的城市法规，而工业遗产的法定地位如果得不到确立，那么在规划过程中工业遗产的保护与利用将缺乏依据。其次，沈阳计划 2016 年年内或 2017 年年初，进行全面普查，然后逐步分批次地将工业遗产纳入城市历史文化保护体系，使城市工业遗产从原来单一的物质空间变成城市文化的一个链条，实现更加系统性、完整性的保护。而在城市规划中如何对待工业遗产，谭许伟认为，可将工业遗产的空间特点与未来使用功能相结合，发挥市场资源与设计者的创造力，让多种因素相结合，而不仅仅局限于一些博物馆、工作室之类的传统模式。[③]

5. 创建文化创意产业园

2016 年 7 月 10 日，在沈阳铁西老城区内、齐贤北街与北四中路交汇东北角的原沈阳市自行车厂厂房，被打造为奉天记忆文化创意产业园。据了解，“奉天记忆”是以民国风情为特色的主题文化街区，规划设计娱乐购物、影视演艺、艺术培

---

① 参见《本溪湖工业遗产群保护规划完成》，http://liaoning.nen.com.cn/system/2016/12/22/019547716.shtml。

② 参见郭星、丁冬：《红梅味精老厂房要建工业主题乐园该项目计划挖掘沈阳 100 多个“新中国第一”的传奇工业史》，《辽宁日报》2016 年 1 月 8 日。

③ 参见邱菊：《工业遗产利用模式应多元化》，《沈阳日报》2016 年 9 月 27 日。

训、休闲餐饮四大业态门类。街区中，既有以新加坡富恒集团 VR/AR（虚拟现实）体验馆为核心的现代高科技项目，也有以马头琴大型演艺中心为核心的特色演艺项目，同时集合了沈阳市非物质文化遗产"五行八作"。届时，市民可一边徜徉"旧时光"，一边体验"新时尚"。而在沈阳自行车厂改建为"奉天记忆"项目之前，铁西区已成功运作了三个工业文化旅游项目，即在沈阳铸造厂原址上建设起来的中国工业博物馆，据 20 世纪 50 年代建成的老国企工人住宅区改造而成的工人村，以及由北方重工沈重集团二金工车间改建而成的 1905 文化创意产业园。①

6. 开发工业旅游产品

2016 年 4 月 13 日，沈阳市召开 2016 年旅游产业发展工作会议。会议指出，沈阳将开发工业旅游产品，打造精品旅游线路。为此，沈阳将大力发展旅游装备制造业，培育旅游消费热点，发展工业旅游，其中包括引导沈阳工业生产企业开展低空飞行、滑雪、游乐、房车、游艇、索道以及各类户外用品等装备的研发生产，开发具有自主知识产权的产品，实现沈阳旅游装备制造业的产业化、标准化、品牌化。同时加大对沈阳工业遗产资源的开发与利用，将重点进行工业物质文化遗产和精神文化遗产的有机结合，打造沈阳工业文化遗产旅游精品。开发消费性、生产性工业旅游体验产品，扩大覆盖范围。②

2016 年 5 月 6 日，在长春市汽开区举办的汽车工业特色旅游暨幸福汽车城规划发展战略专家论坛上，11 名来自汽车技术研发领域和学术界的高级专家，围绕汽车工业旅游进行了广泛研讨，认为汽开区应将汽车工业旅游资源进行系统挖掘和整合，形成精品旅游线路，吸引国内外游客前来，以进一步扩大汽开区乃至长春的知名度和影响力。目前，汽开区计拥有一汽解放、一汽大众、一汽丰越等三大主机厂和 300 多家汽车零部件企业，整车年产能已达 150 万辆。而在做大、做强汽车产业的同时，汽开区也十分重视服务业发展，特别是在汽车文化打造上做了大量工作，相继建设了长春国际汽车公园、汽车广场、车城万达等一批汽车文化主题项目。为了进一步提升城市品质、提高车城品牌、发展独具车城特色的文化产业，论坛期间还规划和设计了汽车工业特色旅游及幸福汽车城规划发展战略。③

7. 开办旅游名品博览会

2016 年 9 月 8 日，由沈阳市政府主办，沈阳市旅游委员会、沈阳市旅游协会承办的"2016 中国（沈阳）国际旅游名品博览会"在辽宁工业展览馆开幕。本届博览会总展出面积 13000 平方米，分为国际元素、历史文化、工业体验、智慧旅游、自

---

① 参见叶青、牛莉：《"工业遗产"成新增长点》，《沈阳日报》2016 年 7 月 11 日。

② 参见《沈阳老工业基地旅游玩出回忆与新意》，《沈阳日报》2016 年 5 月 2 日。

③ 参见《专家为汽车工业旅游把脉献策》，http://www.sohu.com/a/74256177_364144。

然景观、特色乡村、旅游购物、时尚休闲等十余个主题板块。而工业体验这一特色旅游元素，也首次在“旅游名品”博览会上展出。①

三、东北村落保护与农业文化遗产

（一）村落保护的源起

2000年11月30日，以皖南黟县西递村、宏村为代表的安徽古村落成功入选联合国教科文组织《世界遗产名录》，这一事件成为了一个导火索，迅速燃起了国内村落发展研究的热潮。据报载，西递村现有14～19世纪的祠堂3幢、牌楼1座、古民居224幢，有“活的古民居博物馆”“中国画里的乡村”“东方威尼斯”之称。宏村始建于公元1131年，现存明、清古建筑137幢。②

2001年3月，《光明日报》发表评论文章《古村落缘何如此受宠》。作者从三个方面回答了“土得掉渣”的古村落为何一时间游人如织的问题：典雅古朴引人入胜，景文结合诗意盎然，顺应自然“天人合一”。除了传统建筑、服饰、家具、礼仪等有形文化之外，该文还谈到了神话、民俗、民歌、民间舞蹈、口头传说、宗教信仰等作为旅游资源的价值。③

《中国社会科学》2002年第1期发表中国社会科学院李培林在广州市的调查研究文章《巨变：村落的终结——都市里的村庄研究》一文。文章援引法国著名农村社会学家孟德拉斯《农民的终结》一书的观点，将20世纪上半叶与下半叶区别分析，即20世纪上半叶，与工业的狂热相对照，乡村始终哺育着恬静美满、安全永恒的田园牧歌式幻梦；20世纪下半叶，20亿农民站在了工业文明的入口处，这也是向社会科学提出的主要问题。作者最后得出结论，“一个由亲缘、地缘、宗族、民间信仰、乡规民约等深层社会网络联结的村落乡土社会，其终结问题不是非农化和工业化就能解决的”④。随后，《光明日报》记者对李培林进行了采访，“几千年来，村落这种与自然和谐的人居环境，是否有符合人类理想的本质内涵？在城市化消去了村落之后，这些内涵能否继续保留下来，它会以一种什么样的方式保留下来，指引和滋润我们的生活？”对此，李培林回答称，城中村居民之间非常熟悉的

---

① 参见邓丽婧：《沈阳旅游名品博览会昨日在工业展览馆开幕》，《沈阳晚报》2016年9月9日。

② 参见张和敬：《中国古村落的典型》，《安徽日报》2000年6月23日；《龙门石窟、明清皇家陵寝、安徽古村落青城山与都江堰“跻身”世界遗产名录》，《中国建设报》2000年12月5日。

③ 参见孙明泉：《古村落缘何如此受宠》，《光明日报》2001年3月2日。

④ 李培林：《巨变：村落的终结——都市里的村庄研究》，《中国社会科学》2002年第1期。

网络，能够减少社会成本，这是可以与现代化相对接的。[①]

2002 年 2 月，中国民间文艺家协会在北京召开中国民间文化遗产抢救工程研讨会，26 日，中国民间文化遗产抢救工程正式启动。同年 8 月，会议论文与讲话整理成集，由西苑出版社出版发行。在该书中，中国民间文艺家协会主席冯骥才阐述了民间文化的双重危：一是受到现代化、工业化、城市化、商品化、旅游化的冲击；二是文化本身自生自灭的特点。这一抢救与整理民间文化财富和文化传统的重任落到了民间文艺家协会、民间文化工作者身上，开展了首次全国性的民间文化大普查。这一会议也被认为是中国民间文化事业进入 21 世纪里程碑式的新起点。[②] 2003 年 2 月，高等教育出版社出版了《中国民间文化遗产抢救工程普查手册》一书。在书中，中国民间文化遗产抢救工程专家委员会副主任乌丙安教授拟定了 20 个项目、约 150 个细目的村落民俗普查提纲，并以山西省后沟村为样本进行了民俗普查。2003 年 7 月，山西后沟村被确定为中国古村落典范、唯一的古村落调查范本。[③]

由此，村落文化的普查与保护工作拉开了序幕。

（二）政策扶持的区域化含义

为保护和发展村落文化，国家主要采取了以下措施：2003 年 10 月起，住建部、文物局分批公布“中国历史文化名镇（村）”；2010 年 3 月起，住建部、旅游局分批公布“全国特色景观旅游名镇（村）”；2012 年 12 月起，住建部等七部门（第三批起，前两批分别为“住建部、文化部、财政部”和“住建部办公厅”）分批公布“中国传统村落”；2013 年 5 月起，农业部分批公布“中国重要农业遗产”；2013 年 11 月起，住建部分批公布“美丽宜居小镇，美丽宜居村庄”；2014 年 9 月起，国家民委分批公布“中国少数民族特色村寨”；2014 年起，农业部每年公布“中国美丽休闲乡村”；2016 年 9 月，旅游局网站发布《关于印发乡村旅游扶贫工程行动方案的通知》；2016 年 10 月起，住建部分批公布“中国特色小镇”；其他如中国古村落保护与发展委员会 2007 年起认定评选的“中国景观村落”，中国生态文化协会 2009 年起评选的“全国生态文化村”等。

---

① 参见王纬：《巨变：村落的终结》，《光明日报》2002 年 2 月 28 日。

② 参见冯骥才：《守望民间——中国民间文化遗产抢救工程》，西苑出版社 2002 年版。

③ 参见罗盘：《山西后沟村被确定为中国古村落范本》，《人民日报》2003 年 7 月 14 日。

1. 中国历史文化名镇村

为更好地保护、继承和发展我国优秀建筑历史文化遗产，弘扬民族传统和地方特色，住建部、国家文物局决定选择一些保存文物特别丰富并且具有重大历史价值或革命纪念意义，能较完整地反映历史时期传统风貌和地方民族特色的镇（村），分期分批公布为中国历史文化名镇和中国历史文化名村。2003年10月8日，第一批中国历史文化名镇（村）公布，包括江苏省周庄镇、福建省古田镇等10个镇以及安徽省西递村、宏村等12个村。通知同时公布了历史文化名镇（村）评选条件，包括“建筑遗产、文物古迹和传统文化比较集中，能较完整地反映某一历史时期的传统风貌、地方特色和民族风情，具有较高的历史、文化、艺术和科学价值”①。至此，国家层面对于传统村镇保护迈出了实质性的一步。2005年、2007年、2008年、2010年、2014年，住建部、文物局又先后公布了五批历史文化名镇村，六批总计252个镇、232个村，其中东北三省8个镇、1个村入选，约占总数的3.17%和0.43%。

表4　东北三省中国历史名镇(村)汇总表(2003—2014)②

	第一批		第二批		第三批		第四批		第五批		第六批		总计	
	镇	村	镇	村	镇	村	镇	村	镇	村	镇	村	镇	村
辽宁	0	0	1	0	0	0	1	0	0	0	2	0	4	0
吉林	0	0	0	0	0	0	2	0	0	0	0	1	2	1
黑龙江	0	0	0	0	1	0	1	0	0	0	0	0	2	0
三省汇总	0	0	1	0	1	0	4	0	0	0	2	1	8	1
全国	10	12	34	24	41	36	58	36	38	17	71	107	252	232
东北在全国所占比例(%)	0	0	3	0	2.43	0	6.89	0	0	0	2.82	0.93	3.71	0.43

2. 特色旅游景观名镇村

“发展全国特色景观旅游示范镇（村），有利于保护村镇的自然环境、田园景观、传统文化、民族特色、特色产业等资源”，即以旅游为突破口带动新农村建设，其考核条件包括，“能够较完整真实地体现地方、民族特色、民俗风情和传统乡村

① 《关于公布中国历史文化名镇（村）（第一批）的通知》，http://www.mohurd.gov.cn/wjfb/200611/t20061101_157345.html。

② 注：表1-7由住建部、农业部、国家民委等网站公布的村落名单汇总处理所得。

特色、自然风貌”[①]。2010 年、2011 年、2015 年，住建部网站分三批公布了 553 个特色景观旅游示范镇（村），其中东北三省 48 个，约占总数的 8.68%。

表 5　　东北三省特色景观旅游名镇（村）汇总（2010—2015）

	第一批	第二批	第三批	总计
辽宁	1	0	10	11
吉林	5	4	11	20
黑龙江	1	9	7	17
总计	7	13	28	48
全国	105	111	337	553
东北在全国所占比例（%）	6.67	11.71	8.31	8.68

3. 中国传统村落

2011 年 9 月 6 日，国务院参事冯骥才先生在中央文史馆成立 60 周年座谈会上做了关于紧急保护古村落的发言，温家宝总理在听取冯先生发言后，做出了关于“古村落的保护就是工业化、城镇化过程中对于物质遗产、非物质遗产以及传统文化的保护”和要求加强保护工作的指示。[②] 2012 年 6 月，住建部、文化部、文物局、财政部发起《关于开展传统村落调查的通知》。同年 8 月，四部门又印发了关于《传统村落评价认定指标体系（试行）》的通知，认证体系由“村落传统建筑评价指标体系”“村落选址和格局评价指标体系”以及“村落承载的非物质文化遗产评价指标体系”三部分组成，非遗评估又包括定量评估和定性评估两部分，前者指非遗的稀缺度、丰富度、连续性、规模与传承人，后者指非遗活态性传承和“相关的仪式、传承人、材料、工艺以及其他实践活动等与村落及其周边环境的依存程度”。2012 年 12 月、2013 年 8 月、2014 年 11 月、2016 年 12 月，前四批计 4153 个中国传统村落公布，东北三省仅 32 个，约占总数的 0.77%。

值得一提的是，2016 年 11 月，住房城乡建设部办公厅等部门联合印发了《中国传统村落警示和退出暂行规定（试行）》的通知，对因保护不力、造成村落文化遗产保护价值严重损害的情形提出警告；将失去保护价值的村落从已公布的《中国传统村落名录》中予以除名。规定还列出了予以警示的八种情况，包括“传统文化

① 《关于开展全国特色景观旅游名镇（村）示范工作的通知》，http://www.mohurd.gov.cn/wjfb/200901/t20090115_184958.html。

② 参见中国城市科学研究会、住房和城乡建设部村镇建设司、中国·城镇规划设计研究院编：《中国小城镇和村庄建设发展报告 2012》，中国城市出版社 2013 年版。

或非物质文化遗产几近消失，对文化传承造成严重影响的”，“空心化极其严重，对村落活态传承造成严重影响的”，以及未完成保护工作、未完成村落建档等。①

2017 年 7 月 28 日，《住房城乡建设部办公厅关于做好第五批中国传统村落调查推荐工作的通知》指出，“自 2012 年以来，我部会同相关部门先后数次组织传统村落调查，分 4 批将 4153 个有重要保护价值的村落列入了中国传统村落名录……第五批中国传统村落调查是最后一次全国性调查，力争将所有有重要保护价值的村落全部纳入中国传统村落名录，建立基本完善的中国传统村落名录”②。

表 6　　东北三省中国传统村落汇总（2012—2016）

	第一批	第二批	第三批	第四批	总计
辽宁	0	0	8	9	17
吉林	0	2	4	3	9
黑龙江	2	1	2	1	6
总计	2	3	14	13	32
全国	646	915	994	1598	4153
东北在全国所占比例（%）	0.31	0.33	1.41	0.81	0.77

4. 农业遗产

2016 年 1 月 27 日，中央一号文件《中共中央 国务院关于落实发展新理念加快农业现代化 实现全面小康目标的若干意见》发布，意见指出要大力发展休闲农业和乡村旅游、开展农业文化遗产普查与保护。③ 3 月 30 日，《农业部办公厅关于开展农业文化遗产普查工作的通知》指出，传统农业生产系统是中华文明立足传承的根基，2012 年开始的重要农业遗产发掘工作“有力地带动了遗产地农民就业增收，传承了悠久的农耕文明，增强了国民对民族文化的认同感、自豪感，在推动遗产地经济社会协调可持续发展方面发挥了重要作用。”但是农业文化遗产有被破坏、被遗忘、被抛弃的危险，因此要开展全国性的农业遗产普查，其重点在于分析农业生产系统的生产特点、文化价值、科学研究价值，并“要求其在活态性、适应性、复合性、战略性、多功能性和濒危性方面有较为显著的特征，具有悠久的历史

① 参见《住房城乡建设部办公厅等部门关于印发〈中国传统村落警示和退出暂行规定（试行）〉的通知》，http://www.mohurd.gov.cn/wjfb/201611/t20161114_229505.html。

② 《住房城乡建设部办公厅关于做好第五批中国传统村落调查推荐工作的通知》，http://www.mohurd.gov.cn/wjfb/201708/t20170801_232807.html。

③ 参见《中共中央 国务院关于落实发展新理念加快农业现代化 实现全面小康目标的若干意见》，http://www.gov.cn/zhengce/2016-01/27/content_5036698.htm。

渊源、独特的农业产品、丰富的生物资源、完善的知识技术体系、较高的美学和文化价值”[①]。2016 年 12 月 9 日，408 项具有潜在保护价值的农业生产系统认定结果对外公布，其中辽宁省 7 项、吉林省 1 项、黑龙江省 8 项。

2016 年 6 月 7 日，《农业部办公厅关于开展第四批中国重要农业文化遗产发掘工作的通知》发布，通知指出农业部分三批认定了 62 项中国重要农业文化遗产，“发掘工作在增强遗产地产业发展后劲、带动遗产地农民就业增收、促进农业可持续发展、传承农耕文明和弘扬农耕文化方面发挥出了积极作用”。2017 年 6 月 28 日，第四批 29 项重要农业文化遗产公布，吉林省葡萄、贡米栽培系统入选。至此，东北三省共有 8 个农业系统被列为重要文化遗产，其他还包括辽宁鞍山南果梨、辽宁宽甸柱参传统栽培（2013 年第一批）、辽宁桓仁京租稻栽培、吉林延边苹果梨栽培、黑龙江抚远赫哲族鱼文化、黑龙江宁安响水稻作文化（2015 年第三批）。

5. 美丽宜居小镇、美丽宜居村庄

美丽宜居小镇、村庄示范是村镇建设的综合性示范，包括传承传统文化和地区特色等，是国家对于城市化过程的回应，在《美丽宜居小镇示范指导性要求》中有“各类历史遗存保护良好”“具有地方、民族特色的文化活动和民间习俗得到良好的保护与传承”等内容，《美丽宜居村庄示范指导性要求》亦指出，要让“历史遗存、地区民族文化及民俗得到良好保护与传承”。2013 年 11 月、2015 年 1 月、2016 年 1 月、2016 年 12 月，住建部公布了四批美丽宜居小镇、美丽宜居乡村，其中东北三省累计有 17 个镇、43 个村入选，约占总数的 8.95％和 7.61％。

表 7　东北三省全国美丽宜居小镇、美丽宜居村庄汇总（2013—2016）

	第四批		第三批		第二批		第一批		总计	
	镇	村	镇	村	镇	村	镇	村	镇	村
辽宁省	4	20	1	3	2	2	0	0	7	25
吉林省	3	4	1	1	1	1	0	0	5	6
黑龙江省	3	8	1	2	1	2	0	0	5	12
总计	10	32	3	6	4	5	0	0	17	43
全国	95	413	42	79	45	61	8	12	190	565
东北在全国所占比率（％）	10.53	7.75	7.14	7.59	8.89	8.20	0	0	8.95	7.61

① 《农业部办公厅关于开展农业文化遗产普查工作的通知》，http://www.moa.gov.cn/zwllm/tzgg/tfw/201604/t20160406_5083336.htm。

6. 中国少数民族特色村寨

2013 年 6 月，《国家民委关于印发开展中国少数民族特色村寨命名挂牌工作意见的通知》指出，“中国少数民族特色村寨是指民居特色突出、产业支撑有力、民族文化浓郁、人居环境优美、民族关系和谐的少数民族村寨。这些少数民族特色村寨在民居式样、产业结构、村寨风貌以及风俗习惯等方面集中体现了少数民族经济社会发展特点和文化特色，是传承民族文化的有效载体，是加快少数民族和民族地区发展的重要资源”。2014 年 9 月，首批 340 个“中国少数民族特色村寨”予以命名挂牌。2016 年 7 月，辽宁省民委部署第二批中国少数民族特色村寨申报工作。2017 年 3 月，第二批 717 个“中国少数民族特色村寨”对外公布。国家民委两批共计命名 1057 个“中国少数民族特色村寨”，其中辽宁省一批 4 个、二批 30 个，吉林省一批 9 个、二批 11 个，黑龙江省一批 4 个、二批 17 个，三省共计 75 个，约占总数的 7.10%。

表 8　东北三省中国少数民族特色村寨汇总(2016—2017)

	第一批	第二批	总计
辽宁	4	30	34
吉林	9	11	20
黑龙江	4	17	21
总计	17	58	75
全国	340	717	1057
东北在全国所占比例(%)	5	8.09	7.10

7. 最美休闲乡村

2014 年 3 月，《农业部办公厅关于开展中国最美休闲乡村推介活动的通知》指出，按照党的十八大“大力推进生态文明、努力建设美丽中国”的重大决策部署，各地涌现出许多以农耕文明为根基、以传统民居为景观、以民俗文化为依托、以美丽田园为特色、以休闲农业为主导的休闲乡村。各地要充分认识开展中国最美休闲乡村推介活动的重要意义，通过树立中国最美休闲乡村品牌，引领农耕文明传承、民俗文化展示、传统民居保护、美丽田园建设和休闲农业发展，推动人与自然和谐发展。[①] 中国最美休闲乡村包括历史古镇、特色民居、传统村落、民俗村落等

① 参见《关于开展中国最美休闲乡村推介活动的通知》，http://www.moa.gov.cn/govpublic/XZQYJ/201705/t20170504_5593994.htm。

类型。2014 年 10 月、2015 年 10 月、2016 年 9 月，三批最美休闲乡村对外公布。

表 9　　东北三省最美休闲乡村汇总(2014—2016)

	特色民居村			特色民俗村			现代新村			历史古村			总计		
	一	二	三	一	二	三	一	二	三	一	二	三	一	二	三
辽宁	2	2	1	1	1	1	1	1	1	0	1	1	4	5	4
吉林	1	0	1	1	2	3	1	2	1	0	0	0	3	4	5
黑龙江	2	0	0	0	1	1	0	1	4	0	0	0	2	2	5
总计	5	2	2	2	4	5	2	4	6	0	1	1	9	11	14
全国	29	33	40	22	30	44	28	38	43	21	19	23	100	120	150
东北在全国所占比例(%)	17.24	6.06	5	9.09	13.3	11.36	7.14	10.53	13.95	0	5.26	4.35	9	9.17	9.33

8. 旅游扶贫

2016 年 8 月，国家旅游局网站发布了《关于印发乡村旅游扶贫工程行动方案的通知》，指出其工作目标是"'十三五'期间，力争通过发展乡村旅游带动全国 25 个省(区、市)2.26 万个建档立卡贫困村、230 万贫困户、747 万贫困人口实现脱贫"①。在这 22651 个"全国乡村旅游扶贫重点村"中，包括辽宁省 9 市 33 县 596 个村，吉林省 9 市 48 县 359 个村，黑龙江省 14 市 63 县 361 个村，三省旅游扶贫重点村合计 1289 个，约占总数的 5.69%。

9. 中国特色小镇

2016 年 7 月，《住房城乡建设部 国家发展改革委 财政部关于开展特色小镇培育工作的通知》发布，通知指出："到 2020 年，培育 1000 个左右各具特色、富有活力的休闲旅游、商贸物流、现代制造、教育科技、传统文化、美丽宜居等特色小镇。"特色小镇培育要求"传统文化得到充分挖掘、整理、记录，历史文化遗存得到良好保护和利用，非物质文化遗产活态传承"。② 2016 年 10 月、2017 年 8 月，前两批中国特色小镇发布，第一批计 127 个，第二批计 276 个，其中辽宁一批 4 个、二批 9 个，吉林一批 3 个、二批 6 个，黑龙江一批 3 个、二批 8 个，三省合计一批 10 个、二批 23 个，分别占总数的 7.87%和 8.33%。

① 《关于印发乡村旅游扶贫工程行动方案的通知》，http://cnta.gov.cn/zwgk/201609/t20160929_785056.shtml。

② 《住房城乡建设部 国家发展改革委 财政部关于开展特色小镇培育工作的通知》，http://www.mohurd.gov.cn/wjfb/201607/t20160720_228237.html。

表 10　　东北三省中国特色小镇汇总(2016－2017)

	第一批	第二批	总计
辽宁	4	9	13
吉林	3	6	9
黑龙江	3	8	11
三省总计	10	23	33
全国	127	276	403
东北在全国所占比例(%)	7.87	8.33	8.19

中国古村落保护与发展专业委员会,是我国最早发起调查和研究中国古村落的社团组织。该委员会成立于 2006 年 12 月 23 日,由张安蒙任秘书长。1989 年,张发现了湖南岳阳的张谷英村并拍摄了四集纪录片《岳阳楼外楼》,之后又以"屋脊与根工作室"为基地,开始寻找更多的"张谷英村",推出了《中国古村落》等电视专题片。2007 年 4 月 29 日,中国景观村落评选正式启动,其具体评选标准有三个,即优美山水环境、数百年建村历史,与自然和谐共融的村落布局,具有丰富的文化遗产。其中后者"承载着村落乃至中国农耕社会在不同历史时期的丰富的历史信息,是今天学术研究、历史考证、寻根问祖的文化源头;具有学术研究、艺术审美、远足游历、休闲度假等多重价值"。基于此标准,同年 12 月在北京人民大会堂,首批 15 个景观村落与 8 处经典村落景观对外公布。"有鉴于国内数量众多、文化多样,能较完整地反映特定历史时期的传统风貌、地方特色、民俗风情,具有较高的历史、文化、艺术和景观审美价值的景观村落在国家快速工业、城市化的背景下面临快速消亡,不可再生的客观现实"[①]等原因,《中国景观村落保护公约》同时签署,这是我国第一部以保护、建设与发展古村落为主旨的公约。截至目前,共计公布 7 批 82 家景观村落,只是东北三省未有村落被列入其中。

中国生态文化协会关于《"全国生态文化村"遴选命名管理办法》指出,"全国生态文化村"创建和遴选命名活动的目的,旨在发掘和保护民间生态文化资源,传承和弘扬具有区域及民族特色的生态文化传统,不断丰富生态文化的时代内涵。遴选条件包括重视乡村文化遗产保护,特别是古村落生态人文价值的保护与传承,形成独具民族特色或区域特色的生态文化传统,在建筑风格、文物古迹、历史

① 《中国景观村落保护公约——中国古村落保护与发展专业委员会第一次会议正式通过》,http://www.zhongguogucunluo.com/page/zzzs/index.php。

典故、民歌民谣、文史资料、口碑传说等方面得到充分体现等。[①] 2009 年，首批“全国生态文化村”公布，除了 2013 年，截至 2016 年，已公布 6 届 564 个（首批按公开显示的 25 个计）生态文化村，其中东北三省计 50 个，约占总数的 8.87%。

（三）学术研究的贡献

大规模的村落调查、记录与出版工作，主要体现在以下几个方面：一是 1998 年 10 月获批的社科院项目“中国百村经济社会调查”；二是社科院中国边疆史地研究中心开展的“当代中国边疆·民族地区典型百村调查”；三是华中师范大学中国农村问题研究中心的“百村观察”计划；四是中国民间文化遗产抢救工程成果、中国民间文艺家协会组织编写的“中国古村落丛书”；五是中国地方志指导小组办公室推出的“中国名村志文化工程丛书”。

1. 中国百村经济社会调查

1998 年 10 月，国家哲学社会科学规划办公室批准了中国社会科学院大型社会调查项目——“中国百村经济社会调查”（98ASH001），并被补列为“九五”重点项目。“不了解中国农民，就不了解中国社会。”“百村调查”是“百县市调查”的姐妹篇，其目的“同样是为了加深对全国基本国情的认识，特别是对全国农村、农民、农业的现状与发展有一个科学的认识”[②]。2001 年 5 月，“中国百村调查丛书”第一部《内发的村庄：行仁庄》由社会科学文献出版社出版发行。2008 年 2 月，《和谐渔村：后石村》出版（村子位于辽宁省大连市）；2009 年 2 月，《北大荒的小康村（兴十四村）》出版（村子位于黑龙江省齐齐哈尔市）；2010 年 8 月，《关东红果第一村：北锅盔村》出版（村子位于吉林省吉林市）；2012 年，《辽河岸畔锡伯村》出版（村子位于辽宁省沈阳市）。

2. 当代中国边疆·民族地区典型百村调查

“不了解少数民族，就不了解中华民族；不了解边疆，就不了解中国。”“当代中国边疆·民族地区典型百村调查”项目是社科院中国边疆史地研究中心承担的国家哲学与社会科学基金特别项目“新疆历史与现状综合研究”（B2008－12）的子课题。其以新疆为重点，从新疆、西藏、内蒙古、宁夏、广西五个民族自治区以及云南、吉林和黑龙江选取 100 个边疆村落，其中新疆 22 个村，东北边疆、其余 5 省各 13 个村，调查内容包括社会生活、民族、宗教、民俗风情等多个方面。[③] 2011 年、

---

① 参见《“全国生态文化村”遴选命名管理办法》，http://www.ceca-china.org/news_view.asp? id=3409。

② 陆学艺：《内发的村庄：行仁庄》，社会科学文献出版社 2001 年版。

③ 参见厉声：《“当代中国边疆·民族地区典型百村调查”总序》，《当代中国边疆·民族地区典型百村调查》，社会科学文献出版社 2010 年版。

2012 年、2014 年，吉林省 4 村（春兴村、红旗村、杨木林子村、双泉村）、黑龙江省 8 村（洛古河村、同仁村、燎原村、团结村、鄂族新村、江西村、东村、建新村）的调查报告由社会科学文献出版社出版发行。

3.“百村观察”

1988 年，华中师范大学开始从事有关农村方面的研究。1996 年，在全国 22 个村开展了调查并推出了“村治书系”。2005 年底，徐勇教授提出“百村观察”计划，并于 2006 年启动，2009 年项目正式大规模启动。该计划，通过学科抽样和历史名村的选取，确定了 258 个村，其中 2009 年调查了 220 多个村，2010 年则实现了全覆盖。在这些被调查村庄中，其中就包括黑龙江省大庆市实现村、安达市农义村、五大连池市三合村、海林市石河村，辽宁省开原市兴隆台村、普兰店市米屯村、大连市杨家村、东港市榆树村、辽阳市老窝村，吉林省四平市北壕村、蛟河市爱国村。

4.“中国名村志文化工程丛书”

2016 年 11 月，中国地方志指导小组办公室发布关于印发《中国名村志文化工程实施方案》的通知，次年 3 月第一批村志名单正式发布，包括辽宁省《獐岛村志》、吉林省《防川村志》、黑龙江省《八岔赫哲村志》与《新生鄂伦春村志》。[①] 该村志以求反映村落文化和农民生活，入选范围包括中国历史文化名村、经济强村、新农村建设示范（试点）村、文明村、特色旅游名村、农业示范村、生态示范村、最美乡村等。

四、东北非物质文化遗产的保护与发展

非物质文化遗产保护是联合国教科文组织从 1980 年代开始推动的一项文化保护事业，经过反复的辩论、试验，最终在 2003 年凝结为《保护非物质文化遗产公约》及其所配套的各种工作委员会。目前，全世界已有 140 个国家签署了非遗公约。

中国在 2004 年完成法律程序并加入《保护非物质文化遗产公约》。2005 年，国务院发布《关于加强文化遗产保护的通知》和与之配套的《国务院办公厅关于加强我国非物质文化遗产保护工作的意见》。2006 年，在第一个国家文化遗产日（每年 6 月的第二个周六）发布了第一批国家级非物质文化遗产代表性项目名录。2011 年，《中华人民共和国非物质文化遗产法》颁布实施。截至 2014 年，我国先

① 参见《转发中指组〈关于公布入选中国名村志文化工程丛书第一批村志名单〉的通知》，http://www.jlsq.gov.cn/zcwj/201707/t20170714_11384.html。

后公布四批国家级非遗代表性名录，共计 1372 项、1488 人被确定为国家级非物质文化遗产代表性传承人。在此期间，中国政府动员各地积极申报联合国教科文组织的人类口头与非物质文化遗产名录、亟须保护名录和保护示范名录。与此同时，文化部还批准建设了 18 个国家级文化生态保护实验区。[①]

2015 年 12 月，党的十八届五中全会在《中共中央关于制定国民经济和社会发展第十三个五年规划的建议》中，提出“构建中华优秀传统文化传承体系，加强文化遗产保护，振兴传统工艺”，明确了国家发展战略及文化发展的总体部署，从而让非物质文化遗产保护工作的现状以及未来发展更加明确。2016 年是进入“十三五”的第一年，非遗保护在我国取得了突飞猛进的发展。2015 年，全国共收集 87.9 万项非物质文化遗产项目的信息；截至 2016 年底，中国有 39 个项目被列入 UNESCO 相关名录。2005 年以来，国家每年投入超过 1000 万元的专项保护经费[②]，截至 2015 年底，中央财政共计为这一活动投入了 42 亿元资金（包括相关机构工作经费、国家级传承人的津贴、奖励基金等）。[③]

（一）东北非物质文化遗产的地域性特征

东北诸多传统民俗都是民众在适应生态环境的条件下借助集体智慧发明的，对生态环境有积极的维护功能。

2016 年，满族祭祀（色氏）入选黑龙江省第五批省级非物质文化遗产名录。满族的萨满教作为一种自然宗教，有着悠久的生态保护传统。在萨满教的观念和行为中都蕴涵着爱护大自然、维护生态平衡和回归大自然的环境意识和环保精神。这主要表现在以下几个方面，即以树神的名义保护森林、以水神的名义保护河流、以地神崇拜保全土地、借助图腾禁忌保护物种、崇拜火神以预防火灾保护生存环境等。

东北传统民俗的形成与东北特定的生态条件是相辅相成的：一方面，生态环境对民俗的形成与存续具有一定的影响甚至是决定作用；另一方面，民俗也反映和体现着生态状况。东北传统民俗与东北民族的传统经济形式有着密切的联系。在东北民族的漫长发展历程中，存在着多元的经济形式，如渔猎经济、游牧经济、农耕经济等，从而形成了东北特有的民族习俗及生态特征。东北传统民俗的生态观念，对于改善人与自然的关系、保护环境和促进生态经济的发展，具有重要的启示作用。

---

① 参见高丙中：《日常生活的未来民俗学纲论》，《民俗研究》2017 年第 1 期。

② 转引自安德明：《非物质文化遗产保护的中国实践与经验》，《民间文化论坛》2017 年第 5 期。

③ 参见《项兆伦在全国非物质文化遗产保护工作会议上的讲话》，http://www.chinesefolklore.org.cn/web/index.php? NewsID=15840。

作为多民族“文化共同体”，少数民族文化在整个中国文化中占有重要地位。吉林省内有朝鲜族、满族、达斡尔族、锡伯族等多个少数民族分布，黑龙江省内也有哈萨克族、鄂伦春族、赫哲族等少数民族分布。在国家先后发布的四批国家级非物质文化遗产代表性名录中，辽宁省少数民族非遗项目计 11 项，吉林省计 16 项，黑龙江省计 13 项。

表 11　2006—2014 东北三省少数民族非遗代表性名录汇总(单位:项)[①]

	辽宁省	吉林省	黑龙江省
少数民族名录汇总	11	16	13
名录汇总	41	32	22
所占比重(%)	26.83	50	59.09

2004 年，东北二人转入选第一批国家级非物质文化遗产名录。“宁舍一顿饭，不舍二人转。”这一俗语高度概括了二人转在东北民众生活中的地位。二人转作为具有东北特色的民间艺术和民俗文化形式，是在一个特定的历史地理环境中产生、流传并被民众所喜爱的。肥沃富饶的黑土地、豪迈朴实的东北人，特别是清初来自关内的移民与当地各个民族密切交往的过程，无疑是二人转产生、发展、繁荣昌盛的最佳载体和条件，这样特殊的环境和特殊的历史，赋予了二人转以独特的神韵。[②]

2008 年，满族民间故事入选第二批国家级非物质文化遗产名录。在长期的生产和社会实践过程中，作为东北少数民族之一的满族积淀了自己独特的民族文化。满族民间有“讲古”之俗，满语称“乌尔奔”，即“传说”“传闻”，俗称“讲祖”或“说古趣儿”，也称“讲瞎话”。“讲古”多在农闲季节、新春正月或阖族祭祀、续谱等聚会期间举行。讲述的内容多是本族本姓的历史、神话传说以及立国开基的民族英雄传说等，此外还有各类民间流传的歌谣、童话、寓言等。乐观、积极、勇敢、向上、诚实、正直、尚武、睿智等满族特质，都可从其民间传说和民间故事中反映出来。可以说，“讲古”是满族进行民族教育的一种方式，在“讲古”这一民俗沃土上，满族民间传说留下了宝贵的精神财富。

(二)东北非物质文化遗产保护的成绩

2016 年，东北非遗保护工作取得了很大的成绩。自 2006 年起，辽宁省先后

① 《国家级非物质文化遗产代表性项目》，http://www.ihchina.cn/5/5_1.html。

② 参见董琦:《东北二人转的源起及其民俗文化探究》，《沈阳干部学刊》2014 年第 5 期。

批准并公布了五批省级非物质文化遗产代表性项目名录，共计 248 项，其中有 67 项经国务院批准并公布为国家级，同时庄河剪纸、凌源皮影戏等 9 个项目作为中国剪纸、皮影戏的子项目入选联合国非物质文化遗产代表性名录。2016 年 5 月，辽宁省国家级非物质文化遗产代表性项目桃雕（大连桃雕）、琥珀雕刻，省级非物质文化遗产代表性项目沈阳胡魁章制笔工艺、烙画艺术，首次亮相第十二届中国（深圳）国际文化产业博览交易会；9 月，辽宁省参加了由文化部和山东省人民政府共同主办的第四届中国非物质文化遗产博览会；12 月，"辽宁省非物质文化遗产展览"在新西兰首都惠灵顿举办。①

吉林省共计 343 个非遗项目入选省级非物质文化遗产代表性项目名录，其中满族说部、二人转、黄龙戏等 44 个项目入选国家级非物质文化遗产代表性名录，延边"中国朝鲜族农乐舞"和通化"长白山满族剪纸"两个项目入选联合国非物质文化遗产代表性名录。2016 年 6 月至 8 月，吉林省开展了主题为"创意引领文化生活·工艺诠释吉林故事"的传统工艺及现代文化创意产品设计大赛；9 月，吉林省非物质文化遗产保护协会成立；10 月，吉林省公示第四批省级非物质文化遗产代表性项目名录。②

黑龙江省共有 303 个非遗项目入选省级非物质文化遗产代表性项目名录，其中森林号子、鄂伦春族古伦木沓节等 34 个项目入选国家级非物质文化遗产代表性名录，"赫哲族伊玛堪说唱"和"望奎皮影戏"两个项目入选联合国非物质文化遗产代表性名录。2016 年 1 月，黑龙江省公布了第五批省级非物质文化遗产名录及省级非物质文化遗产扩展名录项目；3 月，"北国好风光·自然黑龙江——第六届海峡两岸春节民俗庙会"活动在台中市举办；12 月，"中国·连环湖第一届冰雪渔猎文化节"在大庆市杜尔伯特蒙古族自治县举行。③

在东北的各级非遗名录中，入选国家级名录和联合国教科文组织名录最多的是辽宁省，而入选省级非遗名录最多的是吉林省。

---

① 参见《"情满中秋"辽宁非遗中秋主题展演与您共度佳节》，http://www.lnwh.gov.cn/detailjsjg/39485.html。

② 参见《吉林省〈非物质文化遗产法〉贯彻落实情况自查报告》，http://wht.jl.gov.cn/zwgk/xxgs/201608/t20160816_3110631.html。

③ 参见《关于对黑龙江省第五批非物质文化遗产项目代表性传承人进行公示的通知》，http://www.hljwht.gov.cn/index.php/home/zwgk/detail/id/2643.html。

表 12 2006—2014 东北三省国家级非遗名录汇总(含扩展项目名录,单位:项)①

	第一批(2006)		第二批(2008)		第三批(2011)		第四批(2014)	
	东北	全国	东北	全国	东北	全国	东北	全国
民间文学	3	31	2	53	2	49	0	37
传统音乐	2	72	8	67	3	32	0	34
传统舞蹈	5	41	2	55	1	31	0	36
传统戏剧	4	92	2	46	0	48	0	19
曲艺	10	46	1	28	1	28	1	17
传统体育、游艺与杂技	1	17	2	38	0	8	0	18
传统美术	3	51	3	45	1	32	4	36
传统技艺	3	89	3	97	0	54	4	61
传统医药	0	92	0	87	1	11	4	12
民俗	6	70	1	51	8	47	2	36
总计	37	601	24	589	17	340	15	306
在全国所占比例(%)	6.16		4.07		5		4.90	

表 13 东北三省各级别非遗名录汇总(单位:项)②

	辽宁省	吉林省	黑龙江省
省级非遗名录	248	343	303
国家级非遗名录	67	44	34
联合国非遗名录	9	2	2

① 《国家级非物质文化遗产代表性项目》,http://www.ihchina.cn/5/5_1.html。
② 《国家级非物质文化遗产代表性项目》,http://www.ihchina.cn/5/5_1.html。

表 14 2006—2014 东北三省各省非遗名录汇总(含扩展项目名录,单位:项)[①]

	第一批(2006)			第二批(2008)			第三批(2011)			第四批(2014)		
省份	辽	吉	黑	辽	吉	黑	辽	吉	黑	辽	吉	黑
民间文学	3	1	0	2	0	0	1	1	0	0	0	0
传统音乐	2	0	0	2	3	3	1	2	0	0	0	0
传统舞蹈	3	1	1	0	2	0	0	1	0	0	0	0
传统戏剧	4	0	0	1	1	0	0	0	0	0	0	0
曲艺	3	2	5	1	1	0	1	0	0	1	0	0
传统体育、游艺与杂技	0	1	0	0	1	1	0	0	0	0	0	0
传统美术	3	0	0	2	1	0	1	0	0	2	0	2
传统技艺	0	1	2	1	1	1	0	0	0	2	1	1
传统医药	0	0	0	0	0	0	1	0	0	1	2	1
民俗	0	5	1	1	0	0	1	4	3	1	0	1
总计	18	11	9	10	10	5	6	8	3	7	3	5
占全省比例(%)	47.37	28.95	23.68	40	40	20	35.29	47.06	17.65	46.67	20	33.33

(三)东北非物质文化遗产保护中的政策介入

非物质文化遗产保护在中国并不仅仅只是一个文化保护项目,更是一场社会运动。它有全国人大的立法保护,有一系列公共行政的支持,并吸引了广泛的社会参与。

2016 年,中央财政进一步加大了对国家级非物质文化遗产项目代表性传承人开展传习活动的支持力度。为此,文化部办公厅专门下发了《关于加大对非遗代表性传承人开展传习活动支持力度落实好传习补助经费的通知》(办非遗函〔2016〕202 号),将国家级非物质文化遗产项目代表性传承人的传习活动补助标准,从每人每年 1 万元提高至 2 万元。[②] 在此基础上,东北也进一步加大了对国家级非物质文化遗产项目代表性传承人开展传习活动的财政支持力度。2016 年 4 月,沈阳市非物质文化遗产博物馆开工建设,共计投资 0.9 亿元。2007 年,吉林

① 《国家级非物质文化遗产代表性项目》,http://www.ihchina.cn/5/5_1.html。

② 参见罗薇、高舒:《2016 年中国非物质文化遗产保护发展研究报告》,《艺术评论》2017 年第 2 期。

省开始设立省级非物质文化遗产保护专项经费，到 2009 年，资金规模达到 150 万元，并从 2011 年起开始扩大省级非物质文化遗产保护专项资金规模，将该项资金由 150 万元增加到 400 万元。同时自 2014 年起，吉林省对部分经济困难的传承人给予每年 2000 元的补助。2016 年 9 月，黑龙江省国家级非遗传承人补贴由每年 1 万元上调至 2 万元。

2016 年 12 月，辽宁省人民政府办公厅发布了《辽宁省人民政府办公厅关于印发辽宁省文化领域供给侧结构性改革》的通知，以便从法律层面更加扎实地推进辽宁省文化领域供给侧结构性改革。2016 年 8 月，吉林省文化厅发布了《吉林省〈非物质文化遗产法〉贯彻落实情况自查报告》，将非遗检查工作上升至法律层面。2016 年 10 月 1 日，《黑龙江省非物质文化遗产条例》正式实施，进一步完善了黑龙江省的非遗保障机制。

2016 年，吉林省传承展示场所建设开始进入起步发展阶段。截止 2016 年底，共设立省级非遗展示场所 5 个、市级非遗展示场所 24 个、县级非遗展示场所 40 个。在 2016 年启动的省级非物质文化遗产保护传承基地及传习所建设工作中，首批公布了 13 个省级传承基地、28 个传习所。[①] 2016 年末，黑龙江省纳入统计范围的各类文化(文物)单位 8236 个，各级文化文物部门所属单位 2312 个，其中文物机构 268 个，内含文物保护管理机构 87 个、博物馆 176 个。

（四）东北非物质文化遗产的传承途径

2016 年 1 月 14 日，全国非物质文化遗产保护工作会议在江苏省苏州市召开。文化部副部长项兆伦在会上总结了十多年来我国非物质文化遗产保护工作所取得的瞩目成就，分析了当前非物质文化遗产保护工作面临的新的机遇和挑战，进一步明确了非物质文化遗产保护的理念、指导思想和重点工作，强调了在提高中保护、“非遗”走进现代生活，见人、见物、见生活的生态保护实践理念。项兆伦同志提出的三个理念，从不同层面深入阐释了当下非遗保护的工作重点。让非遗回归生活，在民众的日常生活中得以体现和传承，凸显人在非遗保护中的重要位置。东北各省在开展非遗走进民众现代生活的工作中，善于创新传播形式，并始终坚持以人为中心，同时也注重改进内容形式以适应现代人的审美。

1. 主题性展演

自 2015 年起，辽宁省非物质文化遗产保护中心每年都在全省范围内开展 300 多场惠民展演活动。以 2016 年为例，共计开展了“逛大展 · 看大戏 · 过大

---

① 参见裴雨虹：《“非遗”花开香飘吉林——我省非物质文化遗产保护综述》，《吉林日报》2017 年 6 月 13 日。

年”“时代之歌”“情满中秋”“文化遗产日”等主题性非遗展示展演活动 30 余场，惠民近 20 万人。[①] 具体如 1 月至 2 月，鞍山市养老院举办了迎新春海城喇叭戏专场惠民演出；1 月，营口市举办了“金猴迎春”非物质文化遗产传统技艺展演活动；6 月，“辽河岁月”非遗展在营口辽河老街举行。此外，2016 年，辽宁省除了常规的在基层、社区开展非遗展示展演活动外，还特别走进海城市感王镇敬老院、夕阳红敬老院、儿童福利院等场所，让社会弱势群体也能感触非遗，共享非遗带来的文化实惠。[②]

2.“种文化”

借助精英阶层的力量，借助学校这一学习场所，非遗进校园，将其与学生群体的文化素养合为一体，使非遗以一种更文明的方式走进年轻人的生活。非遗进社区，走进区域化民众群体，以民众喜闻乐见的形式贴近百姓的生活，在不同年龄群体中发挥其作为传统文化的生命联结作用。非遗进军营，则更是东北非遗惠民工程中的一大亮点，是在非遗进校园、进社区活动的基础上，扩展的一个新的普惠点。将传统文化同正能量相结合，显示东北非遗传播的广度之大，也为俗文化与精英文化相融合提供了契机。

2016 年 9 月，辽宁省非遗进校园、进社区活动全面展开。借此契机，在全省进行深入持久的“文化输出”，通过策划高校剪纸巡展、非遗大讲堂等一系列丰富多彩的主题活动，增进大众特别是青年人对非遗的认识，将“送文化”转变为“种文化”。目前已有多所学校，特别是艺术类院校、职业技术学校等，与传承人建立了联系并邀请传承人定期前来授课。一年来，活动组织先后涉及 8784 人次，行程近 50000 公里，陆续走进全省 14 个市的 12 所幼儿园、76 所中小学校、13 所大专院校、140 余个社区、30 余个村屯、8 个敬老院、15 个厂矿，举办活动 300 余场(次)，让 19 万百姓享受了非遗带来的文化实惠。[③]

2016 年 8 月，非遗进校园、进社区活动组织非遗志愿者走进军营。其中首场慰问演出在辽宁本溪桓仁民族文化中心举行，当地公检法司、武警、消防等部门的 300 余人观看了展演。随后，非遗志愿者分别走进辽海部队联勤部和抚顺雷锋团，阜新东蒙短调民歌及东北二人转等非遗项目参加了慰问展演。[④] 7 月，吉林省

---

① 参见《“新春文化惠民月”非遗展示活动上演》，http://www.lnwh.gov.cn/detailjsjg/36958.html。

② 参见《“辽河岁月”非遗展在营口辽河老街举行》，http://www.lnwh.gov.cn/detailjsjg/38468.html。

③ 参见《19 万百姓享受文化实，我省非遗进校园、进社区活动圆满收官》，http://www.lnwh.gov.cn/detailjsjg/39727.html。

④ 参见《19 万百姓享受文化实惠，我省非遗进校园、进社区活动圆满收官》，http://www.lnwh.gov.cn/detailjsjg/39727.html。

非遗志愿者在武警长春支队展演了伊玛堪皮影戏《西温莫日根》。典型非遗代表性名录作为传统文化的代表走进部队，挑选与部队生活相贴近的项目进行展演，显示了东北非遗惠民活动的灵活性。

非遗走进现代生活，“改变了主流社会对于民间文化的成见，重新赋予长期被贬低的民间文化以积极的价值，以法定的方式承认它们的公共文化地位，重新创立了政府支持的文化与草根文化相结合组成的公共文化的时代格局，基本告别了以图书馆和学校为主的政府文化与民俗性的草根文化在社会生活彼此区隔的时代”①。

3. 数字化保护

为了全面掌握东北非物质文化遗产资源情况，进一步挖掘、整理及做好非物质文化遗产的保护、传承工作，各省市先后开展了非遗普查工作。2013 年，辽宁省作为首批国家非遗数字化保护试点省份，选取了凌源皮影戏、辽宁鼓乐、医巫闾山满族剪纸 3 个项目作为非遗数字化保护的试点项目。2014 年，辽宁省非遗中心又选取海城高跷、乌力格尔、凌源皮影戏等 3 个项目，开展第二批国家非遗数字化保护试点工作。2016 年，辽宁省已提交 3 个试点项目图片 2352 张、文档 746 份、音频资料 810 条、视频资料 299 条。对 248 项省级项目的文字、图片、音频、视频进行了详细的分类和录入，现存储文字资料 230 万字、图片资料 25000 张、音频 98 小时、视频 205 小时，全面系统地展现了辽宁省非遗项目的资源和分布情况。②

五、结论与启示

国家或地方话语中的东北往往与老工业基地紧密地联系在一起，老工业基地已然成为东北地域的重要身份象征。然而对于生活于东北的民众而言，东北不只是居国家战略地位的老工业基地，还是民众生活经验的重要来源，能够给予民众身份认同的重要参照系。东北地域的多重意义使得东北老工业基地振兴不只是自上而下的宏观政策调控、区域的社会转型，还是生活在东北的民众生命历程中的重要转折点，与民众的职业生涯息息相关，因此需要一个连续性的地方性知识体系作为一种支撑。地方的传统文化表达了民众与东北区域之间的亲密关系，它是民众最为珍视的价值观的核心部分，是民众应对社会转型的生活策略的重要组成部分，拥有一种社会整合的力量。传统文化是一个区域世代相传的价值观、生

① 高丙中：《日常生活的未来民俗学纲论》，《民俗研究》2017 年第 1 期。

② 参见《第二批非遗数字化保护试点工作进入省级验收》，http://www.lnwh.gov.cn/detailjsjg/37993.html。

活模式，具有相对稳定的跨越时间的连续性，是为区域现在和未来发展不可或缺的组成部分，它能够为东北的经济发展与社会转型提供认同的基础，减缓区域社会转型所带来的风险和震荡。因此，经济结构优化、产业结构的调整需要与东北的地域传统文化相结合，充分发挥传统文化在区域经济调整中的引领作用，为东北老工业基地振兴政策的落实与推进提供一种非正式的制度保障。

柏林科学技术研究院对于文化如何影响经济创新的研究表明，所有的经济发展与创新都是建立在文化的基础上的。无论对于个体、企业、行业和政府而言，文化渗透于一切经济行为之中，决定着经济创新的成功与否。① 东北老工业基地的振兴，需要与地方性的知识体系相融合，需要与东北的传统文化系统相结合。工业文化遗产、农业文化遗产、非物质文化遗产保护运动等，均为东北传统文化的创新性转化和发展提供了实现的途径。广为人知的吉卜力工作室的动画制作之所以取得空前的成功，得益于企业从根本上对地方性日常生活实践的重视与强调。② 该企业成长的经验，为东北地区的经济增长与产业发展提供了丰富的经验与启示。

工业文化遗产的打造以及工业博物馆的建立，呈现的是地方规划与国家战略轨迹相交织的东北，它记录了东北区域发展的历史，是东北老工业基地的一个重要特征。更为重要的是，工业文化遗产承载着工业化时代城市工人的集体记忆，确认和再现了那个历史时段城市工人的日常生活实践。工业文化遗产与文化产业相结合，或者是将工业用地建设成为城市的开放空间，能够为东北的经济振兴与城市规划提供一个可持续发展的路径。在这一方面，德国鲁尔区的社会实践工程，已成为区域经济结构转型与城市空间重构的重要象征，为东北解决后工业社会所面临的问题带来了成功的个案和诸多的启示。中山岐江公园③则是国内城市空间重组的一个典型案例，值得关注的是它不是凭空生成建立的，而是在破产的地方小规模企业粤中造船厂的基础上重建而成的，它不仅保留了原有的环境生态、厂区遗存等，还与现代的景观设计相结合，将其打造为一个供人们休息、休闲的综合城市开放空间。在这一意义上，生态小镇、传统村落、历史文化名镇，与非物质文化遗产保护的文化意义都是相同的，是东北地区城市与乡村多样性的象征与体现，也是东北地区活力的重要来源。

---

① 参见[德]柏林科学技术研究院：《文化 VS 技术创新》，吴金希等译，知识产权出版社 2006 年版。

② 参见[日]野中郁次郎、胜见明：《创新的本质：日本知名企业最新知识管理案例》，林忠鹏、谢群译，知识产权出版社 2006 年版。

③ 韩晓东：《工业遗产：回忆一个时代》，《中华读书报》2006 年 7 月 19 日。

通过工业文化遗产、农业文化遗产、非物质文化遗产保护等途径，可将传统文化的传承、发展与东北民众的日常生活相联系，将地方民众日常世界里的生活和实践放到东北区域转型的重要位置上，平衡和处理好地方区域与过去之间的关系，寻找、保持东北民众的主体性，引领产业结构的设计与经济发展，从而将自上而下的宏观政策介入落到实处，为全面振兴东北经济、再创经济繁荣提供文化的动力。

2016:中国西南民族民间文化发展报告

李生柱　胡雪芳　林安琪*

2016年,随着我国社会经济的快速发展,在全面建设小康社会与"一带一路"倡议的时代背景下,国家对西南民族地区的扶持力度不断加大,西南六省区各民族的文化事业秉持新的发展理念稳步推进,在非物质文化遗产保护、民族文化产业、民族文化展演、山地民俗旅游、古村落保护、民族古籍保护、民族文化数字化保护等方面取得了长足的发展。与此同时,不容回避的事实是,西南各族人民对美好生活的向往与西南民族地区发展不平衡、不充分的矛盾日渐凸显,在轰轰烈烈的全球化、城镇化以及旅游大发展的进程中,西南民族民间文化的发展面临着全新的挑战,在价值发掘、传承保护、创新利用等方面仍有诸多亟待解决的问题。

本报告对2016年度云南、贵州、四川、重庆、广西、西藏等西南六省区的民族民间文化发展状况与态势进行了梳理回顾,文章的资料来源主要有三类:其一,政府文件,如各省市政府年度工作报告、关于民族民间文化发展的政策法规;其二,新闻报告,如新华社、央广网、《中国文化报》等传媒中有关2016年度西南民族民间文化发展的新闻报道;其三,本年度关于西南民族民间文化研究的学术论著,资料来源主要为知网数据库。其中,2016年度西南民族民间文化发展状况主要依据政府文件与新闻报道来分析,而研究状况则主要是依据学术论著概括出来的。

一、2016年度西南民族民间文化发展概况

(一)在非物质文化遗产保护方面,西南六省区认真贯彻落实国家制定的非遗传承人群研修研习计划,在非遗传承人培训方面取得一定的成绩;利用非遗致富成为民族地区脱贫的一种手段;西南地区世界遗产申报工作成绩显著

2016年,在非物质文化遗产传承人培训方面,西南六省区认真执行国家部委制定的培训计划,取得了可喜的成绩。文化部、教育部于2015年11月联合印发

---

* 李生柱,贵州民族学与人类学高等研究院副教授,贵州师范学院中国山地民族研究中心副教授;胡雪芳,贵州民族学与人类学高等研究院助理研究员;林安琪,贵州师范大学历史与政治学院研究生。

了《文化部办公厅、教育部办公厅关于实施中国非物质文化遗产传承人群研修研习培训计划的通知》,下一步,文化部将制定《中国非物质文化遗产传承人群研修研习培训计划(2016 年至 2020 年)》,计划在"十三五"期间,在全国范围内大力推进实施"中国非物质文化遗产传承人群研修研习普及培训计划"。经与教育部协商,文化部确定了 2016 年度中国非遗传承人群研修研习培训计划全国首批 57 所参与院校,四川大学、西南民族大学和成都纺专高等专科学校位列其中,四川成为了文化部确定的全国非遗传承人群培训六大基地之一,重点为中西部地区培训非遗传承人。3 月 21 日,四川大学非遗传承人群首期普及培训班(绵竹年画)在成都四川大学江安校区正式开班,以此为标志,拉开了四川实施文化部、教育部中国非遗传承人群研修研习普及培训计划的序幕。西南民族大学首期非遗传承人群普及培训班(羌族刺绣的保护传承与当代设计)和成都纺织高等专科学校首期非遗传承人群普及培训班(蜀绣)也相继开班。[①]

在贵州,2016 年 4 月,根据文化部、教育部下发的文件精神及《贵州省传统手工技艺助推脱贫培训计划》的相关要求,贵州省文化厅将贵州民族大学作为贵州省非物质文化遗产培训基础。同时,为了促进黔东南州非物质文化遗产的传承与保护,贵州启动了"非物质文化遗产传承人培养千人计划",预计从 2015 到 2018 年将培养 200 名州级传承人和 800 名县级传承人,以期更好地建设和发展壮大非遗文化代表性传承人的队伍。在广西,文化部门积极探索在有条件的非物质文化遗产传承人的住所、工作场所建立非物质文化遗产传承人示范户,以进一步拓宽非遗项目传承面和传承渠道,鼓励和支持传承工作的多样化。[②]

基于非遗带来的巨大的社会与经济效益,非遗保护逐渐成为地方政府帮助村民脱贫致富的重要手段。2016 年 12 月 7 日,中国艺术研究院(中国非物质文化遗产保护中心)与贵州省黔西南布依族苗族自治州政府签署了《非物质文化遗产保护与文化扶贫合作协议》,旨在推进黔西南布依族苗族自治州易地扶贫搬迁工作,将易地扶贫搬迁与保护、利用非物质文化遗产有机结合,创新扶贫开发方式。[③]

2016 年西南六省区积极申报世界级遗产名录,喜报频传,为我国世界遗产项目实现新突破。7 月 15 日,第 40 届联合国教科文组织世界遗产委员会会议在土耳其伊斯坦布尔举行,广西的"左江花山岩画文化景观"被列入世界遗产名录,由此,中国的世界遗产项目达到了 50 个。12 月 16 日,贵州省天柱县坌处乡的三门

① 参见谢函颖:《首期非遗传承人群普及培训班(蜀绣)开班》,《成都日报》2016 年 4 月 14 日。

② 参见郭凯倩:《广西将建立非遗传承人示范户》,《中国文化报》2016 年 2 月 21 日。

③ 参见张欣然:《推进非遗保护与文化扶贫合作,创新开发方式》,《中国文化报》2016 年 12 月 9 日。

塘刘氏宗祠获联合国文化遗产保护奖，这是贵州以旅游为主导的项目首次在国际上获奖。除此之外，其他世界遗产项目的申报工作也有条不紊地进行着。3 月 16 日至 17 日，湖南、广西侗族村寨申报世界文化遗产工作交流会在广西三江侗族自治县举行，会议决定，湘、桂、黔将争取把侗族村寨列入中国政府 2020 年申报联合国教科文组织项目计划。①

（二）在政府的主导下，民族文化进校园工作全面推进，各类民族文化纷纷在中小学校园中扎根发芽，成为中小学生素质人文教育的重要内容

2016 年 4 月，贵州省民宗委、教育厅和文化厅联合下发《关于全面推进各级各类学校民族文化进校园工作的实施方案》，对民族文化进校园做出新的指示，明确指出从 2016 年起，到 2020 年力争省、市（州）、县（自治县）各级民族民间文化教育项目学校达到 1000 所。为实现这一目标，民族文化进校园要以列入国家和省级非物质文化遗产保护的项目为基础，围绕本地优秀民族文化资源特点，以学校为主体，在课堂教学和课外活动中，因地制宜地开展民族歌舞、民族声乐、民族戏曲、民族体育、民族工艺、民族绘画、民族语言文字等教学活动和实践活动。为此，从师资队伍建设、民族文化育人机制、经费投入和民族文化教育评价制度等方面予以保障，同时要做好相关的组织领导工作。② 为了促进民族传统文化的传承及本地非遗的继承，贵州各地举行了一系列“非物质文化遗产进校园”的活动，该活动以“非物质文化遗产”的保护和传承为重点，以校园的相关文化活动为载体，真正实现了非物质文化遗产与学校的无缝对接，让学生在全面参与中体验到了非遗的魅力和内涵。如镇宁县扁担山乡的一个中学在新学期增添了 4 门选修课，即民族舞蹈、民族器乐、蜡染和布依族织棉；锦屏县隆里小学将“花脸龙”这一非遗文化引入课堂教学；普定县的猴场乡民族中学引入了极具当地特色的射弩，据悉该地的先马村被称之为“61 块奖牌托起的村庄”，在射弩方面造诣颇高；马尾绣被引入三都水族的一些中小学校，通过校园实现这一非物质文化遗产的传承与保护。10 月，剑河县以“中国·剑河县仰阿莎文化节”暨县城搬迁 10 周年为契机举办了全面民族文化进校园活动的成果展，分为成果作品展与民族歌舞活动展，成果展包括刺绣、剪纸等 219 件作品，民族舞蹈包括侗族大歌、芦笙舞蹈和巫交木鼓舞等。③

① 参见曾飞云、宾艺苑：《湘桂黔“抱团”推进侗族村寨申遗》，《中国文化报》2016 年 3 月 22 日。

② 参见贵州省民宗委、省教育厅、省文化厅：《关于印发〈关于全面推进各级各类学校民族文化进校园工作的实施方案〉的通知》，2016 年 4 月 25 日。

③ 参见石兰：《我县举办民族文化进校园成果展》，http://city.ce.cn/zt/dcjh/tpxw/201610/24/t20161024_4415789.shtml。

在广西,2016年的“三月三”迎来了全新的发展局面,这一民俗风吹进了当地的中小学校。如南宁的逸夫小学举办了一场以“三月三,民族梦”为主题的千人民族美食宴活动暨“民族团结”主题教育活动,师生、家长穿戴民族服装参加该活动。本次活动是该小学结合壮族“三月三”文化,将民族民间文化引入校园,培养学生的民族文化意识而举办,学生表演了《板凳龙》《阿里里》《什么下田尾拖拖》等一系列民族歌谣,师生与家长共同演绎了《彝乡火把情》《打油茶》《我是壮乡小歌手》等民俗类节目。[①] 此外,南宁的凤翔小学、民乐路小学和红星小学等学校请来了广西壮族自治区博物馆的人员走进校园,举行“唱响家乡‘三月三’”等一系列民族团结教育活动;大新县也启动了“三月三”民俗文化进校园活动,一些民族体育项目如竹竿舞、抛绣球和打陀螺等在学校上演;大化县百秀村一教学点举办了三月三“民族美食进校园”活动,在向学生讲述“三月三”的来历与风俗的过程中,详细介绍了“三月三”的一些特色食品,如五色糯米饭和彩蛋等。融水县提倡应将民族文化“种”进校园,为此,聘请民间艺师为学生传授竹编工艺和芦笙知识。6月,三江县的同乐苗族乡举行了首届校园民族文化艺术节活动,21所学校参与,包括《苗娃童趣金芦笙》舞蹈、《侗家儿女心向党》民族歌剧舞以及《走进侗乡脚莫停》等精彩丰富的节目表演。

在四川,2016年4月,由成都云公益发展促进会组织的“非遗民俗文化传承进校园”活动走进成都的一些中小学校,向师生们讲解和表演了一项“抖空竹”的传统项目。

在西藏,2016年5月,西藏民族大学附属中学与咸阳博物馆签署了“优秀历史文化进校园”的协议,启动了“博物院+学校”模式的历史文化传承活动。6月6日,西藏迪庆州举办“非物质文化遗产进校园”活动,一批独具民族特色的民间舞蹈,如傈僳族瓦器、尼西情舞等得以上演。

在云南,云南民族大学开展了“迪庆州非物质文化遗产进校园”高校巡展活动,为了促进藏族文化与其他民族文化的交流,这一活动在各大高校进行巡展,展出的区域分为食品试尝区、唐卡区、藏族服饰试穿区等一些独具藏族特色的产品,很好地展示了藏族的优秀传统文化。

---

① 参见邓昶:《“三月三”文化进校园、千人品民族美食宴》,http://www.gxnews.com.cn/staticpages/20160407/newgx570674cb-14705422.shtml。

(三)西南六省区充分利用当地独特的民族文化资源,将民族文化产业作为优先发展方向,积极出台相关政府与扶持措施,并通过博览会、研讨会等多种形式促进了当地文化产业的繁荣

2016 年,西南六省区民族文化产业在国家宏观政策的大力扶持下呈现出跳跃式的发展态势,成为推动当地社会、经济、文化发展的有力支柱。1 月 17 日,首届中国民族文化创意产业发展论坛暨彝族药文化高端论坛在云南昆明召开,该论坛旨在促进彝药文化传承及推动彝药在未来的发展,与会专家就彝药原料种植、文化产业建设、彝药教育传承、彝药相关产品研发与推广等问题进行了探讨。8 月 11 日,云南昆明举行了创意云南 2016 文化产业博览会,该次博览会设有"布尚云南"云南少数民族服饰设计大赛暨展演、第三届"云南十大刺绣名村"评选活动及历届"云南十大刺绣名村"图片展、首届"云南民族民间刺绣高手"评选活动和首届"大手牵小手亲子刺绣大赛"等,其中以传承、保护和展示产业发展成果的民族刺绣大赛等活动成为本届文博会最大的亮点。[①]

2016 年 3 月,贵州省出台了《贵州省人民政府办公厅关于打造"黔系列"民族文化产业品牌工作方案》,该方案旨在构建具有贵州特色的民族文化产业品牌体系,切实推进把贵州从"非遗"资源大省变为民族特色文化强省,指出"十三五"期间,贵州将着力打造"黔酒""黔茶""黔药""黔银""黔绣""黔珍""黔菜""黔艺""黔织""黔景""黔节"等 11 个"黔"系列产业品牌。[②] 8 月 1 日至 5 日,贵州省大方县举办了"藏羌彝走廊 · 彝族文化产业博览会",这是自文化部、财政部制定总体规划以来,毕节市作为贵州省彝文化产业走廊核心区举办的首个大型活动。该次博览会是贵州首次以彝族文化为主题举办的一次盛会,旨在整合国家的藏羌彝文化产业走廊中的川、滇、黔、桂彝族地区的彝族文化资源,以四方合力共同促进彝族文化产业的融合发展。

2016 年 3 月,广西文化厅出台的《2016 年文化厅工作要点》指出,广西将推进文化产业转型升级,创新文化产业发展理念,积极探索"文化+"产业发展新模式,促进文化与旅游、农业、体育、金融、制造、建筑、信息业融合发展。[③]

云南省也出台了《云南文化产业"十三五"发展规划》,该规划指出,"十三五"

---

① 参见何易泽、张文凌:《惠民产业民族刺绣成创意云南 2016 文化产业博览会展示重点》,《中国青年报》2015 年 5 月 5 日。

② 参见刘拓拓:《贵州打造"黔系列"民族文化产业品牌》,http://news.cnr.cn/native/city/20160317/t20160317_521627575.shtml。

③ 参见中国经济网综合:《广西积极探索"文化+"产业发展新模式》,http://www.ce.cn/culture/gd/201603/30/t20160330_9961404.shtml。

时期，云南省将重点打造新闻出版发行服务业等六大主导产业，即新闻出版打造“一键发布”、文化信息传输提供更多4K视频、广播影视3年建设高校影院15个、文创设计服务打造昆明创意之都、民族文化旅游在昆明建杂技马戏城、民族民间工艺提升玉石文化经济价值，同时做优昆明五华、盘龙、西山、官渡、呈贡“核心辐射区”。到2020年，文化产业要成为国民经济支柱性产业。[①]

2016年6月6日，“国家文化产业创新与发展研究基地西南研究中心”落户西南民族大学，该研究中心旨在立足西南地区的经济、社会、文化现状，为西南地区文化产业发展、公共文化建设培养专业人才、开展理论及实践探索，为政府提供决策咨询。中心将积极争取各方面的支持，大力开展文化创意创新创业活动，多层次、多渠道地促进全校文化产业管理专业建设；用3—5年的时间，将其建设成为在四川省乃至整个西南地区具有一定知名度和影响力的文化产业创新与发展研究机构和文化产业智库。[②] 7月28日，四川省委、省政府与中国人民大学联合创办的四川文化创意产业研究院挂牌成立，并向社会发布西部文化产业发展指数和西部文化消费指数。[③] 11月23日文化部在四川的阿坝州召开了2016年藏羌彝文化产业走廊（以下简称“藏羌彝走廊”）建设座谈会，这一座谈会为进一步推进藏羌彝走廊的发展，使其步入新的发展阶段提供了新思路、新观念和新的切入点。

（四）西南民族民间文化的数字化发展呈现新景象，改变了民族民间文化传播模式与传承空间，成为保护民族民间文化的重要载体

近年来，西藏非遗数字化保护工作不断推进，曾经“人走艺亡”“人亡歌歇”的非遗保护困境逐渐“解围”。目前，西藏国家级和自治区级非遗传承人普查建档和数字化保护工作基本完成，大批传承人的图文、音视频等全媒体资料陆续纳入统一的数据库。西藏自治区非遗保护中心负责人阿旺旦增1月20日表示，自2005年以来，已累计收集记录稿10万余篇，音像1500余盒（盘），照片4万余张。这些工作为非遗数字化保护奠定了基础。[④]

2016年7月，由中国非物质文化遗产保护中心主办、重庆市非物质文化遗产保护中心承办的非物质文化遗产数字化采集专题培训班在重庆市举办。在为期

① 参见李丹丹：《〈云南文化产业“十三五”发展规划〉出炉，将昆明打造成民族文化创意之都》，《昆明日报》2016年11月25日。

② 参见西南民族大学：《国家文化产业创新与发展研究基地西南研究中心落户西南民族大学》，http://www.seac.gov.cn/art/2016/6/20/art_34_257702.html。

③ 参见付远书：《四川文化创意产业研究院成立》，《中国文化报》2016年7月29日。

④ 参见许万虎、黄兴：《西藏推进非遗数字化保护避免“人走艺亡”》，http://www.tibet.cn/news/focus/1453511457357.shtml。

三天的培训中，来自中国民族医药学会、中国艺术研究院等单位的 7 位专家，通过系统授课和地区间工作经验分享等方式为学员详细解读曲艺、传统美术、传统技艺（营造技艺）和传统医药门类资源数字化采集标准内容，以及非遗法律保护、田野调查、遗产影视记录等方面的知识和方法。[①] 此外，重庆市合川区着手建立文化遗产数据库，利用第三次全国文物普查和第一次全国可移动文物普查成果，在区博物馆建立完善不可移动文物数据库、可移动文物数据库、馆藏文物数据库、珍贵文物数据库、民间文化资料库、非物质文化遗产保护名录及传承人数据库建设，实现合川历史文化遗产资源管理的数字化、信息化。[②]

四川省文化馆还首次制定了行业数字文化馆建设标准。2 月 29 日，根据《四川省地方标准管理办法》的有关规定，四川省文化馆报送的数字文化馆建设标准制订被列入一类标准项目，这是文化馆行业首次申报成功质量技术监督局地方标准制（修）订项目，四川省文化馆数字文化馆建设标准将以填补行业标准空缺为主，按照填补空白、完善体系、立足创新、突出重点的原则，加快标准研制，健全完善标准体系，以提升文化馆公共文化服务能力为重点，构建现代公共文化服务体系，弘扬社会主义核心价值观，传承中华优秀传统文化。[③]

（五）古籍保护在西南六省区得到前所未有的重视，当地民族古籍文献保护工作快速推进

古籍是民族文化的重要载体，做好古籍的保护、管理与利用，是一项利国利民的重大工程。2016 年 2 月 24 日，国务院常务会议就文物工作做了部署，对文物的保护与利用提出了“保护为主，合理利用，传承发展”的指导方针，并就文物保护、利用存在的年久失修等问题提出加强管理与严格执法，健全文物登录制度和建立国家文物资源数据库等对策。[④] 4 月 12 日，国家主席习近平对文物的保护工作做了重要指示，强调“文物承载灿烂文明，传承历史文化，维系民族精神，是老祖宗留给我们的宝贵遗产，是加强社会主义精神文明建设的深厚滋养”[⑤]。10 月 11 日，国家文物局出台了《关于促进文物合理利用的若干意见》，强调通过扩大文物

---

① 参见谭雪莉：《全国非遗数字化采集专题培训班举办》，《中国文化报》2016 年 7 月 13 日。

② 参见王晓易：《重庆合川建立文化遗产数据库 实现资源管理数字化》，http://news.163.com/16/1119/22/C695MCPD000187V5.html。

③ 参见四川省文化馆：《四川省文化馆数字文化馆建设标准列入四川省 2016 年地方标准制订计划》，http://www.sccnt.gov.cn/snwhxw/201603/t20160304_22157.html。

④ 参见姜潇：《保护为主、合理利用、传承发展——国务院常务会议部署文物工作》，http://news.xinhuanet.com/politics/2016-02/24/c_1118148540.htm。

⑤ 转引自罗建华：《对历史文物心存敬畏，让宝贵遗产世代传承》，http://opinion.people.com.cn/n1/2016/0413/c1003-28274140.html。

资源社会开放度、促进馆际交流提高藏品利用率、加强革命文物展示利用等多种措施切实让文物活起来。

国家对文物工作的日益重视,也使得西南地区各省文物部门对文物的保护与利用工作更加重视。2016 年 3 月 10 日,贵州省召开了全国文化暨文物工作会议,会议对“十二五”时期的工作做了回顾,指出“十三五”时期贵州省要继续传承传统文化和弘扬民族民间文化,彰显贵州地方文化特色,推进文化与大旅游、大生态、大数据的深度交叉融合;7 月 18 日,重庆市召开了全市文物工作会议,会议深入学习、贯彻习近平总书记对文物工作的重要指示和相关会议精神,总结了重庆在文物保护和利用工作中取得的成绩,部署了其在“十三五”期间文物保护工作的任务;11 月 30 日,四川省召开了全省文物工作会,会议回顾了“十二五”时期在文物工作方面取得的成效,并指出“十三五”时期,除了继续加强文物保护工作外,在巴蜀申遗、川渝石窟保护等应成为今后工作的重点。

3 月 27 日,国务院印发了《关于公布第五批国家珍贵古籍名录和第五批全国古籍重点保护单位的通知》,批准颁布第五批《国家珍贵古籍名录》899 部和“全国古籍重点保护单位”14 家。《国家珍贵古籍名录》中收录的 131 部少数民族文字古籍珍品,包括了彝文、水文、古壮字、布依文等 10 种民族文字;四川博物馆在“全国古籍重点保护单位”之列;截止 2016 年底,西藏入选《国家珍贵古籍名录》的古籍已有 217 部,最新入选第五批的 17 世纪手写本《锡金胜迹指南》填补了西藏古籍发掘史上的一项空白[①]。4 月,根据《古籍整理专项经费管理暂行办法》和《国家古籍整理出版专项经费资助项目管理办法(试行)》要求,全国古籍整理出版规划领导小组办公室公布了 2016 年度古籍整理出版专项经费资助项目名单,西南地区有贵州人民出版社的《贵州清水江文书》(第 2 辑)、成都西南交大出版社的《黔记》和《云南“铜政四书”整理校注》、巴蜀书社的《羌族石刻文献集成》、重庆西南师范大学出版社的《日藏稀见释家别集丛刊(第 1 辑)》、贵州民族出版社的《孙应鳌全集》等。[②]

12 月 19 日,云南民族大学举行了“中国西南少数民族古文献大数据中心”建设专家论证会,与会专家就这一主题进行了集思广益,如中央民族大学黄建明教授介绍了我国少数民族古籍文献数字化保护的现状以及西南地区少数民族古籍

① 许万虎:《西藏已有 200 余部古籍晋升“国家名录”》,http://www.tibet.cn/news/focus/1466215904578.shtml。

② 参见孙海悦:《2016 年度国家古籍整理出版专项经费拟资助项目》,《中国新闻出版广电报》2016 年 4 月 21 日。

文献的资源，分析了建设“中国西南少数民族古文献大数据中心”的优点与不足。[①]

为促进中华民族的优秀传统文化得以弘扬，少数民族古籍的珍贵价值与独特风采得以展示，2016 年国家民委全国少数民族古籍整理研究室启动了“民族遗珍 书香中国——中国少数民族古籍珍品暨保护成果展”全国巡展活动，这是 30 多年以来我国首次对中国少数民族古籍文献珍品进行的一次大规模展示。6 月，全国巡展的第一站在广西壮族自治区博物馆举行，11 月在云南民族博物馆举办。

8 月 11 日，“国家级古籍修复技艺传习中心四川传习所”揭牌，该传习所将承担四川全省古籍修复的重任。四川省图书馆馆长何光伦表示，四川传习所将在全省范围内建立古籍修复人才培养的长效机制，特别是加强对国家一、二级古籍修复人才的培养。通过四川传习所的传承教学，培养出一批古籍修复骨干，让更多珍贵又濒危的古籍得到抢救性修复及保护。[②]

（六）在政府的主导下，西南六省区乡村民俗文化旅游发展迅猛，各类乡村旅游节相继举办，日渐成为带动民族地区脱贫致富的主要力量；山地旅游成为贵州等省份的主打品牌

2016 年国家旅游局等 12 部门共同制定《乡村旅游扶贫工程行动方案》，指出“十三五”期间力争通过发展乡村旅游带动全国 25 个省（区、市）2.26 万个建档立卡贫困村、230 万贫困户、747 万贫困人口实现脱贫。意见从基本原则、乡村旅游扶贫工程主要任务、乡村旅游扶贫八大行动和实施保障等方面作了具体规定。乡村旅游也随之逐步走入大众的视野，成为行业热议的话题。西南六省区拥有独特的自然地理环境、富集的生物多样性以及丰富多彩的民族文化，为乡村旅游发展提供了得天独厚的资源优势。2016 年，西南六省区乡村旅游获得了稳健发展。

3 月 18 日，四川省第七届乡村文化旅游节（春季）暨第 12 届苍溪梨花节开幕式在苍溪县举行，本次节会主要有游园赏花、旅游项目推介、乡村旅游知识讲座等活动，旨在通过本次活动拉动当地乡村旅游的发展，同时，该次节会利用“互联网+”模式，采用智慧旅游系统为参会嘉宾服务。[③] 10 月 28 日，在中国（袁家村）乡村旅游高峰论坛上，中国社科院舆情实验室发布了 2016 年《中国乡村旅游发展指

---

① 参见云南大学党委宣传部：《“中国西南少数民族古文献大数据中心”建设专家论证会在云南民族大学举行》，http://www.gx211.com/news/20161221/n5756420636.html

② 参见谭雪莉：《国家级古籍修复技艺传习中心四川传习所揭牌》，《中国文化报》2016 年 8 月 12 日。

③ 参见林远忠、韩均：《四川省第七届乡村文化旅游节（春季）暨第十二届苍溪梨花节隆重开幕》，http://www.china.com.cn/legal/fzgc/2016-03/21/content_38077302.htm。

数报告》,从乡村旅游发展成熟度排名中,四川位列前三甲。[1] 7月22日,重庆市出台《关于加快乡村旅游发展的意见》,指出全市应形成形式多样、发展规范的乡村旅游产品体系和特色显著、结构合理的乡村旅游发展格局,成为国内外知名的乡村休闲度假旅游目的地。为实现这一目标,应重点开展以下任务,如完善规划体系、创新发展模式、健全标准规范、加强生态保护和改善基础设施等,同时做好组织领导、协调服务和用地保障等措施。

西南六省区境内大多以山地地形为主,特别是地处西南腹地的贵州,境内以高原山地为主,是中国唯一一个没有平原的省份,以往山地地形是制约贵州经济发展的重要因素,而目前山地却成为贵州发展的最大特色,在山地旅游的相关活动方面走在国内领先地位。2016年,贵州省接待游客5.31亿人次,旅游总收入达5027.54亿元,同比分别增长41.2%、43.1%。这一年,贵州省委、省政府把山地旅游作为全省旅游发展的基本定位,率先在全国举起了山地旅游发展的大旗,推出"山地公园省·多彩贵州风"旅游形象品牌。3月21日,在杭州来自黔东南的苗族、侗族青年演员演绎了极具民族特色的"快闪秀",由此正式拉开"山地公园省·多彩贵州风"2016贵州旅游全国推广活动的序幕。3月23日,该旅游推广会走进广州;5月19日,走进北京;6月12日,在昆明举行。贵州省旅游业不仅在"全域旅游""四季旅游"方面成绩斐然,而且逐渐走出国门,将旅游市场定位于全球,开启了全新的发展格局。如《纽约时报》将贵州作为"2016年世界上52个最值得到访的旅游目的地"之一推荐给世界旅游爱好者;法国纪录片栏目"相约未知地带"推出《走进贵州苗寨》,让贵州美景风靡法国;"山地公园省·多彩贵州风"全球推广活动从韩国启程,挺进东南亚,涌入欧洲;120多个国家的驻华使节、国际组织驻华代表及工商界代表、中外专家学者和媒体记者参加"开放的中国:多彩贵州·风行天下"外交部贵州全球推介活动。[2]

乡村旅游带来的巨大社会与经济效益,让地方政府认识到乡村文化的重要价值,不断出台新的政策加以扶持。9月20日,贵州省人民政府出台《关于推进旅游业供给侧结构性改革的实施意见》,按照"不断优化大旅游总体布局,加快完善旅游管理体制机制,深入推动投融资体制改革,加大中高端旅游产品有效供给,创新旅游监管服务体系,提升'山地公园省·多彩贵州风'品牌影响力,努力建设国内一流、世界知名的山地旅游目的地"的指导思想,详细地制定了构建旅游开放新格局、优化全域山地旅游布局和以"旅游+"推动形成多产业融合发展新格局等20个主要任务。9月22日,《国际山地旅游减贫宣言》在贵州兴义市举行的2016

① 参见刘涛:《咸阳乡村旅游排名全第二》,《咸阳日报》2016年10月31日。

② 参见黄娴:《山地公园省、多彩贵州风》,《人民日报》2017年3月20日。

国际山地旅游暨户外运动大会闭幕式上发布，该宣言认为，发展山地旅游的重要使命及美好愿景应是减贫。11 月 28 日发布的《贵州对外传播发展规划（2016—2020）》显示，贵州将重点打造“多彩贵州”品牌，以英、法、日、韩等重点对象国家语言，制作多彩贵州形象片，以及多语种、全媒体多彩贵州系列精品，以影视、出版、文艺演出为重点，开展多彩贵州精品工程，持续举办“多彩贵州文化节”“山地公园省·多彩贵州风”等国际交流活动。[①]

（七）西南六省区古村落保护工作不断推进，伴随着旅游业掀起了乡村规划与改造的热闹，尤其是民宿产业发展快速，成为西南民族地区乡村建设的新热点

随着西南地区全域旅游的迅猛发展，民宿依托该地区丰富的自然资源和独特的人文资源，逐步成为一种具有较强吸引力的新兴旅游业态，有力地促进了乡村旅游与农业的融合，并推动了乡村旅游不断向深度体验式旅游的快速升级。2015 年 11 月 19 日，国务院办公厅颁布的《关于加快发展生活性服务业促进消费结构升级的指导意见》，明确指出民宿客栈是生活服务类的细分产业，并在税收、投融资担保等方面给予诸多优惠政策；12 月 31 日，国务院又出台《关于落实发展新理念加快农业现代化实现全面小康目标的若干意见》，明确指出要“大力发展休闲农业和乡村旅游，有规划地开发休闲农庄、乡村酒店、特色民宿等乡村休闲度假产品”。民宿得益于国家政策的指引和大力支持，2016 年在西南各省迎来了全新的发展，丽江、阳朔和成都等是西南地区民宿发展较早和较为成熟的地方，贵州作为后起之秀在 2016 年的民宿发展中取得了巨大成绩。

2016 年 6 月，时任贵州省委书记陈敏尔在兴义调研时，明确提出“加大乡村规划建设和改造力度，凸显民族特色和建筑风格，注重发展乡村旅游和经营乡村资源”[②]，利用乡村旅游加大对贫困地区的扶持。2016 年 9 月，在贵州兴义举行的 2016 国际山地旅游暨户外运动大会上，自在客旅行网网站运营总监蔡晓华提出，“我相信未来我们可以在这里建立自己的民宿学院，给这里的民宿发展贡献自己的力量”，并指出要依托贵州现有的各种资源，充分开发兴义地区的民宿旅游资源。[③]

2016 年 7 月，荔波县颁布了《关于支持“民宿业”民发展优惠政策办法（试行）》，在资金保障方面，县财政预算安排民宿扶持专项资金，用于符合扶持政策和按相关规定整体发展民宿特色经营者或合作组织的专项补助；在优惠政策方面，

① 参见王连文：《“多彩贵州”对外传播主题论坛举行》，《中国文化报》2016 年 11 月 30 日。

② 华政：《充分利用山地旅游资源，大力推进扶贫脱贫攻坚》，《贵州日报》2016 年 6 月 12 日。

③ 参见梁宁：《自在客旅行网网站运营总监蔡晓华：将在贵州建立民宿学院》，中国旅游新闻网，2016 年 9 月 23 日。

对于符合《荔波县民宿经营管理标准（试行）》的新建或在原来村民房屋基础上的民宿，给予一定金额的补助，对于连片开发的民宿由县政府提供水电等基础设施等；在服务保障方面，县级相关部门应对民宿的审批开辟绿色通道，简化相关审批手续，在年度新增建设用地指标上对规模建设开发民宿需要新增建设用地的给予优先保障，同时，要求银行业金融机构在集聚的民宿地区提供电子化结算方式。10 月 23 日，第二届中国（荔波）西部全面小康论坛首届全国民宿旅游发展峰会在贵州省荔波县举行，该届峰会以“西部民宿旅游开发与决胜小康”为主题，来自全国各地的品牌民宿主、民宿平台负责人，以及众多企业代表共计 500 余人出席了本届论坛，各界学者围绕“新常态下的西部民宿经济发展与全面小康建设”“西部精准扶贫与民宿经济发展”“互联网＋民宿产业”“他山之‘宿’——民宿案例分享交流及荔波民宿产业开发专题研讨推介会”等一系列主题做了精彩演讲。[①] 为保障民宿用地，11 月，荔波县又出台了《民宿建设用地实施意见（试行）》，对民宿用地的申报和审批流程作了全面详细地规定。这些政策措施很好地为荔波地区民宿业的健康发展提供了保驾护航的作用。

10 月 10 日至 12 日，第二届全国民宿大会暨中国旅游协会民宿客栈与精品酒店分会成立大会在贵州省安顺市举行，标志着我国非标住宿业进入了一个全新的发展阶段。与会代表围绕民宿的可持续发展政策和社会环境、管理团队培育、移动互联网时代下的营销、投融资、自组织与行业服务及情怀与商业等行业痛点、难点、焦点问题进行了交流探讨。同时，发布了《2016 中国民宿发展研究报告》《全国民宿发展（安顺）宣言》。[②]

云南是中国民宿产业起步最早和规模最大的地方，该地的民宿在我国整个民宿体系中占据重要地位，2016 年由中投顾问发布了《2016—2020 年中国民宿行业深度调研及投资前景预测报告》，该报告显示，云南的民宿数量居全国首位，另外，四川和广西也进入了前十。同时，据“2016 中国休闲小康指数”调查数据，云南在“国人向往的十大民宿胜地”的榜单中占据了三席，分别是大理、丽江和澜沧。[③] 2016 年 5 月，普洱市澜沧拉祜族自治县在首届中国（桐庐）国际民宿发展论坛上荣获“中国乡村民宿发展示范县”的称号。[④] 此外，广西的阳朔也荣获此荣誉称号。

---

① 参见洪治：《聚焦民宿旅游、决胜全面小康》，《小康》2016 年 11 月 16 日。

② 参见陈静：《中国旅游协会民宿客栈与精品酒店分会成立》，《中国旅游报》2016 年 10 月 13 日。

③ 参见刘彦华：《国人最向往的十大民宿胜地：云南独占三席》，《小康》2016 年 10 月 23 日。

④ 参见白歆惠：《荣获“中国乡村民宿发展示范县”称号》，《云南经济日报》2016 年 6 月 12 日。

2016 年 2 月 21 日，“首届渝台民宿酒店文化交流会”在重庆举行。[①] 11 月 30 日在重庆举办了以城乡宿旅为主题的重庆民宿发展论坛，就如何利用本地丰富资源打造具有当地特色的项目及加强民宿和其他旅游项目的协同性、融合能力进行了探讨。[②] 2016 年 3 月，重庆出台《重庆发布发展乡村民宿旅游指导意见（讨论稿）》，该指导意见提出：“计划在 2018 年，力争全市建成乡村民宿示范村 300 个、乡村民宿点 5000 户，深度融合旅游产业和农业，构建多业联动、多业融合的‘民宿＋’乡村旅游经济新业态。”12 月发布了《重庆民宿地图》，首次盘点市内 26 处各种主题和特色的精品民宿。[③]

西藏旅游业的快速发展带动了当地民宿产业的迅猛发展。2016 年 4 月，蚂蚁短租（国内最大的公寓民宿在线短租平台）和西藏旅游股份有限公司（西藏本土第一家上市公司）达成合作，双方致力于西藏民宿产业品质的提升和市场影响力的打造，全面推广极具当地特色的民宿产品。[④]

（八）西南六省区民族艺术精粹对外推介与宣传工作扎实推进，不断走向国家或海外舞台，成为宣传西南形象、讲好“中国故事”、传播中国核心价值观念的主要力量，取得良好的政治、社会与经济效益

西南六省区的一些地方戏曲纷纷登上国家级的大剧院。如：贵州省的花灯戏《盐道》、重庆市的川剧《白露为霜》分别在北京全国地方戏演出中心（中国评剧大剧院）上演；7 月 14 日、15 日，北京民族宫大剧院上演了西藏自治区的藏戏《卓娃桑姆》；7 月 23 日、24 日，北京红塔礼堂上演了由云南带来的花灯戏《山村、小河、月亮》；7 月 26 日、27 日，北京民族文化宫大剧院上演了由广西带来的桂剧《校长爸爸》。

受国际文化交流基金会和第 9 届世界合唱比赛组委会邀请，黔南州“刺藜花红合唱团”于 7 月 7 日赴俄罗斯索契参加第 9 届世界合唱比赛，世界合唱比赛也被称为“合唱奥林匹克”，该项赛事为全球规模最大的合唱赛事。[⑤]

---

① 参见王吕刚：《重庆市台联举办首届渝台民宿酒店文化交流会》，http://www.taiwan.cn/local/dfkx/201602/t20160225_11394460.html。

② 参见《城乡宿旅：旅游专家共话重庆互联网＋民宿模式创新》，http://news.163.com/16/1202/16/C79VPDRE000187VG.html。

③ 参见吴新伟：《重庆公布民宿地图，推出一批特色精品民宿》，http://news.xinhuanet.com/politics/2016-12/02/c_129388046.htm。

④ 参见佳美：《游林芝，住民宿》，《人民日报（海外版）》2016 年 4 月 20 日。

⑤ 参见段丽娜：《中国贵州黔南少数民族赴俄参加世界合唱比赛》，http://www.chinanews.com/df/2016/07-07/7930841.shtml。

7月19日，首届西藏造像艺术博览会（简称“像博会”）在拉萨举行。该次像博会通过举办展览展示、技艺大赛和研讨会等活动，集中呈现了西藏造像艺术的弘扬和创新成果。西藏造像艺术由来已久，包括铜、泥塑、石刻、木刻等造像形式，内有涉及佛像、祖师等，相关人士指出，“让文化遗产活起来”，加快建设重要的中华民族特色文化保护地和世界旅游目的地是本次像博会的主旨。①

12月9日，“美丽南方·广西——中国美术作品展”在中国美术馆开幕。展览展出了从20世纪初至今几代美术家所创作的与广西少数民族相关的美术题材作品，共380件。整个展览的380件作品分布于中国美术馆的一层9个展厅，展览空间以春意盎然的绿色作为展览基调，所有画面所描绘的对象皆为充满了民族特色的广西壮族自治区。②

西南六省区的相关部门为了促进相关展览会和艺术节活动的成功举办，在2016年制定实施了一系列相关政策措施。2月25日，重庆市人民政府办公厅印发了《关于支持重庆戏曲传承发展的若干政策》（以下简称《政策》），《政策》指出：“在‘十三五’期间，建立专业戏曲艺术表演团体和传承机构为主体的戏曲保护传承工作体系，健全学校教育与戏曲艺术表演团体传习相结合的人才培养体系，完善戏曲艺术表演团体管理体制机制和戏曲工作者扎根基层潜心事业的保障激励机制。实现戏曲传承发展‘五个一批’目标，即创作推出一批优秀现代剧目，挖掘整理一批珍贵的戏曲文献和优秀传统剧目，培养一批德艺双馨的专业戏曲人才，培育一批热爱戏曲艺术的忠实观众，打造一批独具戏曲特色的旅游文化产品。”广西壮族自治区文化厅以“抓好艺术精品创作，以精品树形象，以精品做导向，以精品促繁荣”的思想为指导，印发了《广西舞台艺术三年创作规划（2016－2018年）》，确定今后3年全区舞台艺术创作的导向和重点；出台《关于支持戏曲传承发展若干政策的实施意见》，为全区文艺创作、演出提供政策支持。③

(九)“互联网＋”时代，“微信”等新兴媒介成为西南民族地区山歌文化传承的新模式

近年来，伴随着信息技术的突飞猛进和国家政策的大力引导，手机、电脑和平板等在西南少数民族地区逐渐普及开来。无所不能的新兴媒介的出现，丰富了少数民族群体话语表达路径的多样性，改变着他们沟通交流的方式。在黔湘边区的苗侗村寨，几乎每个成年人都拥有一部智能手机，手机里安装有QQ、微信等社交

① 参见白少波、许万虎：《西藏首届“像博会”让文化遗产“活起来”》，http://news.xinhuanet.com/local/2016-07/19/c_1119244007.htm。

② 参见鲁婧、董子龙：《美丽南方·广西——中国美术作品展》，人民网2016年10月9日。

③ 参见宾阳、艺苑：《广西：积极探索民族文化强国新路》，《中国文化报》2016年10月12日。

软件,“聊 Q”“聊微信”“发朋友圈”不仅成为当地人最为常见的一种生活方式,而且作为外来词进入了当地民族的语言体系之中。在网络和新媒体崛起的大背景下,当地古老的民族文化传统——“唱山歌”的传承方式正在悄然发生着变迁,传统歌场被搬上网络平台,在 QQ 群、微信群中对歌已成为一种时尚;并且,在更深层次上,当地人的思维观念、表达方式、社会行为等也深受影响。

可以说,手机、网络等媒介在当地的普及彻底改变了山歌的传承模式,传统歌场被搬到了手机软件上。当地文化持有者与热爱者还利用 QQ、微信、论坛等新兴的媒介平台进行交流与传承,更新了民间文化的传统传播方式,收到了意想不到的效果。传统歌圩被搬上网络平台,带动了年轻人传唱山歌的积极性,在很大程度上改变了传统山歌传承的困境。网络歌圩正被越来越多的山歌爱好者所接受,并将成为山歌传承的新途径。这充分说明,面对来势汹汹的信息化和数字化,中国各少数民族没有袖手旁观,固步自封,而是充分利用现代网络的便利开辟了新的文化传承场域与活动空间,在全球化的大潮中做出了自己的特色,发出了自己的声音。换言之,新媒体在民族地区的推广与普及给少数民族群体提供了一个表达与实践自我文化的机会①,在全球化的进程中把少数民族文化置于一个相对公平的生存竞争环境之中,使之获得了更加多元化的传承途径和蓬勃的发展活力。

二、2016 年度西南民族民间文化研究概况

2016 年是西南民族民间文化大发展的一年,时代挑战与历史机遇并存,诸多新事象不断涌现,引起了学界的广泛关注。为全面了解 2016 年西南民族民间文化的研究概况,本报告以中国知网数据库(CNKI)为数据来源,以“西南、贵州、广西、四川、重庆、西藏”分别并含“民族文化、民间文化、民俗文化、非遗、民族医药、民族旅游、民间文学、民族音乐、民族建筑、民族村落、民族语言、民族古籍、民族体育、民族服饰……”为检索主题词,以 2016 年为时间限度,期刊类别不限,为保证文献完整性,检索地域时还分别检索地域简称,如“黔、桂、滇”等,共检索到相关文献共 1290 篇。通过对文献审查和筛选排除后,共获得相关文献 951 篇。利用 CiteSpace V 可视化软件对选取的目标文献进行可视化分析,并利用聚类视图发

① 这方面的研究,可参阅石茂明:《互联网+时代的中国苗族呈现:三苗网的历史回顾与展望》(《中国山地民族研究集刊》2016 年第 2 期)的相关讨论。

掘研究焦点,从而大致呈现出2016年西南民族民间文化研究的态势与走向。①

(一)研究地域分布

通过对951篇有效文献进行分析,可以得出2016年文章研究地域分布数目,具体如图1和表1所示:

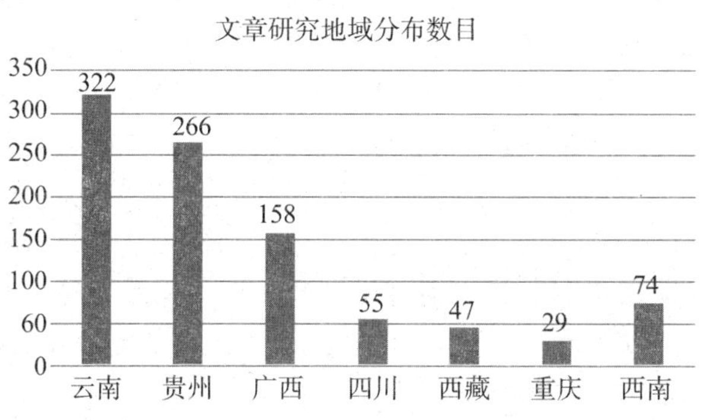

图1 文章研究地域分布图

表1 文章研究地域汇总表

地区	发文数量	各地区占总数百分比	核心期刊数量	各地区占总数百分比
云南	322	33.86%	60	23.71%
贵州	266	27.97%	52	20.55%
广西	158	16.61%	64	25.30%
四川	55	5.78%	16	6.32%
西藏	47	4.94%	22	8.70%
重庆	29	3.05%	12	4.74%
西南	74	7.78%	27	10.67%
总计	951		253	

由图1和表1可以看出,2016年,学界关于西南民族民间文化的研究较多,其中研究云南、贵州、广西地区的文章较多,占文章总数的2/3;四川、西藏、重庆

① 参见对目标文献进行分析前,对CiteSpaceV的分析参数进行设置,时间设定为2016年,时间切片Time Slicing为1,各时间切片阈值Top N设置为Top 50,即在网络图谱中显示每个时间切片内发文量排在前50的对应文献信息,最后针对不同的分析目的选择不同的节点类型进行分析。

的文章相对较少。从文献方面来看，核心期刊占期刊总数的比例较少，说明研究质量还有待提高。

（二）文献作者网络和研究机构合作网络分析

通过对作者和机构合作网络分别进行可视化分析，能够直观地体现出作者合作网络和机构之间的合作网络，了解 2016 年西南民族民间文化的研究情况。选择 CiteSpaceV 的节点类型为“Author”，生成作者合作网络知识图谱，为使得图谱更加清晰简洁，作者发文图（见图 2）仅显示发文量 4 篇及其以上的作者。其中，节点数为 50，连线数为 8，知识图谱如图 2 所示。选择的节点类型为“Institution”，得到机构合作网络图谱，其中，节点数为 50，连线数为 7，如图 3 所示。两图谱中的节点代表分析的对象，节点的大小代表研究分析对象出现的频次（或被引频次），具体而言，即在图 2 中节点越大反映该节点的作者发论文数量越多，连线表示两个作者之间存在合作关系。合作网络知识图谱的连线颜色代表首次合作时间，连线粗细与合作次数成正比。

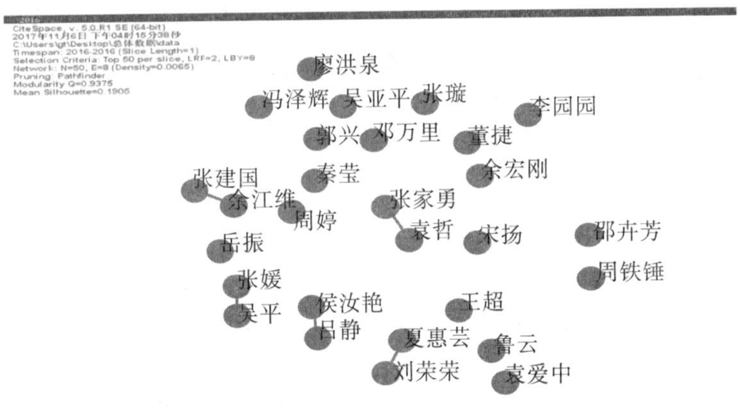

图 2 作者合作网络图

由图 2 可知，2016 年来，关于西南民族民间文化的研究群体较为分散，图中显示存在研究关系的作者较为明显的有张媛和吴萍、邵卉芳和周铁锤、张建国和余江维等。其中，发文数目最多的为王超，有 6 篇文献产出；其余学者为 4 篇左右。

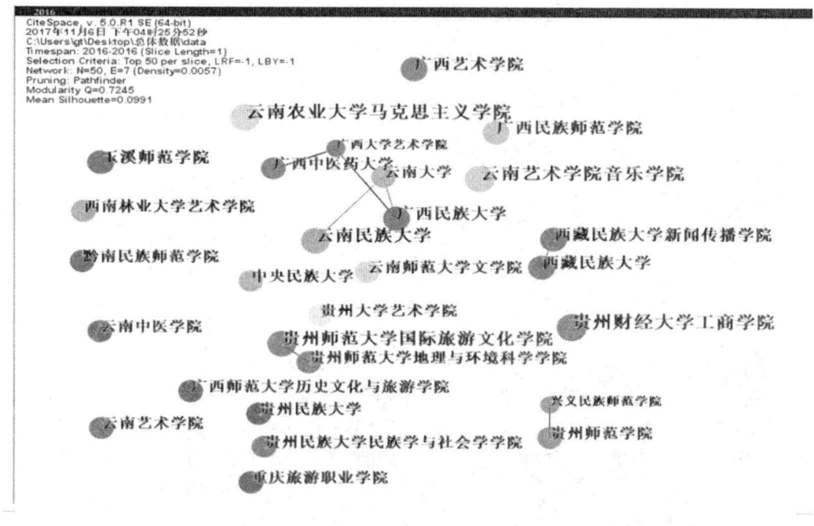

图 3　机构合作网络图

从图 3 可得，研究西南地区民族民间文化的机构基本属于西南地区高校，且与作者间的合作网络相比相对复杂，其中发文量最多的机构为云南艺术学院音乐学院，该机构 2016 年对于民族音乐方面的研究有较多文献产出。此外，云南大学、云南民族大学、广西民族大学、广西中医药大学、广西大学艺术学院各个机构之间相互进行合作，且合作网络较为紧密。图 3 中还可以看出其余机构之间合作较少，多为学校内部不同学院合作。

（三）研究热点

关键词是文章核心内容的凝练，是文章的重要检索途径之一。共词分析是对一组词两两统计他们在同一组文献中出现的次数，通过共现的次数来测度他们之间的亲疏关系，即通过共词分析可把握研究的脉络和热点。绘制 2016 年西南民族民间文化发展关键词的图谱时，节点类型选择为“term＋Keyword”，使用 MST（最小树法）和 Pruning the merged network 以及 Pruning the sliced networks 对网络进行裁剪，保留网络密集时的重要连线来使网络可读性提高。经过后台运行完成后。具体如图 4 所示。

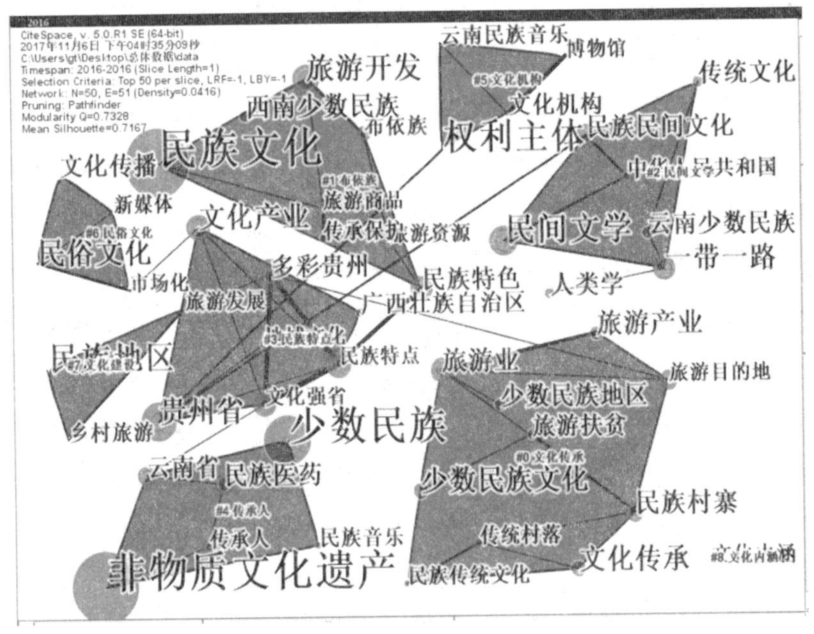

图 4 关键词共现图谱

图 4 所示节点中心代表与之对应的关键词，节点大小代表出现的频次，节点之间的连线表示共现强度，节点的年轮反映了论文的数量随时间的分布情况，引文年轮的颜色越深代表发文的时间越早，年轮厚度与对应时间分区的发表论文数量成正比，粗细表示与综合研究它们的次数成正比，颜色代表它们首次被综合研究的时间。中介中心性使测度节点在网络中重要性的一个指标，可用此指标来发现和衡量文献的重要性，并用紫色圈对该类文献进行重点标注。将被引频次较高的关键词进行排序，即按节点大小所对应的关键词出现的频次排序，结果如表 2 所示：

表 2 高频词汇与中介中心性表

序号	频次	中介中心性	关键词	序号	频次	中介中心性	关键词
1	51	0	民族文化	26	8	0.37	云南省
2	49	0.16	非物质文化遗产	27	8	0.43	民族民间文化
3	37	0	少数民族	28	7	0	广西壮族自治区
4	24	0.23	权利主体	29	7	0.08	旅游扶贫
5	18	0	民族地区	30	7	0.08	文化机构

续表

序号	频次	中介中心性	关键词	序号	频次	中介中心性	关键词
6	17	0.3	民间文学	31	6	0.16	云南民族音乐
7	15	0.16	民俗文化	32	6	0.08	乡村旅游
8	15	0.3	旅游开发	33	6	0.37	中华人民共和国
9	14	0.8	贵州省	34	6	0	文化内涵
10	13	0.37	文化产业	35	6	0.08	民族音乐
11	12	0.23	一带一路	36	6	0.37	布依族
12	11	0	少数民族文化	37	5	0.23	传承人
13	11	0	文化传承	38	5	0.84	民族特点
14	10	0	旅游产业	39	5	0.16	旅游发展
15	9	0	西南少数民族	40	5	0.6	旅游目的地
16	9	0.38	民族村寨	41	5	0	地域文化
17	9	0.57	旅游业	42	5	0.08	新媒体
18	8	0	传统文化	43	5	0	民族传统文化
19	8	0	少数民族地区	44	5	0	博物馆
20	8	0	人类学	45	5	0.72	文化强省
21	8	0.08	云南少数民族	46	5	0.16	旅游商品
22	8	0	文化传播	47	5	0.16	传统村落
23	8	0.3	民族医药	48	5	0.43	旅游资源
24	8	0.49	民族特色	49	5	0	传承保护
25	8	0.82	多彩贵州	50	5	0.23	市场化

从知识理论的角度来看,中心性高的关键词代表了众多研究学者在一段时间内高频关注的研究问题,也是现在学术研究的热点问题和前沿思想。根据图 4 和表 2 分析结果可知,2016 年西南民族民间文化研究的特点主题主要包含民族文化、非物质文化遗产、少数民族、一带一路、民间文学、民俗文化、民族旅游等问题,体现了学术界对社会发展热点密切关注。其中,中心中介性较高的词汇“多彩贵州”(0.82)、“民族特点”(0.84)、“文化强省”(0.72)以及“旅游资源”“旅游业”等词汇都说明 2016 年西南民族地区旅游的发展迅速,并带动市场化,形成文化产业。综合词频与中心性分析,可以发现,2016 年学界对于西南民族民间文化的关注焦

点主要集中在以下两个领域：

第一，“一带一路”与西南民族民间文化紧密结合。“一带一路”倡议作为我国重要的政治经济文化发展枢纽，学界对于西南地区民族民间文化和“一带一路”之间联系的外延和内涵都有着较为深入的研究。有学者基于云南边境研究的角度指出，“一带一路”国家发展战略下的“民族走廊”，展现出当前各民族主体的发展过程和轨迹。在“一带一路”的战略背景下，“带”“路”“沿线”以及民族关系的文化内涵显得更为重要，因此，要通过发挥民族文化软实力的方式来治理边疆，要以文化“固边”、做好“文化边防”、以文化提升当地居民的幸福感指数。① 还有学者通过对南海周边民族文化遗产的历史考察，认为“文化遗产”的发现和研究对于我国“一带一路”的建设是重要的学术支撑，族裔文化及其权利是民族国家建设与发展的重要历史记忆，只有当经济、文化与政治、军事和外交等领域协同发展的时候，中国南海及周边地区权益问题的解决及“一带一路”发展战略才能有所突破。②

第二，民族旅游业的迅猛发展与其他经济结构产业化互帮互助。2016 年，学界关于西南民族旅游业的研究较多，研究视角也较为宽泛，如有学者从民族村寨建设的视角出发，认为发展民族民间文化旅游业需注重与区域间的合作，在旅行线路安排上注重发挥民族文化博物馆功能，贯彻民族生态博物馆理念，定位旅游形态和旅游品牌。③ 学者们大多认为西南民族民间文化的发展，对于西南地区的经济发展有着重要的作用，如有学者从旅游扶贫的角度出发，认为旅游扶贫的路径由过去依靠发展经济带动村民脱贫转向依靠更加公平的旅游收益分配政策，并以“益贫”思想为导向，促进民族村寨旅游的健康可持续发展。④

综上所述，2016 年是西南民族民间文化发展的重要的一年，在互联网大数据飞速发展和“一带一路”战略强有力的支持下，如何让西南民族民间文化的发展转变为推动西南地区经济发展的动力是需要学界关注和思考的，此外，在发展的同时如何传承和保护也是需要关注的问题。

---

① 参见李智环：《论“一带一路”语境中的“民族走廊”及民族关系——基于云南的研究》，《贵州民族研究》2016 年第 1 期。

② 参见于文杰：《中国海疆权益的真实记录——对南海周边民族文化遗产的历史考察》，《人民论坛·学术前沿》2016 年第 23 期。

③ 参见田敏：《论民族旅游开发与民族特色村寨建设——以黔东南郎德苗寨为例》，《中南民族大学学报（人文社会科学版）》2016 年第 1 期。

④ 参见董法尧、陈红玲、李如跃、吴建国：《西南民族地区民族村寨旅游扶贫路径转向研究——以贵州西江苗寨为例》，《生态经济》2016 年第 32 期。

三、2016年度西南民族民间文化发展中的问题与对策

近年来，随着互联网迅速普及、高速铁路相继开通、山地民族旅游轰轰烈烈开展以及全面小康要求下扶贫攻坚战的打响，西南民族地区以不可逆转的趋势迈入全球化、信息化与城镇化的时代洪流。受此影响，西南民族民间文化面临着前所未有的发展机遇与全新的时代挑战。对西南少数民族而言，这是一场史无前例的文化大发展、大转型、大变革，藏于深山的民族民间文化成为了被消费、被重构、被改造的对象。因此，在西南民族民间文化热闹发展的背后，潜伏着文化再造的无奈、生态破坏的遗憾以及传统消亡的危机。因此，我们看到凡山地乡村旅游红火开展之处，其传统文化生态往往大受破坏，再造的节庆、仪式等文化事象比比皆是，传统社区共享性的文化荡然无存，在经济利益的驱使下，当地人对神圣传统的坚守显得力不从心或不再重要，乡村旅游与社区公共建设完全脱钩，原本平凡无奇的“过日子”变成了喧哗热闹的“演日子”，世代和谐共处的村寨变成了恶性竞争的生意场。此外，很多民族村寨的民俗旅游项目，都是一种肤浅的文化装扮，是一种零碎的、表面的、庸俗的资源堆砌，急功近利，弄得半真半假、半生不熟，民族传统文化的核心价值并未挖掘出来。

“一带一路”的伟大倡议，既为西南民族民间文化对外传播提供了难得的历史机遇，同时也提出了更高的要求。就目前来看，对西南地区各民族储量丰富的优秀文化元素的挖掘、整理与利用远没有达到时代的需求，西南民族民间文化“走出去”之路并不顺坦，突出地体现在传播渠道单一，过分依赖政府主导，行之有效的交流与传播机制未能形成，中国特色价值观念的宣传有待加强。可见，利用西南民族民间文化讲好“中国故事”的道路仍很漫长。

2016年，西南民族民间文化如何保护传承仍是困扰我们的难解之题。西南民族文化进校园运动方兴未艾，但随之出现了一系列的问题。比如，西南各省的民族聚居区域大多是两个或两个以上少数民族杂居相处，那么在学校传承哪个民族的文化，若是传承多个民族文化，又如何处理这些民族文化之间的关系，因此，哪些民族文化应该走进校园、如何走进校园，民族文化进校园活动如何提升学生人文素养、如何带动学校教学质量的提高等，仍是一个亟待思考和解决的问题。除此之外，教育经费投入不足、民族文化传承人员短缺且质量偏低、缺少相关教育评价机制以及学校普遍不重视等这些长期困扰民族文化进校园的难题，仍未得到很好的解决。

西南六省区是我国民族古籍文献最主要的储藏地区之一，虽然近几年西南各省的地方政府对民族古籍的重要性认识逐步提高，对其展开的收集、整理和研究

工作也在有条不紊地推进。然而，民族古籍属于不可再生资源，当前对其进行的保护力度却赶不上其丢失或损坏的速度。这主要是因为西南地区自然环境恶劣，潮湿多雨，收藏手段和收藏方式极为原始、落后，对民族古籍的保存非常不利；再加之，当前西南民族民间古籍文献仍散落在乡野田间，受潮、老化、酸化、霉蚀抑或虫蚀的现象严重，缺乏专业的保护或修复人员，大部分仍处于自生自灭的状态。还有，学术界民族古籍注重收藏轻视利用的问题比较严重，在现有的工作当中一味地注重古籍的保护，却忽略了对古籍资源的开发利用，没有充分挖掘民族古籍对社会经济发展的重要价值。

除此之外，西南民族地区快速发展的文化产业、民宿业等也都遇到了诸多问题。比如，西南六省区的文化产业起步较晚，人才队伍建设滞后，文化传承与创新意识薄弱，文化产业性企业的实力和影响力不够强大，难以形成较有影响力的优势品牌。民宿业虽然发展迅速，但更多地呈现出一种“野蛮生长”状况，在建设、规划、管理等方面逐渐暴露出一些严重的问题。

总之，对西南民族民间文化发展而言，2016 年是机遇与挑战并存的一年。面对西南民族民间文化在发展中暴露的系列问题，我们认为在今后的发展中它至少应采取如下几点策略。

第一，西南地区拥有良好的自然环境，境内居住着数量众多的民族，拥有丰富多彩的物种资源与文化资源。因此，我们必须树立和践行“绿水青山就是金山银山”的发展理念，牢牢守住发展与生态两条底线，正确处理好经济发展与生态环境保护的关系，不仅保护生物多样，还要保护文化多样性，不仅保护自然生态，还要保护人文生态，为西南各族人民创造良好的生产生活环境，为中国生态安全作出贡献，让西南民族地区真正成为“望得见山、看得见水、记得住乡愁”的美丽新西南。

第二，在“一带一路”倡议的大背景下，西南六省区应发挥民族民间文化资源优势，坚持引进来和走出去并重，更加积极地探索民族民间文化“走出去”之路，不断创新文化传播方式和文化展演形式，突破现存的语言障碍、文化差异等难题，把优秀的民族民间文化推出国门，向世界传递“中国好声音”，宣传中国多民族和谐共存的美好形象，同时也为“一带一路”倡议的顺利实施贡献自己的力量。

第三，西南各民族村寨及其乡土生活是我国优良文化传统的存储器，保存着社会发展的重要基因。在全球化、城镇化与旅游化的大潮中，应更加重视挖掘与保护西南民族村寨中的乡土生活价值，应深刻意识到乡土是社会发展的重要文化基因，是文化创新发展的重要源泉。乡土生活的现代价值是我们建设创新型国家和现代生态社会的一笔宝贵财富，是推进城镇化进程的驱动力，是社会进步必不可少的组成部分。只有城市与乡村之间形成良好的互动，才能让生活更美好。

第四,西南地区的民族民间文化是各个民族在历史长河中继承下来的优良传统,是西南民族基因和血脉传承的重要载体。我们发展民族民间文化一定要秉持“文化自信”的理念,保持本民族的文化的本真性与神圣性,坚守本民族文化中的真善美,最大限度地降低外部因素带来的冲击与影响,并通过适度创新,实现民族民间文化在当代社会的活态传承。

第五,西南民族地区的乡村旅游业已成为当地人脱贫致富的重要途径,在规划或开展乡村旅游项目之时,一定要把乡村旅游与社区建设有机结合起来,尊重当地文化,以人为本,公平发展,把村民生活与社区传统等作为发展乡村旅游的重要考虑因素。只有将乡村旅游规划与未来的社区发展结合起来,才是乡村旅游可持续发展之道,也是村民幸福和谐生活的根本性保障。唯有如此,民族地区的全面小康才能更快地实现。

第六,西南民族村寨是一种整体性的文化景观,西南地区的古村落的保护要注重自然和文化、物质和非物质、历史和现时的整体保护,应注重延续村落的文化脉络,维护村落文化多样性,应强调村民是村落文化景观的重要组成部分和保护的重要力量,重视村落发展诉求,维护村落文化景观发展途径的多样性,强调村落文化保护的核心价值是乡村文化传统与未来可持续发展的和谐,注重村落文化发展的“可持续性”。

2016年度灾难民俗学研究报告

吴　薇　王晓葵*

一、引　言

灾难，是自然的或人为的严重损害，会带来对生命的重大伤害，是灾祸造成的苦难。2016年度，中国所经历的重大灾难主要包括以地震、暴雨洪涝、泥石流、台风等为主的自然灾害，以及以交通运输、火灾爆炸等为主的安全事故。值得注意的是，随着技术时代的到来，诸多自然灾害被怀疑是人为技术所致。此外，网络安全和信息泄露等各种技术问题而导致的社会灾难也在社会范围内开始引起热议和重视。不同类别的灾难对民众生活和国家发展造成了超越时空的破坏和影响。就自然灾害而言，据民政部网站消息，2016年，中国自然灾害以洪涝、台风、风雹和地质灾害为主，旱灾、地震、低温冷冻、雪灾和森林火灾等灾害也均有不同程度发生。各类自然灾害共造成全国近1.9亿人次受灾，1432人因灾死亡，274人失踪，1608人因灾住院治疗，910.1万人次紧急转移安置，353.8万人次需紧急生活救助；52.1万间房屋倒塌，334万间不同程度损坏；农作物受灾面积2622万公顷，其中绝收290万公顷；直接经济损失5032.9亿元。

可见，灾难几乎是一种全方位的事件，在暴发时，它会波及人类社会的环境、生物和社会文化各个层面。就其构成而言，灾难发端于环境、社会和技术汇聚的网络，以及地方、人群和人类物质与非物质文化构建的交汇点，正是由于这三方面的聚合才形成灾难。灾难在展开的过程中，又重新勾连其因果端口的各因子。① 灾难的发生、应对以及影响与民众的日常生活戚戚相关，它一方面给社会带来严重的损失和破坏；另一方面又重塑着个体和社会对当下的行为和选择进行反思和

---

* 吴薇，华东师范大学社会发展学院民俗学研究所2016级硕士研究生；王晓葵，南方科技大学教授、博士生导师。

① 参见[美]苏珊娜·M.霍夫曼、[美]安东尼·奥利弗-斯密斯：《人类学与灾难研究的范式》，彭文斌编译，《云南民族大学学报（哲学社会科学版）》2014年第1期。

调试。因此,研究灾难具有将灾难的破坏力转化为人民生存力、文化创造力、社会发展力的价值。

(一)民俗学的灾难研究

21世纪以来,民俗学逐渐开始通过记忆理论为介入点对灾难进行研究。王晓葵认为,灾害、战争等这类不是世代传承的历史事件本不是民俗学关注的对象,但是有关灾难的叙述可能是世代传承的对象,民俗学注重从口述的过程中探讨经历灾难、参加战争人们的体验和心态,当这种体验被叙述出来,形成记忆化的表象,灾难就可以成为民俗学研究的对象。[①] 日本学者樱井龙彦提出了"灾害民俗学"的概念,他认为民俗观念在灾害的起因、预防以及救助等方面都有表现。借助怪异现象的认识、祭祀礼仪、宗教信仰以及纪念物等有助于在精神上将人们从灾难中解救出来,从经验世界找出心理救助模式,从而发挥民俗学的独特作用。[②] 尹红于2016年发表《灾难记忆研究述评:基于民俗学的视角》[③]一文,她从自然灾害记忆研究、战争记忆研究、灾难记忆文艺作品研究以及灾害记忆数字化研究四个方面,详细回顾并整理了21世纪以来国内外灾难民俗学的研究现状,在对灾难记忆研究的分类和演进进行评述时,她指出,随着互联网技术和信息通讯技术的迅速发展,人类传统的记忆形式开始向数字记忆拓展和演进。在21世纪,互联网技术和信息通讯技术即新媒体技术,包括互联网、数字电视网搜索软件等信息传播技术,电脑、掌上电脑、手机、数字电视机等信息传播媒介,使个体记忆和集体记忆发生着蜕变,新媒介成为人类记忆之外新的海量记忆"储藏室",是人类记忆的有力补充。就灾难记忆而言,新媒体技术带来的记忆纪念方式影响着传统灾难记忆与传承方式。比如各种网上祭祀的兴起,网上纪念馆、纪念堂等记忆平台的出现。但是目前,国内外进行数字媒介技术与灾难记忆的研究尚少,她认为民俗学应该通过信息技术和灾难记忆研究这一方向来丰富民俗学研究内容和拓宽研究渠道。但笔者认为,利用数字媒介等技术来帮助和扩展民俗学的灾难研究只是其中一个方面,近年来,愈演愈烈的技术本身带来的技术性灾难也是民俗学的灾难研究应该关注的新领域。然而,目前民俗学届尚未出现以技术灾难为研究对象进行个案分析的学术论文。

---

① 参见王晓葵:《民俗学与现代社会》,上海文艺出版社2011年版。

② 参见[日]樱井龙彦:《灾害的民俗表象——从"记忆"到"记录",再到"表现"》,虞萍、赵彦民译,王晓葵校,《文化遗产》2008年第3期。

③ 尹红:《灾难记忆研究述评:基于民俗学的视角》,《前沿》2016年第8期。

(二)灾难民俗学研究的日常生活转向

作为事件的灾难呈现了一种与日常状态有别的社会场景和社会进程，并将各种社会关系和精神情感聚焦在一起，从而使得社会深层的结构关系和价值体系被突显出来[①]，这使得民俗学、人类学等社会科学学科得以借此去理解社会的运作和其背后蕴藏的文化逻辑。

当下，世界各国的民俗学正在经历“日常生活”的研究转向，而民俗学的灾难研究也同样开始面对灾难前社会与灾难后社会的民众生活世界进行观照。灾难既是一种环境要素，又具有强烈的社会属性，它在具体的地方层面被感知，又呈现为一个全景性的社会场景；它不仅是一个社会关系总体呈现的事件，又是一个社会结构得以展开形塑的过程。灾难的成因及影响深嵌于自然环境、社会结构、文化观念与历史过程之中，而这些正是构成人们生活世界的基础。[②] 特别是在当下的技术时代，日常生活几乎等同于是各种技术手段的集合体与作用体，然而，人的衣、食、住、行都离不开的技术手段却在逐渐成为制造灾难的始作俑者之一，因此，灾难民俗学的研究应该注意考察日常生活的方方面面。

20 世纪 80 年代之后，受政治经济学派的影响，人类学就开始关注灾难与日常生活世界的关系，张原和汤芸在《面向生活世界的灾难研究——人类学的灾难研究及其学术定位》一文中指出，人类面向生活世界的灾难研究，主要是指人类学家开始注意到灾难作为一个过程，其本身能呈现一个群体日常行为背后更深层次的社会结构，并就灾难应对实践中隐藏于社会网络背后的权力机制进行了深入的分析。灾难的应对并不是一个地方性事务，而是一种大规模的社会动员和资源调配过程，并且灾难应对的形式与结果受到了地方的社会结构及其与国家或国际秩序的关系的先期制约。[③] 因此，政治经济学派强调通过灾难的研究来揭示地方群体与国家或市场等更大的结构关系，并从灾难应对过程中资源获取和分配的方式来分析社会内部不同的阶层等级、年龄性别、职业群体之间的合作与冲突，不仅丰富了灾难研究的主题，也显示了灾难问题对于深化人类学研究内容所具有的潜力

---

① 张原、汤芸：《面向生活世界的灾难研究——人类学的灾难研究及其学术定位》，《西南民族大学学报（人文社会科学版）》2011 年第 7 期。

② 参见张原、汤芸：《面向生活世界的灾难研究——人类学的灾难研究及其学术定位》，《西南民族大学学报（人文社会科学版）》2011 年第 7 期。

③ 参见 Andrew Maskrey, *Terremotosenel Tropicohumedo*, Lima: LARED/Intermediate Technology Development Group, 1996.

与价值。①

与人类学面向社会内外结构、国家关系、权力机制等宏观的、横截面式的社会维度研究相比，笔者认为，民俗学面向生活世界的灾难研究应更注重与民众个体微观日常生活直接关联的“时空向度”与“记忆链”的生成与传承。虽然都是面向生活世界，但人类学的落脚点偏向于通过生活世界去探索灾难事件及救灾背后所揭示的更大的社会文化背景，而民俗学的落脚点是在大的文化背景下通过生活世界去剖析灾难对个体日常生活，以及不同共同体灾难记忆链形成与传承的作用和影响。

（三）灾难民俗学面向日常生活的研究向度

无论是从形成原因还是从影响范围来看，灾难都不应该被视为“孤立的”或者“突发的”事件，而应该被作为一个结构的和历史的过程。对灾难的辨析，应该拓展灾难的时间框架，从而对灾难的长时段进程进行全面的理解。特别是当我们从一个整体而系统的生活世界出发来考察灾难时，应该注意到不仅灾难的成因是一个历史过程，灾难的应对同样也是一个多层次展开的社会过程。在时空关系上，人类学关注的灾难的应对主要包括灾前的防灾减灾与灾后的赈灾重建两个方面，以及社会整体应对和基层社区防范两个层面。因此，一种整体视角的人类学灾难研究是以生活世界为主轴，对灾难应对在时空关系上的不同实践层面进行系统的考察。② 民俗学对时空关系的考察，则是以扩展时空关系的主体、方式、手段为侧重点，去探究灾难中的时空关系被从点到线、从线到面的延展过程和之间的复杂力学关系，而不是单纯在面的维度去思考面的现象。

随着网络通信技术的发展，灾难的发生不再是一个社区、一个群体的地域性事件，而是能瞬间波及全世界的公共性事件，同时非灾区的民众得以通过技术手段获得在灾难事件中的参与感。因此，灾难民俗学的研究不仅应该只关注受灾民众，也应该关注灾难发生对非受灾民众的影响，以及非受灾民众对灾难的应对、叙事及记忆；不仅应该关注灾难事件本身，也应该关注灾难前社会与灾难后社会的日常生活世界如何被灾难作用和影响。

综上所述，本报告首先将从时间向度以及空间向度两个方面入手，探究技术时代的灾难如何在“时空”中去影响、作用于灾民以及非灾民的日常生活；接着阐释在这个过程中个体（包括灾民以及非灾民）、公共群体、民族如何通过不同的路

① 参见张原、汤芸：《面向生活世界的灾难研究——人类学的灾难研究及其学术定位》，《西南民族大学学报（人文社会科学版）》2011 年第 7 期。

② 参见张原、汤芸：《面向生活世界的灾难研究——人类学的灾难研究及其学术定位》，《西南民族大学学报（人文社会科学版）》2011 年第 7 期。

径进行灾难叙事,形成不同的灾难记忆链,从而形塑现代性灾难文化。最后,本报告将对 2016 年度在中国发生的由技术引起的社会灾难问题进行分析和归纳,试图从民俗学角度探索一种新的关于技术灾难研究的方式和路径。

二、"瞬间即永恒":灾难"时间"的蔓延

灾难是一个具有时空特征的事件,而"灾难"的时间,一般是指灾难实际发生的那一刻,即一个具体的时间点,认为灾难是突发的、瞬间的。但是在技术通讯如此发达的当下,"灾难"的发生不再是一个具体的时间点,而是通过各种技术手段和方式无声地蔓延为一个与灾难直接相关或者间接相关的辐射期和阴影期。而灾难的发生也不再单纯地被认为是偶然的瞬间突发事件,而是与一系列技术与社会发展相关联的因果锁链。作为"事件"的灾难在这个过程中无孔不入地浸入了日常生活。

(一)灾难时:时间与标志

在地域性灾难发生时,网络虚拟空间的辐射性一方面把灾难发生的影响范围无限扩大,另一方面也通过有时间梯度的一层一层的灾难叙事、灾难报道、灾难热点的形成,使得灾难的发生超越一个固定的、具体的时间点,而成为一段时间或者某一种时期的代表和象征。

比如,"1998 年特大洪灾""2008 年特大地震""2008 年特大雪灾"对于中国人而言都是有特指的意义。人们可能忘记了洪灾、地震、雪灾爆发的那一个具体时间,但是那一个年度却在漫长时间里沉淀下来,固化了人们对那一个时间段的灾难记忆。

再比如,2016 年下半年间,发生了多起电信网络诈骗犯罪案件,由网络信息通讯安全而引发的"技术灾难"在中国引起震动,网络舆论和社会热议久久不息,直接催生了 2016 年 12 月国家互联网信息办公室发布的《国家网络空间安全战略》,以及 2016 年 11 月 7 日经十二届全国人大常委会第二十四次会议表决通过的《中华人民共和国网络安全法》。

而 2016 年也成为中国内地"技术灾难"的标志性时间节点和象征年度,由各种各样的技术和安全问题导致的社会灾难也在 2016 年开始大规模地进入社会科学领域的研究视野。

（二）灾难后：日常与非日常

1. 日常：纪念

灾难终将过去，也终将在下一次到来，但在中间无限漫长的过程中，日常生活才是主调。“没有一个受灾者会永远沉迷在悲哀和感动中忘记日常的生活。‘日常’的力量是无穷的。它会把一切拉回到原来的轨道。在灾区，地震的痕迹将一点一点消失，时间会让一切记忆模糊。”[①]

灾难作为一个突发性事件，打破了受灾者的生活轨迹，是对原有的日常秩序的中断和冲击，但是对于受灾者而言，灾难只是暂时的，是生命历程的一部分，灾难后的生活如何进行是更重要的。在灾难后的生活中，灾难的影响主要体现在民众对于灾难的记忆和纪念之中（关于其如何记忆、如何纪念将在后文详细说明）。因此，灾难发生后，大部分受灾者要努力回到他所习惯的日常生活中去，在回忆、纪念与现实之间博弈。在这个过程中，民众如何凭借自我的主观能动性（如灾难叙事、灾难认知、灾难记忆）以及外部力量（如民间信仰、俗信仪式等）去不断调试，以达成纪念与日常生活的平衡，是灾难民俗学研究可以着力的点。

2. 非日常：祭祀

灾难不仅在民众的日常生活中潜移默化地对其产生影响，也在特定的时间将灾难记忆再一次唤起，形成灾难后非日常的影响。祭祀或者纪念日就是典型的一种影响模式。灾难发生后，小到家庭成员为受灾个体举行的祭日，大到国家为一个灾难事件确定的纪念日或者公祭日，都是一种区别于日常的非日常灾难影响。

目前，中国的灾难祭祀主要分为个人的传统祭祀仪式和国家主导的公共祭祀仪式。公祭作为一种公共社会活动和仪式象征体系的一部分，可以折射出国家意识形态与社会传统的关系。但是公祭之仪式、内涵、主体却与传统俗信差异极大，隐含着世俗性事件处理与信仰性阴阳沟通仪式之间的矛盾，与民间俗信所支撑的个体祭祀之间的生死观存在差异。而透过对当代社会“祭祀”与“纪念”之间复杂关系的分析，可以透视唯物主义生死观和传统信仰正呈现一种既交汇又对峙的微妙关系。[②]

（三）灾难前社会

笔者借“灾难前社会”来指代在发生过灾难（或受到过灾难影响）的社会在下

---

① 王晓葵：《我们应当怎样记忆灾难》，《南方周末》2009 年 5 月 7 日。

② 参见王晓葵、雷天来：《“祭祀”与“纪念”之间——对“东方之星”事件“头七”公祭的考察》，《民俗研究》2017 年第 4 期。

一次灾难发生前期间的一种阈限状态。当人们未经历或未听闻灾难的破坏性时，人们是不会主动认知、不会畏惧、也不会应对灾难的。只有当灾难发生后，人们才会开始进入一种“备战”状态，进入下一次灾难来临前的“灾难前社会”。对于灾民和非灾民来讲，由于灾难发生带来认识论和价值观层面的改变，这种改变直接作用于下一次认知、预防、应对灾难的态度和行为；对于地方社会和国家来讲，灾难的发生会带来社会结构和发展缺陷的提示与反思，同时也会完善灾难应对机制、应急预案的制定，因此经历过灾难的“灾难前社会”中的个体和社会相比没有经历过灾难的个体和社会有更成熟的灾难认知体系以及更有效的灾难应对机制，当然，有时也会是比较消极地对待灾难带来的伤痛记忆和恐惧。

比如四川人对于地震的看法、认知和应对措施与外地人就有较大不同。类似于“小震不用跑，大震跑不过”之类的说法在四川广为流传，而当地震发生时，他们也有一套带有地域特色的“娱乐化”的叙事方式来缓解频繁地震带来的紧张感和危机感。同时，四川人在价值观等方面的形塑也深受地震等灾难的影响。

德国社会学家乌尔里希·贝克（Ulrich Baker）在《风险社会》一书中指出，风险发生在人类理性地不断克服有现代化引致的各种灾难的过程中，当今社会经由工业主义的系统改造后，开始进入了危机四伏的风险社会，伴随社会结构特征的剧烈变化，普遍存在的焦虑成为全球范围内人类共有的整体生存状态，正因风险社会的灾难所具有的普遍共享性，将其推向公共视野的中心，成为政治议程的重要组成部分。[①] 这也是笔者所认为的“灾难前社会”的典型状态，即已发生的灾难造成的对未来灾难发生的恐惧，是一种风险之中的“发生—认知—恢复—警惕—预防—应对”等一系列状态。

（四）风险：灾难的过去、现在和未来

在传统社会中，是过去决定现在和将来，而在风险社会中，是未来决定现在，也就是我们对于未来的危机感与恐慌感决定人类现在的行为逻辑及其与自然的关系。[②]

温斯纳（Ben Wisner）认为，社会脆弱性（social vulnerability）是指一个个体或者群体预测、处理、抵制灾难的影响及从灾难中恢复的能力的特征，这个概念的提出促使学者们的研究视角从灾难本身向灾前社会进行转移，即真正关注的对象不再是灾难结果，而是自然系统与社会系统相互作用的过程。也就是说，该概念假

---

① 参见[德]乌尔里希·贝克：《风险社会》，何博闻译，译林出版社 2004 年版。

② 参见[德]乌尔里希·贝克：《再谈风险社会：理论、政治与研究计划》，载[英]芭芭拉·亚当等编著：《风险社会及其超越：社会理论的关键议题》，赵延东等译，北京出版社 2005 年版；周大鸣、夏少琼：《国外灾难研究百年：十大转变》，《西南民族大学学报（人文社会科学版）》2012 年第 4 期。

设灾难是由于社会系统的失败而造成社会成员的脆弱性表现。他同时认为，灾害是“易于遭受伤害的人群与极端自然事件相互作用的结果”，“不再被认为是一个突发事件，灾害的发生其实是人类面对环境威胁和极端事件的脆弱性表现”①，故灾难不能仅仅被视为是事件，而是一种动态社会结果。灾害是自然环境与社会环境共同作用的结果，灾害发生具有一定的社会性质，人类活动可以被视为造成灾害的重要原因，灾害的后果可以通过人类自身行为调整来消减。② 通过这个认知，灾难的发生就不再是一个突然的、瞬间性的事件，而是一个关涉到社会复杂系统和个体认知实践等在内的持续性的、必然性的社会状态。无论是经历过灾难的灾民，还是通过各种现代媒介手段对灾难有记忆的普通民众，灾难的发生都不同程度地影响和改变着他们的日常生活，灾难也因此跨越了一个时间点的限度，而成为了一个类似射线型的时间轴。灾难本身也成为了一种经常性的、常态化的社会存在。

三、“地方即世界”：灾难“空间”的扩展

世界上任何一个地方群体都会在与当地环境系统长期互动适应的过程中，将一些自然灾害化解为当地文化生态系统中的一种常态现象，并形成相应的灾难应对的本土机制，这正是地方群体适应环境的一种能力，也是其获得社会维系和文化创新的动力。因此任何一个地域性灾难事件本身都不仅仅是一种破坏性事件的本身，因为地域性灾难的发生往往深嵌于当地的社会生活之中，且长时段地影响着一个族群的集体心态的形塑和价值体系的形成。而一个地方风险场景的化解或构成往往受到其与外界更大的社会结构之间互动关系的深刻影响，所以风险场景的呈现是地方性的，而构建风险场景的力量却不局限于地方。特别在现代媒介和通讯技术高度发达的当代，地方性的灾难事件常常是超地方的世界体系全球化运动的一个结果。③ 灾难空间的延展主要体现在三个方面：灾难发生的空间扩大、灾难影响的空间扩大、灾难记忆空间的扩大，这三方面灾难空间的延展最终将本土化的灾难推演为全球化事件。

---

① 单广宁：《自然灾害过程中的民族学启示——以舟曲特大泥石流灾害为例》，《甘肃社会科学》2014 年第 3 期。

② 参见周大鸣、夏少琼：《国外灾难研究百年：十大转变》，《西南民族大学学报（人文社会科学版）》2012 年第 4 期。

③ 参见张原、汤芸：《面向生活世界的灾难研究——人类学的灾难研究及其学术定位》，《西南民族大学学报（人文社会科学版）》2011 年第 7 期。

(一)灾难发生空间的延展

上文提到,当代灾难的发生具有媒介性和持续性。任何一场灾难的发生都有可能扩展其灾难发生的空间,因为媒介会扩大灾难事件影响,在此传播过程中,常伴随其他灾难的发生。比如新闻中常见的由于对一场灾难所造成损失没有弥补到位,很可能引发相关的可能成为社会灾难的社会骚乱,而在目前来看,这种情况发生的助推器便是网络社交舆论。可见,现代性灾难发生空间可以跨越地域性限制,在具有同质性问题的地方引发不同的社会舆论甚至是另一种社会灾难。

此外,由于技术灾难的兴起,网络安全事故频发,无线的网络将全世界连接成了一个地球村,它具有超越时空的特性。也正因如此,利用网络而制造的技术灾难也能瞬间遍及一国、一洲,甚至全球。如 2016 年,继"心脏出血"漏洞事件后,开源的加密工具 OpenSSL 又被曝出存在新安全漏洞"水牢漏洞",这一漏洞允许"黑客"攻击网站,并读取密码、信用卡账号、商业机密和金融数据等加密信息。由于全球 2/3 的网站服务器都是采用 OpenSSL 协议加密,为全球网站带来巨大安全挑战。据悉,这次安全漏洞涉及了全球 400 万家网站和服务器,其中,我国有十万余家网站受到影响。上述案例表明,技术帮助灾难跨越地域限制而能够在多点爆发,因此民俗学的灾难研究应该关注灾难发生空间的延展过程及延展路径。

(二)灾难影响空间的延展

比灾难发生地点延展更直接和显著的是灾难影响空间的扩大。随着新媒体技术的迅速发展,数字化技术在新闻传播领域的广泛应用,传媒能够更迅速、全面地进行新闻报道。而灾难性新闻的报道在全面性、及时性、客观性、准确性等方面比一般新闻报道有更高的要求。因此,在新媒体时代,发达的互联网科技、先进的数字化技术为灾难性新闻提供了更好的发展平台。① 通过各种媒体技术手段,灾难在瞬间便可以成为一个全球性的社会关注热点,获得来自不同地区的网民的热烈讨论和互动。

2016 年 6 月开始,受尼伯特头号台风的影响,南方大部分地方都遭遇洪涝灾害。江南、华南及西南地区东部等地接连出现强降雨过程,部分地区还伴有短时强降水及雷暴大风等强对流天气,部分地区遭受了强对流、暴雨洪涝及引发的山洪、泥石流等灾害,截至 2016 年 7 月 25 日 9 时统计,强降雨导致北京、天津、河北、山西、内蒙古、辽宁、吉林、黑龙江、山东、河南 10 省(自治区、直辖市)62 市

① 参见陈盼盼:《新媒体时代灾难性新闻报道研究——以 2016 年南方暴雨灾害为例》,《西部广播电视》2017 年第 11 期。

(盟)382 个县(市、区、旗)1476.2 万人受灾,164 人死亡,125 人失踪,51.4 万人紧急转移安置,12.5 万人需紧急生活救助;12.6 万间房屋倒塌,34.4 万间不同程度损坏;农作物受灾面积 1179.3 千公顷,其中绝收 76 千公顷;直接经济损失 311.4 亿元。①

各大媒体对此次暴雨引发的次生灾害及救援抗灾进行全面报道。首先,与传统媒体相比,利用微博、微信等社交平台一键便能将灾难信息第一时间公之于众,具有及时性。第二,不同的媒体为了获得独家的信息使用了不同的技术手段和报道方式,使得报道多元化,呈现了更全面、更立体的灾难信息。例如,在 2016 年南方洪涝灾害发生后,各种媒体通过微博、微信公众号、微博直播、斗鱼直播等各种方式进行全方位的灾难报道,腾讯新闻成立了"追洪小组"进行实时的现场直播和采访;网易新闻利用 H5 技术,用地图形式推送各省受灾情况,这些来自不同媒体、不同角度、不同方式的灾难信息使得灾难得以在全社会范围内产生影响。

除了媒体的传播外,灾难发生地的群众也可以通过自己的社交平台成为"自媒体",发布自己的所历、所见、所闻、所感。亲眼见证洪涝灾难的目击者与亲历者同全国其他地方的民众一起通过网络、媒体分享和交流,倾诉和安慰,从而建立起生存在同一个世界上的亲密感和信任感,未亲历的人也通过信息的获取和自我感受的抒发从而得到对这一灾难事件的参与感,强化了群众的公民意识和道德责任感。通过这样一个地方性灾难的整体性关联,灾难本身得到了关注和记录,并在这个传播过程中不经意地进行了灾难记忆的建构,使得关于灾难的点点滴滴以民间叙事话语的方式在网络上流传下来。

可见,无论是什么身份,无论身处何地,只要拥有与灾难相关的信息就可以成为灾难信息的传播者,甚至会影响官方掌握主流的话语权。这使得灾难的影响彻底打破空间界限,作用于灾民外的民众。

(三)灾难记忆空间的延展

除了灾难的发生、灾难的影响之外,灾难记忆的空间也在当下发生巨大的改变。安德鲁·霍斯金斯(Andrew Hoskins)从战争记忆研究的工具化角度认为,在数字媒介和技术的影响下,围绕 20 世纪战争发展起来的经典记忆模式发生改变,在新的纪念结构下,战争和冲突在第一时间通过媒介进行传播,人类在转瞬间就开始纪念,剔除了历史的距离与反思,媒介纪念和记忆让人们远离了战争现实

① 参见 https://baike.baidu.com/item/2016 年气象灾害/19524014? fr=aladdin.

和记忆现实。[①] 在新媒体与记忆研究方面，邵鹏的博士论文立足于当今社会媒介技术发展的现状与发展趋势，分析了新媒体与媒介记忆的过去、现在与未来，深入探讨了媒介记忆的特点和功能，构建了媒介记忆的社会层级等相关理论体系，认为数字化，特别是互联网等数字媒介的媒介记忆是未来人类记忆的归宿，将开启人类更为广阔的记忆空间。[②]

2016 年 6 月 30 日开始，我国南方暴雨成灾引发全国关注。各大媒体纷纷投入洪灾报道中，不仅深入防洪前线带来一手信息，还大量运用直播、VR、H5、可视化图表等报道方式，以期为公众带来更具价值的报道。而这些不同技术的深度报道通过文字、图片、视频等方式，将灾难用数据化方式镌刻成了最立体最全面的灾难记忆。

2016 年汛情发生后，腾讯新闻率先启动专题直播报道，自 7 月 5 日起，派出拍客团队“追洪小组”前往各地抗洪一线，通过拍客镜头，带来武汉、芜湖、重庆等地的降雨实况、居民转移、官兵抗洪等多维度直播画面。

在 7 月 8 日下午的“安徽芜湖随军抗洪”直播中，拍客通过镜头呈现了一线官兵艰苦抗洪的实况。伴着现场的“呼呼”风声和“加把劲”的嘶哑口号，扛着沙袋的小战士在 30 多度的高温下奔跑往返。直播镜头中不乏对现场的细节化呈现，因一只鞋子脱落只能光脚作业的小战士，在拍客询问名字时，面对镜头紧张但真挚地说：“我叫解放军，为了人民我什么都不怕！”拍客还对前来为官兵送物资的芜湖市民进行了采访。拍客的提问选择从平民视角出发，配合极具时效性和现场感的直播形式，更具有真实的感染力。而所有这一切关于灾难的记录都集中在专门为此次灾难报道制作的网站内[③]，理论上将永久保存在数据库中，成为永恒的灾难记忆。

除了图片及文字报道，网易在此次报道中推出 H5 作品，以地图的形式呈现出南方洪涝灾情报告，点击各个省份的图块，会呈现出具体的受灾情况，并配有简短的图文报道，简单明了地呈现出暴雨洪涝让“小半个中国都泡在了水里”的严峻形势。

在洪灾报道的新技术应用上，“民间”生产力的专业度也令人折服。《武汉洪水 VR 全景直播》这款作品刷爆朋友圈，7 月 10 日在 720 云平台上的人气已达 13 万多，点赞量上千。真实直观的 VR 全景配以深沉凝重的背景音，带来强烈的沉

---

① 参见[英]安德鲁·霍斯金斯：《连接性转向之后的媒介、战争与记忆》，李洪涛译，《探索与争鸣》2015 年第 7 期。

② 参见邵鹏：《媒介作为人类记忆的研究——以媒介记忆理论为视角》，浙江大学博士学位论文，2014 年。

③ 参见 http://news.qq.com/zt2016/nanfangbaoyu/index.htm.

浸体验和震撼感。很多网友有感而发，在触动自己的场景下进行留言，"天佑武汉""向抗洪勇士致敬""这辆红色 Jeep 好样的，一直在楼下施救"……该作品由中国传媒大学校友姚品带领其创业公司的伙伴们共同完成，利用无人机航拍和地拍进行三小时不间断拍摄，最终呈现出南湖、汉口江滩、解放大道等 9 个代表性场景下的全景图像，真实再现了武汉各地的实时汛情。

在摄影师的镜头下，不仅有宏观的灾难记忆，也有微观的直戳人心的记忆之场：财新的记者就通过系列专题呈现了身处灾难中的人们最真实的情感与模样。比如 7 月 8 日，财新《图片故事》栏目推出一组图片报道《雨夜转移》，从个体视角切入，通过细致入微的静态镜头，呈现洪水来袭中空巢老人的孤独与茫然。比如 7 月 5 日深夜，迫于严峻汛情，武汉市蔡甸区连夜转移消泗乡 2 万名村民。图中有一位老人在独自收拾家当，还有 80 岁的胡宝松在安置点的空教室里呆坐不语的场面，他实在惦念家里的鸡鸭，因为这是他最重要的收入来源。

除了静态图片报道，财新还利用卫星动图还原了武汉湖域的变迁过程。通过 2000 年和 2016 年的图像对比，可以明显看出武汉沙湖东北部和西南部的大面积变动。文中还配有当年房地产开发的图片报道，以此清晰地验证了这一事实：武汉填湖造地近乎毁灭了"百湖之城"的湖泊调蓄优势，也在很大程度上酿成了水淹全城的后果。

2016 南方汛情错综复杂。对此，《人民日报》全媒体平台"中央厨房"将各类信息进行了可视化图表处理。《一图带你看懂 2016 南方汛情》采用数据新闻地图、图表形式，清晰直观地呈现出各省降雨量、受灾状况、年份对比等关键信息。[①]

不难看出，人们对于灾难的视觉记忆不再是单纯的一张图片或者一段视频。VR、H5、可视化图表、卫星动图、航拍图等技术所呈现出的全方位的、不同视角下的、立体的灾难场面，丰富了民众进行灾难记忆的维度，扩展了灾难记忆的空间。

（四）灾难的本土与全球化

人类学者认为，在研究灾难之时注意到对灾难的本土实践之考察必须置于一个"全球化"的世界之中。所谓本土实践，其本身是一个跨文化交流的产物，也是一个各种社会关系全面展开的事实。特别是面对当今环境污染、生态恶化和技术灾难频发的全球风险同步的世界，对地方层面的灾难解释与应对实践的理解，越来越要求研究者透过人们的生活世界来考察灾难。与此同时，人类学家还主张将特定的灾难放置在一定的文化情景之中加以考察和理解，如此才能认识到对于我

① 参见 http://www.anyv.net/index.php/article-545498.

们所考察的对象而言这些灾难到底意味着什么。[①]

在历史中，关于灾难的理解经历过三个重要阶段：最初，灾难被当作是超自然的“神的行为”，这也就意味着人类对之束手无策；其后的启蒙运动激发了人们对于科学的信仰，灾难不再被认为是“神的行为”，而演变为“自然的行为”；近些年来，这种“自然的行为”的观点又逐渐被“人类的行为”所代替。如今，这种指责又指向了某些特定的人群，如政府、大企业等，这种指责是因为人们相信 2004 年印度洋海啸不是自然原因导致的，而是核试验所导致的。[②] 现代性技术手段对于灾难时空的无限延展，使得灾难的本土实践越来越成为跨文化交流的产物。灾难的发生被认为是技术发展的风险所致。比如有民众认为，近些年来中国国内的几次大地震均不是天灾，而是由于人为修筑的三峡大坝造成；灾难的影响又由于技术手段的先进而被扩展，使得地域性灾难得以引起世界范围内的关注、讨论。因此，无论从灾难的发生还是灾难的影响来看，灾难事件的本土性越来越弱，而全球范围内的民众共同面对和应对灾难，使得它逐渐成为全球化的产物和助力。

四、“文化即记忆”：灾难记忆的生成

灾难记忆的形成是灾难文化的由一个经验性的事实转换成一个意义化叙事的过程，这个过程也可以理解为文化创伤的建构过程。[③] 通过上述灾难事件在“时间”和“空间”向度的扩展衍生，灾难记忆的生成也借由交往记忆—文化记忆的记忆模式从个体衍生到公共，甚至是民族和国家。

文化记忆有固定点，它的范围不随着时间的流逝而变化，这些固定点是一些至关重要的过去事件，其记忆通过文化形式（文本、仪式、纪念碑等），以及机构化的交流（背诵、实践、观察）而得到延续，我们称之为“记忆的形象”。[④] 在灾难记忆时空发生巨变的当下，不同主体的灾难记忆形成模式具有不同的生成逻辑和方式，而它们彼此之间又存在内在的关联。本章力图阐释个体灾难记忆、公共灾难记忆以及民族国家灾难记忆的建构过程，通过“叙事—互动—认知”“事件—热点—狂欢”“创伤—认同—‘祭’与‘记’”三种逻辑来呈现出一个完整的灾难文化的记忆链。

---

① 参见张原、汤芸：《面向生活世界的灾难研究——人类学的灾难研究及其学术定位》，《西南民族大学学报（人文社会科学版）》2011 年第 7 期。

② 参见周大鸣、夏少琼：《国外灾难研究百年：十大转变》，《西南民族大学学报（人文社会科学版）》2012 年第 4 期。

③ 参见王晓葵：《灾害文化的中日比较——以地震灾害记忆空间构建为例》，《云南师范大学学报（哲学社会科学版）》2013 年第 6 期。

④ 参见转引自[德]简・奥斯曼：《集体记忆与文化身份》，陶东风译，《文化研究》2011 年第 11 辑。

（一）个体灾难记忆：叙事—互动—认知

随着网络成为民众生活的“日常”，灾难发生后的灾难叙事也发生了与时俱变的转变。在民间叙事话语中，灾难叙事的主体由单一的媒体叙事发展为了全民的大众叙事；灾难叙事的场域也随之由纸媒、电视广播等载体变为网络社交应用平台；由于叙事主体和场域的改变，灾难叙事的影响较之以前有着质的飞越，但同时也滋生了威胁社会秩序的灾难谣言。无论是谁，无论在哪里叙事，都渗透着叙事者主观的文化认同和文化批判，社会对叙事做出的反映也蕴藏着其主流的文化认同。有关重大灾难事件的文学、影视、纪录片、图片等作品都是唤起、表现和传承记忆的渠道。灾难文艺作品再现了灾难，但不能停留在简单叙述灾难的层面，要让它转化为历史记忆和精神体验，以唤起后人长久铭记那段痛苦历史的记忆。灾难文化的记忆与传承是民俗学研究的重要内容，从民俗学角度深入研究灾难文艺作品的记忆与传承，可以为灾难记忆研究提供了一种视角和走向。[①]

民俗学界对灾难记忆进行研究以唤起人们对过去事件的记忆装置，如灾难纪念空间、纪念物为对象，包括纪念碑、纪念馆、博物馆、灾难遗址、纪念日的设立。除此之外，叙述灾难的诸多文字、影视作品等资料亦可作为“纪念物”成为记忆传承的重要渠道。夏明方认为，对灾难资料的收集与再现也是一种记忆重构，“即便是灾时形成的相关文献，亦可看作是对于灾难的即时记忆。如果这样的理解大致不误的话，我们就可以把灾时的新闻、档案、灾后的碑刻、歌谣，以及很久以后的回忆和学术研究，都纳入到灾难记忆的谱系之中，它们大体上反映了人类随着时光的流逝而对于某次特定灾害的记录和记忆的过程”[②]。目前，灾难叙事主要包括灾难文学、灾难影视、媒体报道、网络叙事等等，不同的叙事维度和内容完成了媒介、文学、影视、图片与民众的互动，受灾个体通过经验性事实建立了个体的灾难记忆，而非受灾个体则通过媒体报道、文学作品、影视、图片等进行个体不在场的灾难记忆的建构，并通过网络的叙事互动参与进更复杂的灾难记忆建构过程中去。

文艺是人类主要的记忆体，对于灾难文艺作品资料的收集与传承亦是记忆再现的方式，其中主要分为自然灾害和战争记忆作品。当灾难发生之后，中国荧屏上很快就会出现与之相对应的灾难题材的影视作品，这些作品通过对叙事内容、叙事角度、叙事结构、叙事节奏的有机合成完成灾难记忆的建构，影响广泛。然而

① 参见尹红：《灾难记忆研究述评：基于民俗学的视角》，《前沿》2016 年第 8 期。

② 夏明方：《灾难记忆与政治话语的变迁——以文史资料中的灾害记述为中心》，《中华读书报》2015 年 1 月 28 日。

叙事并不局限于语言文字，图片也是一种无声的叙事。比如“荷赛”（世界新闻摄影比赛，WORLD PRESS PHOTO，简称“WPP”，通称“荷赛”）和“普利策赛”这两个世界顶级摄影比赛中，每年的获奖作品大都是灾难题材。2016 年，荷赛年度图片《渴望新生》（Hope for a New Life）便通过一个逃难的难民抱着孩子通过匈牙利和塞尔维亚边境勒斯凯地区的铁丝网的画面，叙述了关于灾难与挣扎、绝望与希望、毁灭与新生的故事。荷赛陪审团主席、法新社图片总监 Francis Kohn 说：“它简洁有力，特别是铁丝的象征意义。我们认为照片里几乎所有的东西都给了‘难民身上发生了什么’这个问题一个强烈的视觉表现。我觉得这是一张很经典的照片，同时也是永恒的。它描绘了一个情境，但呈现方式是经典的，符合普世认知”。同样，2016 年的普利策奖颁发给了《纽约时报》4 名摄影记者和路透社摄影团队关于欧洲难民危机的系列报道。他们的作品关注难民危机、难民移民旅程、难民接收流程及难民折射出的国家间的斗争，用照片展现了生活的辛酸、希望和偶然的成功。他们着重关注了难民中的母亲、父亲、孩子和家庭，关注着灾难中最“日常”的细节，这些交织的真情、辛酸与绝望再现了人性，赋予照片巨大的张力。

可见，图片虽然没有语言和文字，但是它一样具备极强的叙事能力，能通过瞬间的、静态的画面呈现揭示出动态的社会背景和深邃的生命故事。虽然是无声的，但却强有力的叙事方式。

在当今时代，智能手机的广泛应用和移动互联网络的普及流行改变了人们的交流模式，传统民间话语的主体、话语场，以及民间话语的影响也都随着发生改变。灾难发生后，网络上的民间话语叙事也成为了灾难叙事的主要组成部分之一。关于灾难的民间话语叙事主要分类三类：灾情发布；情感抒发；与其他叙事的互动与评述。灾情发布主要是指灾区的网民自发地发布图片、文字等灾难的信息记录；情感抒发主要指网民表达悲伤、祈福、同情、鼓励等性质的网络行为；与其他叙事的互动则表现为对灾难文学、灾难影视等进行评价，或者对于媒体的灾难报道进行议论、点赞、留言、批评等行为。

网络存在的透明化和公开性使得灾难叙事可以在不同主体间进行长时间、连续性的互动。通过对不同媒介灾难信息的索取、接受、互动，个体的灾难记忆得以建构完成。

（二）公共灾难记忆：事件—热点—狂欢

个人的网络灾难叙事以及与其他媒介进行的网络互动如何成为一个公共性的事件，主要经历了灾难发生后从热点到狂欢的过程。

将个人灾难记忆引入公共性的历程是必然的，精神分析理论认为，不能仅仅从个人过往遭受的暴力或事件寻找创伤原因，必须通过恢复和正确解释记忆，来努力移除原先的社会压迫及其心理后果，恢复集体心理健康。为此，“必须找寻一些集体手段，透过公共纪念活动、文化再现和公共政治斗争，来消除压抑，让遭受幽禁的失落和哀伤情绪得以表达”[①]。这种集体手段在当下常常表现为通过灾难后的不同的网络热点事件来达到不同共同体的“狂欢”状态。

“狂欢”起源于宗教仪式，狂欢是个体情绪宣泄的出口。灾难过后，个体的压抑状态需要以“狂欢”的方式释放情绪。狂欢作为仪式，具有颠覆性，“在狂欢节中，人们可以无拘无束地颠覆现存的一切，重新构造和实现满足自我欲望想象的新世界，并且填充所有的理想”[②]。在死/生、旧/新、破/立的交替之间具有创造性意义，死亡意味着重生，摧毁一切，再重建一切，正如北川重建的标语——“再造一个新北川”。所以，在仪式化灾难叙事中，灾难摧毁的仅仅是脆弱的物质世界，而其所重新建构的崇高，坚实的精神乐园，才是值得向往。然而，狂欢从来就不是纯粹的娱乐性活动，它往往是政治的一部分，所以，狂欢中亦体现着权力的规训。[③]在灾难发生后，不同的媒体报道、自媒体讨论、网络大 V 等助力、网民的广泛参与，使得灾难后不同的视角和事件引发无数的热点讨论。比如在 2016 年频发的台风灾难中，灾难本身的进程是一个热点话题，灾难带来的危害也是一个热点话题，此外，还有很多灾难中的细节被暴露出来成为网民热议的焦点。

在这场台风灾难中，截至 2016 年 9 月 19 日，中青舆情监测室共监测到有关台风“莫兰蒂”的相关信息共计 216660 条，其中新闻 56895 篇，APP 新闻 23051 篇，论坛 8621 篇，博客 4740 篇，纸媒 2607 篇，微博（原文 49634 条，转发 22782 条）微信 28700 篇，视频 4533 条等。由台风引发的舆情热点事件不尽相同。由于超强台风“莫兰蒂”对福建、浙江等地造成了极大损失，全国各地人民对受灾地区的人员安全及最新情况尤为关注。相关新闻报道也成密网式展开。中青舆情监测室抽样分析了 2000 条网友评论发现，在此次关于台风“莫兰蒂”的信息中，网友的关注点较多样。在新闻评论量上，除台风刚发生后的时事新闻报道的评论较多外，在交流互动平台，多数网友的关注度在参与抢险救灾及灾后重建工作的官兵和志愿者。

此外，对于“鼓浪屿景区受损严重暂不开放客运航线继续暂停”的相关信息，网友的关注度也较高，多数网友对此表示遗憾和心痛。[④]

除了与赈灾相关的这些热点之外，另一个由灾难引发的网络热点便是关于厦

---

① Jeffrey C. Alexander, “Towards a Theory of Cultural Trauma,” Jeffrey C. Alexander (ed.), *Cultural Trauma and Collective Identity*, University of California Press, 2004.

② 朱立元：《当代西方文艺理论》，华东师范大学出版社 2008 年版，第 265 页。

③ 参见方宁兰：《作为政府公关的灾难叙事》，西北师范大学硕士学位论文，2011 年。

④ 参见 http://news.cyol.com/content/2016-09/19/content_14036987.html.

门大学校长的新闻。

厦门大学校长忧郁的背影照片在网络上迅速蹿红，除了对校长表示肯定外，一大堆用校长背影为背景做的表情包也走红网络，其产生的娱乐、幽默效果迅速使得灾难带来的凝重气氛得到缓和，一波又一波的图片表情包营造了相对轻松的网络氛围，缓解了民众在灾难面前的紧张情绪，成为热点事件后的“狂欢”现象。

这些焦点话题的热议，使得一个灾难事件呈现出了政治、经济、娱乐等不同方面的社会张力，也最终形成不同共同体制造和经历的共同狂欢。这些热点与狂欢共同成为公共灾难记忆形成的注脚，成为其中越来越重要的一个部分。

（三）民族灾难记忆：创伤—认同—纪念

重大自然灾害发生后，当地会设立纪念日，建立纪念碑、纪念馆、纪念广场、纪念公园、遗址等公共纪念空间来悼念遇难者，铭记灾难带来的惨痛代价，启示后人形成防灾减灾机制，提高灾难认知和智慧。在乡村社会，村民们在庙宇、祠堂进行拜佛请神，举行特定的仪式活动来表达他们对自然灾害传统而独特的记忆方式。对于战争记忆的研究，国内多以年代的抗日战争为主题，通过战争纪念碑、纪念馆、博物馆、遗址等纪念的“场”来再现战争历史，揭示了纪念场的物质性、象征性和功能性，虽然这个记忆之场会受国家权力、政治意图的影响，但是能唤起公共记忆的记忆之场始终起着铭记灾难、缅怀历史、珍视和平的作用，同时它也是灾难“文化化”的主要表现。[①]

当个人和群体觉得他们经历了可怕的事件，在群体意识上留下难以磨灭的痕迹，成为永久的记忆，根本且无可逆转地改变了他们的未来，文化创伤（cultural trauma）就发生了。[②] 在这个过程中，人们在灾难带来的文化创伤中竭力寻找认同带来的安全感。因为人类需要安全、秩序、爱和连结。如果有事情剧烈破坏了这些需求，那么根据常民理论，人们无疑就会因此蒙受创伤。[③]

“认同”（identity）最早是心理学词语，弗洛伊德（Sigmund Freud）对它的定义是：“是一个心理的过程，是个人向另一个人或团体的价值、规范与面貌去模仿、内化并形成自己的行为模式的过程。”[④]当下，人们在经历创伤后的认同建构时主要存在两种模式：即在自然灾害中形成的共识模式和在人为灾难中形成的冲突模

---

① 参见尹红：《灾难记忆研究述评：基于民俗学的视角》，《前沿》2016 年第 8 期。

② 参见转引自［美］杰弗里·C. 亚历山大（Jeffrey C. Alexander）：《迈向文化创伤理论》，王志弘译，《文化研究》第 11 辑，社会科学文献出版社 2011 年版。

③ 参见［美］杰弗里·C. 亚历山大（Jeffrey C. Alexander）：《迈向文化创伤理论》，王志弘译，《文化研究》第 11 辑，社会科学文献出版社 2011 年版。

④ ［希腊］亚里士多德：《政治学》，颜一、秦典华译，商务印书馆 1965 年版，第 188 页。

式。在自然灾害面前，人们常说“大难无情，人间有爱”等类似的话语，因为人们普遍认为自然灾害是不可控的，任何人遭受到自然灾害都是无辜的牺牲品，是值得同情和悲伤的。因此，在自然灾害面前人们对文化认同有着比较统一的共识模式，能轻易地团结到一起，有着一致的目标和共同的情感；但是在人为灾难面前，不同个体出于不同的文化背景和知识逻辑，有着不同的价值取向和利益倾向，因此他们的关注焦点和价值判断都有较大差异，有的灾难事件甚至可以引发完全不同的文化认同冲突。比如 2016 年，在太平洋上航海失踪的郭川事件，便引发了关于灾难不同认同的讨论。

该事件发生后，网友围绕“郭川航海行为”和“郭川妻子为寻找郭川筹款行为”进行了白热化的讨论。就其妻子众筹寻找郭川的行为来看，一些网友认为这是“顶梁柱没了圈点钱呗。中国人文化里就有不爱面对现实的一面，遇事特别喜欢马航家属式的偏执”；某知乎网友：“既然有接受公众资助的需要，那也要有受公众监督批评的准备”；也有一些网友认为这是人之常情，可以理解也应该支持。

就郭川本身的航海行为而言，引起了网友关于“风险与冒险”的热点。一部分网友认为个人的冒险行为应该由个人买单。某知乎网友：“人算不如天算。任何事想做到万无一失都是不可能的，所以我们的社会构建了各种各样的风险防范措施。比如消防队维护着片区的消防安全、救护车维护着片区的生命安全，等等。以上的风险都属于常规范畴的风险。在非常规的风险中，有些冒险对社会进步具有积极意义，比如载人航天，比如蛟龙潜艇，甚至八甲田山的雪中行军，这些是值得称颂的。与此形成对比的是，无论是深入不毛的驴友，还是独自远航的郭川，他们的冒险与大航海时代的开疆拓土不同，对于科学和社会似乎并没有什么贡献，只是对自我和纪录的挑战，这种胜利成果只停留在精神层面。那么，在这种并不具有实质意义的冒险岛过程中遇险，耗费了国家和社会大量的财力、物力，为何是值得肯定的？”[①]

也有的人对此嘲讽道：“都什么年代了，还需要哥伦布吗？”有的人指责说：“你让家人长期为你热爱的事业担惊受怕，你算什么男人？你太自私了！”还有人说他在浪费国家搜救资源和经费，是在给国家增添负担。

但大部分网友认为，他的个人努力为中国航海获得了赞誉，他对于梦想追求的勇气是当下中国人所缺乏的。为此，许多主流媒体发声对其表示赞扬，如新华社撰文《为什么我们这个时代需要郭川？》对他的行为予以了肯定和赞赏。这些灾难后的热点事件在表达不同的认同过程中，也接受或者“被”接受着“他者”的“认同”，最终形塑成自我关于灾难记忆的认同。

---

① https://www.zhihu.com/question/52042179/answer/128846530.

综上,一个人所想要记住的过去,在很大程度上是社会建构的,是由社会环境所铸就的。个体并不可能以任何他或她所愿意的方式去回忆。因此许多评论者开始关注权力集团控制人们记忆图式所带来的危险。当某一集团或利益集团成功地获得这种控制后,它就会决定民众记忆的内容和形式。因此,权力实施并不意味着野蛮的力量,它同样意味着对民众思考和理解过去的心理图式的精细操控。这样,民众就失去了对自我记忆的控制权。[①] 国家强调使记忆政治化,比如通过国家提倡的节日和纪念日这些历史性的时刻来唤醒人们的爱国情愫,建立博物馆来界定民族伟大的意义,制造形象、图符以及符号来加深民众在情感上与民族—国家的一致性,编制传统来使民族—国家更为古老和更值得尊重,创造教育体系等。[②] 因此,国家设立了一系列关于灾难的纪念日,并通过主流媒体周期性地报道和强调,从而达成其价值形态输出的目的。这个做法也可以争取公众对于国家行为的认同。

(四)仪式、文化与记忆

近年来,国家越来越注重用"周年祭"等方式通过秩序性、周期性的纪念来形成和固化灾难记忆。就 2016 年而言,官方媒体大规模组织、发起、参与的周期性灾难纪念事件非常之多,譬如:

1 月 28 日——中国东北抗日联军成立 80 周年纪念日;
2 月 27 日——智利发生里氏 8.8 级地震 6 周年;
3 月 8 日——马来西亚航班失踪事件发生 2 周年;
3 月 11 日——2011 年东日本大地震发生 5 周年;
4 月 14 日——青海玉树地震 6 周年祭;
4 月 20 日——"4・20"芦山地震 3 周年祭;
4 月 25 日——"4・25"尼泊尔地震 1 周年祭;
6 月 1 日——湖北东方之星旅游客船倾覆事件 1 周年;
6 月 26 日——解放战争爆发 70 周年纪念日;
7 月 9 日——北伐战争爆发 90 周年纪念日;
7 月 23 日——"7・23"甬温线特别重大铁路交通事故发生 5 周年;
7 月 28 日——唐山大地震 40 周年祭;
8 月 7 日——甘肃省舟曲市特大泥石流 6 周年祭;

---

① 参见[美]杰弗里・C. 亚历山大(Jeffrey C. Alexander):《迈向文化创伤理论》,王志弘译,《文化研究》第 11 辑,社会科学文献出版社 2011 年版。

② 参见[美]杰弗里・C. 亚历山大(Jeffrey C. Alexander):《迈向文化创伤理论》,王志弘译,《文化研究》第 11 辑,社会科学文献出版社 2011 年版。

8月8日——“八八”水灾7周年祭;

8月12日——“8·12”天津滨海新区爆炸事故发生1周年;

11月23日——“七君子事件”80周年纪念日;

12月13日——第三个南京大屠杀死难者国家公祭日;

12月31日——上海外滩踩踏事故两周年……

在这些周期性纪念事件中,在媒体的引导下,个体网民积极地通过转发、评论、点赞等方式参与到了灾难纪念的“仪式”当中。这种例行化过程对于社会生活言行有最为深远的规范意涵。藉由让广泛的公众得以参与他人的痛苦,文化创伤扩大了社会认识和同情的范围,提供了通往新社会团结形式的大道。[①] 经过这些周期性纪念“仪式”“洗礼”的个体,获准以新的视角重新审视社会生活。个体与国家的对话也就是在程序化的“仪式”中完成的,仪式作为一个净化程序,个体在仪式中,从现实世界上升至虚拟灾难世界,再从虚拟的世界回到现实世界。

至此,个体通过叙事—互动—认知模式形成网络时代的灾难记忆,并通过事件—热点—狂欢将个体的灾难记忆引入公共性,成为公共的灾难记忆;最终在创伤—认同—纪念的模式中输出权力的意识形态,形塑灾难后的文化认同,形成周期性的纪念仪式,使得个体—公共—国家与创伤—叙事—认同—仪式—纪念的灾难记忆链完整地形成并固定下来,构成了灾难文化的重要组成部分。

五、“技术即风险”:技术灾难的构成

21世纪以来,随着互联网技术和信息通讯技术的迅速发展,民间社会亦抵挡不住信息技术的迅猛之势,新的数字媒介技术逐渐渗入民间社会,影响和再造着一切。

技术灾难是直接或间接地由技术造成的给人类及社会带来负面影响的人为事故,它具有灾难性、复杂性和整体性的特征。每一次技术灾难的演化都有一个过程,都有一条无形的灾难链贯穿其中,链条一旦铸就,灾难就在所难免。广义的技术灾难包括在科学技术发展进程中(尤其是各种高科技发展)出现的各种科技事故。譬如,航天事故包括卫星及其他人造天体的发射、运行发生的各种事故;核事故包括核能民用领域发生的事故,主要是核电站事故;计算机事故包括计算机犯罪、计算机故障、计算机病毒等;生物工程事故包括生物工程失败、异化等带来的灾害事故;医药科技事故如新药、新医疗器材等的缺陷所带来的事故等。就

① 参见[美]杰弗里·C. 亚历山大(Jeffrey C. Alexander):《迈向文化创伤理论》,王志弘译,《文化研究》第11辑,社会科学文献出版社2011年版。

2016 年的主要技术灾难类型来看,主要集中在网络通讯技术等造成的安全性灾难。

我国目前已经进入“互联网+”时代,安全形态快速发生变化,传统的安全边界逐步失效,云计算、移动化的部署都改变了 IT 形态,数据也已突破了传统的安全边界。2016 年,电信诈骗、病毒攻击、数据泄密等安全事件频发,且愈演愈烈,影响到人们生活的方方面面。回顾这一年发生的重大网络安全事件,黑客关注的不仅仅是各种核心数据的窃取,更多的是针对一些关键性基础设施,政府、金融机构、能源行业都成为了黑客攻击新的目标。

随着互联网应用的日益深入,安全问题已经给个人、企业乃至政府的信息安全带来极大的挑战。除了 APT、零日漏洞、针对性攻击等高级威胁外,诸如僵尸网络、物联网攻击等也迅速增加,为整个 IT 产业带来极大的安全挑战。众多技术性安全事故已经造成了全球范围内多起技术性灾难。这些技术灾难除了对政治、经济带来不可逆转的重大损失之外,甚至造成了生命的陨落。国内出现了多起电信诈骗导致大学新生学费被骗,最终选择结束生命的案件。无论是隐私安全、经济安全、政治安全等灾难事故的发生,最终都可能超越其本身的性质,成为社会性的复杂灾难。

千奇百怪的技术灾难已经在社会各个角落以不同的方式登台上演,但是对于技术灾难的研究却乏善可陈,在国内,无论是人类学、社会学还是民俗学,几乎都没有出现以“技术灾难”为主要研究对象的研究成果。目前,国内对技术事故的研究集中在从安全学、安全生产管理为角度出发的矿工灾难、交通运输灾难等方面。范丽在其硕士毕业论文《技术灾难研究》①中对技术灾难研究的国外现状做了如下分析:

首次把有创造力的技术和不经意的浩劫联系起来的是雪莱夫人笔下的弗兰肯斯泰因。技术发展经过工业化和后工业化时期后,技术体系思想得以形成,为技术灾难研究提供了崭新视角。主要成果集中在对短期技术灾难即技术事故的研究和长期技术灾难的研究。短期技术灾难研究成果中,佩罗(C. Perrow)从“技术”角度对技术事故进行研究,认为现代相互作用的复杂性特点导致易于发生事故的原因,从这个意义上说,技术系统的事故是“正常”而不可避免的。② 德尔纳(D. Dorner)从“人”的角度对技术灾难进行了分析。他思考了假定具备所有的智慧、经验和信息条件之后人类仍然会犯错误,从而引起灾难性后果,他认为存在

---

① 范丽:《技术灾难研究》,东南大学硕士学位论文,2006 年。

② 参见[美]查尔斯・佩罗:《高风险技术与“正常”事故》,寒窗译,科学技术文献出版社 1988 年版。

"失败的逻辑"[①]，即我们思维模式中的某些倾向并不适用于高速发展的复杂世界，独立的因果逻辑并不能用于解决复杂的整体性的各种问题。奇利斯(James R. Chiles)从"技术"和"人"两个方面深究了技术灾难的成因，突出人在解决技术灾难中的重要性。[②] 在长期技术灾难的研究中，特纳(E. Tenner)通过对健康、医学、环境、办公室以及体育运动等方面考察，主张为了获得技术更高的安全性，就要提高警惕，对新技术要抱有怀疑、试探和审慎的态度，不要否定技术，而应该改进技术。[③] 笔者认为，国外虽然有比较多的对于技术灾难的研究，但其视角和结论都较为单一，单纯强调人在导致技术灾难和解决技术灾难中的重要作用，但是忽略了对技术灾难的成因更深层次的探讨，因而提出的解决方案也都较为片面。

综上所述，目前国内外学者多从安全学科的相关角度去研究技术灾难，缺乏人文社会科学的视角和方法，因此研究成果较为单一。本章拟以2016年国内外不同类别的技术灾难为案例，从"人""技术""路径"三个层面分析技术灾难的成因和发展，并通过技术灾难发生后不同主体的应对模式来梳理技术灾难与社会结构之间的复杂关系。

2016年我国发生的网络通讯技术灾难根据不同的标准有不同的分类。技术手段而言，可以分为泄露型技术灾难、攻击型技术灾难、欺诈型技术灾难；从技术结果来看，可以分为经济安全类技术灾难、政治安全类技术灾难等。

灾难类型	主要方式	主要目的	灾难后果
欺诈型技术灾难	电信欺诈、网络欺诈	经济利益	经济损失、人身安全、被骗人员伤亡
泄漏型技术灾难	邮箱、照片等隐私数据泄露等	经济利益、政治斗争等	个人利益受损、国家安全受到威胁等
攻击型技术灾难	病毒攻击等	经济利益、政治斗争等	个人利益受损、国家安全受到威胁等

可见，中国2016年的主要技术灾难可以概括为"漏""攻""骗"，其中，均出现了引起社会热议的热点事件，笔者将从这三个类型选取最具代表性的热点事件进行分析。

---

① [德]德尔纳：《失败的逻辑》，王志刚译，上海科技教育出版社1999年版。

② 参见[美]奇利斯：《灾难科技前沿的教训》，黄德远译，中信出版社2002年版。

③ 参见[美]爱德华·特纳：《技术的报复》，徐俊培等译，上海科技教育出版社1999年版。

(一)“漏”:700 元买隐私事件

《南方都市报》2016 年 12 月 12 日报道了一则新闻,记者仅花 700 元就买到同事行踪,包括乘机、开房、上网吧等 11 项记录。①

在公安部、国家网信办等接连回应后,“700 元买到同事行踪信息”这一舆情逐渐平息,但随后媒体曝出的“京东 12G 用户数据外泄”“国家电力 APP 疑似泄露千万用户信息”等同类事件,令“个人信息泄露”话题持续惹议。“700 元买到同事行踪信息”事件以及同时期发生的京东、国家电网、支付宝信息泄露等事件的曝光,引发大量的舆论关注,令信息泄露话题热度规模空前。法制网舆情监测中心通过对媒体评论、专家看法、网民观点等信息进行汇总、梳理发现,舆论观点主要包括以下四类:

1. 呼吁完善信息使用与监管制度:完善信息监管制度、保证数据安全;完善网络实名制。

2. 期待政法机关加强执法:加大对信息贩卖、网络黑灰产业的打击;加强执法解决取证难、维权难。

3. 期待法律保障信息安全:信息“裸奔”成全民隐患亟待专门立法;细化法律法规避免模糊执法。

4. 其他:动员社会力量共同防范;加强网络安全提升防控技术。②

(二)“攻”:暗藏木马的借贷宝裸照事件

“借贷宝”是人人行科技股份有限公司开发的服务于熟人之间借贷的互联网金融平台,以借款人实名、出借人匿名的单向匿名借贷模式,能够使借款人获得借款。2016 年 11 月 30 日,有网友在微博上爆料:大量女学生通过借贷宝借钱,因出借方怕不还钱,要求并胁迫女学生留下视频和照片,借款的女子大部分出生于 1993 年到 1997 年,也有个别 1981 年、1982 年,她们借钱的条件不光是裸照,甚至还能裸聊。一时间,除了各路“老司机”,大量的木马病毒也搭上该热点扩散开来。360 安全中心监测,已有捆绑了木马的网络资源正在流出。随后借贷宝官方进行澄清,声明说:“借贷宝是合法合规的网络直接借贷平台,平台上从未产生、储存过任何‘裸条’照片。此类不雅照系少数用户与第三方不正规借贷公司或放贷人私下交易而产生。”

---

① 参见饶丽冬、李玲:《恐怖!南都记者 700 元就买到同事行踪,包括乘机、开房、上网吧等 11 项记录》,《南方都市报》2016 年 12 月 12 日。

② 参见 http://www.legaldaily.com.cn/The_analysis_of_public_opinion/content/2016-12/22/content_6927628.htm.

虽然经证实此事件与借贷宝无关，但是有关“裸条贷款”的话题再一次被推向高潮。裸条借贷是指借款人(多为在校女大学生)通过网络借贷平台借款并设定高额利息，以借款人手持身份证的裸体照作为担保，当借款人不能按期还款时，贷款人以公开其裸照和与借款人父母联系的手段逼迫借款人还款。“裸贷”已形成一条灰色产业链，由此衍生出“肉偿还款”和裸条信息售卖等“盈利”方式，选择裸持借贷的借款人也由此陷入“恶性循环”。[①] 该事件背后暴露的是以“女大学生”为关键词的一系列社会问题，女大学生为何借贷的背后是超越灾难却可能导致灾难的重要因素。除此之外，技术灾难的发生也催生了各种能指、所指超越文字本身意义的新语言。比如“网络催客”，它是指职业催款人，他们一般为放贷者和多家网络借贷平台服务，成为网络借贷产业链中的重要一环。催债公司常用的讨账手法，包括电话催收、外访催收和诉讼催收。而各种催债手段中，打电话是最常用最简单的方式。2016 年 6 月，有媒体曝光高利贷从业人员通过网络借贷平台向大学生提供“裸条”借贷的现象，其背后的职业催款人引发关注。[②]

“裸条借贷”“网络催客”因媒体报道和网络舆论成为年度热词，并引发社会高度关注，推动管理及执法部门介入，媒体影响力得到最佳诠释。灾难—语言—文化的互动关系在类似的技术灾难事件中得以揭示。

可见，技术灾难并不仅仅关乎技术，每一种技术灾难的背后都有超越技术层面的缺陷和社会问题被暴露出来。而引发技术灾难的根本原因也并不是技术的发展或者技术的滥用，而是社会本身出现了问题。因此，错误的不是技术，而是当技术的发展与社会发展不协调时所出现的“时差”，是人的思维与社会、技术发展复杂性的矛盾所在。

(三)“骗”：“8·19”徐玉玉电信被骗身亡事件

2016 年暑假，我国连续发生了多起电信诈骗大学新生学费导致学生身亡事件，这些事件集合成中国首次电信诈骗的技术性灾难。

其中，徐玉玉案作为首发类灾难事件在社会范围内引起了对于技术犯罪和技术性社会灾难史无前例的关注。从技术角度来看，这些案例均利用发达的网络通讯技术完成资料窃取、从而赢得被骗者信任的过程，技术在这里被滥用了。

从“人”的角度来看，为何受过良好教育的准大学生或大学生如此容易上当受骗？为何不选择文化知识程度更低的人进行诈骗？笔者认为最主要的原因是施骗者和受骗者属于同一个“技术共同体”中，具有“技术共识”，即受骗者和施骗者

---

① 参见 https://baike.baidu.com/item/裸条借贷/19757067?fr=aladdin.

② 参见 https://baike.baidu.com/item/网络催客/19762601?fr=aladdin.

能共享同一种技术知识背景，选择有一定知识背景的大学生进行诈骗正是因为他们具备同样的技术手段帮助施骗者完成诈骗行为。换句话说，电信施骗者永远不会成功骗取到一个不会使用手机的人的钱。这也正是技术灾难可怕之处所在，它不是常规的利用对方的知识缺陷或者某方面漏洞去施骗，而刚好是利用对方能力所及去诱导，这是“技术灾难”区别于其他类型灾难的地方。

(四)技术灾难—技术进步—制度完善

就上述一系列大学生被骗身亡事件，官方主流媒体《人民日报》曾发文《整治电信诈骗，需“刮骨疗毒”的决心》，其中写道：

> 悲剧为何一再发生，电信诈骗的黑手为何屡斩不断？……个人信息和数据的严重泄露，电话实名制的推广不力，运营商打击电信诈骗的力不从心，个人安全意识的淡漠，这些因素导致电信诈骗的土壤始终肥沃，设想一下，如果不能铲除这片土壤，一定还会有更多的“张玉玉”“李玉玉”式悲剧发生。
>
> “徐玉玉事件”为我们敲响了警钟，工信部、公安机关、虚拟运营商等多方需要“刮骨疗毒”的决心与力度，大力打击电信诈骗，有效落实电话实名制，对相关虚拟运营商实施更加严格的监管，肃清违规行为，打击泄露和倒卖个人信息的犯罪分子，增强对公民防范电信诈骗的教育和宣传力度。
>
> 每每面对一场悲剧时，我们都会反思，该用怎样的心态来面对？如果必须用死亡才能唤起全社会对某一个问题的重视，那是否是社会管理与进步的悲哀？
>
> 期待类似悲剧不再出现，期待社会的进步不再以血与泪作代价。①

徐玉玉事件的发生直接促进了国家法律法规的完善。2016年11月7日，经十二届全国人大常委会第二十四次会议表决，通过了《中华人民共和国网络安全法》。这是我国网络领域的基础性法律，进一步界定关键信息基础设施范围；对攻击、破坏我国关键信息基础设施的境外组织和个人规定相应的惩治措施；增强惩治网络诈骗等新兴网络违法犯罪活动的规定。该法自2017年6月1日起施行。2016年12月，国家互联网信息办公室发布了《国家网络空间安全战略》，它是我国网络安全的战略框架，是建成网络强国的战略设计。《战略》确立了网络空间的战略空间地位，明确网络空间主权是国家主权的重要构成，是国家安全的核心，并倡导全社会合作共治网络安全的责任担当，是我国布局网络安全的重要一步棋。这也成为了当下技术灾难发生的发展路径之一，即灾难的发生引发社会的技术反思，推动技术进步，并敦促社会制度的健全和完善。但是是否社会的进步一定要

---

① http://www.thepaper.cn/newsDetail_forward_1519662.

建立在灾难的发生和无辜者的牺牲之上?

人们以不同的文化和个体方式来查勘危害、评估风险,分析什么因素实际上才构成灾难。[①] 技术时代的全面来临使得人们的生活风险增加,社会风险增加,技术在不同层面导致的灾难性现象已经遍布生活的方方面面,技术灾难的全面来临和对民众生活产生了不可逆转的影响。希望通过更多学者的关注和反思探究技术灾难更深层的原因所在,从而在技术的生产线上游来预设和解决可能造成的危险和灾难,正如《人民日报》所说,"期待社会的进步不再以血与泪作为代价"。

① 参见[美]苏珊娜·M.霍夫曼、[美]安东尼·奥利弗-斯密斯:《人类学与灾难研究的范式》,彭文斌编译,《云南民族大学学报(哲学社会科学版)》2014年第1期。

道在屎溺：当代中国的厕所革命

周　星*

一、引　言

汉语在描述日常生活的琐碎与凡俗时，经常使用“柴米油盐酱醋茶”“衣食住行”或“吃喝拉撒睡”之类约定俗成的表述。这些词汇如实地反映了中国民众对于排泄、如厕和厕所问题的态度：通常是漫不经心，不把它当回事，但也承认它是日常生活回避不了的一部分。但自清末民初以来，中国人的厕所状况和如厕行为一直饱受列国人士诟病，而中国社会也陆陆续续试图有所改变，但收效甚微。直到21世纪第一个十年，这个困扰中国的“老大难”问题，才终于出现了有望真正解决的转机。

有鉴于此，我将在本文中概述当前中国已经发生、局部地正在成为现实、眼下仍处于持续延展之中的厕所革命，并视之为现代中国大规模的“生活革命”的重要环节之一，以便对这一关涉国民生活品质提升的重大“民生”问题作出必要的学术性回应。[①] 需要说明的是，已有研究往往把排泄行为、排泄物以及与厕所相关的问题视为“卫生”或“公共道德”问题，我则倾向于将它理解为当代中国复杂背景下的社会及文化问题。

本报告使用了几个相互关联的概念：“厕所文化”，是指每个社会都会存在的有关排泄物之处理与排泄行为之管理的规范与设施等；“厕所文明”，是指某一社会在约束与宣导排泄行为、处理排泄物方面所达到的科学技术水平与社会治理高度；“厕所问题”，是指在社会文明进程中围绕厕所、如厕而逐渐突显出来的诸多问题的总和；“厕所革命”，则是指某一社会基于其内在自发的驱动或者外部因素的帮助或刺激下，对其排泄行为管理、排泄物处理设施及相关系统进行大幅度改造的系列举措的总和。不言而喻，此处所谓的“厕所革命”，还含括人们如厕方式的

---

* 周星，日本爱知大学国际交流学部教授。

① 参见周星、周超：《百年尴尬：“厕所革命”在中国的缘起、现状与言说》，《中原文化研究》2018年第1期。

改变、厕所文化的变迁以及厕所文明水准的提升，旨在让所有人均能享有清洁、卫生、舒适、安全、体面、有尊严以及便捷的排泄环境。

二、农耕文明的厕所文化

以中国之大，各地各族的厕所及如厕方式必然是多种多样的。在一些草原、森林和山地的游牧、游猎、游耕的族群，往往就不设厕所或没有固定厕所，牧民们通常选择在既定方位的下风处，且男女分开方便。南方山地民族白裤瑶虽然经历了从无厕状态到简陋的厕所、再到生态旱厕的发展过程，但其生态旱厕的使用率却很低。[①] 直至最近，河北省白洋淀附近的渔村也是没有厕所的，人们祖祖辈辈拉"野屎"。[②] 但上述情形并不说明他们对于排泄行为完全没有规范，或必定会引发严重的不卫生、不文明状况，而只是说明在其具体的生存环境状态之下，人畜的粪尿通常并不构成很大的困扰。再如蒙古族，虽然多不设固定厕所，但有关禁忌却很严格。比如：忌讳吃饭过程中出去方便，不能在畜圈和水井旁大小便，忌讳朝向房门大小便，禁忌朝向日月星辰泼水、倒垃圾和大小便等。[③]

（一）以人畜排泄物作为农家肥的传统

考古学者在史前时代的西安半坡村遗址发现的土坑，曾被有些人视为中国厕所的起源。据文献记载，厕所在中国的历史的确悠久。《周礼·天官》："宫人掌王六寝之修，为其井匽，除其不蠲，去其恶臭。"所谓的"匽"，即被解释为"路厕"或接受污物的坑池。[④]《说文解字》："厕，清也。"其反训之义，即言其污秽当清除之。《释名》："溷，为浊。圊，为至秽之所，宜常修治使洁清也。"秦汉时代的"溷"与"图"字，有猪圈与厕所两重含义。据《史记·吕太后本纪》《汉书·外戚传》记载，吕后曾残酷折磨戚夫人，断其手足，"使居厕中"，命为"人彘"；《汉书·燕刺王刘旦传》有"厕中豕群出"，都可以说明这一点。在目前已知的汉晋出土文物中，兼具猪圈、厕所功能或厕所、猪圈合为一体的泥塑明器模型很是常见。如在郑州后庄王出土的灰陶猪圈，就是与厕所连在一起的。实际上，这种形态的厕所（或称"猪厕"）在中国，韩国的南部山区、济州岛，以及日本的冲绳等地，一直延续至近代。尤其是南方的干栏或高床形态的民居，往往是人的居室与猪、牛等牲口圈连在一起，上面

---

① 参见郭霜霜：《白裤瑶农村厕所的历史与现状研究——以广西南丹县里湖乡怀里村为例》，《传承》2009年第10期。

② 参见仲富兰：《现代民俗流变》，上海三联书店1990年版，第201页。

③ 参见波·少布：《蒙古风情》，香港天马图书公司2000年版，第307—311页。

④ 参见尚秉和：《历代社会风俗事物考》，中国书店2001年版，第323页。

是厕所，下面就是猪圈，人的排泄物一部分被猪吃掉，或部分地与牲口粪便混合一起，成为农家的有机肥料。与此相类似，在江西、广东一些地方养鱼为生的人家，常把厕所建在鱼塘边上，人的排泄物也是部分地直接成为鱼的饲料。①

中国的汉民族作为典型的农耕民族，在历史上创造了发达的农耕文明。这一文明的突出特点之一，便是较多地使用人和动物（家畜）的排泄物作为农作物的肥料，亦即以有机农业为基础。② 由于人粪尿作为农家有机肥受到高度重视，故中国的厕所文化往往重视积肥功能。这一传统最迟在西汉时代即有之，在氾胜之发明的“区种”之法中就已有应用。《氾胜之书》曾提到“溷中熟粪”，王充《论衡·率性》则有“深耕细锄，厚加粪壤，勉致人功，以助地力”的说法。此后，《齐民要术》强调“凡耕之本，在于趋时、和土、务粪泽，早锄早获”，王桢《农书》主张“耕农之事，粪壤为急”“凡农居之侧必置粪屋”等等，无非都是对这一传统的延展与深化。

直至近代，北方农家仍是在入冬或春播前，把平日积攒的堆肥送到地里，再扬撒开来，与田土拌匀。③ 与“堆肥”的习俗有关，在很多乡村地区，勤劳的农人有在冬闲季节提着粪筐和粪铲出门去“拾粪”的传统。如在河南省林县农村，冬天拾粪的老人还把拾粪的经验编成小曲：“拾羊粪上山坡儿，人粪背旮旯儿，狗粪墙拐角儿，驴粪上下坡儿，牛粪到荒草滩儿。”在陕西省丹凤地区，村民往往会修建多处厕所，除了自家院子的“私厕”，还在一些路口田间另设“公厕”，其目的除了在拥挤的聚落公共空间用厕所多“挤占”地盘外，更重要的是想收集更多的人粪尿。正如“肥水不流外人田”的俗话所说，很多乡民往往是撒泡尿都想去自家的田地里。

在中国各地的农村，有很多类似的农谚。如：“要想发，屎当家”“地靠粪养，苗靠粪长”“庄稼一枝花，全靠肥当家”“种地不上粪，等于瞎胡混”“土是摇钱树，粪是聚宝盆”“春天比粪堆，秋天比谷穗”“有酒有歌，有粪有禾”“人要饭养，稻要肥长”“人虚吃参，稻虚浇粪”“今年粪满缸，明年谷满仓”“庄稼不用问，一半功夫一半粪”“走南走北，不如拾粪种麦”“尿泼灰，长好麦”“门前粪堆，场上麦堆”，等等。④ 也有的是反映庄稼人不嫌弃排泄物的独特的“污秽/洁净”观念的，如“爱粪如爱金，才算庄稼人”“要想种田，屎尿不嫌”“粪在家脏，粪送土香”“庄稼老头，嗅着大粪香”⑤等等。毫无疑问，这些农谚都是中国农耕文明之乡土知识体系的一部分。

① 参见［韩］郑然鹤：《厕所与民俗》，《民间文学论坛》1997 年第 1 期。

② 参见张德纯：《中国古代的有机农业》，载农业部农村社会事业发展中心、甘肃省农牧厅、庆阳市人民政府编：《农耕文化与现代农业论坛论文集》，中国农业出版社 2009 年版，第 122—127 页。

③ 参见李彬：《山西民俗大观》，中国旅游出版社 1993 年版，第 398 页。

④ 农业出版社编辑部：《中国农谚》上册，农业出版社 1980 年版，第 101—106、266—277 页。

⑤ 农业出版社编辑部：《中国农谚》下册，农业出版社 1987 年版，第 61—98 页。

(二)围绕粪肥的城乡关系

在东亚各国完成近现代化之前的开封、临安、北京、南京、广州、上海、京都、江户、汉城等许多人口较多的城市，都曾经有过城里居民的粪尿为周边农村所需求，郊区农民通过各种方法把城里人的排泄物拉回来做肥料的情形。[①] 此类“粪肥贸易”曾长期处于“卖方市场”，粪尿成为抢手货，因此在很长一个时期，城里人会因此获得一定的现金或实物收入。有些农民为了在竞争中获利，甚至会想方设法与某些城里居民建立固定的关系，除定期送一些农副产品、或以现金购买之外，还要帮助打扫厕所，以便可以定期地来“掏大粪”。

在中国，据宋人吴自牧《梦粱录》卷十三记载：“杭城户口繁伙，街巷小民之家，多无坑厕，只用马桶。每日自有出粪人去，谓之倾脚头，各有主顾，不敢侵夺，或有侵夺，粪主必与之争，甚者经府大讼，胜而后已。”此处所谓“倾脚头”，便是以收集人粪尿为业的人们。在清末时的北京，有《京华百二竹枝词》为证：“粪盈墙侧土盈街，当日难将两眼开。厕所已修容便溺，摇铃又见秽车来。”说的就是糟糕的环境与有限的公共厕所，时不时会有专门的“秽车”前来掏粪。当时，为处理北京市民的排泄物，曾形成多个“粪厂”，有的粪厂还有专门“倒马子”的职工。与南方的“水粪业”有所不同，北方多经营“干粪业”，亦即要将粪肥在城外的粪厂晒成粪干以后，再运走出售给农家。民国初年，北京曾有专营此事的“肥业公所”，虽被目为“贱业”，但他们每年都在四月二十八日演戏酬神，供奉关公、赵公明和增福财神，俗称“三财”。[②]

从19世纪末至20世纪中期，上海曾先后采取过农民个人进城收运、竞标承包清运、官商合办清运、市政清运等多种形式，以解决市民商户的粪秽。[③] 20世纪50年代，北京的淘粪工人时传祥曾被尊崇为劳动模范，但这份工作因为又脏又累，其实并没有多少人愿意去做。20世纪80年代，部分回城知青被安排在这一行就业。到了90年代，这一行慢慢地都变成由外地人承担了。直到20世纪末，北京才最终彻底地淘汰了“掏粪工”这一职业。

---

① 参见[韩]金光彦：《东亚的厕所》，韩在均、金茂韩译，译林出版社2008年版，第111－116、167－168、231－235页；周连春：《雪隐寻踪——厕所的历史、经济、风俗》，安徽人民出版社2005年版，第155－188页。

② 参见董增刚：《市井瓦肆与生活》，山西人民出版社2007年版，第92页。

③ 参见彭善民：《公共卫生与上海都市文明(1898－1949)》，上海人民出版社2007年版，第257－271页。

三、社会运动与厕所改良

1840 年鸦片战争与 1894 年甲午战争的失败，大清国的虚弱成为定论。随后，中国相继出现了各种救国论，诸如科学救国、卫生救国、教育救国等，逐渐地把国家的虚弱与民众身体的病弱联系起来。于是，“东亚病夫”作为一个(被歧视的)国家与国民的“隐喻”，用以激励有识之士致力于卫生改革，促进国家更生的动力机制。也就不难理解，20 世纪以来中国倡立现代医学(西医)，推行国民健康与公共卫生之类的理念，往往自然地成为当时民族主义话语的一部分。

(一)关于“卫生”的理念

“卫生”一词，很早就见于中国古籍。如《庄子・庚桑楚》里提到的“卫生之经”，其本义主要是个人为了“养护”身体，“卫全”生命，以“养生”达致长寿，同时也兼具“医疗”“医药”之类的含义。现代意义上的“卫生”概念，来自日本的引进。但更准确地说，该词经历了作为中国古典词汇传入日本，日人用它对译西方术语，然后再传入中国的复杂历程。[①] 日本在幕府末年与明治初年，曾大力向西洋各国学习公共健康及卫生事务方面的经验。1871 年，受命考察欧美各国医事卫生制度的长与专斋，后于 1875 年被任命为明治政府的首任卫生局长，正是他采用了《庄子》里的“卫生”一词对译德文的 Gesundheitspflege，从而赋予“负责国民一般健康保护之特种行政组织”的全新意义。[②] 此后，“卫生”作为一个现代术语，不再指代个人养生的修为，而是国家层面对民众健康的保护，成为国家政府制定卫生政策时的根本性依据。

晚清新政在 1905 年设立了巡警部，其中的警保司下有“卫生科”的设置，这是中国近代政府机构中首次使用“卫生”这一名称，也是中国最早的公共卫生机构。[③] 1906 年巡警部改为民政部，专设“卫生司”，掌管办理“防疫卫生”、检查医药以及设置“病院”事务，是中国现代意义上的“卫生”一词较早使用的例子。1907 年，各省增设巡警道，其下专设“卫生课”，“掌卫生警察之事”。到民国初年，“卫生”一词的现代含义进一步普及开来，有的地方志中甚至还设有“卫生志”，对“地

① 参见冯天瑜:《新语探源——中西日文化互动与近代汉语术语的生成》，中华书局 2004 年版，第 599 页。

② 参见刘士永:《“清洁”“卫生”与“保健”——日治时期台湾社会公共卫生观念之转变》，载余新忠、杜丽红主编:《医疗、社会与文化读本》，北京大学出版社 2013 年版，第 403—438 页。

③ 参见邓铁涛、程之范主编:《中国医学通史(近代卷)》，人民卫生出版社 2000 年版，第 328—329 页。

方卫生事业”予以记述。[①]

与传统社会的“污秽/洁净”观念有所不同，“卫生”与“防疫”“保健”等现代性理念进入中国以后，在很长一段时期内，仍较多地指向个人的喜好与修为，只是当流行疫病爆发的危机之际，似乎才成为社会的需求与政府的职责。只有在这样的非常时期，清洁事务才不再只是个人层面的行为，而同时成为社会、国家与民族开展的防疫卫生事业。这意味着国家的卫生防疫举措，主要就是把卫生清洁的责任落实到每个国民个人的诸如随地吐痰、不随地便溺之类的举止之上。卫生不仅关乎个人健康，也关乎国家与民族的强盛，“卫生”被附加以通过提升国民（个人）卫生水平而实现强民、强国之路径的属性，从而间接地促成了此前未曾有过的国家与国民个人之间具有较新性质的关联性。[②]

也正是基于以上逻辑，在近代以来的中国社会，诸多旨在强化国民卫生观念的实践或运动中，“厕所”每每成为其中一个不容忽视、似乎具有可操作性，却又难以根本解决的尴尬问题。

（二）新生活运动中的“厕所”

厕所改良事业在中国可以上溯至清末。在“晚清新政”（1901—1911）中，就曾包括此类举措。1905年清政府在新成立的巡警部下设立卫生科，其职责之一就包括街道卫生（打扫街道、管理公厕、垃圾处理、管理下水道和乱丢的物品）等。[③]具体到地方，清末时周孝怀的“成都新政”，也曾要求警察管理街道，把街边的屎缸填平，街区茅房也要予以改造，尽量以石灰刷墙等。

进入民国时期，中国社会相继掀起了多次大众卫生运动。成立于1915年的中华医学会，曾将“普及医学卫生”视为宗旨之一，积极向民众普及现代卫生知识的各种活动。政府在推动卫生事业时，也乐于接受来自域外专家的帮助。1925年，在兰安生（John B. Grant）的推动下，京师警察厅同意在灯市口地区设一个“卫生实验站”（后改名为北平市卫生局第一卫生事务所），其中的环境卫生科专门负责调查水、食品、厕所/苍蝇、家庭卫生、街道卫生与公共卫生教育等方面的问题。[④] 1926年，中华平民教育促进会以河北定县为实验区，组织进行包含卫生项

---

① 参见余新忠：《清代江南的瘟疫与社会——一项医疗社会史的研究》，中国人民大学出版社2003年版，第197—198页。

② 参见胡宜：《送医下乡：现代中国的疾病政治》，社会科学文献出版社2011年版，第41—43页。

③ 参见张大庆：《疾病模式的变化与长寿：二十世纪北京卫生的演变》，载[美]吴章、玛丽·布朗·布洛克编：《中国医疗卫生事业在二十世纪的变迁》，商务印书馆2016年版，第37—55页。

④ 参见卜丽萍：《兰安生与中国公共卫生和公医制》，载[美]吴章、玛丽·布朗·布洛克编：《中国医疗卫生事业在二十世纪的变迁》，商务印书馆2016年版，第223—239页。

目在内的社会调查，除“平民教育协会”之外，还有一些大学教师参与到帮助乡村改善卫生的实践性活动之中。晏阳初认为，中国大患在于“民有四病”（贫、愚、弱、私），因此需要通过办平民学校，进行四大教育（生计、文艺、卫生与公民），从而达到强国救国之目的。在中华平民教育促进会定县实践的延长线上，美国哈佛大学的毕业生陈志潜于 1932 年进入定县，开创了医疗下乡的定县模式。他的实地调查显示，当时定县乡村 6 岁以下儿童的死亡，以腹泻与痢疾为主要原因，这其实就是由于人畜排泄物管理不善，导致饮用水受到污染。为此，他致力于在定县建设三级医疗保健制度，在村落层面推动水井的建设改良，以改善饮用水的卫生条件等。①

南京政府内政部曾于 1928 年 5 月推出《污物扫除条例》，明确规定：“土地房屋所有者、使用者或占有者，为保持其地域内或建筑物内之清洁，应履行下列各事：一，备适当之容器，以容尘屑污泥；二，备适当之沟渠以通秽水；三，备适当之便所，以容粪溺。”《污物扫除条例》要求全国各城市每年 5 月 15 日与 12 月 15 日，各举行一次大扫除，同时还制定了《卫生运动大会施行大纲》，规定在这两天，各个城市均要举办卫生运动大会，动员市民参与，以提升城市卫生环境与市民的清洁习惯。这类活动在上海、天津、广州、武汉等大城市得到了较好的遵循，如 1928—1937 年间的上海市卫生运动大会就一直坚持了下来，其目的主要是卫生知识普及与清扫街道、维护市容清洁（取缔随地便溺、吐痰、乱扔垃圾等），并对普通市民的卫生理念产生了重要影响。② 天津市曾于 1928 年 12 月 14 日，举办了首次清洁运动，动员市民打扫房屋院落、收拾厨房和厕所，以及不可乱丢秽土、秽物等，此后这一清洁大扫除运动几乎每年都坚持举办。③ 北平市在 1928 年成立了卫生局，其职能依然是负责街道卫生、供应清洁饮用水、改善厕所以及管理为数有限的医院等。北平市政当局为了改善“粪业”，曾试图将“粪道”收归市办，后虽然计划流产，也算是较为积极地将粪业纳入卫生行政之内的尝试。1937 年，抗日战争爆发，政府的卫生事业进入停滞状态，只有重庆在 1938 年成为战时首都，重庆市卫生局曾开展过清洁新首都运动，其内容包括为了防止传染病，指导并规范居民的日常行为，诸如在何处小便、何处堆放垃圾等，还制定了垃圾分化与粪便处理的市政计划。

尤其值得一提的，是 20 世纪 30 年代由蒋介石主导的“新生活运动”。这一运

---

① 参见胡宜：《送医下乡：现代中国的疾病政治》，社会科学文献出版社 2011 年版，第 65 页。

② 参见鹏善民：《公共卫生与上海都市文明（1898—1949）》，上海人民出版社 2007 年版，第 135—140 页。

③ 参见朱慧颖：《民国时期的卫生运动初探——以天津为例》，载余新忠主编：《清以来的疾病、医疗和卫生——以社会文化史为视角的探索》，三联书店 2009 年版。

动由政府主导，具有自上而下的强制性，在江西、上海、南京等地声势颇大，具有一定的全国性影响，其目的是想制造出全新的国民。这一运动提出了诸多生活改善目标，如通过市容、乡容之清洁、卫生来改革社会、复兴国家，将传统的道德亦即“礼义廉耻”（四维）与一般人民的“食衣住行”相结合等。在这一运动所提出的“新生活须知”中，对于“规矩”与“清洁”给予特别重视，包括保持厕所卫生、不随地吐痰、不随地小便等具体要求。① 新生活运动促进总会于1934年7月1日在江西省南昌成立后，在制定的诸多“厉行新生活办法”中，特别有一项“公共厕所改造办法”。与此同时，在对一些项目的落实情况所实施的检查中，也涉及公共厕所与屋内厕所的清洁问题，并敦促不达标者整改。② 虽然在有些地方如武汉，主事警政者曾借力新生活运动的名义，强化推行污物管理方面的改革，把污物大扫除的各种举措落实在社会基层，从而使武汉市容为之改观，但就这一运动所标榜的其他更为重要的项目而言，厕所及相关问题就谈不上有多么重要。总的说来，由于时代的局限，新生活运动对于普通国民生活的实际影响是非常有限的。

始于1934年的新生活运动，其目标是试图通过对清洁与纪律等规范的强调，再造现代国家的国民，从而涉及民众日常生活中的诸多细节。蒋介石曾极力痛斥当时中国人生活中的“丑怪”与“污秽”，认为其几近“野蛮”，而为了改变这种现状，他亲自制定了多达95项涉及诸多细节的规约。③ 其实，中华民国初年的领导人孙中山，早年也曾对国民的日常生活小节提出过很多批评，把“卫生”作为形成新国民的要件。

经过诸多艰苦努力，到20世纪前半期，“卫生”的理念与部分相关的卫生科学常识，终于在中国一些城市地区的普通民众中，有了一定的认知与普及。以北平为例，截至晚清以前，一般市民的饮用水均依赖水井，尤其是所谓“苦井”，因打井较浅，很容易被污染。1910年2月，新成立的京师自来水公司向城内市民供水，宣传自来水为“卫生”水，于是井水便被视为不干净。1925年，北京发生了严重的自来水污染事件，因为河水泛滥，导致自来水里大肠杆菌招标，这也就意味着来自粪便的污染。通过这次事件，细菌学的知识在一般市民中间有所普及，民众意识到所谓自来水也不等于就一定是干净水。大约到20世纪30年代，中国公众逐渐形成了关于饮水卫生的新观念，亦即必须煮开方可饮用。伴随着细菌学知识对公

---

① 参见［日］深町英夫：《教养身体的政治——中国国民党的新生活运动》，三联书店2017年版，第3页。

② 参见［日］深町英夫：《身体を躾ける政治—中国国民党の新生活運動》，岩波书店2013年版，第5、111、138页；段瑞聡：《蒋介石と新生活運動》，庆应义塾大学出版会2006年版，第161页。

③ 参见雷祥麟：《习惯成四维——新生活运动与肺结核防治中的伦理、家庭与身体》，载余新忠、杜丽红主编：《医疗、社会与文化读本》，北京大学出版社2013年版，第368—402页。

众饮水卫生理念之形成产生的影响[①]，人们对水井也开始警觉，除了给井水消毒，一些卫生环境可疑的水井多被关闭，设置厕所也必须远离水源与水井。

（三）爱国卫生运动："除四害"及"两管五改"

中华人民共和国成立后，政府大力推动旨在提高国民卫生科学素养与保障国民健康的工作，往往都程度不等地与厕所改良有关。1949 年，首都北京率先致力于改善卫生环境，特别是清洁水的供应，垃圾与粪便的有效清理成为重点。20 世纪 50 年代初，因为面临美国与蒋介石集团所谓"细菌战"的威胁，政府遂在 1952 年开展了群众性的反击细菌战运动。1952 年中央防疫委员会成立伊始，就发出指示，包括如下内容：灭虫、灭蚊、灭蚤、灭鼠；保护水源，加强自来水管理，以及保持室内外卫生及厕所清洁等；对于可能出现的传染病患者的排泄物及其遗物，要求严格地予以消毒与销毁；在人民群众中大力普及卫生防疫知识。1952 年仅用半年时间，就清理垃圾 7400 余万担，疏通沟渠 28 万余公里，新建和改建厕所 490 万个，改建水井 130 余万眼，在全国范围内迅速控制住了鼠疫等急性传染病的流行。[②] 同年 12 月，中央防疫委员会改称"爱国卫生运动委员会"，在县以上设立爱国卫生运动委员会办公室，承办具体事宜。爱国卫生运动的活动内容逐渐被归纳为"除四害"（苍蝇、蚊子、麻雀和老鼠[③]），讲卫生，提高人民健康水平。正如"爱国卫生运动"这一标题所显示的那样，当时是把针对疾病，尤其是各种地方病与传染病、流行病的卫生运动，视为更大范围的爱国主义的一部分。由于全国各地均成立了"爱国卫生运动委员会"，遂使运动断断续续地得以长期化。[④]

1956 年，毛泽东明确提出要"除四害"，讲卫生，消灭疾病，保护人民健康，人人振奋，移风易俗，改造国家。[⑤] 1960 年 3 月，全国人大通过《1956－1967 年全国农业发展纲要》，进一步把"除四害"、讲卫生列入其中。虽然"文化大革命"时期，爱国卫生运动曾一度中断，但其间也有很多卫生防疫工作者深入各地农村基层，致力于改善乡村的卫生环境。由于当时的很多具体举措都聚焦于解决好吃水与粪便管理方面，于是后来就有了"两管、五改"的归纳，亦即"管水、管粪，改水井、改

---

① 参见杜丽红：《近代北京饮水卫生制度与观念嬗变》，《华中师范大学学报（人文社会科学版）》2010 年第 4 期。

② 参见胡宜：《送医下乡：现代中国的疾病政治》，社会科学文献出版社 2011 年版，第 110－112 页。

③ 1960 年对"四害"的重新定义是老鼠、臭虫、苍蝇和蚊虫。

④ 参见余新忠：《二十世纪中国疫病与公共卫生：鼠疫、天花和艾滋病》，载［美］吴章、玛丽・布朗・布洛克编：《中国医疗卫生事业在二十世纪的变迁》，商务印书馆 2016 年版，第 97－111 页。

⑤ 参见胡宜：《送医下乡：现代中国的疾病政治》，社会科学文献出版社 2011 年版，第 113－115 页。

厕所、改畜圈、改炉灶、改造环境”①。1974 年 3 月，卫生部委托安徽省卫生局，在界首县举办了北方农村地区“两管五改”的学习班，后来又委托广东省卫生局在电白县举办南方地区的学习班，目的是把“两管、五改”工作在全国推展开来。② 陕西省岐山县堰河大队是陕西省的卫生红旗单位，早在 20 世纪 60 年代初就实现了《农业发展纲要》中有关卫生的要求，把旱厕改为水厕，粪肥经无害化处理，达到了畜禽有圈、水井有盖；20 世纪 70 年代以后，该大队所有水井均建有井亭，所有炉灶均改为节柴卫生灶并安装了烟囱，全队的粪肥集中由专业队管理。由于卫生条件获得改善，村民的平均寿命由 20 世纪 50 年代初的 43 岁提高到 1981 年的 66 岁。1974 年 10 月 1 日，陕西省爱卫会在岐山县召开“两管五改”经验交流会；1975 年 7 月，又在澄城县举办了“两管五改”培训班，试图通过对典型经验的推广，不断提升农村爱国卫生运动的水平。

从 20 世纪 50 年代起，中国政府还致力于推进有百利而无一害的沼气厕所建设。早在 20 世纪 30 年代，当时的民国政府就曾试图开发沼气，但其真正的发展是在中华人民共和国成立以后。1957 年，毛泽东到湖北参观沼气池时曾指示：“一定要大力发展沼气事业。”在 20 世纪六七十年代，全国沼气事业缓慢但持续地得到发展。1981 年，农业部沼气研究所在联合国开发计划署的支持下得以组建，并出版《中国沼气》杂志。截至 1989 年，陕西省累计建设沼气池达 4 万个，在那些沼气厕所得以普及的村落，露天粪池消失，蚊蝇难以滋生，乡村卫生状况明显改善。2001—2004 年，广西壮族自治区每年在农村建设 25 万个沼气池，用沼气作为生活能源（烹饪与照明）。根据较晚近的数据，中国已有 1054 万户农民将其厕所与沼气池连在一起，既减少了化肥的使用量（以沼液沼渣作为优质肥料），又极大地节省了燃料能源。沼气厕所的普及，不仅改善了乡村卫生环境，还有助于森林植被与生态的恢复。

应该说，20 世纪 50—70 年代的爱国卫生运动，通过“除四害”、治理血吸虫病、“两管、五改”与发展沼气事业等方式，确实对各地的厕所改良有相当的推动。因为要消灭苍蝇，最好的办法就是强化对厕所及人畜排泄物的管理；要阻断粪口传播型疾病（如血吸虫病），避免饮用水污染，也必须实现对人畜排泄物的有效管理与严格隔离。③ 正是在上述运动的过程中，“清洁”日益成为国家现代卫生科学的核心概念，同时也日益成为民众日常生活中卫生实践的基本手段。④ 直至最近

① 蔡景峰、李庆华、张冰浣主编：《中国医学通史 现代卷》，人民卫生出版社 2000 年版，第 46—48 页。

② 参见黄树则、林士笑主编：《当代中国的卫生事业（上）》，中国社会科学出版社 1986 年版，第 67 页。

③ 参见高敏、范家伟：《血吸虫》，载［美］吴章、玛丽·布朗·布洛克编：《中国医疗卫生事业在二十世纪的变迁》，商务印书馆 2016 年版，第 112—134 页。

④ 参见胡宜：《送医下乡：现代中国的疾病政治》，社会科学文献出版社 2011 年版，第 94 页。

各地农村的“改厕”运动，仍以爱国爱卫会及其在各地的分支机构为主角，同时也是在此前“两管、五改”工作所形成的延长线上得到进一步推进的。从1993年起，农村改厕工作正式提上各级政府的议事日程，各地相继制定出台了相应的鼓励农民改厕的政策。1993年9月，全国爱卫会在河南濮阳召开了全国农村改厕经验交流会，命名和表彰了农村卫生厕所建设先进县11个、普及县55个。①

四、文明形态的转换与来自外部世界的诟病

以农耕文明为背景，中国传统的厕所文化是以广大的乡村社会为“根据地”，但在经由中国现代化进程中工业文明，都市文明的洗礼后，出现文明理念的转换或更替。在这一过程中，“厕所”逐渐凸显为日益严重与深刻的“问题”。

（一）化肥与有机肥的关系

20世纪50—70年代，中国的国家工业化发展战略需要有农业与农村的支撑，而农业的发展又离不开已经拥有数千年历史的最大限度利用农家有机肥料的传统。因此在集体化时期，全国各地曾掀起过拾粪积肥的运动，这在相当程度上是与政府鼓励的农业大跃进时代背景密切相关的。然而，尽管中国人曾被外国人誉为“全世界最擅长使用自己粪便的民族”②，但广大农村的施肥方法其实是颇为单一的，除了积粪堆肥，很多时候就是把人粪尿直接浇在农作物上。对此，国家农业方面的专家曾通过科普读物予以指导，如指出传统的晒制粪干的方法既导致肥力流失又污染环境，应该放弃等等。③ 由于乡村厕所的卫生条件较差，以及堆肥与水粪业的环境管理存在很多问题，导致饮用水环境时常面临被污染的现实威胁。因此，政府的农村卫生工作长期以来都包含有改良厕所的内容，并取得了一定成就。

伴随着当代中国社会的发展，在农耕文明形态下曾经被作为宝贵资源的人畜排泄物，在工业文明或信息社会里却变成较难利用的“废物”。20世纪60年代以来，中国化肥工业迅速崛起，各种形态的化学肥料与农药大举进入乡村，不断弱化着农户对有机肥的依赖。20世纪80年代以降，进一步的工业化导致化肥的大量生产与消费，不可逆转地超着取代农家有机肥的方向发展。④ 化肥的使用虽然提

---

① 参见蔡景峰、李庆华、张冰浣主编：《中国医学通史 现代卷》，人民卫生出版社2000年版，第48页。

② ［英］罗斯·乔治：《厕所决定健康——粪便、公共卫生与人类世界》，吴文忠、李丹莉译，中信出版社2009年版，第91页。

③ 参见北京农业大学《肥料手册》编写组：《肥料手册》，1979年，第29—31页。

④ 参见唐娜：《从刀耕火种到菜场务工——麻山苗族生计方式变迁》，《民间文化论坛》2017年第2期。

高了土地的利用率与农作物的产量,同时也导致对土地的过度开发与产生了新的环境污染。[①]

中国广大农村几乎无法阻止农药的泛滥,不过还是有部分地区能够以农家肥使用传统为依托,对化学肥料的进入有所抵触。就短期效果而言,有机肥可能无法与化肥竞争,但有些农村地区有一个颇为流行的说法,即化肥导致土地板结,故需用农家有机肥予以缓解,于是就在化肥与农家有机肥之间形成相互参合的格局。即便如此,中国农村的化肥施用量仍不断增加,已出现了对化肥过度依存的状态。[②] 与此同时,此前那种在城市与周边农村之间曾普遍存在的人粪尿市场供需关系,早也难以为继。在北京等地,大约是到 20 世纪 80 年代初期,化肥就使得郊区农村不再那么需要人粪尿[③],故城里人的排泄物必须全部由城市下水系统去处理。事实上,现在城市下水道系统也早已不再是单纯的粪便流入,而是混合了洗衣粉、机油、肥皂水等很多杂质,因此对庄稼是有害的。[④] 一方面,老城区内大量的胡同厕所或四合院里的厕所,逐渐地不再有人前来淘粪,但一律改为下水系统又工程巨大,难以一步到位;另一方面,广大农村无法与城市新区建设一样在下水处理系统方面获得进步。因此,厕所与排泄物的处理不仅突显出城市内部新老街区之间的差异,同时也作为城乡差别的指标之一,格外令人触目惊心。

(二)城市化与公共厕所的“问题化”

中国工业化与都市化的进展,导致人口迅速集中,在较短时间内就远远超出了前现代传统都市所能容纳的程度。人口的高度聚集,自然需要为数众多的公共厕所布局与大规模的上下水基础设施。近代以来,中国各地的市政建设欠账较多,留下许多梗阻,其中厕所问题堪称是最难解决的一个。改革开放以来,伴随着各地都市化进程的顺利拓展,这一问题显得越来越突出。中国的大中城市很快就达到超大规模,市民人口剧增,导致人粪尿处理日益成为令市政头疼的大问题。再加上中国都市社会独特的“外来流动人口”,进一步促成了非常严峻的公共厕所问题。北京、上海、广州等大都会,外来人口与流动人口与日俱增,有限的公共厕所无法满足基本需求。与此同时,也由于城市管理水平有限,公共厕所的卫生状况总是陷入难以描述的状态,其污秽不堪的情形最常成为批评者尖锐指责的焦点。

① 参见街顺宝:《肥料与传统农业的变迁——红河石屏段江北半坡地带考察》,载尹绍亭、[日]秋道智弥主编:《人类学生态环境史研究》,中国社会科学出版社 2006 年版,第 428—467 页。

② 参见中国総合研究交流センター:《中国の食糧問題と農業革命》,2015 年,第 45 頁。

③ 参见龚金星:《公共厕所难题多——京津湘鄂实地访察记》,《人民日报》1982 年 4 月 29 日。

④ 参见魏忠编:《方便之地话文明》,中国环境科学出版社 1996 年版,第 122 页。

基于以上论述，我们有理由将饱受列国人士诟病的中国“厕所问题”，理解为是中国社会在从农耕文明朝向工业文明、从乡土社会超向都市化社会实现转型的过程中出现与突显的。“厕所问题”不仅涉及社会发展的阶段特征，还涉及中国社会特有的城乡二元结构等更为深层的根源。

在当代中国的大中小城市里，居民至少需要两类设施：一是在家庭居室内卫生间配备的冲水马桶；二是外出时需要利用的公共厕所。这两种设施的共同基础，是都需要较为完备的下水排放或污物处理系统。但现实的情形是，实际使用公共厕所的人多是都市社会的底层人群，如胡同里的居民、尚未获得稳定居所的新市民、流动人口与外来务工者等。需要指出的是，媒体与一般公众对城市公共厕所卫生状况的指责，往往与对那些公厕利用者欠缺“公德”的排泄行为的指责存在着重叠的关系，而较少指向城市公共厕所的管理缺失。一种常见的解释说，在社会过渡转型时期，人们的观念与(排泄)行为，往往滞后于都市社会之文明生活方式的要求。显然，与“私厕”(家厕)相比较，“公厕”问题在中国有更为复杂的内涵。①

显然，当代中国的“厕所问题”包括有多层面的级差状态，常常以大中城市对外地人或乡下人(流动人口)的拒斥为表象。大量的都市基础设施，甚至包括很多公共服务部门与政府机关、企事业单位的厕所，总是有意无意地回避向公众开放的义务。与此同时，厕所还成为城乡差距以及城市歧视农村的缩影，享有城市下水系统的市民几乎不需为如何处理排泄物而发愁，但在广大农村，低标准的旱厕，还有堆肥的习俗、冲刷马桶导致的水环境污染等，仍广泛存在，这其间的差距成为二元社会结构中市民歧视“乡下人”、建构优越感的主要路径。不过，大声鼓噪中国“厕所问题”的，主要是列国来华人士及其媒体。在某种意义上，当代中国的“厕所问题”主要就是由这些来自“外部”世界的批评者提出来的。

(三)外宾体验的“文化冲击”

1978 年改革开放以来，海外投资者与观光客蜂拥而至。这些早已生活在现代都市之中或工业化社会里的人们，突然来到仍旧是农业国家且处于欠发达状态的中国，遭遇“厕所问题”，惊讶之下感到严重不适、不便或无法接受，形成“文化冲击”。其实早在 1903 年，就有《德文新报》对当时青岛街面的描述：“狭窄、肮脏的胡同，充塞着成堆的各种垃圾废物，到处都是带粪便的水洼与积水坑。公共厕所处于难以描述的状态。普通的中国人似乎并不在意随地大小便，即使在公共大街

① 参见仲富兰：《现代民俗流变》，上海三联书店 1990 年版，第 201—208 页。

上。"[①]时隔七八十年后,到了20世纪八九十年代,西方诸多媒体对中国厕所的描述仍大同小异。对于业已经验过19世纪以来厕所文明进化的欧美人士而言,中国"恶臭"无疑构成了强烈的"文化冲击",因此中国厕所屡屡成为外国记者的写作题材。境外各主要媒体有关中国厕所的描述及批评,既有善意的(指出女性厕位不足,厕所无隔断,无隐私等),也有少数充斥着贬损与歧视的,个别言论甚至与19世纪以来西方传教士对中国之"野蛮""肮脏"状态的描述如出一辙。

如果说从19世纪后期至20世纪前期,中国人遭遇诟病与嘲讽的主要有辫子(所谓"猪尾巴")与缠足,那么到了20世纪后期,就主要是厕所。1987年,在北京市20个大型旅游点(区)仅有的170座厕所当中,只有18座卫生设备较为齐全,勉强可供"外宾"使用,而其他均处于不可描述的状态。[②]根据娄晓琪的说法,截至20世纪90年代初,尖锐批评过中国城市厕所问题的国内外新闻机构有几百家之多,报道文章数以万计。[③]1994年8月,国家旅游局曾对全国"旅游公厕满意率"进行过一次抽样调查,海外游客的满意率仅为10.4%,不满意率为49.4%,很多人甚至表示因为厕所问题再也不想来中国了。无论如何,所有这些批评都确实无误地指向了中国社会这一国人自身也难以否认的基本事实。

即便有很多批评让中国读者汗颜,但官方的内部报纸《参考消息》依然持续不断地对做了尽可能多的翻译与介绍,直接或间接推动了中国国内致力于改良厕所的努力。目前所知较早的努力,是在全国所有的旅游景点、旅游线路与旅游宾馆,逐步建设相对体面的厕所,如在机场、宾馆与景区或景点,分别配置所谓"星级厕所"。政府有关部门对这些厕所进行评级,规定一些评比的硬指标,这其实就是应对境外游客批评的举措。但这些举措,尤其是对在上海、广州、北京的繁华闹市街头设立的一些高档"星级厕所",并不容易获得国内公众认可。或许是出于厕所观念的落伍,或许是出于对外国人"特权"的不满,长期以来人们对"星级厕所"多有讽刺与批评,认为它不符合国情,不符合国民的生活消费水平。[④]即便如此,中国整个旅游系统的工作在很长一个时期内,就是引导"外宾"游客在一个相对封闭的系统之内旅行,从而减少他们接触普通民众经常使用的那些更为不堪入目的厕所。国家旅游局为此建立了封闭的半军事化的外宾接待系统,从机场接客,到景点参观,再到宾馆酒店,都致力于尽量不让外宾接触到中国一般的公共厕所,慢慢地在"外宾"较多可能逗留的所有地方,均逐步建设起堪与高规格景点消费相匹配的"星级厕所"。如此的外宾接待系统,也是无奈之举,因为中国急需"外宾"来访

---

① 《百年前青岛厕所革命,1905年冲水马桶出现》,《青岛日报》2016年7月5日。

② 参见朱嘉明:《中国需要厕所革命》,三联书店1988年版,第39页。

③ 参见娄晓琪:《我所亲历的"厕所革命"》,《人民日报(海外版)》2015年8月1日。

④ 参见周连春:《雪隐寻踪——厕所的历史、经济、风俗》,安徽人民出版社2005年版,第48—49页。

带来的硬通货，但也需要维系起码的体面。在这个过程中，国家旅游局还曾提出“谁受益、谁负责”的意见，要求商场、机场、景点等公共场所均应将建设附属式厕所作为义务。今天看来，阻隔“外宾”接触一般厕所的这些早期举措，虽然是基于“面子”逻辑，有“掩耳盗铃”之嫌，却也有明显的合理性，事实上也确实地局部与暂时有效，多少缓解了那些尖刻的指责。这些举措更重要的意义在于，它们后来终于发展成为“旅游厕所革命”，进而成为整个中国厕所革命的重要流脉之一。

部分地缘起于境外游客的抱怨，中国社会开始面临公共厕所这一“问题”。早先是在改革开放、旅游业发展与外国人舆论批评等诸多压力之下，“厕所问题”开始被越来越多的人们日益越强烈地意识到，随后面临着城乡人口流动的增多，各大中小城市日益面临公共厕所的短缺压力，以及城市建设与开发需要不断地刷新市容风貌，公共厕所逐渐演变成为“国内问题”。与 19 世纪末至 20 世纪初中国的门户刚刚打开时，妇女的“裹脚”习俗曾面临被“围观”的情形一样，对“厕所”这一痼疾进行革命的动力，刚开始时是来自外部因素的刺激，逐渐激发其内部的自觉。“厕所问题”逐渐被国内媒体及知识界所“内化”，其最常见的言论是说现存的“厕所问题”委实与中国经常自诩的“礼仪之邦”格格不入，同时强调这一问题的解决，首先需要改变人们的观念与素质，亦即从国民性的批判做起。

五、自上而下的努力：事关国家形象的厕所

由于“厕所问题”涉及中国政治与知识精英均较为看重的国家形象，因此很多旨在改善现状的努力都是自上而下、由国家的各类精英主导并推动的。由于首当其冲的缘故，“外宾”们对中国厕所问题的抱怨，更加直接地刺激到国家的“面子”与形象，因此，政府首先在旅游厕所的改进方面花了很大气力，如建构一个主要服务于外国游客的星级厕所体系等。然而，国家形象与厕所问题之间的张力关系，还难以回避地存在于很多其他场景。

（一）国家庆典与“公厕革命”的讨论

20 世纪 90 年代前后，借助举办第 11 届亚运会的“东风”，北京市掀起大规模的市容整洁行动，如迅速增建、改建公共厕所并开展整治工作，尤其是在各旅游景点改建或修建了 1000 多座公共厕所，以应付外宾游客的急需。尽管伴随着亚运会召开，状况有些改善，但基本格局依然捉襟见肘。1991 年，美国快餐企业“麦当劳”在北京开业，北京市民发现排队点餐与令人感到新鲜、洁净的公用厕所，这些

似乎无关紧要的经历，才是最有吸引力的。①

正是在上述大背景下，从20世纪80年代末，中国开始出现有识之士呼吁应该推进一场“厕所革命”②；20世纪90年代初，首次在中国公共媒体上出现了“公厕革命”的讨论，这也是近代以来中国首次以厕所为主题的社会文化动向。1994年4月，由娄晓琪牵头的首都文明工程课题组③，承担了北京市哲学社会科学“八五”重点课题，这同时也是中国首次将厕所问题列为重点的学术研究对象。该课题组连续在《北京日报》发表“北京的公厕亟需一场革命”“步履艰难的公厕革命”“公厕革命的出路何在”等评论，提出要开展全民动员的公厕革命。1994年7月，该课题组制定了《首都城市公厕设计大赛方案》。截至同年11月中旬，共收到全国20多个省(区、市)与美国、澳大利亚的作品340多件，随后在天安门广场举办了获奖作品展。除了发起与组织城市公厕设计大赛，还推动由20家新闻单位合办“首都文明工程基金会”，其第一项活动就是改造公共厕所，并实际兴建了38座“文明”试点公厕。④ 这次“公厕革命”对当时北京市民的观念形成一定冲击，并引起海外媒体的广泛关注。应该说厕所革命这一话题的提出，意味着中国已初步进入小康社会，同时也是中国社会已经进入从农业文明、工业文明朝向环境文明发展之新时代的标志之一。

1995年北京举办了联合国第四届世界妇女大会以及2008年北京奥运会与2010年上海世博会，基于同样的维护与展现国家形象及首都威望的逻辑，北京与上海市屡屡展开了提升市民“文明”素质的活动。在这个过程中，厕所问题的改善总是不怎么大张旗鼓，实际却非常重要。不只是旅游厕所，城市一般的公共厕所问题，事实上已经成为最具压力的考验。⑤。秉持改革开放的思路，中国厕所问题的解决也逐渐确定了国际化的标准。2004年11月17日，第四届世界厕所峰会在北京举行，这在中国还是首次。这次峰会的主题是“以人为本，改善生活环境，提高生活质量”，话题主要涉及改善厕所环境与人类生活质量的关系，厕所与旅游发展、经济、环保的关系以及厕所设计与文化等。2005年，世界公厕论坛暨第一届公厕博览会在上海举行。当时，北京市规划到2008年奥运会召开之前，在“城

---

① 参见[美]杰弗里·M. 皮尔彻(Jeffrey M. Pilcher)：《世界历史上的食物》，张旭鹏译，商务印书馆2015年版，第131页。

② 朱嘉明编：《中国：需要所革命》，上海三联书店1988年版，第1—5页。

③ 笔者也曾是该课题组的成员。

④ 参见赵大年：《文明工程启示录》，《北京日报》1995年10月14日；娄晓琪：《我所亲历的“厕所革命”》，《人民日报(海外版)》2015年8月1日。

⑤ 参见沈嘉：《世界厕所峰会在京开幕 京沪承诺厕所发展规划》，中国新闻网2004年11月17日；单金良、陶颖：《北京将每年新建改造400座公厕，男女空间4比6》，《法制晚报》2004年11月17日。

区”新建、改建二类以上标准的公共厕所3700余座，所占比例达90%，逐渐取消三类及以下卫生设施不达标的公共厕所；在“近郊”，则努力使二类以上公共厕所的比例达到60%；“郊区城镇”的这一比例达到30%。为此，就需要对“旧城”数十片历史文化保护区的胡同或平房院落的公共厕所进行改造。考虑到北京缺水的严峻局面，还必须设法建设节水型厕所（包括采用新技术的无水冲式厕所），实现排泄物处理的生态化。上海市公共厕所的短缺状况比北京略好一些，但同样存在布局不合理、男女厕位失衡、市民“不文明”用厕行为等诸多问题，上海为此提出要建设现代化的公共厕所服务体系，并致力于增加投资与强化管理，以及探索厕所市场化运营的机制。

从北京、上海、广州等城市公共厕所革命的实际状况看，都很难一蹴而就，而不得不经历一些过渡阶段。如在一个时期，城市公厕形态会呈现多样化态势，高中低档均有；再就是通过公共厕所收费，来管理与约束市民如厕行为以及保持厕所卫生。20世纪80年代中期以降，北京、上海、广州等城市陆续建立一批收费公共厕所，其内部设施比较齐全，设计也比较合理，并配有专职保洁员。随后，收费厕所在全国很多城市普及开来。虽然采用公共厕所“市场化”的路径，通过收费维持其经营与管理，曾引起部分市民不满，但还是较为有效地改进了城市公共厕所的卫生状况。不过，由于各地程度不等地存在“重收费、轻管理”的现象，有关公共厕所经营模式的争论，就形成了“市场化”还是“公益化”（免费）的焦点。进入21世纪之后，从2003年起，北京、苏州等城市相继取消了公共厕所的收费。通过上述诸多努力，中国社会一般公众对于厕所原本就该是肮脏的旧“厕所观”逐渐有所改变。

（二）地方城市的厕所革命

与“国家形象”类似且有关联的，还有“地方形象”。中国不少地方城市，也相继有过一些具体的改厕实践，其中较为著名的有2000年桂林市长李金早在桂林推动的旅游厕所革命[①]、2003年南京市长罗志军在南京倡导的公厕革命，以及2008年山西省临汾市建设局长宿青平推动的临汾公厕革命等。

2000年4月3日，桂林市政府召开厕所建设管理工作会议，李金早以“我们要来一场厕所革命”为题，对桂林市的厕所建设、管理工作进行了动员与部署。2001年，国家旅游局在桂林召开“新世纪旅游厕所建设与管理研讨会”，这是中国第一次以厕所为主题的全国性会议，会上发表的《桂林共识》成为中国第一个关于推进“厕所革命”的共同宣言。《桂林共识》的基本内容是：没有旅游厕所管理水平

---

① 参见刘霄：《旅游“厕所革命”的桂林试验》，《决策》2015年第7期。

的现代化,就没有真正意义上旅游业的现代化。桂林旅游厕所革命的具体做法,主要是"政府推动,以商建厕,以商养厕,以商管厕",采取市场运作方式,先后在桂林城乡建设了849座旅游厕所,这使城区与旅游景点平均每平方公里拥有5.7座旅游厕所,远远高出国家标准,从而极大地改善了桂林市的旅游环境、投资环境与市民生活环境。2000—2015年,桂林经过持续长达15年的努力,已经实现了旅游厕所的全域景点的完全覆盖,大幅度地改善了海内外游客对桂林的印象。

桂林作为著名的国际旅游城市,其厕所革命的动力机制,更多的是源自各国游客的观感与印象及其对市政当局带来的压力,正是由此产生的强烈的"形象焦虑",推动了大举改善厕所的文明化运动。与此形成鲜明对照的是,在中国内陆的小城市临汾,厕所革命的兴起却多少具有"内发"与内在驱动的属性。众所周知,改革开放以来全国范围的城市化进程,不仅带来了城乡景观的巨变,即便是在内陆深处的临汾,它也使得城乡居民所面临的"公厕"短缺与如厕困苦局面进一步突显出来。好不容易进一趟城的乡村婆婆,发誓"这辈子再不进临汾城"①,意味着民众遭遇的如厕之苦难与羞辱,成为市政当局无法推卸的责任。正是此种"内发"性驱动,促使临汾市官民干群经过多方实践与艰辛努力,终于大幅度地改善了当地民众的如厕环境,甚至其"城市公厕项目"还在2012年12月获得了第9届改善人居环境"迪拜国际最佳范例奖"。

无论是基于"外来"挑剔所构成的国家或地方形象的压力,还是基于"内发"性驱动需要花大气力去化解普通民众的困扰,中国的厕所革命在21世纪初开始全面提速,并逐渐地获得了实质性进展,所有迹象均表明中国已经正在更为彻底、深刻地卷入到厕所文明的全球化进程之中。②

(三)"旅游厕所革命"的全国化:国家文明工程

2014年,曾在桂林市发动与主持地方旅游厕所革命的李金早转任国家旅游局长,2015年初便在国家旅游局开始进一步推动全国的旅游厕所革命。李金早认为,旅游厕所虽小,却是游客对一个国家或民族的第一印象,体现着一个国家或地区的综合实力,也直接关系着旅游产业、旅游事业的进一步发展。③ 厕所的脏、乱、差、少、偏,是人民群众与广大游客反映最强烈的问题,也是中国社会公共服务体系与旅游服务质量最薄弱的环节。与改革开放初期抱怨厕所的主要是"外宾"有所不同,初步实现小康生活的国内游客呈现井喷般增长,从而对旅游景点景区、

① 宿青平:《大国厕梦》,中国经济出版社2013年版,第21—38页。
② 参见宿青平:《大国厕梦》,中国经济出版社2013年版,第7页。
③ 参见李金早:《旅游要发展,厕所要革命》,《经济日报》2015年3月19日。

旅游线路沿线、交通集散点、旅游餐馆、娱乐场所、休闲步行区等公共空间之厕所的数量不足、管理不善、卫生欠佳之类现状造成很大冲击，“内宾”对旅游目的地厕所的抱怨，带来了比“外宾”更直接的压力，而且这也不再是能够只是通过“糊弄”外宾或修建为数有限的“星级厕所”等方式所可应对的。除了海外游客的持续抱怨，国内游客的快速增长更令各地政府备感压力。李金早指出，作为年接待游客超过 37 亿人次的旅游大国，厕所无论如何都不再是一件小事，按国内旅游一趟平均每人上 8 次厕所，所有游客每年在旅游厕所的如厕次数就将超过 270 亿次。① 然而，根据 2013 年世界经济论坛发布的国际旅游竞争力排名，中国的“卫生”指标排名 82 名，厕所等卫生条件排名 99 名。排名靠后的状况说明，中国旅游目的地的厕所状况仍与国际标准有较大差距，这显然与旅游大国的形象不符。

2015 年 4 月 1 日，习近平专门就厕所革命与文明旅游作出批示，要求从小处着眼，从实处着手，不断提升旅游品质。此前中国社会曾以多种路径与方式逐步展开的厕所改良实践，其规模与影响均较为有限，但自从 2015 年因为有国家领导人的指示与政府部门的主导，“旅游厕所革命”前所未有地成为国家的文明工程。2016 年，由国家旅游局推动的厕所革命迅速地具备了全国性的规模，全国各级地方政府在较短时期内都成立了厕所革命领导小组，以整改旅游目的地的厕所环境、提高旅游品质为目标的运动，可谓立竿见影。旅游厕所的质量被认为是衡量中国旅游基础设施与服务水平的标准，是提升中国旅游的品质、水准与形象的关键，同时也是反映中国社会文明进步程度的标志，全国上下就此迅速达成共识。与中国作为旅游大国的形象极不相称，中国尚面临着对高标准厕所几乎是天文数字的需求。为此，国家旅游局出台《关于实施全国旅游厕所革命的意见》，修订《旅游厕所质量等级的划分与评定》标准，提出“数量充足，卫生文明（干净无味），实用免费，管理有效”等具体要求，希望用 3 年时间，通过政策指导、资金调配与标准规范等多种途径，力争到 2017 年在全国新建厕所 3.3 万座，改扩建厕所 2.4 万座，最终实现旅游景区、旅游线路沿线、交通集散点、旅游餐馆、旅游娱乐场所、休闲步行区的厕所全部达到较高的标准（三星级）。② 国家旅游局的此次旅游厕所新政，取消了曾经广遭诟病的四、五星级公共厕所的档次，这可被理解为是适应国内大规模、大流量游客的需求，而不再只是关照外宾的需求。

“旅游厕所革命”，把厕所状况的改善视为旅游目的地与旅游城市展示其形象的重要指标，同时也是各级政府及旅游业主管行政部门积极维护海内外游客切身利益的实事。2015 年 7 月 17 日，国家旅游局组织在北京召开了大型企业投身投

---

① 参见李金早：《旅游要发展，厕所要革命》，《经济日报》2015 年 3 月 19 日。

② 参见钱春弦、沈阳：《我国今年将开展旅游厕所革命》，新华网 2015 年 1 月 15 日。

身厕所革命表彰会。2016 年 2 月 15 日，国家旅游局颁布《关于表扬 2015 年“厕所革命”先进市的决定》，对青岛等 101 个先进市（区）推进“厕所革命”的突出成绩予以表扬。很快，这场厕所革命就由旅游景点景区、旅游线路沿途，逐渐地朝向重点旅游城市扩展，并经由“全域旅游”概念的中介，进一步向全国基层蔓延，原先的重点只是旅游厕所，却不断扩大覆盖面，例如，高速公路沿途服务区的公共厕所、大中小城市作为市政基础设施的公共厕所等①，迅速发展成为自上而下、声势浩大的社会运动。根据《2015—2016 年中国旅游发展分析与预测》（《旅游绿皮书》）提供的数据，2015 年中国入境旅游人数同比增长 4%，专家指出目前各景区开展的“旅游厕所革命”对此功不可没②，但其实，旅游厕所革命最大的受益者首先应该是国内的广大游客。截至 2017 年 10 月底，国家旅游局推动的“厕所革命”取得重要成果，全国共新建、改建旅游厕所 6.8 万座，超过目标任务的 19.3%，受到广大群众与海内外游客的普遍欢迎。

值得一提的是，中国铁道列车上的改厕，在此之前便已获得重大进展。2000 年以前，所谓的“绿皮车”基本上是直排式厕所，旅客排泄物直接甩到铁路沿线，被喻为列车“拉肚子”。从 2000 年起，铁道部致力于开发“旅客列车密闭式集便装置”。2006 年青藏铁路开通，进藏列车率先采用密闭式集便器厕所；现在的高铁则进一步普及了这一先进设施，将粪便与气味抽吸进车厢底部的“粪箱”，车到终点时，再由卸污系统统一抽送运走。

眼下仍在持续推进之中的旅游厕所革命，引起世界各国媒体的高度关注与正面评价。英国媒体指出，在抽水马桶这方面，中国经历了一场经济、社会、文化与技术的变革，在历史的长河中，这才是真正重要的事。③ 日本媒体认为，除了要在全国各地新设或装修 5.7 万座公共厕所外，中国政府还加紧在农村地区推广抽水马桶，以争取营造“与世界第二经济大国身份相称的厕所环境”④。与 20 世纪八九十年代有所不同，当年曾经作为“参考消息”仅在内部刊出且主要是外国游客的厕所故事，如今已成为中国媒体堂堂正正的公共话题，且多为各地的普通游客参与讨论，或提出批评与建议。据不完全统计，美国、英国、德国与日本等境外媒体对于眼下中国正在进行中的厕所革命，进行了多达超过 16 万条的报道，且 93% 为

① 李金早：《将厕所革命推进到全国城乡——在 2016 年全国旅游厕所工作现场会上的讲话》，《中国旅游之声》2016 年 3 月 18 日。

② 杨月：《社科院：入境游人数三年首次回升 厕所革命功不可没》，中国青年网 2016 年 4 月 18 日。

③ 参见帕提・沃德米尔：《马桶问题是小事，但中国厕所革命提升形象》，曲雯雯译，《环球时报》2015 年 1 月 7 日。

④ 马晓云编译：《日媒关注中国“厕所革命”：如厕环境让外国游客很痛苦》，参考消息网 2016 年 4 月 10 日。

系正面评价的报道。[①]

(四)公共性:从旅游厕所到公共厕所

"旅游厕所"主要是指在旅游景点、景区以及旅游路线、旅游设施等处设置的专供游客方便的厕所,它无疑只是公共厕所的一种类型。在中国特定的历史背景下,旅游厕所曾经在一个短暂时期内主要是为外宾服务的,但现在这一概念已发生很大变化。在当前中国发展"全域旅游"的背景下,旅游厕所与城市公共厕所实际就成为一回事,因为它们都将影响游客对旅游目的地城市的印象与体验。之所以仍对它们稍做区分,是因为分别推动与管理它们的机制多少有所不同,前者是由国家旅游系统在管辖的景区、景点或设施建设与管理的,它们必须向所有游客开放,但又多少具有行业系统的"内部"属性;后者一般是指由城市的市政部门或环保系统建设与管理的,它们必须面向所有市民,包括外来人士(无论是乡下,还是国外)开放。如果说推动前者进步的动力在于"形象",那么,推动后者改革的动力除了"形象",还有基本的"民生"需求。但在它们均必须具备公共性这一点,它们都是公共厕所。改革开放以来,旅游系统在公共厕所的建设与管理方面始终走在前列,实际上引领了全国的厕所革命。中国各地由市政或环保部门修建、维持与管理的城市公共厕所,后来在很多地方都曾借鉴过旅游部门率先确立的标准与方式。

(五)"民生"需求的公共厕所

中国城市公共厕所状况的改善是一个颇为漫长的过程。建国初期,各城市的露天便坑基本被取缔,所建公共厕所大都是独立式的,不仅设施简陋,还多为传统的旱厕,冲水厕所极少。它们一般由市政部门建设与管理,通常只是在移除粪便时稍做清扫,故保洁水准很低。以北京为例,20 世纪 50—60 年代,一些旧称"官茅房"的简陋公共厕所,通常就设在胡同拐角处或胡同口,故又有"胡同厕所"或"街坊厕所"的叫法,老百姓戏称"大众一号",表示它在生活中不可或缺。因此,当年那些背粪工便被戏称为"一号特种部队"[②]。这些公共厕所一般就是一排蹲坑,中间多无隔断,附近居民如厕时,通常彼此间会相互打招呼,甚至聊聊天。这种状况曾被外国人士称之为"你好厕所"。虽然简陋且卫生不佳,但因坑位不够,时不时还需排队,故坑厕又有"伦敦"(轮蹲)之戏称。

---

① 参见邹伟、胡浩、荣启涵:《民生小事大情怀——记习近平总书记倡导推进"厕所革命"》,新华网 2017 年 11 月 28 日。

② 王小平、宗德雯:《"1 号特种部队"》,《北京晚报》1994 年 1 月 30 日。

20 世纪 80 年代初期以降，各地城市开始陆续建设一些较正规的公共厕所，同时也逐渐开始较多地采用冲水式厕所，使旱厕有所减少；秽物处理也慢慢采取机械抽运，极大减轻了环卫工人的劳动强度。北京老城区的四合院一般没有私家厕所，居民们必须使用胡同里的露天公共厕所。截至 1984 年，这样的露天公共厕所有 6815 座，差不多近千人共用一座；每天进入王府井大街 10 多万人，却只有 2 座公共厕所。上海的情形也差不多，1990 年公共厕所为 11057 座，形成了数千人使用一座厕所的窘境。[①] 北京是在 20 世纪 80 年代初出现了第一座收费公共厕所，但到 1987 年也才仅有 25 座收费公共厕所，公厕所收费用其实远不够公厕运营费的支出，而收费管理人员却经常遭到如厕市民的讽刺与谩骂，表明一般市民的厕所观念很难一下子改变。[②] 1995 年，北京市有 220 多座由专人负责管理的收费厕所，相对而言，这些厕所的设计规格较高，保洁设施也比较齐全，由于配备有专职保洁员，故卫生状况相对良好。

20 世纪 80 年代中后期以降，伴随着城区的危旧房改造，很多公共厕所随之消失。如雨后春笋般拔地而起的新建楼房小区，一方面通过室内卫生间里抽水马桶的普及缓解了市民如厕难的困扰，但另一方面，小区经常不按配套要求建设公共厕所。例如，在方庄、安外小区、丰台西罗园、英家坟、海淀五棵松等新建小区，或干脆没有公共厕所，或特意使之不能或不便使用，类似状况的蔓延很快导致形成了全新且严重的社会问题。出现这种状况的直接原因，通常是新建小区的居民们反对建设公共厕所，反映了他们对“外地人”的拒斥心态。根据北京市政府 1985 年 149 号文件规定，集中开发新建的居民小区，必须配套建设公共卫生（厕所等）与生活服务设施；人口约 5000 人的小区应建设 30－50 平方米的公共厕所；流动人口较多地方应酌情增加公共厕所的数量与面积。从 1993 年 9 月开始实施的《北京市城市市容环境卫生条例》也明确规定，危旧房改造、新建居民区、扩建道路及集贸市场等，都要配套建设公共厕所等。[③] 但遗憾的是，这些规定经常只停留在纸面上。

如前所述，以 1990 年召开亚运会为契机，北京市曾试图解决公共厕所难题。1984－1989 年，北京市相继新建、改建公厕 1300 多座，改建通下水道的溢流粪井 1000 个，扩大公厕面积 1.6 万平方米，增加坑位 3300 个，同时使 6000 多座公厕基本实现水冲。到 1993 年底，北京市约有公共厕所 5.7 万座，数量已颇为可观，但这些厕所中由环卫部门管理与负责清扫的仅 6800 多座；而且，其有 70%分布在

① 参见［韩］金光彦：《东亚的厕所》，韩在均、金茂韩译，译林出版社 2008 年版，第 123 页。

② 参见宗春启：《北京公厕的现状与收费问题》，《北京日报》1987 年 9 月 26 日。

③ 参见王小平、宗德雯：《尴尬问题：“内部告急”，楼群小区厕难觅》，《北京晚报》1994 年 3 月 19 日。

胡同小巷，仅有不足30%位于大街上；全北京主要街道与繁华区仅有200余座，其中长安街上仅有3座公共厕所。除了数量不足、分布不合理，还有令人担忧的环境问题。当时，中国的厕所共有四类标准：一类、二类要求有独立便器、洗手池、整容镜、全天保洁、专人管理。全北京市的一类公共厕所仅50余座，二类70余座。三类、四类为沟槽式，有隔挡的为三类，无隔挡的为四类。其中三类仅有750余座，换言之，北京90%的公共厕所都极为简陋，属于第四类、甚或没有进入上述分类。没有隔挡的厕所其实就是一排蹲坑，一般为胡同小巷众多家里没有厕所的市民共用，卫生状况非常糟糕。① 事实上，不仅在中国，绝大多数发展中国家均不例外，在其远离市中心的远郊区或城乡结合部，以迅速都市化为特征的环境，因为拥挤不堪与卫生条件恶化，随时都面临着排泄物污染，进而引发疫病的危险性。②

（六）值得设计、需要经营的公共厕所

进入21世纪，北京、上海、广州等大中城市的公共厕所状况有明显改进，除了水冲式公共厕所日渐普及，在独立式公共厕所的建筑设计上也有极大改观，它们往往被设计成颇具独特个性与品味的建筑小品，从而与公园、街区、广场等周边的城市环境相协调。公共厕所被作为重要的公共服务设施来设计，反映了观念的戏剧性变革。与此同时，一大批附建式公厕（亦即在商场、宾馆与公共设施的建筑物内附设的厕所）也逐渐面向市民开放。此外，为应对城市经常举办大型公共活动（文化娱乐、体育赛事、集会等）的需求，市政部门还投入大批移动式公厕，以解燃眉之急。基于灵活的经营策略，一些此前由环卫部门投资、管理与经营的公厕，开始通过招标、拍卖经营权等方式，转由个人或民营企业经营，从而提升了公厕的卫生水准。

2000年以降，中国一些地方城市相继提出与开始推动公共厕所的革命。南京市的公厕革命，是由市容局成立公共厕所建设领导小组，举办公厕设计大奖赛，新建公厕采用统一设计。通过努力，由环卫部门管理的一类、二类公厕达475座，二类以上公厕所占比例从2002年的39%达到2006年的62%。为缓解公共厕所分布不均衡所造成的市民"如厕难"，政府敦促繁华街区的大中型营业场所，依照有关要求开放内部厕所，设置指示标牌，以方便行人与顾客。在山西省的临汾市，其公厕革命的经验主要是：确立打造"方便之城"的民生目标，"显著位置建公厕，见缝插针建公厕"③，覆盖全市的60多座高标准星级公厕，甚至成为市民的公共休

---

① 参见《中国"厕所革命"的30年故事》，《人民日报（海外版）》2015年8月1日。

② 参见[美]詹姆斯·A·特罗斯特(James A. Trostle)：《流行病与文化》，刘新建、刘新义译，山东画报出版社2008年版，第108页。

③ 宿青平：《大国厕梦》，中国经济出版社2013年版，第66页。

闲场所,从而改变了拒斥公厕的"邻避"现象;政府还出台了《城市标准化公厕管理制度》,由公共卫生管理中心派遣的保洁员住在公厕管公厕,全天值守;同时坚持公厕公益化,政府与社会共同参与公厕建设,免费向公众开放,这使临汾成为山西省第一个实现公厕免费的城市。从2009年起,临汾市建设局又向全市17个县市推广"公厕工程",目前各县市已新建标准化公厕100多座。2010年国家住房与城乡建设部授予临汾公厕以"中国人居环境范例奖",首次把公厕建设纳入人居环境的最高奖项。2011年10月10日,山西省在临汾市召开城市公厕建设与管理现场会,其公厕革命的影响进一步扩大。[①]

虽有以上诸多进步,但公共厕所的发展一直赶不上城市人口剧增导致对它的刚性需求,可以说城市公共厕所一直没能完全满足普通民众对卫生环境不断提高的要求。长期以来,公共厕所始终是中国城市基础设施建设与管理的短板。公共厕所通常是较难纳入城市规划,或即便纳入,也常会被弱化与边缘化。城市公厕的选址始终遭遇周边居民抵制,公厕的科技水平不高、卫生状况一直难以彻底改观;由于水资源短缺,很多公厕的水冲程度难以令人满意。以北京为例,全市各单位约有5万多个"内部"厕所,基本上不对外开放或只是偶尔开放。与早先的掏粪工、背粪工曾备受歧视一样,如今的公厕保洁员仍时不时遭遇到歧视。除了二元社会结构下从业的保洁员多为外地乡下人之外,中国社会也根深蒂固地存在着对于与所谓"不洁"之物打交道之职业与从业者予以某种歧视的现象。

(七)公共性、私密性与"文明如厕"

各大中小城市的公共厕所最受公众诟病的是卫生,但公众自身也常被批评说文明如厕的意识有待提升。如厕不文明,不仅成为中国公民出境旅游时饱受诟病的"罪状",同时也被认为是公共厕所问题的顽疾。导致公众不能文明如厕与公共厕所脏乱差的原因众说纷纭,人类学家费孝通在《乡土中国》的"差序格局"篇里,曾提及中国人与此问题相关的"公""私"观念问题。[②] 诚如社会学家金耀基指出的那样,导致民众有私无公或有家无国之观念的原因之一,在于"公"与"君""官"等概念的混一[③]。换言之,汉语的"公"与现代社会来自西方的"公共领域"理念颇有不同,一说到"公",就不包括个人的权利、责任与道义在内,与自己没有多大关系。因此,城市小区居民对于自己可能较少使用的公共厕所在本小区的存在多持拒绝态度;抱怨公厕卫生糟糕的人士,也不能保证自身做到文明如厕,或只是为了

---

① 参见冯冲、乔永安:《山西临汾掀起"公厕革命"》,《发展导报》2011年10月15日。

② 参见费孝通:《乡土中国》,三联书店1985年版,第21页。

③ 参见金耀基:《中国人的"公""私"观念》,乔健、潘乃谷主编:《中国人的观念与行为》,天津人民出版社1995年版,第40—50页。

一己洁净而过度浪费地使用厕纸。其实，机关单位内部厕所不情愿对外开放，也是基于同一个逻辑。不难理解，由于陌生人这一因素，几乎所有人对于公厕比对家里的厕所常会有更多消极情绪，而公共厕所似乎原本就该脏乱差以及与己无关的认知，非常容易导致公厕卫生跌入所谓"破窗效应"的境地。所谓"破窗"，就是某种底线，无论多么具有公德心或人品高尚、讲究卫生的如厕人士，他或她也无法维护或改变已陷入某种底线以下的卫生状况，而且在这种状态下，他或她的文明如厕不仅不可能，也没有意义。诸如"便后不冲水"或"蹲在坐便器上"之类弄脏厕所的如厕习惯，未必与个人的教育程度与公德心相关，因为如厕者这么做是为了自己"洁净"，由于无法确认此前使用过公厕的人，故倾向于避免与陌生人"肮脏"的身体发生间接性接触。这也是为何在公共厕所里，蹲坑式反倒有可能比抽水马桶更受欢迎的根据。

显然，现代城市里的公共厕所需要有"公共性"的理念予以支撑。公共厕所之"公共性"的真正确立，同时需要中国社会在"公共空间""公共设施""公共服务""公共卫生"等诸多涉及最根本公众利益的"公共领域"发生重大变革，从而超越传统公、私观念的局限性。在公共厕所之公共性的理念下，内部厕所就不再有合理性；市政和环卫部门天经地义地就应该把公厕作为基本的公共服务事业做好，而不是简单敷衍；不止是一般游客之于旅游厕所，一般市民公众当然也都应该遵守公厕这一公共设施与公共空间的基本行为规范。眼下，首先急需做的是全面提升公共厕所作为城市公共服务设施的规格，不断发展它作为市民生活不可或缺之公共空间的属性；同时通过严格与规范的管理把公共厕所的卫生维持在某种"破窗"状态的底线以上，并敦促与引导所有如厕者的如厕行为均不得降低至此底线以下。

在将公共厕所视为城市的公共服务设施，进而将其打造成为市民不再是以厌恶心态，而是以随和、方便与亲近的姿态能够去分享的"公共空间"这些方面，中国当下的厕所革命已经做出了有益的探索。2015 年 11 月 19 日（这一天是国际"厕所日"），北京房山区政府前广场上，一个号称"第 5 空间"的新型公厕样板率先投入使用。这是一栋蓝色的新建筑，外墙上除了"公厕"，还有 ATM、无线局域网与电动汽车充电桩等多个图标，与之配套的除了 ATM 机、电动汽车充电桩，还有公用电话与饮料瓶智能回收机等，这意味着它是一个综合性的公共服务设施。建筑物的窗户边有一部自助缴费机，可供市民自助缴纳水暖、电费、电话费、燃气费与有线电视等费用。如厕者进入单独的厕位隔间，墙壁上有平板显示器，循环播放有关环保的宣传片；洁白的马桶有前、后两部分，中间有一隔断；墙上的绿光电动按钮，分别写着"大""小"二字。公厕原先的化粪池被拆除，取而代之的是在 40 平方米左右的设备间，配置了一套先进的循环处理设备，按动不同按钮，即可选择单冲尿液或单冲粪便，尿液与粪便因此被分类回收，将分别作为尿素与有机肥料得到再利用。除了男女厕位，还增设“第三卫生间”，其中高度不等的大小马桶，是分别为残障人士、老人及母婴如厕特别设计的，此外还有婴儿安全座椅及为婴儿更换尿布时所用的台面。北京市政当局把这类作为综合性公共服务设施的公共厕所称为“第五空间”的理由，在于它为市民提供了继“家庭空间”“工作空间”“社交空间”“虚拟空间”之后又一个舒心、便利的公共空间。据说北京到2016年年底，将陆续有1000个这样的“第五空间”提供给市民。应该说，这类设施如果在管理者与使用者共同努力下，始终保持不使其中公厕卫生状况跌落至“破窗”或底线以下，北京市的公厕问题就可望得到真正的解决。

在强调公共厕所作为公共空间之公共性的同时，还有必要同时意识到它的“私密性”，公共厕所具有公共性与私密性相并重的双重属性①，它是需要切实保障如厕者之私密性需求的公共空间。以往，中国城乡的“你好”式无隔断厕所，因为没有顾及如厕者的私密性需求而屡遭批评。如今情形虽有一定改善，但厕所无隔断、无门或隐私保护不够等问题，仍是经常被日韩一些“有心人士”在公共媒体上拿来“说事儿”，以嘲讽大陆人的通用话题，事实上成为建构、维系与支持其优越感的地域歧视的依据。厕所革命中诸如上述“第五空间”那样的设计，可以说很好地兼顾到公共性与私密性这样两个方面，应该就是今后发展的方向。排泄行为需要私密性保护，这是深植于人性心理层面的需求，尤其在现代文明的进程中，工业化、都市化与信息化社会里的人们已经养成了远离他人视线方便的习惯。如厕行为的私密性需求，连同可以冲走排泄物的技术体系，促使现代社会的人们把自己身体的自然排泄功能理解为是能够且应该隐蔽与彻底遮掩的行为。这种认知的一般化，其实是因人口的增长和与之伴随的社会变迁引起的。② 当“拉撒”行为成为看不见、闻不着甚至听不到的私密性活动，现代人似乎才感受到幸福与日常生活的品质，因此，政府向市民提供可充分保护私密性排泄行为的公共空间，就是最大限度地造福一般的人民。

六、广大乡村的改厕实践

北京市在厕所革命中推出的“第五空间”，似乎让我们看到了中国的厕所问题最终将得到解决的曙光，但其实更为严峻的现实还是在广大农村。对于已经成为

① 参见倪玉湛：《公共厕所双重属性的演变及其重要性浅析》，《山西建筑》2005年第1期。

② 参见［英］罗斯·乔治：《厕所决定健康——粪便、公共卫生与人类世界》，吴文忠、李丹莉译，中信出版社2009年版，第111－112页。

世界第二经济大国的中国而言，旅游景点、景区的旅游厕所与城市街区的公共厕所固然重要，但在农村推广卫生厕所则更为重要。由于厕所问题较难被乡民所觉悟，也较难成为政府议事日程，甚至羞于提上台面等特殊性，农村的厕所问题要比城市更为复杂与困难。换言之，中国厕所革命的最终成功，实际上将取决于农村厕所问题的彻底解决，否则，终究会是功败垂成。

(一)乡村实现“小康”的底线

在长期以来的“两管、五改”等卫生事业的基础之上，20 世纪 90 年代以降，中国乡村的改厕工作呈现加速态势，究其原因，主要是乡村在实现温饱之后，朝向“小康”社会的进一步发展，使得厕所问题成为必须提升的底线突显出来。“小康不小康，厕所算一桩”，数十年来的农村发展虽然取得了巨大成就，但改厕却是进一步提升全面建成小康社会之底线的重要举措。所以，在 20 世纪 90 年代，农村改厕工作被纳入《中国儿童发展规划纲要》与中共中央《关于卫生改革与发展的决定》之中；伴随着卫生乡镇县城的创建工作，广大农村也逐渐掀起了厕所革命，并以地方政府有计划的推动为特点。

2002 年，中共中央与国务院颁布《关于进一步加强农村卫生工作的决定》，要求在农村继续以改水、改厕为重点，整治环境卫生，预防与减少疾病发生，促进文明村镇建设。政府的基本思路是通过推进利国利民的农村改厕工作，由国家统筹农村公共卫生事业，实现公共卫生服务的均等化。具体而言，就是通过在农村普及具有收集、贮存与处理粪便之功能的卫生厕所，改善乡村环境，提高农民生活品质，提高乡村防疫与农民健康水平；同时也促使有效的能源开发，推动生态农业发展。2009 年，政府将农村改厕又纳入深化“医改”的重大公共卫生服务项目；2010 年，国家启动了以农村改厕为重点的全国城乡环境卫生整洁行动，促使农村地区卫生厕所的普及率迅速提升；2004－2013 年，中央政府累计投入 82.7 亿元以改造农村厕所，实际改造 2103 万户农家的厕所。到 2013 年年底，农村卫生厕所普及率已达 74.09％。眼下农村改厕工作进一步加速，农村卫生厕所的普及率到 2016 年，已经达到 80.4％，农村环境卫生面貌明显改善。根据《全国城乡环境卫生整洁行动方案(2015－2020 年)》的目标，农村卫生厕所的普及率在 2015 年应达到 75％，2020 年达到 85％。为此，全国爱卫会于 2014 年 10 月 17 日在河北省正定县召开了全国农村改厕工作现场推进会，会议将农村改厕视为全面建成小康社会的必然要求，也是提高人民健康水平的重要手段，要求把农村改厕这一得民心、顺民意、惠民生的重大民生工程做好，确保达成 2020 年的规划目标。随后，全国爱卫会于 2014 年 11 月 5 日，向全国各地各级爱卫会发出了“关于进一步推进农村改厕工作的通知”。

2014年12月,习近平在江苏省调研时表示,解决好厕所问题,在新农村建设中具有标志性意义,要因地制宜做好厕所下水道管网建设与农村污水处理,不断提高农民生活质量;2015年7月16日,习近平在吉林省延边朝鲜族州和龙市东城镇光东村调研时指出,随着农业现代化步伐加快,新农村建设也要不断推进,要来场厕所革命,让农村群众用上卫生的厕所。习近平上述批示的意义,涉及中国厕所革命最为根本的层面,亦即广大农村的厕所改良。2016年8月,习近平在全国卫生与健康大会上,充分肯定了“厕所革命”的意义与成果,提出持续开展城乡环境卫生整洁行动,再次强调要在农村来一场“厕所革命”。2017年11月20日,习近平主持召开十九届中央全面深化改革领导小组第一次会议,审议通过了《农村人居环境整治三年行动方案》,其中一项主要任务即继续推进农村改厕。习近平就此发表了重要讲话,指出“厕所问题不是小事情,是城乡文明建设的重要方面,不但景区、城市要抓,农村也要抓,要把它作为乡村振兴战略的一项具体工作来推进,努力补齐这块影响群众生活品质的短板”①。在刚刚闭幕的中共十九大的报告中,习近平提出了当前中国社会的主要矛盾已经是人民日益增长的美好生活需要与不平衡、不充分发展之间的矛盾这一重大判断,他对“厕所革命”如此重视,也显示是将“厕所革命”视为满足人民对美好生活的需要、提升人民美好生活幸福指数的务实之举。中国各主要媒体对领导人批示的解读,主要是说农村改厕关系到农民生活品质的提高,解决6亿多农民的厕所问题,其健康效益、经济效益、环境效益与社会效益均将逐渐显现,从而极大提升中国人民的幸福感。近些年来,各地农村的改厕工作(推广沼气厕所、改旱厕为抽水马桶等)时有进展的报道,每每见诸媒体,有些地方甚至只是因为改厕就使以往较多发生的消化系统疾病大幅度减少,基本上都是对这一大趋势的如实反映。

(二)地方政府的实践

江苏省的农村改厕工作被认为在全国具有典型性。政府相继出台了《江苏省爱国卫生条例》《江苏省农村改厕工作管理办法》等地方法规,为改厕提供了有利的政策环境。2005年之前,主要是试点,通过建设“改厕普及村”作为典型,再以点带面,全面推进。一般来说,农村改厕往往需要经历“粪便管理”“卫生改厕”“无害化改厕”等几个递进的阶段,江苏也不例外。2006—2013年,江苏省逐年加大改厕资金投入,累计达56亿元,并制定了《江苏省农村卫生改厕专项资金管理办法》,以确保专款专用。截至2013年底,全省累计改建农户卫生厕所822万座,卫

① 邹伟、胡浩、荣启涵:《民生小事大情怀——记习近平总书记倡导推进“厕所革命”》,新华网2017年11月28日。

生厕所普及率从 56%提高到 94%，其中无害化卫生厕所的普及率达 82%。改厕成功的收获之一，是使江苏农村的寄生虫病感染率与肠道类传染病的发病率，自 2006 年以来，分别下降了 51.8%与 36.7%。2014 年，又有 60 万座改厕任务被分解到全省 60 个县市(区)的 551 个镇、2070 个村，要求明确责任到村、到人，确保按时完成。江苏省的改厕工作是由卫生计生部门、爱卫办主导，农林部门负责沼气池建设，住建部门负责农村新(翻)建住房的无害化厕所配套。具体做法通常是在村里先做好几家改厕示范户，组织群众观摩，激发农户改厕的动机；同时也编印技术手册免费发放，培训改厕技术人员等。除了三格式、双瓮漏斗式、沼气式等粪尿处理模式之外，在条件具备的地方，则推广污水的相对集中处理。例如，在苏南一些人口相对密集的村庄，建设相对集中的小型生活污水处理设施。在一些重点集镇，则在乡镇卫生院及公路沿线加油站等处，建设无害化公共厕所等。

国家对农村家庭卫生厕所的定义是，有墙壁、屋顶与门窗，面积不低于 2 平方米，既可以是抽水厕所，也可以是旱厕，但必须设置地下沼气池，以便对粪便做无害化处理。全国各省、市、自治区均被要求彻底改造农村的未达标厕所。在这个过程中，各地分别发展出各有特色的沼气厕所式样，例如，山东的"三通沼气式"、河南的"双瓮漏斗式"、辽宁的"四位一体六栅式"、宁夏的"双高式"、江苏的"三格式"等。这些样式大同小异，均以对排泄物的就地无害化处理为基本功能。由于中央与地方政府的强力主导与资金投入，举凡同意新建或改建卫生厕所的农户，均可得到一定的现金资助与技术指导，所以，农村改厕工作的进展较为顺利。各地农村改厕在具体的推展过程中，还往往与美丽乡村建设、村庄环境整治、城乡环境卫生等活动相互配合，从而发挥了"小厕所、大民生"的效用①，不仅促使农村的环境生态大幅度改善，还有效提升了乡村治理的水平，尽可能地避免了"后现代乡愁"遭遇"前现代厕所"时的尴尬。

在山东省、河南省、河北省等很多北方省区，类似的改厕实践，同样深刻地改变着普通乡村的基本面貌。2014 年底，山东农村的无害化卫生厕所普及率为 56.41%，仍有超过 685 万农户使用旱厕，为尽快改变这种状况，2015 年 11 月，山东省委与省政府推出了《关于深入推进农村改厕工作的实施意见》，按照政府补助引导(省财政为每户补贴 300 元改厕经费)、集体与社会资助以及群众自筹相结合的方式，计划 2016－2018 年，每年改造 200 万户，到 2018 年底，全省将完成约 647.3 万农户的无害化卫生厕所的改造任务，基本实现无害化卫生厕所在农村的

① 参见张芽芽、魏飚：《中国聚焦：中国兴起"厕所革命" 破解乡村治理难题》，新华网 2015 年 2 月 9 日。

全覆盖[①]，目前，住建部已将山东省列为全国农村生活污水治理与无害化卫生厕所改造试点省，农业发展银行2016—2020年将在山东投放贷款总额不低于200亿元，以支持该省的农村生活污水治理与改厕工作。山东省质监局联合省住建厅向社会发布了《一体式三格化粪池》与《一体式双瓮漏斗化粪池》两项地方标准，从2016年6月起，要求在全省实行。[②] 农户可以根据自家厕所的地形、地貌与具体位置，有所选择地参照。在靠近城镇、可被城镇污水管网覆盖的地方，直接推广水冲式厕所；一般农村地区，则推广三格化粪池式与双瓮漏斗式厕所；位于重点饮用水源地保护区的村庄，全面采用水冲式厕所；山区或缺水地区的村庄，推广使用粪尿分集式厕所等。三格化粪池式或双瓮漏斗式厕所，因为造价低、无渗漏、密封性好，故成为农村无害化卫生厕所的首选。使用这类厕所，粪尿经长时间发酵分解与沉淀杀菌，既实现无害化，又能生产优质肥料与沼气，同时还比较节水。农村改厕是山东省新农村建设的标志性工作，它极大地提高了农民的生活健康质量。[③] 山东农村目前大多初步实现了电、路、水"村村通"，尤其是村村户户通了自来水，这种情况比较有利于改厕工作；由于改厕成本不高，多数农户均乐意接受。尤其是在莱芜等地，通过数十个村庄"连片"改厕整治，往往能达到更好的效果。

陕西省属于西北较为缺水干旱的地区，乡村厕所以旱厕为主，农村改厕面临的形势较为严峻。[④] 在日本人类学家田村和彦调查的关中某村，大约是在2009年前后，冲水厕所开始取代旧时旱厕而逐渐普及开来，发生这种变化的原因除了城市生活经验者（外出打工、在城里买房、为移居城市的子女照顾小孩等）的增加之外，还有马桶之类洁具的较低价格、农民收入增加，以及技术人员的存在等多种因素的影响。[⑤] 当然，各地情形不尽相同，一般来说，靠近城市的郊区农村变化要更早、更快一些。陕西全省农户总数约711万，到2015年年底，已完成了366万农户的厕所改造，卫生厕所的普及率达到52%，粪便无害化处理率为42.88%。截至目前，改厕已经使得肠道传染病发病率由2010年的30.25/10万下降到2014年的19.50/10万，但总体而言，陕西农村的改厕进程仍较大幅度地落后于全国平均水平。究其原因，部分地是与东南沿海经济发达省份不同，陕西农村的乡民对改厕费用感受到的负担更重。在关中、陕北等地建设一座双瓮漏斗式卫生厕所，

---

① 参见张雯婷：《山东"厕所革命"将免费统一农村厕所样式 效果图曝光》，齐鲁网2016年6月3日。

② 参见张雯婷：《山东"厕所革命"将免费统一农村厕所样式 效果图曝光》，齐鲁网2016年6月3日。

③ 参见胡洪林：《山东为提高农村群众健康质量全面推进"厕所革命"》，人民网－山东频道2015年11月24日。

④ 参见梁锦：《农村"如厕"难？陕西将掀起一场"旱厕"革命》，人民网2015年11月20日。

⑤ 参见［日］田村和彦：《科学技術世界のなかの生活文化——日中民俗学の狭間で考える》，载松尾恒一编：《東アジア世界の民俗—変容する社会・生活・文化》，勉诚2017年版，第23—41页。

至少需要 2000 元，在陕南建成一座三瓮式卫生厕所，至少需要 1800 元，或建成一座三格式卫生厕所，至少需要 2800 元。尽管政府有一定的补助，农户仍需承担相当的费用。由于《陕西省农村改厕工作"十三五"(2016—2020)规划》承诺的改厕目标，仍是要在"十三五"收官之年，亦即 2020 年，将农村卫生厕所普及率提高到 85%以上，故省内各地基层政府均感受到极大压力。

商洛市丹凤县在陕西省属于欠发达山区，总人口约 32 万。2006—2010 年，该县在棣花、铁峪铺、竹林关等地开展了以修建沼气式厕所为主的农村改厕试点；2010 年，丹凤被列为"中央重大公共卫生农村改厕项目"县。经多方努力，截至目前全县已改厕 5.1 万户，清洁卫生厕所普及率达 75%，乡村学校的卫生厕所普及率达 87%。2017 年 7 月，丹凤县获国家爱卫会命名为"国家卫生县城"，正是在创建"国家卫生县城"的过程中，全县城乡的卫生面貌发生了很大改观。县城的公厕分布密度达 3 座/平方公里；垃圾填埋场、污水处理场、粪便无害化处理厂等运行良好，污水、垃圾与粪便处理均达国家标准。在农村，通过实施"改水、改厕、改灶、改圈"等工程，使广大乡民获得安全的饮用水，农村自来水普及率达 92%；与此同时，90%的农户还用上了以电、沼气与太阳能为主的清洁能源。[①] 丹凤县推进农村改厕的具体做法，除改厕资金专款专用，按时足额补助给项目农户外，还通过把改厕与"新农村建设""扶贫开发""小集镇建设""移民搬迁""美丽乡村建设"、乡村旅游开发等其他各类项目结合起来，多方争取为乡民改厕提供较多资金支持，不仅免费提供便器、瓷片、管道、水泥等建筑材料，还对改厕户给予适当的误工补助。一方面，最大限度地尊重乡民意愿，对原有旱厕进行改造或新建时实施一户一策、一厕一法；另一方面则坚持卫生厕所有围墙、有厕顶、有密闭式贮粪池；无蝇、无蛆、无臭、无害化的"三有四无"技术标准。由于改厕使大批乡民获得了显在的实惠，眼下已经逐渐由"要我改"慢慢地发展成为"我要改"。

(三)乡村改厕任重道远

与旅游景区及大、中、小城市的公厕改革，主要是强化管理与增加投资有所不同的是，农村改厕始终面临着乡民们那些习以为常的观念与行为的阻滞，其中最为常见的便是认为没有那个必要，或者对在宅院、家屋内有一间厕所感到不适。因此，启发、动员与示范，还有适度的资助或补贴，就成为乡村改厕的主要方式。农村改厕既是农村环境卫生的革命，也是农民生活方式的革命。通常那些改厕进展比较顺利的地方，往往也是经济与生活条件较好的农村，乡民对改厕高度认同，积极参加或配合；伴随着改厕，健康卫生常识也不断普及，越来越多的乡民逐渐养

① 参见刘春荣：《丹凤实施五大工程改善生态环境》，《商洛日报》2017 年 5 月 5 日。

成了饭前便后洗手、不喝生水、不吃生食等卫生习惯。由于改厕工程切实地使得村落的生活环境发生良性巨变，从而增强了农民的幸福感。在一些新型农村社区，虽然会有一些长期持有节俭观念的中老年居民，对于抽水马桶的冲水觉得“浪费”，但年轻一代却感到颇为非常满意。[①] 甚至在一些乡村已经形成了新的择偶标准：如果男方家没有卫生厕所，姑娘就不倾向于同意这门亲事。

因为厕所卫生不能达标而对水源、土壤、食品造成严重污染的情形，使得农村改厕成为刻不容缓的现实需求。[②] 但毋庸讳言，在不少地方的乡村，尤其是在较为贫困与边远的山区，改厕工作并非一帆风顺。除了居住分散，改厕难以形成集中连片效应，“没人、没钱、没观念”则被指出是农村改厕的三个难点。[③] 虽然政府有一些补助，但仍然需要农民投入一定资金，这对于贫困农户而言，确实构成负担；农村过疏化，青壮劳动力多外出打工不在家，而改厕需要动土，也需要技术，故留守的老人们多倾向于拖着；还有一些农民认为花钱费工夫去改造旱厕不值当，这些就属于观念的问题了。[④] 类似的还有认为厕所本该就是脏的，拉撒的地方不需要那么讲究；或因为冲水厕所要付出水费不舍得，或不大习惯沼气厕所一年两次的清理作业。有的乡民不善于管理建成后的卫生厕所，每每将垃圾或病死的家禽扔进已经发酵的肥液里，从而导致污染的情形时有发生，影响无害化处理的效果。[⑤] 少部分乡民对改厕持拒斥态度，主要还是因为传统的生活习惯，包括涉及厕所及卫生的观念与行为等，一时难于改变。有的乡民宁愿花钱看病，也不舍得花钱改厕[⑥]，由于他们对疾病与不卫生的厕所环境之间的因果关系没有起码的理解。还有一些对改厕持犹豫态度的乡民，也承认改厕带来卫生的好处，上厕所“和城里人差不多”的感觉很好，但不大情愿改厕以后，可以作为有机肥料的粪尿就没用了，太可惜。对于这类顾虑，若详加说明，尤其是采用沼气改厕途径，使人畜排泄物一并入池，既能改善村庄庭院环境，又能产生新的能源，经过沼气池发酵灭菌之后的液体有机肥，其肥力更高等，这些道理若让农民理解了，一般都会欣然接受。事实上，在广大农村，眼下种田使用粪肥的情形正在急剧减少，除了脏臭、麻烦之外，化肥的便利性也早已经为农民们所熟知。

正如杨懋春很早指出的那样，想要改善乡村的卫生状况，需要着重社会文化方面而不是经济方面。“家庭厕所的安置和粪便畜肥的处置方式是滋生疾病的沃

---

① 参见王秀艳：《当代社会生活及其意识形态变迁》，人民出版社 2017 年版，第 282—283 页。

② 参见林强：《“厕所革命”：美丽农村新路径》，《中国经济导报》2015 年 9 月 16 日。

③ 参见史林静：《中国农村的“厕所革命”》，《新华每日电讯》2015 年 7 月 27 日。

④ 参见葛欣鹏：《厕所革命，一场“习惯”的较量》，《半岛都市报》2015 年 8 月 19 日。

⑤ 参见齐振文、李晓艳、莫俊生：《农村改厕工作调查》，《宜春学院学报（自然科学）》2002 年第 6 期。

⑥ 参见李凤霞等：《农村改厕工作的困难和对策探讨》，《环境与科学杂志》2006 年第 3 期。

土。家庭环境不卫生的直接后果就是肺结核和眼病的流行。……村民想要健康、体面，但妨碍的因素太多。他们忽视了卫生学和健康保护；不懂得肮脏和疾病之间的关系；为迷信、偏见和传统所牵制，他们仍旧按照旧办法而不是采用更好的新方法行事”，乡民们觉得从事农业，大多数时候就必然很脏。“显然，改进村庄的公共卫生是一项艰巨的任务，这不单是钱的问题，也不单是教育和村庄管理的问题，它是一项要求把所有这些努力综合起来的任务。换句话说，在公共卫生能达到高水平前，必须改善经济条件，必须让人们受教育，必须使村庄从整体上重新有效地组织起来。这需要逐步稳定地推进，不可能一蹴而就。”①重温 70 多年前人类学家的这段话，对于理解当前中国各地乡村的旱厕改良工作的艰巨性仍不乏意义。美国人类学者基辛(F. M. Keesing)曾对波利尼西亚地区萨摩亚人的医药文化做过深度描述，他引用一位有萨摩亚血统的人的话说：“萨摩亚人最初热情高涨地接受了健康卫生的观念；他们在海上建起了公厕。然而，这些公厕不久便因杆子倒了，无法再使用；当萨摩亚人仍然到海滩或是灌木丛方便的时候，他心里想到‘我明天得修一修那厕所的柱子’，但第二天，他还是照老样子做。随后，这位萨摩亚人便意识到去海滩或灌木丛比修理厕所容易得多，而在何处方便事实上也没有什么差别——况且人们过去一直是去海滩和灌木丛的。从此，海滩上遗留下来的几根朽木便是村子里推广公厕的结果”②。若是结合中国农村的实际，对于改厕成功的乡村似乎也需要有一段时间的巡视与后续支持。

中国乡村的厕所改良进程已持续了差不多半个多世纪，近 20 年来处于加速拓展状态，目前已到了有可能决战决胜的关键时节。截至 2013 年底，中国农村的卫生厕所普及率已从 1993 年的 7.5% 提高到 74.1%；2014 年进一步达到 76.1%，这在相当程度上改变了乡村脏、乱、差的卫生环境。农村的厕所革命，是在中国城乡社会经济持续发展的延长线上，更进一步的生活方式变革。虽然与旅游厕所革命主要是由旅游局系统主导，牵涉的是各个地方的“形象”有所不同，农村改厕运动主要由卫生行政部门指导，其指向是彻底改善乡村卫生环境与提升民众健康，但两者共同的特点都是行政强力主导，是由上而下、由外而内地得到推动的。即便如此，我们仍不能否认厕所革命在广大农村是符合民意的，它恰到好处地回应了业已实现温饱甚或小康生活的农民们，对进一步改善生活品质以获得生活尊严感的深层期待。

---

① 杨懋春：《一个中国村庄：山东台头》，张雄、沈炜、秦美珠译，江苏人民出版社 2001 年版，第 227 页。

② Felix M. Keesing, *Modern Samoa: Its Government and Changing Life*, New York and London: Gellen and Unwin, 1934, p. 393. 转引自许烺光：《驱逐捣蛋者——魔法·科学与文化》，王芃、徐隆德、余伯权译，台湾南天书局有限公司 1997 年版，第 122 页。

七、围绕厕所革命的“言说”

综上所述,可知中国社会过往曾经有过与当前正在展开的厕所革命,实际上是由几个彼此关联、但又性质不尽相同的“板块”所构成的:(1)都市化进程中居民家庭室内卫生间抽水马桶的普及。早在1986年,周干峙就曾提出“厨房厕所革命”的口号,主张在住宅建设中深入探讨厨房与卫生间的相关问题,提高厨卫技术含量。[①] 此后的发展路径是经由城市基础设施与房地产业的大开发,使得大半国民获得了室内卫生间。(2)观光景点、景区、旅游路线沿途提升厕所服务的旅游厕所革命,眼下正在进行中,将很快接近于完成。(3)作为市政公共设施与城市公共空间,需要强化投资与管理的公厕革命。也是正在进行当中,但真正、彻底的改善尚有待时日。(4)广大农村以旱厕改良与建设无害化卫生沼气厕所为主的改厕运动。获得重大进展,但仍任重道远。(5)机关企事业单位与所有公共服务设施的“内部”厕所,向所有公众开放。虽已有触及,但尚未真正展开。只有在经历了由上述诸多不同“板块”组成的厕所革命的彻底洗礼之后,当代中国社会才能够由眼下并不令人骄傲的厕所文化,真正发展到不再令国人尴尬的厕所文明。上述厕所革命的进程虽仍有不尽平衡之处,但它们已是中国社会实现全面现代化以及国民生活彻底改善所必不可少的重大环节,这场革命关系到全体国民的基本“民生”、体面与尊严,关系到当代中国文明的品质提升,也关系到当代中国的生活革命能否真正地获得最终成功。

不同“板块”的厕所革命,无论是就运动的进程、还是它们各自所要达成的具体目标,以及为了推动所采用的具体策略等,彼此之间存在着一定的差异。例如,就普通民众在都市化大潮中对“都市型居住生活方式”的追求而言,政府需要提供可靠的基础设施(下水与排污系统);就旅游厕所革命而言,除有关方面的投资、管理与服务之外,游客与一般公众的如厕行为是否“文明”,就显得格外重要;大、中、小城市里的公共厕所,既需要市政部门在布局、清扫、管理与服务等方面,将其作为真正的公共空间予以经营与维护的努力,也需要一般市民符合公德、不违公序良俗地使用它。中国社会的现代化进程,在某种意义上,取决于市民社会之公共性的成长,也因此,公共厕所作为公共空间的状态,以及机关企事业单位、各种服务行业及公共设施,能否向公众开放其“内部”厕所,就堪称是一块真正的“试金石”。最艰巨的当然是广大农村的厕所革命,虽然社会主义新农村建设、美丽乡村建设、古村镇保护,还有以“农家乐”为主要形式的乡村旅游等多种路径,均程度不

---

① 参见苏亮:《再革厨房卫生间的命》,《家用电器》2010年第5期。

等地指向于推动农村厕所改良的方向，但一般农户的改厕却是更繁重的任务。各级政府的强力推动与普通农户通过改厕以提升生活品质的愿望，正在日甚一日地改变着乡村的面貌，但部分农民的经济状况、卫生观念与对无害化沼气厕所之类"新生事物"犹豫与观望的态度，往往又会迟滞改厕运动的进度。

(一)"发展"的话语

厕所革命在中国既是政府分内的工作，也是一场深刻与艰难的社会文化运动。与中国社会几乎所有的运动一样，厕所革命也伴随着声势浩大的舆论宣传、彻底的社会动员、详细的计划与既定的目标。因此，它还需要有一些必要的"言说"为此革命提供正当性与必要性的论证。尽管上述不同"板块"的厕所革命各有特色，但中国社会的有关话语却大体上共享着一些颇为相同或类似的表述。

首先是"发展"的话语。这是在社会经济发展的延长线上理解与定位厕所革命的言说。自改革开放以来，"发展"是硬道理，这已经成为全社会的基本共识。因此，当厕所革命以发展作为依据时，就不再有多大的分歧。中国农村改厕的目标是要把农村卫生厕所的普及率在 2015 年提升至 75%，到 2020 年再提升至 85%。这个目标既是国内政治话语体系，亦即到 2020 年全面建成小康社会这一总目标中的一部分，但同时，它也是参照或援引了 2000 年联合国发展峰会所确立的"千年发展目标"。

根据联合国儿童基金会与世界卫生组织 2012 年发布的报告显示，发展中国家和地区将近一半人口（约 25 亿）无法获得厕所等最为基础的卫生设施，全球约 11 亿人有随地便溺的习惯；这意味着世界 40%的人口无法享有不对水源与土壤造成污染的安全如厕方式。2015 年，全球的基础卫生设施只有 67%的覆盖率，远低于实现千年发展目标确定的 75%。为改变这种局面，20 世纪 80 年代曾被联合国确定为"国际饮用水和安全卫生设施 10 年"，希望 10 年结束时能够解决问题，但它又被延迟到 90 年代末。厕所等基础卫生设施的欠缺与落后，是欠发达国家和地区的基本状况，而使用不洁厕所其实就相当于对人权的侵害。[①] 中国虽然不属于完全没有任何卫生设施的状况，但城市公厕与乡村厕所的不堪也是不争的事实。显然，厕所问题同时也是国内重大的"发展"问题之一。长期以来，中国始终面临严重的城乡发展差距，厕所环境可以说是城乡差距最为明显、直观与突出的表现，对此，无论是下乡的干部，还是进城打工的农民工，都有非常深刻的体验。因此，尽快改善农村厕所状况，彻底改变农村卫生面貌，缩小其与城市的距离，对于改善农民生活品质，提升农村幸福指数具有不言而喻的重要性。农村的厕所革

---

① 参见刘莉莉：《世界厕所峰会代表称使用不洁厕所侵犯人权》，《新闻晨报》2007 年 11 月 5 日。

命其实也是农村城镇化进程难以绕开的必由之路，只有改厕成功，农民才能过上与城里人差不多同样有尊严与体面的生活。

改革开放以来，中国与联合国始终保持着良好的合作关系，有关发展与现代化的诸多理念，比起直接借鉴西方国家，中国更乐意透过联合国有关机制来导入。借助联合国的项目与理念以推动中国的厕所革命，尤其是乡村厕所改良的实践，可以说是非常合理的决断。事实上，中国农村的改厕，便既有国内爱国卫生运动的轨迹可寻，也有对联合国儿童基金会所提倡的全球厕所革命予以积极响应的背景。从 1996 年起，联合国儿童基金会资助中国 8 个省的农村进行改厕工作，1996—2000 年，在该基金会农村环境卫生、个人卫生教育等项目支持下，陕西省志丹县、横山县、靖边县共计 70537 户农民用上了卫生厕所，这三县农村卫生厕所的普及率分别从 1996 年的 5%、7%与 4%发展到 2000 年的 50%、46.2%与 48.7%。[①]在甘肃省，有关部门通过与联合国儿童基金会大力合作，截至 2000 年，使得全省有 162.38 万户农民用上卫生厕所，占全省农户总数的 32.51%，其中临泽县的改厕率已达 94.08%；而全省农村粪便的无害化处理率也达到了 39.64%。类似这样，经由联合国的发展目标，中国社会推动厕所革命也就是无涉意识形态、旨在促进实现社会公平的“发展”。中国政府在与西方国家就“人权”议题发生争执时，往往是把“发展权”视为人权的最基本内容，故在涉及“发展”问题上，也就最乐意与联合国合作。眼下中国已初步实现了联合国的卫生发展目标，亦即农村的卫生厕所普及率达到 75%，但中国又额外设定了在 2020 年之前将这一指标提升到 85%的国家目标。中国如此努力，既有国内持续改善民生的需求，也是对联合国的鼎力支持。

中国对与世界厕所组织的合作也一直持积极态度。2001 年 11 月，30 多个国家和地区的 500 多名代表在新加坡举行首届厕所峰会，成立了国际性的非政府组织——世界厕所组织。2013 年 7 月 24 日，第 67 届联合国大会通过决议，将每年 11 月 19 日确定为“世界厕所日”，以推动安全饮用水与基本卫生设施的建设，倡导人人享有清洁、舒适与卫生的如厕环境，提高全人类的健康水平。尽管中国代表团曾被讽刺说“他们来只是为了购物”[②]，但几乎每届世界厕所组织的大会都有中国参与，的确意义重大。继 2004 年第 4 届世界厕所峰会在北京举办之后，2011 年 11 月 22 日，世界厕所组织与海南省政府共同主办的第 11 届世界厕所峰会又在海口举行，此次峰会的主题是“厕所文明，健康、旅游、品质生活”，峰会期间还举

---

① 参见《联合国掏钱给陕北农民盖厕所》，中国新闻社 2001 年 1 月 16 日。

② [英]罗斯・乔治：《厕所决定健康——粪便、公共卫生与人类世界》，吴文忠、李丹莉译，中信出版社 2009 年版，第 54 页。

办了厕所与卫浴设备新产品展。2015 年 11 月 19 日，在第三个"世界厕所日"，由国家旅游局、住房与城乡建设部、北京市人民政府主办，北京环卫集团承办的"世界厕所日暨中国厕所革命宣传日"活动在房山区政府广场举行，这次活动也颇为自然地突显了中国厕所革命的国际化大背景，以及它作为全球行动之一部分的意义。

环顾当今世界，厕所状况依然是区分"发达"与"不发达"最为清晰的标准。正如英国《金融时报》2015 年年 1 月 5 日的署名文章(帕提・沃德米尔)所指出的那样，长期以来的中国内地厕所，响亮而清楚地呈现出自身作为"发展中国家"或地区的身份；厕所及相关的公共卫生状况，一直是中国城乡面临的重大"发展"瓶颈。

(二)"卫生"科学的言说

在中国城乡开展的厕所革命或改厕运动中，"卫生"科学的言说显得尤其重要。此类卫生科学的言说并不是突然形成的，事实上它早已是中国基层卫生防疫系统长期以来的工作用语；但若进一步追溯，这一言说可上溯至晚清以来，中国有识之士借助西方卫生科学的知识与理念，致力于"卫生救国""卫生强国"的各种努力之中。[①] 在西方文化的冲击下，20 世纪初期的五四运动，曾经毫不犹豫地请来了"德先生"与"赛先生"，但直至 21 世纪初期的中国农村，在彻底的改厕运动即将获得重大进展之际，依然大有在乡村进行卫生科学知识补课的需要。例如，细菌学说虽然早在晚清就已经传入了中国[②]，但至今在中国腹地很多地方的农村，病原学、细菌学、防疫科学、流行病学等卫生科学的基本知识，其渗透与影响依然非常有限。就是说，信奉"不干不净，吃了没病"或"眼不见为净"之类日常生活理念的乡民依旧为数众多。因此，"卫生"的科学言说，尤其在农村改厕中具有更加不容忽视的重要性。

就世界范围看，当讲到欠发达国家和地区的公共卫生问题时，其实主要就是针对人畜排泄物未能予以妥善处理的委婉说法。饮用水的不安全(含有粪便微粒)是导致众多疾病的原因，有证据表明，仅仅通过改善饮用水的卫生，就可使腹泻发病率下降 40%。长期以来，在中国很多地方的农村，因厕所状况堪忧，人畜排泄物管理不善，一直面临着严峻的公共卫生问题。即便是以经济发展较好的浙江省为例，直至 10 多年前，除了极少数乡镇的新建住宅区采用了生活污水净化设施，做到达标排放之外，全省 95%以上的乡镇没有集中污水处理设施；绝大部分

① 参见胡宜：《送医下乡：现代中国的疾病政治》，社会科学文献出版社 2011 年版，第 40—44 页。

② 参见余新忠：《清代江南的瘟疫与社会——一项医疗社会史的研究》，中国人民大学出版社 2003 年版，第 152—154 页。

乡村的生活污水直接排入河流,使得河道成为名副其实的露天化粪池。[①] 据说中国农村地区大约80%的传染病,是由厕所粪便的污染与饮用水的不卫生习惯引起的;经由"粪口传播"的传染病,主要有痢疾、霍乱、伤寒、肺炎、病毒性肝炎、感染性腹泻等肠道传染病,以及肠道寄生虫、血吸虫等寄生虫病,合计多达30余种。与农村的厕所环境相对应,中国数以亿万计的蛔虫病患者,其90%是来自农村。上述状况一直难以彻底改变,被认为是在农村必须彻底实行改厕的最大理由。1989年,河南省虞城县一位医生发明的"双漏斗式卫生厕所",极大缩小了粪便的暴露面积,据卫生防疫部门测定,使用它可以使苍蝇密度下降96%,杀蛆率达89%;与此同时,大肠杆菌与寄生虫卵的杀灭率则分别达99.99%与99.91%。因此,这项发明不仅在河南省,还在其他不少地方的农村得到大力推广,并成为农村改厕工作的重要组成部分。[②] 城市居民或许觉得距离那些触目惊心的水环境污染无缘无关,但其实导致污染的责任一点也不比乡下人为轻。在中国的大多数城市,目前仍旧是把包括排泄物在内的城市废水直接排到附近的河流或湖泊海洋之中。据估算,在每年约600亿吨的污水排放量中,近一半是混有粪便的生活污水,直接造成了日趋严重的江河湖(库)海污染。国人平均每天如厕5—6次,城市每户居民每月的平均耗水为30吨左右,其中的一半以上为厕所用水;而1吨厕所污水便可污染220吨干净的水。此外,在严重缺水的中国,仅厕所每年漏泄的生活用水就是非常惊人的规模。

对于"卫生"科学的言说,中国城乡社会通常没有很大分歧,事实上,因为改厕导致农村各类疾病发病率减少或降低的事实,对于社会各界而言均很有说服力。[③] 诚如美国哈佛大学的遗传学家加里·拉夫昆指出的那样,在导致人类寿命延长的多种因素中,厕所可谓是最大的变量;现代公共卫生体系,特别是拥有排污系统的厕所,使人类平均寿命延长了20年。[④] 无怪乎有学者认为,具备抽水马桶等现代卫生设施的厕所,要远比抗生素、疫苗及麻醉法等对于人类健康的贡献更大。

(三)"文明论"言说

把厕所革命说成是一项"国家文明工程",认定它的目的是要提升中国厕所文明的水准,这是公共媒体与政府有关部门的基本表述。如果说对于"厕所文化"的

---

① 参见单胜道、邵峰、周珊等:《浙江省农村废弃物调查》,科学出版社2009年版,第10—11页。

② 参见刘全喜、张择书主编:《厕所革命在河南兴起》,河南人民出版社1993年版,第62、56—57页。

③ 参见李永芳:《我国乡村居民居住方式的历史变迁》,《当代中国史研究》2002年第4期。

④ 参见[英]罗斯·乔治:《厕所决定健康——粪便、公共卫生与人类世界》,吴文忠、李丹莉译,中信出版社2009年版,导言,第6页。

不同，或许还可以有基于文化相对主义立场的解说，那么，对于“厕所文明”的概念，由于它是衡量不同的社会或族群约束其人们的排泄行为以及应对与处理排泄物方面所能够达到的科技水平与社会治理高度，因此，确实也就难以回避高低的比较。在这套“文明论”言说中，厕所被视为是文明的窗口，是一个国家或地区文明程度的重要体现；中国的厕所文明远落后于发达国家，故必须急起直追；而文明的厕所乃是厕所文明的硬件保障。[①] 在这方面，还有不少更为通俗的表现。例如，“物质文明看厨房，精神文明看茅房”；很多地方男厕便池前写有“向前一小步，文明一大步”的口号等。中国官方媒体的报道常引用世界厕所组织发起人的观点：“厕所是人类文明的尺度”；用国家旅游局长李金早的讲话来说：厕所虽小，却是一种全世界通用的嗅觉语言与视觉语言，是文明沟通中最短的直线，体现文明进化历程。但它却被我们忽略得太久了。[②] 在他看来，过去数十年间，中国评比过无数的旅游城市、卫生城市、环保城市、文明城市等，但公厕却几乎没有真正达标。因此，解决这一问题，就需要以公厕状况一票否决，否则，不足以引起震撼与重视。

关于文明的表述，既有强调国家与民族层面的，也有强调个人层面的。前者把厕所与国家或民族的文明程度相联系，故有媒体指出，厕所文明欠缺的国家，难以进入世界文明之列；后者如说厕所文明表面看是卫生问题，实质是公民素养，是精神文明。简言之，厕所环境的好坏既事关国家文明形象，又体现国民文明素质。后者的论说往往把厕所的不堪归咎为使用者如厕行为的“不文明”（便后不冲厕、方便不入坑池、过度使用卫生纸、踩坏坐便器等行为），认为城市公厕令人恶心的局面反映了现阶段市民的文明水准。眼下中国很多城市的“市民守则”或成为“文明市民”的条件，都会程度不等地涉及“不随地便溺”之类的内容，例如，陕西省商洛市对“文明市民”的要求有“十不准”之说：不准随地吐痰、不准随地便溺、不准乱扔乱倒、不准乱贴乱画、不准乱堆乱挂、不准乱搭乱建、不准乱摆乱放、不准乱穿马路与闯红灯、不准损坏市政设施、不准损毁公共绿地与绿化设施等。类似这样，中国各个城市均在推动的相关规范，眼下正在日益形成如德国学者诺贝特·埃利亚斯所说的那种“外部强制”，一旦它们内化为个人对自己行为的“自我监督”与“自我控制”，“文明化”的进程就会形成日趋严格及明确的走向。[③]

然而，在中国公共媒体与官方话语中，常见的还有另一套令国人自豪的“文明

① 参见《有文明的厕所，还要有厕所文明》，《京华时报》2015 年 11 月 19 日。

② 参见钱春弦：《握紧“文明尺度”、改造“方便角落”——就“旅游厕所革命”专访国家旅游局局长李金早》，新华网 2015 年 3 月 18 日。

③ 参见［德］诺贝特·埃利亚斯：《文明的进程——文明的社会起源和心理起源的研究》，袁志英译，三联书店 1998 年版，第 251—252 页。

论”言说，例如，中国是世界四大文明古国，数千年文明史一直没有中断，中华文明对人类作出了巨大贡献等等。但每逢奥运会、世博会与中国需要向国际社会展示形象时，这两种关于“文明”的言说难免就会相互抵触。此文明非彼文明也，一是古代文明，一是现代文明，古代中国文明的辉煌并不能掩饰当代中国社会现代（厕所）文明缺失的尴尬。中国古代文明体系，在厕所及排泄问题上，除了优雅地回避或忌讳地表述之外，并没有留下多少值得夸耀的遗产。中国自诩自古以来为“礼仪之邦”，但因传统文化一向视厕所为不齿、不屑，从而无法认真对待它。虽然让富于民族自豪感的中国人，依照西方的（厕所）文明标准来规定自己的行为，似乎有些别扭[①]，但如今，厕所成为关系到国计民生、国家形象的大问题，“文明论”言说也成为国人自我激励以改变现状的动力。从中国传统的并不那么令人骄傲的厕所文化，经由厕所革命的洗礼，发展到现代的不再令国人尴尬的厕所文明，是当代中国社会实现全面现代化或按中国的说法，全面建成小康社会与实现中华民族伟大复兴的必由之路，舍此别无捷径。

长期以来，关于厕所问题的“文明论”言说，还潜在地内涵着另一层意思：城市的文明与乡村的不文明。自从 19 世纪以来，欧洲各国的中产阶级就越来越倾向于认为，正是“肮脏的如厕习惯把乡下人和文明人区别开来”，乡村的厕所状况几乎就是低等生活方式的象征，与之相关的还有对都市社会的适应不良、贫困与道德放荡。[②] 必须指出的是，类似观念时至 21 世纪初，对于中国新兴的中产阶层而言依然现实地存在着，因为现代生活需要干净的供水系统、发挥作用的抽水马桶与环保的排水系统，这正是区分成功与不成功、舒服与不舒服、特权与非特权的标准。千百年来，一直如此[③]，中国也不例外。不仅厕所文明水准相对较高的发达国家和地区的媒体及公众，经常会流露出对于欠发达国家和地区民众的歧视，其实在任何一个国家内部，中产阶级或城市居民对社会底层民众或一般乡村的厕所状况，同样会有居高临下的优越感。尽管厕所文明的程度的确与人们的意识、理念与价值观等密切相关，但它经常被不恰当地与（如厕者）的“道德”“人品”等联系起来，从而成为建构部分人歧视另一部分人之优越感的依据。

---

① 参见［英］罗斯·乔治：《厕所决定健康——粪便、公共卫生与人类世界》，吴文忠、李丹莉译，中信出版社 2009 年版，第 119 页。

② 参见［瑞典］奥维·洛夫格伦、乔纳森·弗雷克曼：《美好生活：中产阶级的生活史》，赵丙祥、罗杨等译，北京大学出版社 2011 年版，第 157－165 页。

③ 参见［美］霍丁·卡特：《马桶的历史——管子工如何拯救文明》，汤加芳译，上海世纪出版集团 2009 年版，第 8 页。

(四)公共性言说的欠缺

厕所革命还特别与现代国家之市民社会的“公共性”问题密切相关,但必须承认,与厕所革命相关的“公共性”言说尚较为欠缺。作为市政工程体系的一部分,城市厕所与下水处理系统是公共体系中最为基础、也往往最为薄弱的环节,城市的标准化公共厕所必须能够真正满足市民需求。因此,城市公厕革命从一开始就是得民心、顺民意、惠民生的民生工程。显然,这样的厕所文明其实是无法由个人所单独建构的,厕所问题从一开始就不是个人层面的问题,甚至也不是局部地域的问题,它必须是公益事业,必须是政府与社会公共体系的责任。城市公共厕所的功能转变,使得它不再只是一种供人们方便的公共设施,同时还可以或应该是多功能的公共空间。对于连厕所问题都管理不好的城市,也就没理由指责市民的如厕文明素质如何。政府与公共媒体不应该抱怨市民不够文明,而应该检讨作为供给侧与管理侧对于公众的基本责任。

在中国,厕所问题实际上还是更为复杂与深刻的社会结构性问题的一部分。例如,富裕阶层或中产阶级,总是更有能力避开未经处理的排泄物及其可能带来的疾病与卫生问题;在城市从事保洁工作的从业者,大多是从外地或乡下来的,他们往往受到歧视与轻蔑;至于厕所环境的城乡差距,更是令人触目惊心。此外,还有屡被指出的“内部”厕所问题。早在 1994 年,上海市就要求沿街单位的厕所对外开放;2002 年,北京地铁内的公厕才免费开放;有关部门还规定,今后凡开餐馆就必须有卫生间,并对外开放,否则不得营业;沿街新建的公共设施也都必须在临街一面附建对外开放的卫生间。[①] 但是,直到最近,在南京居然仍有民政局办公大楼拒绝前来办事的市民使用其厕所的情形。[②] 遗憾的是,类似情形绝非孤例,甚至社区公厕也时不时会排斥外来的民工。[③] 据统计,南京有 43 条新(拓)建道路的两侧,全线没有一座公共厕所。例如,光牌路、中山路以及新街口至建邺路等路段等,均无公厕。其实,这种情况在各大中城市并不罕见。因此,各地厕所革命往往会包括敦促“内部”厕所向市民公众开放的内容。2012 年,山东省济南市城管局动员沿街单位与企业以及景区周边的药房、饭店、医院等单位,对社会开放“内部”厕所,并成立“厕所开放联盟”,目前该联盟成员单位已超 800 多家,为市民方便如厕提供了新的选择。在云南省昆明市,政府印发的《公厕建设管理实施办法的通知》也提出,沿街非涉密单位的“内部”厕所,原则上对外免费开放;到 2020 年底以前,要实现城市主干道 500—800 米有 1 座、支次干道 800—1000 米有 1 座公

---

① 参见崔红:《北京有关部门规定:开餐馆必须有卫生间并对外开放》,《北京晨报》2001 年 12 月 25 日。

② 参见《南京一民政大楼厕所装密码锁,回应称上厕所的太多》,中国广播网 2014 年 11 月 6 日。

③ 参见胡雪柏:《民工上厕所罚款 50 元? 公厕标语让人心寒》,《京华时报》2002 年 11 月 22 日。

共厕所的目标。为达成这一目标，就需要鼓励街道两边的党政机关、企事业单位、餐厅、超市、加油站、商业服务窗口、宾馆饭店，均向社会开放其厕所，从而实现公共资源的共建共享。[①]

"内部"厕所的存在表明，中国的社会分层在厕所问题上，仍以"内/外"的逻辑显现出来。欠缺公共性的"内部"厕所，从一个侧面反映了中国社会的结构性问题。不仅如此，中国社会之公共性的欠缺，还经常体现为城市小区居民与企事业单位对公共厕所的普遍"邻避"现象，遗憾的是目前有关"邻避"问题的研究，还很少触及公厕的邻避困境。[②] 厕所大概既是污染类邻避设施，又是心理不悦类、污名化类邻比设施，它虽然如此典型，却往往不被列为邻比设施，这恰好说明它很难被觉悟到的属性。对于厕所的邻避，违反了公共空间的公平性原则，它与都市以隔离为特征的"门禁社区"一样，都不是市民生活幸福的真正方向。

导致中国城市里公共文化与作为公共生活载体的公共空间较欠发达的原因很多，例如，城市小区规划对公共厕所之类公共设施的轻视；把城市的卫生与美观、整洁视为国家的文明化与现代化程度，但不是通过提升对于公厕之类设施的彻底管理，而是倾向于使它不存在或至少在显眼处看不见。近代以来中国各城市的环境卫生工作，几乎等同于处理垃圾、污水与污物，于是在一些市民与环卫系统看来，厕所好像就成为影响"市容市貌"的因素。由于城市景观必须成为社会主义制度优越性的表象，故对公共空间的"纯净化"追求，几乎就达到"城市洁癖症"的程度，于是，小商贩、流浪者与厕所等似乎都成为影响都市尊容的污秽与危险。[③] 如果从"公共性"的角度去思考，这些都是值得重新思考和予以改革的。

厕所革命所应指向的"公共性"，当然是对人权的尊重。厕所革命的成功最终必须以消除各种不公正的歧视为指向。例如，长期以来，公共厕所的男女厕位失衡问题一直没有引起重视。[④] 在厕所革命的进程中，由洗手间显示出的男女不平等状况可望得到某种程度的缓解。2010 年 11 月，福建省妇女联合会宣布，政府已将性别意识纳入公共设施建设，规定公共厕所的女性厕位数量为男性厕位的 1.5—2 倍；不久前，广东省珠海市人大审议通过的《珠海市妇女权益保障条例》，也有类似规定。所有这些都意味着厕所革命伴随着中国社会之公共性的成长，其目标就是人人平等地享有清洁、卫生的如厕环境。

① 参见李发兴：《云南启动城乡"厕所革命"，今年 6 月底前逐步取消公厕收费》，人民网—云南频道 2016 年 2 月 18 日。

② 参见王佃利等：《邻避困境》，北京大学出版社 2017 年版，第 19—20 页。

③ 参见孟超：《转型与重建：中国城市公共空间与公共社会变迁》，中国经济出版社 2017 年版，第 71—72 页。

④ 参见周华山：《女性如厕与身体政治》，《社会学家茶座》第 2 辑，山东人民出版社 2003 年版。

八、卫生间:追求生活品质的正当性

中国社会当前所面临的厕所问题,本质上与其说它是国民的文明素养问题,不如说是公共设施、公共服务与市政管理的水准问题,在相当程度上,它正是国家亟须补上的欠账与短板。中国人类学家费孝通在他的晚年,曾经提出过一个中国人富了以后怎么办的命题。他为此所提示的方向是生活的艺术化,人民过上有品位的生活。如果说费孝通提示的是高端的方向,是生活品质的探高,那么,我们讨论的厕所革命就是生活品质的托底,是提升底线的方向。

(一)厕所反映生活品质

中国自古有“仓廪实则知礼节,衣食足则知荣辱”(《管子·牧民》)的说法,意思是当日常生活中衣食住用行的基本需求解决了,实现了初步富足,人们自然就会进一步追求更好品质、更有体面,也更有尊严与道德的生活。厕所问题正是提升人类生活品质难以绕开的关节。在中国,“吃喝拉撒”的日常,眼下似乎只有“吃喝”这一半才刚刚有了一点品位,接下来,“拉撒”这另一半正好面临巨大的提升空间。中国社会若干不同“板块”的厕所革命,几乎就是在 20 世纪末到 21 世纪的第一与第二个 10 年之间,才终于汇集成一股真正的潮流。厕所革命发生与展开在中国社会转型的这一段关键时期,其意义恰好就在于与转型期间一般国民对美好生活及更高品质生活的追求相呼应。就此而言,可以说,厕所革命的根本动力来自经济社会的发展与普通民众对更加有品质之美好生活的渴望。

由于中国社会的诸多特征,同时也是基于最为明显的事实,可以说中国已经发生与正在持续推进的厕所革命具有自上而下、自外而内的特点,但也不应忽视一般民众在改善其包括厕所环境在内的日常生活方面所具有的主体性与主动性。将上述两者结合起来,才更加符合中国各个基层地方厕所革命的具体实践。例如,以农家乐与新农村建设为例,的确存在着政府的强力指导,但同时也有当事民众的响应、参与以及可能伴随着抵触、犹豫、反复而最终实现的接纳。全国各地几乎所有的“农家乐”项目中,改善农家小院的环境,均必然包括对厕所卫生标准的确认与提升,虽然具体个别的情形千差万别,也未必能够达到多么高的水准,但厕所环境伴随着项目的实施,无疑是多有明显改善。为发展乡村旅游,山东省从 2013 年起,对致力于“改厨改厕”的农户提供必要的奖励,给达到标准的“改厨改厕”户,奖励甚至多达 1.6 万元。新农村建设中的厕所改良也不例外,与农家乐有所不同的是,不少地方其实是把“新农村”建设成了准都市小区,村民家的厕所也因此有了质的变化。

若是把视野放开,改革开放以来 40 年间,中国民众的生活方式发生巨变,其中就已经包括了生活革命的题中应有之义亦即厕所革命。大面积的都市开发与居民小区建设，数以亿万计的农民摇身一变而成为市民，并因此告别了乡村常见的旱厕与马桶。20 世纪 80 年代以来，抽水马桶逐渐在中国普及，这主要就是指单元楼套房居室中的抽水马桶。正如岳永逸指出的那样，配备有独立的客厅、厨房、卫生间与抽水马桶等设施的单元楼居室的都市型日常生活，眼下已经被几乎所有农村居民视为是人生奋斗的目标。[①] 在这个意义上，更大规模的厕所革命实际上是伴随着中国都市化的进程，作为国民生活革命的一环，取得了巨大的成绩；这一过程伴随着政府的"新型城市化"规划，还将继续深化。

在中国的建筑界，曾经有一种形象的说法："家庭小康看住房，住房小康看两房。"所谓"两房"亦即厨房与卫生间。与发达国家的卫生间与厨房面积约占住宅总面的 20％左右相比，中国则只占不到 15％，这意味着中国城乡的小康型住宅，在卫生间等方面尚有很多差距。但它大体上已经可以满足方便、洗（淋）浴、洗面、洗衣等诸多日常生活的需求，除了具备至少 4—5 平方米以上的空间，还有基本的卫生洁具配套与管线配套，初步做到了既方便卫生，又相对节水。很多市民逐渐地从使用室外公共厕所到使用独立的室内卫生间，从蹲式便器逐渐地过渡到抽水马桶，再从普通的抽水马桶发展到智能马桶，这个过程迅猛而又不可阻挡、不可逆转，它预示着中国的厕所文明，正在迅速地朝向舒适、清洁、优雅的西方标准靠近。

（二）无止境的厕所"文明化"

即便是在世界公认的厕所文明的先进国家日本，在 2016 年的东京都知事选举中，仍然有一位候选人以"厕所革命"为口号来参选。在号称世界第一强国的美国，旧金山市政厅前的地铁站里却充斥着尿骚臭味，这个城市甚至被媒体戏称为"美国公共厕所"，市政府一直头疼该如何去应对那些流浪汉随地便溺的行为。当有人将这一切怪罪到流浪者时，那些无家可归者却愤怒地反驳：旧金山绝大多数餐馆与公司都禁止流浪汉使用内设卫生间，而这座城市的公厕少之又少，他们在"紧急"时不得不"就地解决"[②]。一方面，大批中国公民出境旅游，时不时就因如厕行为"不文明"而饱受诟病，但也有大陆游客赴欧洲旅游时，对德国公厕的不便与收费多有抱怨。香港某些有心之士对大陆儿童的地铁便溺行为大加指责，一时成为社会新闻；但 2013 年 10 月，北京举办国际马拉松比赛，或许是主办方疏于流动厕所的配置，或许也是有人故意为之，参赛者中的"外宾"一字排开"尿红墙"的

① 参见张海龙：《岳永逸：都市中国的乡愁与乡音》，《兰州晨报》2015 年 2 月 28 日。

② 参见《国庆日旧金山送"贺礼"，重罚街溺不当"美公厕"》，中国日报网 2002 年 7 月 7 日。

事件，亦曾引起北京市民的街谈巷议。[①] 所有这些均可说明，厕所问题当然并不是只有中国才存在，厕所的不堪及排泄行为的不当，也完全不应该成为种族、地域、性别或年龄等任何歧视的依据。

关于满足人类排泄需求之厕所的发展，我们可以从对它的称谓变化整理出一些轨迹。从“茅坑”“马桶”“厕所”“东司”“一号”到“洗手间”“化妆室”“WC”“toilet”“restroom”等等，东、西方各有称谓的演变过程，虽然这在一定程度上反映着进步的趋势，但一如既往不变的是委婉表述，这说明它仍是禁忌中的禁忌。如果把厕所、便器等视为是防止排泄物造成污染危险的物理性屏障，那么婉转的厕所称谓便是防止污染危险的文化或社会心理屏障。凝聚着西方厕所文明的“卫生间”，其早期起源乃是对排泄之类人类的“低级”生理功能的偏见，由此形成的一个持久的理念，就是经由资本主义社会的中产阶级把世界彻底理性化的思路，实现对于人的自然生命本能的近乎完全的控制或屏蔽。

现在世界各国通行的公寓住宅，都是基于让中产阶级感到体面的居住准则，对每个房间作出严格的专业化分工，寝室、厨房、儿童房间、卫生间等等，尤其是室内卫生间，由于它使得私密的排泄空间与一个可将排泄物排除到城市其他看不见的空间的系统相连接，遂使得那些“文明”的准则才显得更加圆满了。[②] 但这个漫长的发展过程，犹如英国作家比尔·布莱森在他的《趣味生活简史》中指出的那样，“在私人家庭中，设置卫生间”时而成功，时而不成功，因为欧洲的富人们曾经不愿让卫生间进入他们的生活；起初，卫生间也是不装修的，就像你不会装修锅楼房一样。[③] 直至20世纪初搪瓷被发明出来，卫生间才显得像样。经过了差不多一百年，卫生间不断朝向精致化的方向发展，其空间属性早已超越了仅仅用于排泄的属性。日本作家妹尾河童曾专门“窥视”过他人的厕所，他以“考现学的”感觉访问并描述了50位日本名人，诸如作家、演员、建筑师、艺术家的卫生间，发现几乎所有人的厕所都已经成为精心装点的生活空间。由于需要隐藏的“不洁感”消失了，厕所不再是羞于给人看的地方，而是成为一间可以对客人开放的房间。[④] 甚至一户好几个卫生间，里面有各种摆设，除了温水洗净马桶，还装有暖气，摆放香水、书籍与鲜花，墙上则挂有装饰画。由此可知，中国城市居民的日常生活，因为享有室内卫生间而已经初步实现了厕所革命的目标，但其卫生间之空间品质的精致化提升，仍然是有很大的余地。

---

① 参见《北京长跑节将严格执行新厕标，避免“尿红墙”事件》，《北京青年报》2014年4月15日。

② 参见[法]罗歇-亨利·盖朗：《方便处——盥洗室的历史》，黄艳红译，中国人民大学出版社2009年版，第183—185页。

③ 参见[英]比尔·布莱森：《趣味生活简史》，严维明译，接力出版社2011年版，第322—323页。

④ 参见[日]妹尾河童：《窥视厕所》，林皎碧、蔡明玲译，三联书店2011年版，第3页。

(三)如厕方式的变迁

中国越来越多的民众住进了拥有上下水系统的楼房，室内卫生间也成为日常生活最重要的空间，因此，人们的如厕行为以及有关厕所及排泄物的观念，都程度不等地发生着变化。有证据显示，新兴的中产阶层对于已经享有的都市型日常生活仍不满足，他们进一步追求更高、更好与更有品质的生活。有关中国游客赴日消费，在日本“爆买”温水洗净智能马桶盖的新闻，恰好可以反映出其日常生活对高品质卫生间环境与设施的进一步追求。中国游客对日本智能马桶的情有独钟，一方面是由于中国人对卫生间的消费正在升级换代，另一方面则与中国游客在日本体验到优雅与富有艺术性的厕所文化以及经历的“文化冲击”有关。这些马桶盖具有电子化、智能化、热水冲洗、烘干等功能，给人带来清洁、舒适、便捷、有品位等感受，它在中国流行实际上反映了中国经济发展与市民生活升级换代的一种必然趋势。

近年来，伴随着越来越多的中国人在居住生活方面出现“豪宅化”的趋势，人们对卫生间的体验与品质也更加注重。不仅卫生间的面积、卫浴洁具的品质，还有卫生间设施的多功能、人性化、艺术性与舒适感，都面临越来越高的要求。眼下，在一套住宅里不再满足只有一个卫生间的消费者正在增加，“三室一厅二卫”或标明“一卫一厕”“两卫一厕”的房地产广告用语，清晰地昭示着对卫生间空间的执著正在富裕阶层中成为新的时髦。智能马桶的快速普及，将使便后的水洗式洁身在中国城市也成为现实；由于在卫生间放置便后手纸的纸篓被认为不够优雅，一些生活水准较高的家庭已开始使用能够在冲便器中化解的手纸，或许中国未来也会像日本一样，实现厕所用纸等洁身产品的规格化。与此同时，在配置多个卫生间的住宅中，还正在发生专供洗浴的卫生间(也许仍配置抽水马桶)与仅供方便的卫生间之间的功能性分化。

人类的如厕方式大体上主要有蹲便与坐便两种，与其对应的相关设施也有所不同。关于蹲便还是坐便，并无高低优劣之分。早在罗马时代的庞贝遗址里除了立式便池，还有坐式(椅子式便器)与蹲坑的并置，相对而言，蹲便对设施的要求远不及坐便对设施的要求高。有一种观点，尤其是海外媒体多认为，中国的厕所革命最终将消灭传统的蹲式厕所，但其实，中国官方与公共媒体并没有这类表述。厕所革命果真会消灭东亚(也曾被欧洲人说成“土耳其式”、被日本人说成“和式”)的蹲式厕所吗？这尚需拭目以待。一排蹲坑、厕位没有隐私的低程度厕所肯定会被逐渐淘汰，但至少在公共厕所里，蹲式方便的方式将可能长期存在。根据2003年由国家质检总局颁布的《旅游厕所质量等级的划分与评定》，规定三星级厕所可以配置高级坐便器与蹲便器。现实状况是一些地方较高规格的公共厕所，确实出现了坐便器逐渐普及的趋势。对此，也的确有各种不同见解。一般认为，由于座式抽水马桶提高了人类如厕的舒适性体验，无怪乎它在中国家庭卫生间，以及宾馆、酒店中已经确立了主导地位，但一到公共厕所，包括景区公厕，比起座式抽水马桶而言，蹲便器因为不需要人体与设施的直接接触而似乎更受青睐。

在为蹲式厕所所做的辩护中，除了依据人体解剖学指出蹲式有利于排便之外，公共厕所的坐便器被认为更容易传染疾病。[①] 新闻报道说，有人在公共厕所的坐便器上蹲着方便，因严重影响卫生而有损公德，这或许是由于已经习惯于蹲式方便的人，一时难以适应坐式，但更可能的则是如厕者对公共厕所里坐便器的卫生状况缺乏信心。对此，提供马桶纸垫确实是较为有效的方法。若是从隐形存在的级差性“分类”逻辑来看，如厕者通常倾向于感觉自己的身体（及其排泄物）并不那么污秽，而完全陌生者的身体（及其排泄物）则最不堪忍受。无怪乎人们对公共厕所中的坐便器会有抵触，而宁愿采用蹲式方便。在现阶段的中国，家庭、宾馆的卫生间与公共厕所的设计之所以有所不同，其理据正在于此。与女性不同的是，男性的排泄行为往往倾向于大便为蹲或坐的方式，小便则较多采取站立方式。虽然在坐便器高度普及的社会，男子大小便有可能逐渐地被统一于坐式，但除了家庭内不分性别的卫生间之外，所有公共性的男女厕所则因此而有结构上的不同，亦即男厕除了坐便器或蹲坑之外，通常还有小便池或槽。

中国厕所革命所导致的诸多变化，其实与日本社会曾经的经验多有相似之处。日本的都市化与居住生活现代化，使得一般住宅里居民的如厕方式，慢慢地几乎全都由蹲便器变成了西式坐便器。仅就如厕方式而言，这确实是一个剧烈的变化。但相比之下，欧美的都市住宅较少独立卫生间，通常是把浴缸、洗面台与坐便器组合在同一个空间（韩国、中国也较多采用此模式），日本则有所不同，即便在冲水马桶普及之后，坐便器仍较少与浴缸组合在一起，导致这种情形的原因，可能是因为日本同时拥有发达的入浴文化。与家庭卫生间形成鲜明对照的是，日本都市里的公共厕所却仍以和式蹲便器居多，中国在这一点上也大致如此。[②]

结语：道在屎溺

中国古代先哲庄子在回答东郭子的提问时，为了表示那个宇宙的真理——

① 参见［法］罗歇-亨利·盖朗：《方便处——盥洗室的历史》，黄艳红译，中国人民大学出版社 2009 年版，第 122 页。

② 参见［日］平井圣：《生活文化史＝日本人の生活と住まい一中国・韓国と比較して》，放送大学教育振兴会，1998 年，第 12 页。

“道”的无所不在，曾经回答说：道在“蝼蚁”、在“稊稗”、在“瓦甓”、在“屎溺”（《庄子·知北游》）。对于本文作者而言，“道在屎溺”堪称至理名言。无独有偶，近代西方的心理学巨匠西格蒙德·弗洛伊德曾经在他为业余人类学家约翰·伯克的《各国人的如厕礼仪》一书所写序言中指出：“让人们接受粪便”，“这不仅是一项果敢的行为，还是一项造福千秋万代的伟业”。对于弗洛伊德来说，人间正道就是承认屎溺的存在，并尽可能给予它应有的尊严。捷克作家米兰·昆德拉在他的《生命中不能承受之轻》中提到，粪便的存在被否认，每个人都装出它好像不存在的样子，这才是真正的“媚俗作态”（Kitsch）；他甚至还重提那个曾经让基督徒困扰的老问题：上帝有肠子吗？他也排便吗？无论如何，人类宿命地无法彻底摆脱诸如排泄与性之类生命本能的制约，一个人的一生在卫生间的时间累计可长达 3 年，如果卫生间的环境改善，人们滞在其中的时间还会更长。在某种意义上，人不过是拥有厕所或卫生间的猴子。因此，对于排泄物与排泄行为的禁忌，应该被从社会文化的束缚中程度不等地解放出来，不再把它视为是我们身体的“低等”机能。

视排泄物为污秽是全人类的通则，按照英国人类学家道格拉斯的解说，从人类身体的孔穴排出的东西都属于污秽，而这些污秽也与人类通过对生活世界予以分类去建立秩序的逻辑密切相关。[①] 这可以说是基于“分类”的污秽观，例如，在家庭与户外做出明确区分，从而使家里的清洁与街头的污秽形成鲜明对照，中国的藏族就曾持有此种内外有别的洁净观念有关。[②] 也因此，他们对于在室内设置厕所就会有抵触。虽然人类不同的社会或族群应对这类污秽的方式不尽相同，但大都倾向于远离或回避它。但是，厕所革命导致出现了基于“卫生”科学的污秽观，例如，同为藏族社会，在学校教育与国家干部的示范下，与传统的污秽观念原理不同的，亦即依据现代卫生科学的观念逐渐地得以确立。[③] 值得庆幸的是，上述两种性质不同的“污秽/洁净”观念，其共同之处在于它们都承认由排泄物带来的污秽有可能导致疾病。在近代卫生科学诞生之前，人们关于“污秽/洁净”的分类及其思考，乃是全人类不同族群观察与理解其生活世界的普遍方式，现代社会有关卫生（干净）与不卫生（不干净）的分类与对立，其实是与之有着相同的原则与类似的结构，只是表现的形式有所不同而已。[④]

这两种不同属性的“污秽/洁净”观念，会因为厕所革命的推展与厕所文明的

① 参见[英]玛丽·道格拉斯：《洁净与危险》，黄剑波、卢忱、柳博赟译，民族出版社 2008 年版，第 43—45 页。

② 参见刘志扬：《乡土西藏文化传统的选择与重构》，民族出版社 2006 年版，第 271—282 页。

③ 参见刘志扬：《乡土西藏文化传统的选择与重构》，民族出版社 2006 年版，第 292—306 页。

④ 参见[瑞典]奥维·洛夫格伦、乔纳森·弗雷克曼：《美好生活：中产阶级的生活史》，赵丙祥、罗杨等译，北京大学出版社 2011 年版，第 131 页。

提升而发生复杂的变迁与涵化过程，甚或出现彼消此长的趋势，亦即现代“卫生”科学的污秽观与洁净观有可能实现大面积的扩张，但由于基于“分类”原理的“污秽/洁净”观念，原本是以普世性的文化逻辑或人类共性的思维方式为基础，作为一种类象征分类体系，它与卫生保健未必有直接的关系[①]；即便它受到科学技术性“卫生”观念的冲击，并因此发生诸如有所稀释之类的变化，却也不会轻易消失，而最有可能是以新的形态得到温存与延续。即便中国通过厕所革命，使得卫生科学的洁净观全面彻底地得到普及，它也同样无法完全抹去宇宙观层面上的污秽与洁净问题，因为这里涉及的污秽或洁净，并非卫生学表象的层面，而是与社会生活的生成与再生产糅合在一起，并且是跨越时代与民族而普世存在的。[②]

不久前，当美国宇航员从宇宙空间站向特朗普总统展示在太空中用人尿制作的可饮用水时，特朗普总统先是赞赏这很了不起，但随后不无幽默地说：“多亏是你在喝它，而不是我。”这个小故事说明，即便科学技术上的洁净得到确保，但心理与认知上来自排泄物的“污秽”，仍使这位美国总统因为不用喝它而感到安心。从身体排泄出污物，这是人的“自然需求”，但它却被处置成为应该远离我们的视线与嗅觉。就此而言，现代人类所建构的厕所文明的方向，似乎是在这一点上走得更远了。它其实只是更为彻底地“远离”了自身的排泄物，当然，更不用说也彻底回避了其他任何人的排泄物。[③] 但无论对人类排泄物形成多么夸张与彻底的避忌，现代社会的人们依然无法摆脱对自身身体动物本能的尴尬，依旧需要更加努力地掩饰排泄物的存在，因此，那些传统的有关“污秽/洁净”的观念就又被“再生产”出来，也因此，排泄物的“危害”与“危险”依然在超出卫生科学的层面之上存在着。

无数多的事例表明，排泄行为的管理与厕所问题，是全人类所有社会与文化均要永远面对的课题；厕所文明是截至目前人类社会与文化进化所取得的伟大成就之一，但它没有最好，只有更好。事实上，现代社会的厕所文明非常脆弱，它的维系取决于一系列高度复杂的社会管理与技术体系的支撑，一旦这些系统出了问题（例如，日本熊本发生地震后，厕所问题立刻跃升为灾民们最渴望获得外援以求解决的事项之一），人们一夜之间就会重返“前”厕所文明的状态。换言之，无论人类的厕所文明发展到怎样的高度，它也无法避免地具有脆弱性，这是因为支撑着现代厕所文明的基础设施，亦即复杂的城市上下水道系，本来就始终是非常脆弱

① 参见[美]杰里·D. 穆尔：《人类学家的文化见解》，欧阳敏、邹乔、王晶晶译，商务印书馆 2009 年版，第 295 页。

② 参见胡宗泽：《洁净、肮脏与社会秩序——读玛丽·道格拉斯〈洁净与危险〉》，《民俗研究》1998 年第 1 期。

③ 参见[加]约翰·奥尼尔：《身体五态：重塑关系形貌》，李康译，北京大学出版社 2010 年版，第34 页。

的。如果我们不把它局限于“卫生间”及其周边的那些事实与现象，而是与更为庞大的废水处理系统，与中国社会的水资源、水环境相互联系起来，则厕所问题不过是中国社会总问题的冰山一角，而眼下的厕所革命之于中国社会而言，也不过是刚刚开始而已。

眼下正如火如荼地在中国各地城乡开展的厕所革命，终将逐渐地改变中国民众日常生活中那些最难以为人们所自觉到的观念的深层，亦即涉及排泄的行为、观念与环境的全面改观。不难想象，当代中国的厕所革命将会在多大程度上提升一般人民的生活品质，并满足普通民众获得清洁、舒适、安全、便捷以及很有尊严感之排泄环境的美好需求。但我们也知道，这场革命比起生活革命的其他任何层面都将更为深刻、困难与曲折，因为它要求每一个中国人在此问题上都能够真正地迈向觉醒。唯有如此，那个困扰了中国人百年之久的“尴尬”才能最终彻底地烟消云散。